Frank B. Metzner/Joachim Friedrich

Ein Jahrhundert Verbrecherjagd

Frank B. Metzner/Joachim Friedrich

Ein Jahrhundert Verbrecherjagd

Einbandgestaltung: Luis Dos Santos

Bildnachweis:
Die zur Illustration dieses Buches verwendeten Aufnahmen stammen von den Verfassern, dem FBI und dem National Archiv der USA.

Eine Haftung der Autoren oder des Verlages und seiner Beauftragten für Personen-, Sach- und Vermögensschäden ist ausgeschlossen.

ISBN 978-3-613-02951-4

1. Auflage 2008

Copyright © by Motorbuch Verlag, Postfach 10 37 43, 70032 Stuttgart.
Ein Unternehmen der Paul Pietsch-Verlage GmbH & Co.

Sie finden uns im Internet unter www.motorbuch-verlag.de

Lektorat: Joachim Köster
Innengestaltung: Lieselotte Müller
Druck und Bindung: Fortuna Print Export, 85101 Bratislava
Printed in Slowak Republic

Inhalt

Vorwort

von Robert Hazelwood

Roy Hazelwood

Es gibt viele Bücher über das FBI, das Federal Bureau of Investigation. Einige davon haben die Behörde unrealistisch glorifiziert und einige wurden in kritischer, jedoch fairer Art geschrieben. Wiederum andere, unglücklicher Weise, sind in einer sehr stolzen Art geschrieben, in der Absicht, das FBI mehr anzuschwärzen als zu informieren. Herr Dr. Frank B. Metzner und sein Co-Autor, Herr Joachim Friedrich, haben exakt die Mitte getroffen und versorgen den Leser in ihrem Werk unvoreingenommen mit interessantem und hoch informativem Umfang über die amerikanische Bundespolizei.

Beim Schreiben dieses Buches bezog sich Dr. Metzner nicht auf Internetsuchmaschinen oder andere einfache informative Quellen. Stattdessen ging er auf eine ausgedehnte literarische Suche mit dem Ergebnis, dass er unzählige Stunden des Lesens in alten Büchern, Akten und Dokumenten auf sich nahm, er reiste in die USA, wo er Informationen aus erster Hand sammelte. Während eines Besuches beim FBI-Hauptquartier in Washington D.C, interviewte er persönlich Verwaltungsbeamte, beim Besuch der FBI-Akademie in Quantico sprach er mit Lehrkörpern und Studenten. Er besuchte FBI-Stadtbüros, tauschte sich mit Spezialeinheiten aus und sichtete alte Archive.

Das Autorenteam verfolgt die Spur der Geschichte des FBI von ihren Anfängen an und führt dann den Leser durch die Entwicklung des Bureau über seine 100jährige Existenz. Der Leser wird die Themen, die in diesem Buch angesprochen werden, interessant finden, da sie mannigfaltig sind, wie das Kapitel über J. Edgar Hoover (The Director), der Kampf des FBI gegen die Mafia und Spione des Zweiten Weltkrieges, das FBI im Kino und Fernsehen (X-Files) und natürlich Serienmörder und Profiling.

Als FBI-Agent, hatte ich in meiner aktiven Zeit das Glück als Profiler innerhalb der Behavioral Science Unit zu arbeiten und lernte dabei das Bureau gründlich kennen. Es ist wichtig sich ins Gedächtnis zu rufen, dass das FBI eines der berühmten Exekutivorgane der Welt ist. Darüber hinaus ist es eine der weltweit effektivsten Agenturen beim Kampf gegen Kriminalität und Terrorismus und das ist der Verdienst seiner Mitarbeiter, die in der ganzen Welt ihren Dienst verrichten. Ich fühle gegenüber Dr. Frank B. Metzner und Joachim Friedrich eine große Dankbarkeit, dass sie sich die Zeit genommen und die notwendige Mühe gemacht haben, um so ein sorgfältiges Buch über die Organisation, deren Frauen und Männer ich lieben gelernt habe, zusammen zu tragen.

Robert R. "Roy" Hazelwood

Robert R. »Roy« Hazelwood
FBI-Agent (ret)
The Academy Group Inc. (AGI)

Anmerkung der Autoren:
Robert Hazelwood diente zuerst elf Jahre in der Army, bei der er den Rang eines Major erreichte. Danach diente er 22 Jahre beim FBI, davon 16 Jahre als Profiler. Er spezialisierte sich auf die Profilerstellung von Sexualstraftätern.
Hier schuf er heute noch gültige, standardisierte Verfahren und löste schwierige Fälle. Er hat mehr als 40 Fachpublikationen und Bücher geschrieben, u. a. The Evil That Men Do and Dark Dreams. Heute ist er Senior Vice President von der Academy Group, die Schulungen als auch Ermittlungen bei schwierigen Fällen durchführt.

Vorwort

von John Douglas

John Douglas

Das FBI ist eine der weltweit bekanntesten Institutionen, das mit der Verbrechensbekämpfung befasst ist. Seit nunmehr 100 Jahren gehört das FBI zur Weltspitze in der polizeilichen Ermittlungsarbeit. Schon zu Beginn, im Jahr 1908, erkannte die amerikanische Regierung die Notwendigkeit der Errichtung einer Polizeibehörde, die zentral geführt, über die Grenzen der einzelnen Bundesstaaten hinweg tätig wird, Straftäter ermittelt und festnimmt.

Innerhalb der letzten 100 Jahre gelang es dem FBI, die Tatort- und Ermittlungsarbeit voranzutreiben und zu verbessern. Das FBI setzte z. B. sehr früh die Kenntnisse aus der Daktyloskopie ein und war Vorreiter auf vielen Gebieten, u. a. bei der Nutzung technischer Observationstechnik, der Beweiskraft der DNA und nutzte auch das Profiling, auf das ich mich spezialisiert hatte.

Herrn Dr. Metzner und Herrn Friedrich gelang mit diesem FBI-Buch, nach einer aufwendigen Recherche, die Geschichte von 1908 zu 2008 zu beschreiben, mit vielen tollen Fotos und Insidergeschichten, aber auch auf Grundlage ihrer Recherchereisen zu den verschiedenen Wirkungsstätten des FBI.

Innerhalb des nun vollendeten Jahrhunderts kann das Bureau und alle ehemaligen und aktiven Angehörigen auf viele Hochs und einige Tiefs und mit Recht auf eine erfolgreiche Zeit zurückblicken.

Die Erforschungen über das FBI erfolgten von dem Autorenteam in einer kompetenten und neutralen Darstellungsweise und ich denke, sie konnten selber eine Menge Erfahrungen und Erkenntnisse für ihre eigenen Tätigkeiten erwerben.

Ich wünsche beiden den verdienten Erfolg und alles Gute für ihren weiteren Lebenslauf. Das gleiche dem FBI und seinen Mitarbeitern, auf weitere erfolgreiche 100 Jahre Verbrecherjagd.

John Douglas

Anmerkung der Autoren:
John Douglas war der legendäre Leiter der FBI Investigative Support Unit. Er trug maßgeblich zur Festnahme vieler Schwerverbrecher, wie dem San Francisco Trailside Killer, dem Atlanta Child Murder und Seattle Green River Killer bei. Nach 25 Dienstjahren ist er jetzt pensioniert und arbeitet überwiegend als Buchautor. Sein Buch Mindhunter (in Deutsch: Die Seele des Mörders) ist ein weltweiter Bestseller.

Einführung

der Autoren

Dr. Frank B. Metzner **Joachim Friedrich**

FBI. Drei Buchstaben, die weltweit bekannt sind, drei Buchstaben die polarisieren.

Seit nunmehr 100 Jahren besteht die wohl bekannteste Polizeibehörde der Welt. Spektakuläre Aktionen, Helden und Verbrecher sowie modernste Technik und geheime Einsätze werden damit assoziiert.

Zum 100jährigen Bestehen der amerikanischen Bundespolizei soll sie mit diesem Werk dem deutschen Leser komprimiert vorgestellt werden.
Mehr als ein halbes Dutzend Reisen in die USA waren notwendig, um Fakten an den Originalschauplätzen zu recherchieren.
Vom Einlesen in die teilweise 90 Jahre alte Literatur, über Telefongespräche im nächtlichen Deutschland, bis hin zu Treffen in Washington, New York, Las Vegas und Los Angeles. Nach ausführlichen Gesprächen mit der behördlichen und politischen Führung erhielten wir die Unterstützung zur Realisierung dieses Projektes, welche wir auch im vollen Maße »ausnutzten«.

Wir nahmen u. a. an Führungen, Vorträgen, Training und Einsätzen in mehreren Großstädten sowie im Hauptquartier in Washington und an der berühmten FBI Academy in Quantico teil.
Dabei lernten wir nicht nur die professionelle Arbeitsweise kennen, sondern auch eine Menge für uns persönlich.

Wie auch bei unseren vorherigen Projekten war eine der schwierigsten Aufgaben die Auswahl des Materials, da wir mit den vorhandenen, gesammelten Informationen und Fotos ohne Schwierigkeit mehrere Bände hätten verfassen können.

Wir denken, uns ist die Auswahl gut gelungen und hoffen, Ihnen mit diesem Werk Einblicke zu ermöglichen in eine polizeiliche Welt, in der es mehr als schwarz und weiß gibt, die nicht einfach und manchmal auch sehr gefährlich ist.

Maintal/Germany, im Herbst 2008

Dr. Frank B. Metzner   Joachim Friedrich

Anmerkung:
Wir haben oftmals die amerikanischen Eigennamen in den Text integriert und übersetzt. Da es selbst in den USA dabei keine Einheitlichkeit gibt und manche Wörter kein deutsches Pendant haben, steht dabei die Sinnhaftigkeit im Vordergrund.
Außerdem haben wir aus Gründen der Vereinfachung meist die männliche Form bei Erklärungen favorisiert.

Die ersten Jahre

Gegründet wurde das FBI am 26. Juli 1908, in der Hauptstadt der USA, in Washington D. C.

In den Jahren davor war es üblich, Agenten der Bundesbehörden (u. a. des Schatzamtes) mit Ermittlungen für die Regierung zu beauftragen, die jedoch schlecht organisiert und teilweise übelst beleumundet waren. Einzelne Skandale ließen nicht lange auf sich warten und der Kongress verbot am 27. Mai 1908 die Untersuchung von Gesetzesübertretungen durch diese »Geheimagenten«.

US-Präsident Theodore Roosevelt, der in seinen jungen Jahren selbst als Gouverneur Polizeichef von New York war, sah sich damit in seinen Möglichkeiten der Verbrechensbekämpfung behindert und befürwortete die Gründung einer Untersuchungsbehörde innerhalb des Justizministeriums, die keiner anderen Behörde untersteht, sich effektiv um die Bekämpfung der Kriminalität einsetzt und nur dem Generalbundesanwalt der USA untersteht. Dies war die Geburtsstunde des BI (Bureau of Investigation), auch als BOI abgekürzt, das damals noch nicht Federal (bundesstaatlich) war, somit keine staatenübergreifenden Operationen durchführen durfte.

Die Tätigkeitsschwerpunkte waren:
- Überwachung der Einhaltung der Neutralitätsdekrete,
- die Verhinderung von Monopolbildung (Sherman Antitrust Act),
- Bekämpfung des Menschenhandels (Mann Act),
- Ermittlungen wegen Alkoholschmuggels,
- größere Wirtschaftsvergehen,
- die Verfolgung von Spionageaktivitäten.

In den Anfängen war es eine schlecht organisierte Behörde, retrograd von allen Historikern als schlampig und korrupt bezeichnet. Eine Agentur ohne jegliche Treue und Disziplin. 1917 arbeiteten nur 300 Mann für die Behörde, viele ohne die notwendige und richtige Ausbildung.

Als die USA in den Ersten Weltkrieg eintraten, bediente man sich daher der Hilfe von Freiwilligen. Der nationalistische »amerikanische Schutzbund« (APL) versammelte innerhalb weniger Monate 250.000 Personen. Diese Hobbydetektive arbeiteten allen Behörden, auch dem BI, zu.

Damit verlagerten sich auch die Bemühungen auf die Spionageabwehr, der aber nur mäßigen Erfolg bescheinigt war. Deutsche Agenten sprengten bestens organisiert Waffenfabriken, Kriegsschiffe und sogar mehrere tausend Tonnen Dynamit auf der Black Tom Insel im Hafen von New York.

Wenig später verübte Werner Horn einen Sabotageakt auf die Brücke in Vanceboro, die Kanada mit den USA verband und auf der kriegswichtige Güter transportiert wurden.

Nachdem er die Explosion vernahm, heftete er sich eine kleine deutsche Fahne auf den Ärmel und sicherte sich so den Kombattantenstatus. So konnte er nur wegen verbotenem Transport von Sprengstoff zu einer geringfügigen Strafe verurteilt werden.

Das BI ging in den ersten Kriegsmonaten auch hart gegen die eigene Bevölkerung vor. Am 10. Juni 1918 wurde bekannt, dass sich 308.489 amerikanische Männer dem Wehrdienst entzogen hatten, die rechtlich als Deserteure galten.

Nun begann eine Hetzjagd, an deren vorderer Spitze der APL stand und schwerste Bürgerrechtsverletzungen (bis hin zum Meuchelmord) zu verantworten hatte. Obwohl teilweise mit inquisitorischen Mitteln vorgegangen wurde, konnten nur 1.505 flüchtige Männer gestellt und eingezogen werden.

Nicht nur deswegen erfolgte die Auflösung des APL wenige Wochen nach Ende des Ersten Weltkrieges. Obwohl viele der Maßnahmen nicht vom BI zu verantworten waren, warfen diese jedoch ein schlechtes Licht auf sie. Die Entscheidungsträger waren sich schnell einig: Innerhalb des Justizministeriums und des BI darf auch in Zeiten der Not dem Vigilantengeist und den Sonntagsdetektiven bei der Durchführung polizeilicher Maßnahmen kein Platz eingeräumt werden.

Die Gründungsverfügung zur Aufstellung des BI, aus dem das FBI in der heutigen Form entstand.

Gegen Ende des Jahrzehnts kam immer wieder die Problematik auf, dass Verbrecher über die Grenzen der einzelnen Bundesstaaten operierten, die Agenten allerdings ihre Ermittlungen an den jeweiligen Grenzen einstellen mussten, was unlogisch und unmotivierend war. Da aber die Staaten auf ihrer Souveränität bestanden und ihre Gesetze nicht änderten, war das schon aus rechtlichen Belangen geboten.

Am 28. Oktober 1919 erließ der US-Congress das nationale Autodiebstahlsgesetz (National Vehicle Theft Act), der die Rechtsgrundlage für eine weitere Verfolgung von Autodieben darstellte, die ein gestohlenes Fahrzeug von einem in den anderen Staat verbrachten. Da Verbrecher schon zur damaligen Zeit sehr mobil waren und oftmals ein Fahrzeug verwendeten, stellte dieses Gesetz eine wesentliche Erleichterung der Arbeit des BI dar.

Seit der Verabschiedung des Prohibitionsgesetzes herrschte von 1920 bis 1933 in den Vereinigten Staaten ein absolutes Alkoholverbot.

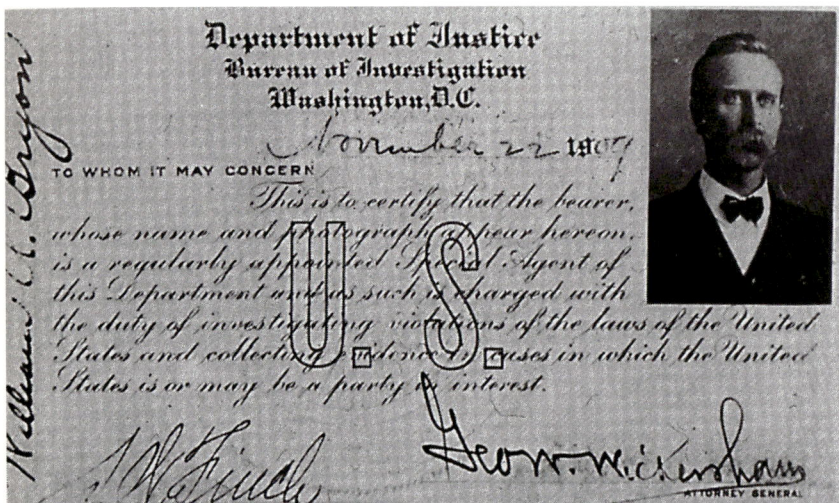

Dienstausweis eines Agenten aus dem Jahr 1909.

Eine Crime Szene aus den 1910er Jahren.

Zum Beginn der Prohibition wird der Alkohol in den Rinnstein gekippt. Am Anfang von den Arbeitern...

...dann von den Agenten.

Die Polizei von Detroit schließt nach einer Information
des FBI eine illegale Schnapsbrennerei.

clean holiday attire! Destroy your dirty cellars and
move into the luxurious palaces of the idle rich!
Whosoever shall hinder remove him from your path
as a foe of your freedom!" As is evident, we anar-
chists have beautiful means of feeding the working
class who stop work.

But they may tell us that the advantages of a general strike will not warrant the fearful sacrifice
which it must cost. To that we will give a clear
answer. We would like to save the proletariat from
needless suffering, but how is this to be done? We
are convinced that legislative reform will accom-
plish almost nothing for workers, or will be rendered
futile by te bourgeoisie. It is therefore necessary
for the working class **themselves**, through their ac-
tivties, and **their** struggles, to gain for themselves
a better existence. But for the workers there is
only one weapon of war—the strike. But the partial
strike loses in importance every day with the growth
of the power of capital and with the augmentation
of capitalistic unions. But one mighty, irresistible
and fearful weapon remains in the hands of the
workers—a general strike. How can we desist from
it? Where was it ever seen that any class obtained
freedom without great effort and severe sufferings?
Look around and ask yourselves how much blood the
bourgeoisie have drunk every hour all over the
world? We do not note these senseless sheddings
of blood only because they are committed under the
protection of shameless law. What are we afraid
of then? For the working class there is the choice
only between eternal slavery and bloody struggle.
Our choice is made, and we call all workers to a
merciless war upon capital and government.

But they may still say to us: Is it possible that
you dream of breaking such a formidable force as
that of present-day government? We answer that
the general strike is the best means of weakening
and destroying that force. The army is strong only
at that time when it is concentrated at a few points

— 28 —

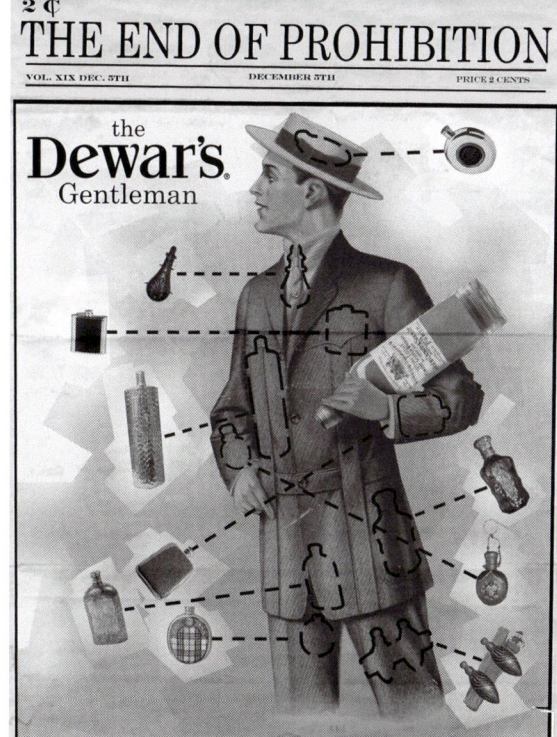

Diese Karikatur
zeigt die vielen
Versteckmöglich-
keiten des Alkohols
an. Obwohl lustig
gemeint, haben
viele US-Bürger
so ihren Alkohol
transportiert.

Das kommunistische Manifesto
betrieb um 1920 herum anarchistische
Hetze gegenüber der US-Regierung.
Ein beispielhafter Auszug des
Manuskriptes (auf dieser Seite wird
zum Aufstand/Streik aufgerufen).

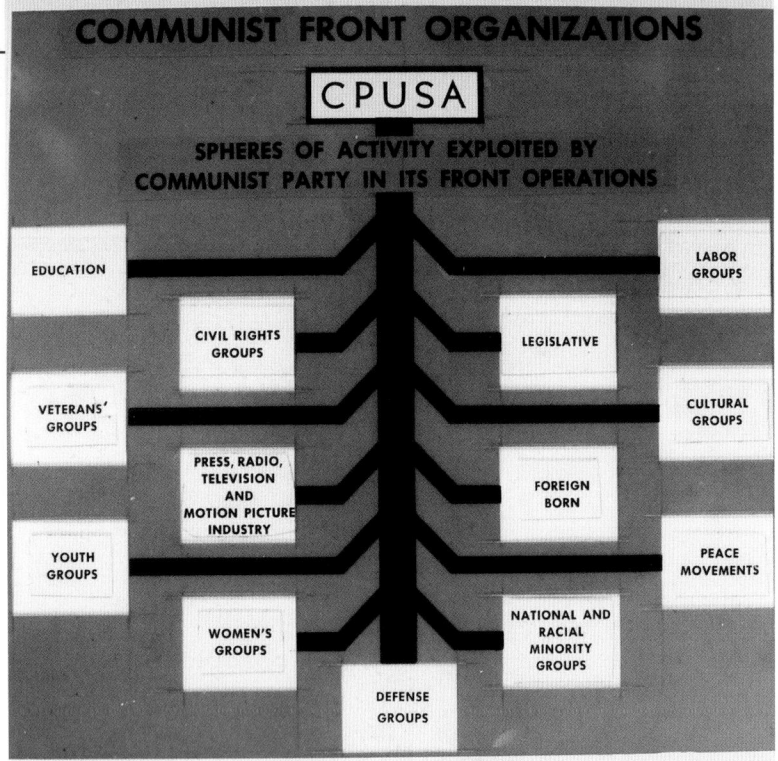

COMMUNIST FRONT ORGANIZATIONS

CPUSA

SPHERES OF ACTIVITY EXPLOITED BY
COMMUNIST PARTY IN ITS FRONT OPERATIONS

EDUCATION

CIVIL RIGHTS
GROUPS

VETERANS'
GROUPS

PRESS, RADIO,
TELEVISION
AND
MOTION PICTURE
INDUSTRY

YOUTH
GROUPS

WOMEN'S
GROUPS

DEFENSE
GROUPS

LABOR
GROUPS

LEGISLATIVE

CULTURAL
GROUPS

FOREIGN
BORN

PEACE
MOVEMENTS

NATIONAL AND
RACIAL
MINORITY
GROUPS

Ein beispielhaftes Organigramm der Kommunisten.

Was zuerst wie ein Sieg der Konservativen aussah, zeigte schnell und deutlich, dass Millionen von Amerikaner gegen dieses Verbot verstießen und nun in die Kriminalität abgedrängt wurden. »Flüsterkneipen« (Speakeasies) entstanden quasi an jeder Straßenecke, die Korruption blühte, das organisierte Verbrechen breitete sich für die nächsten Jahrzehnte über die komplette USA aus.

Ein Fass Bier mit einem Herstellungspreis von drei Dollar erzielte bis zu 60 Dollar auf dem Schwarzmarkt. Komplette Schiffsladungen brachten »Nachschub« aus England und Frankreich, Schwarzbrennereien im Hinterland entstanden, über die Grenze von Kanada ergoss sich buchstäblich ein Strom von Whiskey.

In den Großstädten wie New York gab es hunderte solcher Kneipen, der Umsatz lag pro Lokalität bei mehreren tausend Dollar pro Woche.

Die Cosa Nostra und andere (meist ethnische) Gruppierungen hatten sich schon vor 1920 darauf »vorbereitet«, Massen an Alkohol gehortet, Destillierungsanlagen eingerichtet und zogen nun den Gewinn ein. Dies war das Startkapital des organisierten Verbrechens in den USA.

Das BI konnte dagegen wenig ausrichten, ebenso wie darauf spezialisierte Behörden. Die örtliche Polizei stand meist auf den Gehaltszetteln und die Verbrecher füllten sich die Taschen.

Der legendäre BI-Chef Hoover achtete streng darauf, dass sich zumindest seine Mitarbeiter untadelig verhielten. Ein Memorandum vom Mai 1925 bringt das zum Ausdruck: »*Ich halte es für notwendig, Ihre Aufmerksamkeit auf gewisse Vorfälle zu lenken, die sich in der Vergangenheit im Schoße des Büros ereignet haben und deren Wiederholung ich keinesfalls zulassen werde... Ich weiß viel zu gut, dass es sich noch vor wenigen Jahren keines allzu guten Rufes erfreut hat... Ich bin fest davon überzeugt, dass die einzige Möglichkeit, die Achtung und das Vertrauen der Öffentlichkeit wiederzuerlangen, darin besteht, dass wir uns untadelig verhalten.*

Ich bin entschlossen, jeden Agenten, der Alkohol zu sich nimmt, sofort und ohne zu zögern zu entlassen, ganz gleich wie viel und aus welchem Grunde er getrunken hat... Jeder Mitarbeiter hat sich im privaten Leben so zu verhalten, dass er nicht den geringsten Anlass zur Kritik gibt. Ich persönlich trinke auch keinen Tropfen Alkohol und verlange daher von meinen Mitarbeitern auch nur das, was ich ebenfalls zu tun bereit bin.

Angesichts der vielen Angriffe, denen das Büro in den letzten Jahren ausgesetzt war, kann es sich das Risiko eines öffentlichen Skandals nicht leisten. Ich möchte nicht, dass man über das Büro in den gleichen Ausdrücken spricht, die ich oft über andere Dienststellen der Regierung gehört habe...«

Aber es gab in den Anfangsjahren auch noch andere Tätigkeitsfelder für das BI als die Prohibition. Es gab Morde und Verschwörungen zu klären, langsam entstand eine Behörde, die noch viel von sich hören lassen sollte.

Ein wichtiger Tätigkeitsschwerpunkt war die Verfolgung von Straftaten von Regierungsbeamten. Durch Vetternwirtschaft, Depression und geringe Saläre waren viele korrumpierbar. Ein Erfolg in den Ermittlungen des BI war die Überführung des Behördenleiters C. Forbes, der ca. 500.000 Dollar veruntreut hatte.

Viele Bundeseinrichtungen gerieten in diesen ver-

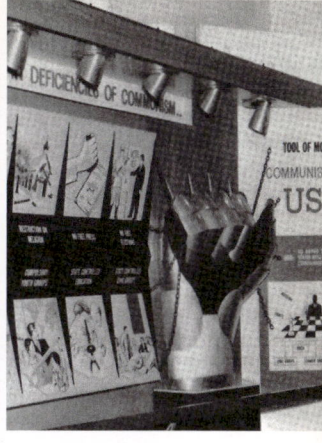

Das FBI richtete ab 1920 immer wieder anti-kommunistische Ausstellungen aus.

Bis das FBI energisch dagegen vorging, gab es bis in die 1930er Jahre hinein hunderte von Lynchmorden.

brecherischen Strudel. Herausragend waren hier die Vorgänge in den Haftanstalten, die ihrer originären Aufgabe oftmals nicht mehr nachgingen, sondern stattdessen schwere Vergehen gegen die Menschlichkeit und Bundesgesetze begangen.

Im Oktober 1924 erhielt Hoover den Auftrag, die Zustände im Bundesgefängnis von Atlanta zu untersuchen.

Den Memoranden der damaligen Zeit nach, benötigten seine Agenten nur wenige Tage um die Zustände zu beschreiben:

- Gefangene gingen ohne Bewachung außerhalb der Anstalt spazieren.
- Gefangene in Zuchthaustracht sind alleine in Cafes der Stadt angetroffen worden.
- Auf der Veranda des Gefängnisdirektors A. Sartain feierten Inhaftierte eine wilde Party.
- Über der Garage des Direktors fanden regelmäßige Pokerrunden statt, der Mindesteinsatz lag bei 50 US Dollar.
- Das Postzimmer der Anstalt unterstand dem wegen Postraubes zu 25 Jahren Zuchthaus verurteilten Schwerkriminellen G. Webb.
- Fast jeder Wärter ist korrupt und erhielt zwischen 100 und 5.000 US Dollar Bestechungsgeld.
- Selbst der Kaplan des Gefängnisses missbraucht seine Stellung als Seelsorger und nimmt hohe Summen entgegen.

Aufgrund der guten Vernehmungsmethoden gelang durch eindeutige Zeugenaussagen und Indizienbeweise schnell die Überführung und Verurteilung der Verantwortlichen. Viele Wärter wurden entlassen oder erhielten angemessene Strafen. Der Direktor selbst erhält 18 Monaten Gefängnis sowie die Häftlingsnummer 24.207 in seiner ehemaligen Strafanstalt. Nur der Kaplan kam »ungeschoren« davon, da die Beweise nicht ausreichten und die Geschworenen sich wohl scheuten, einen »Mann Gottes« schuldig zu sprechen.

Im Frühjahr 1926 hatten es die Agenten mit einer »Armee« zu tun, die von den USA aus kommend, in Mexiko die gewaltsame Übernahme der Regierungsgewalt anstrebten.

Ca. 130 »Soldaten«, welche in Los Angeles und Südkalifornien unter den mexikanischen Emigranten angeworben wurden, stellten die Spitze dieser Streitmacht. Die Leitung hatte der ehemalige mexikanische Kriegsminister »General« Enrique Estrada und neben seinen Soldaten auch die nötige Ausrüstung, die von Maschinengewehren bis zu Flugzeugen reichte.

Tagelange Observationen und der Kontakt zu Vertrauenspersonen brachten die genauen Pläne zum BI, die die Armee dann ab dem 15. August 1926 festnahm. Mit Hilfe der Grenzpatrouille und der örtlichen Polizei konnten alle »Invasoren« festgenommen werden, ohne dass nur ein einziger Schuss fiel. Gegen die meisten der nationalistisch fehlgeleiteten Männer konnte aufgrund fehlender gesetzlicher Möglichkeiten kein Strafverfahren eröffnet werden, der General und seine Offiziere erhielten eine kleinere Gefängnisstrafe und Ausweisungen aus den USA.

Dies alles bereitete die Männer des BI auf den Kampf gegen die großen Verbrecherbanden und Outlaws der 1930er Jahre vor, den es bald zu bestehen galt.

Sacco und Vanzetti unter strenger Bewachung.

Protestaktionen rund um die Welt begleiteten den Prozess und die Hinrichtung.

Obwohl das BI mit dem Fall Sacco und Vanzetti wenig zu tun hatten, was eine Frage der Zuständigkeitsregelung der damaligen Zeit war, ist dieser Fall dennoch exemplarisch für die Hysterie des Kommunismus und des Anarchismus. Sacco und Vanzetti waren jungen Italiener, die in den USA ihr Glück suchten, dort aber nicht nur arbeiteten, sondern auch ihre extremen linken Ideale vertraten. Das brachte sie mehrfach in Konflikt mit dem Gesetz und ihnen zum Schluss eine Mordanklage ein. Am 15. April 1920 wurden bei einem Überfall einer Schuhfabrik in Massachusetts ein Listenführer und ein Wachmann erschossen und Sacco und Vanzetti damit in Verbindung gebracht.

Der Fall erregte durch geschicktes Taktieren des ersten Verteidigers mit der Presse weltweites Aufsehen und mit die größten Demonstrationen des zwanzigsten Jahrhunderts.

Der Prozess zog sich lange hin und zwischen Auftakt und Urteilsverkündung sollten fast sechs Jahre vergehen. Beide Seiten führten den Prozess mit allen Mitteln, eindeutige Beweise konnte aber keiner vorlegen. Da Sacco bei der Festnahme eine Waffe bei sich trug, die mit der Tat im Zusammenhang stand, erfolgte die Erstellung von mehreren Gutachten. Ob der Colt bei der Tat Verwendung fand oder nicht konnte nie eindeutig geklärt werden.

Das erwiesenermaßen gegen die beiden eingestellte Gericht verurteilte sie final zum Tode. Bis zum heutigen Tag ist keine Klarheit in dem Fall geschaffen. Es gibt belastende Beweise (u. a. die späteren Aussagen der Verteidiger, die von ihrer Schuld überzeugt waren), als auch entlastende Beweise (u. a. ein Schuldgeständnis eines anderen Mittäters). Die ballistischen Gutachten, die in den folgenden Jahrzehnten wechselnde Institutionen erstellten, kamen zu keinem eindeutigen Schluss, auch weil an dem Colt wohl retrograd manipuliert wurde.

J. Edgar Hoover

John Edgar Hoover wurde am 1. Januar 1895 in Washington D. C. geboren und hat diese Stadt, das FBI, den Begriff der polizeilichen Führung sowie die USA in vielen Jahrzehnten entscheidend geprägt.

Mit frühen Erfolgen in seiner Jugend, als Sekretär in der Sonntagsschule, als »schnellster« Tütenträger der Stadt (hiervon rührt auch sein Spitzname Speed), Herausgeber einer Kinderzeitung, Sieger bei mehreren Depatier-Wettbewerben und Hauptmann des Kadettenchors seiner Schule verschaffte er sich Selbstbewusstsein und Achtung.

Nach seiner schulischen Ausbildung ging er auf die George Washington Universität, um einen Abschluss in Jura zu machen. Seine ersten beruflichen Erfahrungen sammelte er dann als Mitarbeiter einer Bibliothek und als Angestellter im Justizministerium. Hier wurde er in der Zeit um den Ersten Weltkrieg in die allgemeine amerikanische Hysterie um die Verfolgung von Kommunisten mit eingebunden. Deportationen von Kommunisten,

die damals als das Böse schlechthin angesehen wurden, waren an der Tagesordnung.

1921 wechselte Hoover dann zum BI und wurde schon am 10. Mai 1924 wegen seiner akribischen Arbeit, im Alter von 29 Jahren, Leitender Direktor. In seinen nun folgenden 48 Amtsjahren drückte er dem Amt seinen Stempel auf. Einmalig in der Polizeigeschichte waren seine Ansichten, Methoden und Erfolge. Er diente unter neunzehn Justizministern und acht Präsidenten (von Coolidge bis Nixon) und hatte eine Machtposition inne, die unanfechtbar war. Sinngemäß soll er einmal gesagt haben: *»Mir ist es egal, wer unter mir Präsident ist«.*

Als Erstes festigte er bis Ende 1930 seine Position durch die Besetzung von wichtigen Stellen mit seinen Vertrauten und entließ ein Drittel der Agenten. Dies waren zum größten Teil protegierte Regierungsbeamte, die aufgrund politischer Beziehungen ihre Stelle bekamen. Hoover verlangte nun ein Mindestalter, eine Vorbildung in Jura für neue Bewerber sowie deren untadeligen Lebenswandel.

J. Edgar Hoover in jungen ...

... und in seinen älteren Lebensjahren.

Hier führt Direktor Hoover persönlich Louis »Lepke« Buchalter ab. Mit den persönlichen Festnahmen gefährlicher Straftäter verbesserte er sein Image ernorm.

Hoover mit Clyde Tolson in Washington der 1930er Jahre, seinem treuen Gefährten in vielen Jahrzehnten.

Er wird heute auch als »Father of modern Law Enforcement« bezeichnet, was wohl zutrifft, da er als erster in den USA eine zentrale Fingerabdruckkartei einführte und wissenschaftliche Polizeimethoden in Bezug auf die Verbrechensbekämpfung anwandte. Er stellte Chemiker, Physiker, Mediziner ein, Fachleute aus allen Wissengebieten und ließ sie exklusiv für das Bureau arbeiten.

In einer Zeit, als die meisten Polizisten/Sheriffs keine Ausbildung hatten, revolutionierte er die polizeiliche Aus- und Fortbildung durch lektioniertes Lernen und systematisierte so das Fachwissen.

In den ersten Jahrzehnten seiner Amtszeit widmete er sich der Jagd auf die amerikanischen Volksfeinde und die Kommunisten, was für ihn wie ein persönlicher Kreuzzug war. Er entwickelte dabei auch sein berühmtes Aktensystem, in dem er Skandale/Straftaten von jeder Persönlichkeit in den Vereinigen Staaten archivierte. So hatte er immer etwas in der »Hinterhand«, wenn es darum ging, die Geschicke des Bureau durchzusetzen.

Berüchtigt waren seine Memoranden über die amerikanischen Präsidenten (speziell über die Kennedys) und über Dr. Martin Luther King, die gegen damals geltende Moralvorstellungen verstießen.

Mitte der 1930er Jahre wurde er bei einer Senatsanhörung befragt, ob er denn schon selbst Verbrecher festgenommen hatte, was er gezwungenermaßen verneinen musste. Er schaltete sich nun persönlich in wichtige Ermittlungen ein und bestand darauf, bei der Festnahme der Staatsfeinde, wie:

- dem professionellen Kidnapper Alvin Karpis,
- dem Mafia-Boss Louis Buchalter,

persönlich anwesend zu sein.

Daraufhin avancierte er zum Liebling der amerikanischen Presse, die ihn und sein Amt zum Vorbild Nr. 1 erklärten. Er begann nun die jahrzehntelange, kluge Glorifizierung der FBI-Agenten, was in unzähligen Artikeln, TV-Shows/Serien und Comic-Heften mündete. G-Man Clubs für Kinder wurden gegründet und jeder Schuljunge gab Ende der 1930er Jahre als Berufswunsch Nr. 1 FBI-Agent an. Am Vorabend des Zweiten Weltkrieges startete

Hoover wieder seine Jagd auf Kommunisten und Spione und setzte dazu auch Telefonüberwachungen ein. Diese waren in den USA »theoretisch« verboten, wurden noch 1928 als unehrenhaft vom FBI bezeichnet und durch ein weiteres Bundesgesetz von 1934 grundsätzlich untersagt. Obwohl sich daran im Einsatzfall kaum gehalten wurde, gab erst im Mai 1940 Präsident Franklin D. Roosevelt die Erlaubnis zum Einsatz dieser mächtigen Waffe, dem Telefonlauschangriff.

Doch nicht nur als »Vorgesetze« hatte Hoover mit den US-Präsidenten zu tun. Richard Nixon wollte in jungen Jahren FBI-Agent werden, wurde jedoch abgelehnt und Ronald Reagan war ein Spitzel von ihm, der »kommunistische« Schauspieler observierte.

Gleichwohl seiner vielen Verdienste, hatte sein Wirken auch Schattenseiten. Mitarbeiter, die ihren Aufgaben in seinem Sinne nicht gerecht wurden, bekamen seinen autoritären Zorn zu spüren. Seine Vorliebe für Gratisverköstigungen, Pferderennwetten und zu seiner (wenn auch nie zu 100% bewiesenen) Homosexualität, kompromittierten ihn und machten ihn erpressbar. Mafia Bosse wie Frank Costello und Meyer Lansky hatten außerdem einen »zu engen Kontakt« zu ihm und angeblich auch Erpressungsmaterial.

Sein inniges Verhältnis zu seinem jahrzehntelangen »Freund« und Stellvertreter Clyde Tolson im prüden Amerika in der Mitte des letzten Jahrhunderts gab immer wieder Anlass für Spekulationen. In den 1950er Jahren verfolgte Hoover ehrgeizige Pläne, Justizminister oder gar Präsident der Vereinigten Staaten zu werden, begrub diese jedoch nach reiflicher Überlegung (und inoffizieller Befragung) wieder. Stattdessen verhalf und sicherte er die Positionen von verschiedenen Präsidenten, die ihm dann »Dank« pflichteten.

Er war immer eng an den Schalthebeln der Macht und wurde von diesen mit Ehrungen überhäuft. Ein Höhepunkt davon war sicherlich der im US-Bundesstaat Indiana ausgerufene J.-Edgar-Hoover-Tag.

Das ändert sich, als der junge John F. Kennedy (JFK) 1961 Präsident der USA wurde. Beide arbeiteten zwar offiziell zusammen, hatten aber gegeneinander soviel Material in der Hinterhand, dass es zu einer »Pattsituation« kam. Kennedy beließ Hoover im Amt, Hoover wiederum verschwieg und deckte die umfangreichen Frauengeschichten des Präsidenten (u. a. die Affäre mit Marilyn Monroe) und die Liebschaften seines Bruders Robert.

Als JFK am 22. November 1963 in Dallas ermordet wurde, rettete das wohl indirekt seinen Posten, auch wenn er mit Sicherheit nicht (wie einige Journalisten in den USA dennoch behaupten) mit seinem Tod in direkte Verbindung zu bringen ist. Hoover sagte zu den Ermittlungen sinngemäß: *»Der Fall ist ein einziges Durcheinander, mit vielen ungelösten Fragen«.*

Noch heute gilt der Fall als ungelöst, auch wenn Lee Harvey Oswald mit drei Schüssen in ca. sieben Sekunden als (einer?) der Attentäter gilt. Die Frage, wer dahinter stand (der US Geheimdienst, die damals noch mächtige Cosa Nostra, die Kubaner, die damalige UDSSR, u. a), dürfte wohl noch Generationen beschäftigen.

Der folgende Präsident, Lyndon B. Johnson, war wieder voll auf Hoovers Seite und erließ eine Sonderverfügung, die ihm über seine Pensionierung hinaus seine Position sicherte. Die Abneigung gegen Kommunismus, die heraufziehenden Studentenbewegungen und die begründete Sorge um die Sicherheit der Nation vereinten beide. Zudem teilten sie ihre Besorgnis in Bezug auf die Bürgerrechtsbewegung der Afro-Amerikaner, angeführt von Malcolm X und Dr. Martin Luther King. Gegen beide hatten sie kompromittierendes Beweismaterial, besonders gegen Dr. King. Dieser hatte wiederholt ausschweifende Sexorgien gefeiert und »deftige Reden« dabei vorgetragen, was alles mit damals revolutionärer neuer Technik aufzuzeichnen gelang.

Wie immer ließ Hoover ausgewählte Teile davon an die ihm wohlgesonne Presse durchsickern, die aber kaum etwas veröffentlichte. Der Höhepunkt dieser Auseinandersetzung war die Verleihung des verdienten Nobelpreises an Dr. King, auf den Hoover spekuliert hatte und ein kurz davor datier-

Hoover war vernarrt in Hunde, was ihm auch diesbezügliche Spitznamen einbrachte.

J. Edgar Hoover zeigt »dem Liebling der Nation« Shirley Temple das damalige FBI-Laboratorium. Hoover erkannte schon früh die (positive) Macht der Presse.

Boys and Girls
COLOR THE PICTURE AND MEMORIZE THE RULES

FOR YOUR PROTECTION, REMEMBER TO:

• Turn down gifts from strangers
• Refuse rides offered by strangers
• Avoid dark and lonely streets
• Know your local policeman

Director, Federal Bureau of Investigation

Mit Verhaltenshinweisen für Kinder in Zeitschriften war er in schon in den 1930er Jahren seiner Zeit weit voraus.

Dr. Martin Luther King verlässt Anfang der 1960er Jahre das Büro von J. Edgar Hoover, nach einem »intensiven Gespräch«.

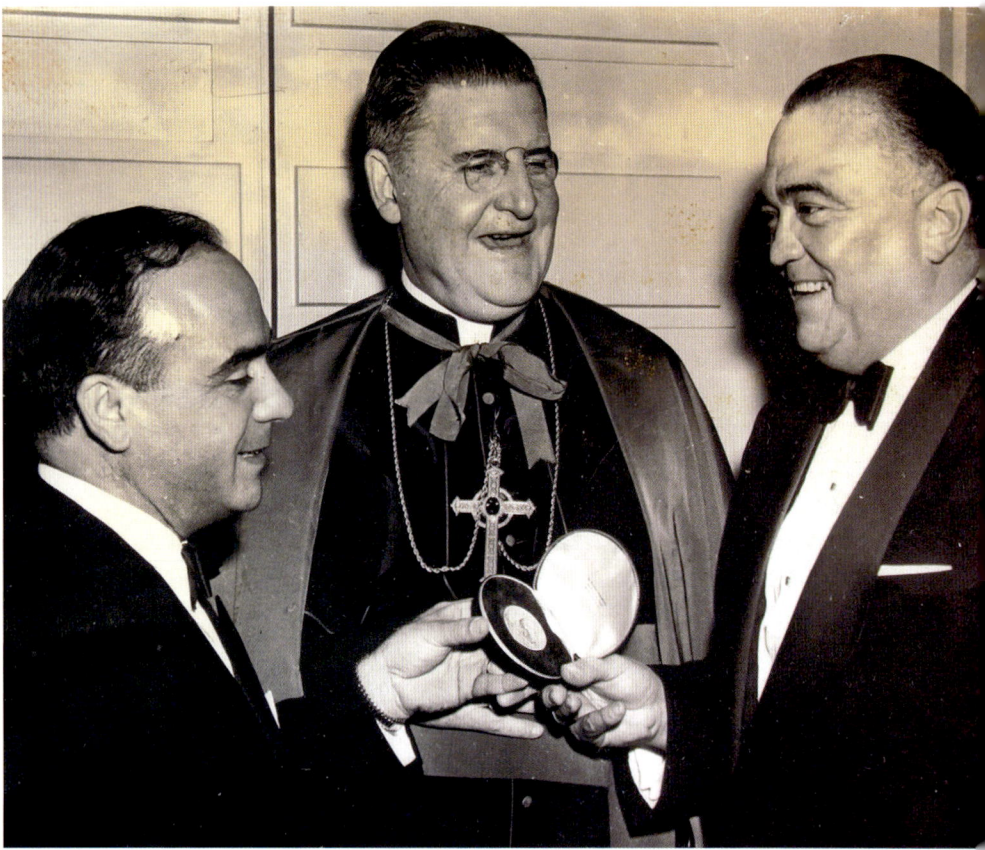

Hoover erhält eine religiöse Ehrung. Er war aktives Mitglied der Freimaurer und hatte bis zu seinem Lebensende einen hohen Grad inne.

Hier ist originalgetreu sein Büro aufgebaut, so wie er es jahrzehntelang benutzte.

Im Freimaurertempel von Washington befindet sich heute das Büro und weitere Belege des Wirkens von J. Edgar Hoover.

J. EDGAR HOOVER

THE FATHER OF MODERN LAW ENFORCEMENT, WHOSE INSIGHT MADE THIS ACADEMY POSSIBLE.

96TH SESSION
FBI NATIONAL ACADEMY
JANUARY 7 – MARCH 28, 1974

Ein Teil seiner Büchersammlung, die heute in einem Andenkenraum der Academy aufbewahrt wird.

Eine Gedenktafel für J. Edgar Hoover in der FBI-Academy.

tes Harmonisierungsgespräch zwischen beiden, bei dem er Dr. King daran erinnerte, dass »er ein Mann der Kirche ist«.

Die tödlich verlaufenden Attentate auf Dr. King am 4. April 1968 und das am 6. Juni 1968 folgende auf Robert Kennedy beendeten diese Auseinandersetzungen. Unter der persönlichen Aufsicht von Hoover wurden beide Fälle gelöst, die Täter ermittelt, aber auch hier verstummten nie die Gerüchte um die »wahren Hintermänner«.

Ende der 1960er Jahre wurde der Kampf gegen die militante Black-Panther-Bewegung und deren Splittergruppen zur Hauptaufgabe des FBI. Diese Vereinigung, die schwere Straftaten bis hin zu geplanten Morden beging und sogar ein Buch herausbrachte, das schwarze Kinder zum Töten von weißen Polizisten anleitete, hatte eine starke Sogwirkung auf die Jugend Amerikas. Hoover sah die Bekämpfung dieses »un-amerikanischen Untriebes« als seine persönliche Aufgabe an, genehmigte viele zweifelhafte Aktionen (Diskreditierung der Führungspersönlichkeiten und Sympathisanten, Einschleusung eines agent de provocateur in Demonstrationen, etc.) und konnte Teilerfolge vorweisen.

Auch wenn aus heutiger Sicht die Bürgerrechtsbewegung, die Studentenbewegung, die Aktionen gegen den Vietnamkrieg als gerechtfertigt und notwendig erscheinen, darf nicht vergessen werden, dass auch von diesen Aktivisten, von diesen Anarchisten eine große Gefahr für das Land ausging.

Um 1970 wurden viele Bombenanschläge von ihnen verübt, alleine in New York gab es Tage mit hunderten von geplanten Anschlägen. In dem Stadtteil Manhattan starben 43 Menschen bei Terroranschlägen auf General Telephone, IBM und Mobil Oil.

Hoover hatte bei seinen Maßnahmen quasi alle Politiker (Demokraten und Republikaner) hinter sich, der Präsident und der dem FBI vorgesetzte Justizminister unterstützten manche Aktionen sogar selber. Hoover wird aus diesen Jahren gerne mit: »Recht und Ordnung haben nur wenig mit Gerechtigkeit zu tun« zitiert.

Viele der Abhöraktionen wurden per Order aus dem Weißen Haus durchgeführt, manche sogar ohne das FBI, mit einer Reihe von Mitarbeitern (intern als »Klempner« bezeichnet), die direkt dem Präsidenten unterstellt waren. Diese Methoden endeten dann im großen Watergate Skandal im Juni 1972, infolgedessen Nixon zurücktrat.

Dieses »Finale« musste J. Edgar Hoover nicht mehr erleben. Er starb in den frühen Morgenstunden des 02. Mai 1972, im Alter von 77 Jahren, in seinem Haus. Kurz danach wurden viele persönliche Gegenstände und Akten vernichtet. Hier erwiesen ihm seine treuen Angestellten, sein dunkelhäutiger Bodyguard und Fahrer James Crawford sowie seine jahrzehntelange Sekretärin, Helen Gandy, einen letzten Dienst. Und wohl auch der amerikanischen Nation...

Hoover wurde die Ehre eines seltenen Staatsbegräbnisses zuteil, obwohl er sich lieber ein stilles Freimaurer-Begräbnis gewünscht hatte, da er viele Jahre dort eine hohe Position innehatte.

Präsident Nixon wies in seiner Trauerrede auf die vielen Verdienste des FBI-Direktors hin: »Er ist schon als junger Mann zu einer lebenden Legende geworden, er hatte sein Leben dem Kampf gegen das Verbrechen und dem Aufbau einer Behörde, dem FBI, der besten Vollzugsbehörde der Welt, gewidmet.

Er hat unbesiegbar und unbestechlich die kostbarsten Rechte der amerikanischen Nation verteidigt... Acht Präsidenten kamen und gingen, die Führer verschiedener moralischer und weltanschaulicher Bewegungen stiegen auf und sanken wieder in die Vergessenheit zurück, der Direktor des FBI aber hielt die Stellung...«

Hoover war ein amerikanischer Volksheld, auch wenn aus heutiger Sicht manche Maßnahmen von ihm als überzogen/strafbar anzusehen sind. Er war ein Mann, der auf die damalige Weltanschauung ausgerichtet, im Auftrag handelte, meist die Regierung hinter sich hatte, immer auf der Seite der jeweils geltenden Moral und Wertvorstellung war.

Auch wenn diese aus Gründen des Zeitgeistes heute anders ausgelegt werden.

Die Gangster-ära

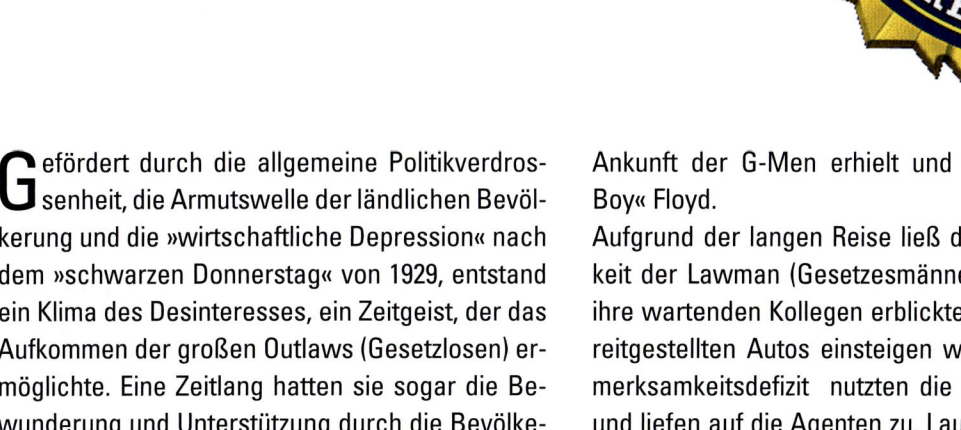

Gefördert durch die allgemeine Politikverdrossenheit, die Armutswelle der ländlichen Bevölkerung und die »wirtschaftliche Depression« nach dem »schwarzen Donnerstag« von 1929, entstand ein Klima des Desinteresses, ein Zeitgeist, der das Aufkommen der großen Outlaws (Gesetzlosen) ermöglichte. Eine Zeitlang hatten sie sogar die Bewunderung und Unterstützung durch die Bevölkerung und der Printmedien. Ihre Raubzüge und Überfälle wurden medienwirksam ausgeschlachtet, Berichte über sie gab es täglich zu lesen, sogar einige Interviews.

Die Gangsterära hatte ihren Höhepunkt nach den Akten des FBI am 17. Juni 1933. Um 7.15 Uhr verließen sechs Polizisten, darunter zwei FBI-Männer, einen Zugwaggon am Bahnhof von Kansas City, um den Bankräuber Frank Nash in das Gefängnis von Leavenworth zu bringen.

Am Bahnhof warteten schon in einer schwarzen Limousine die drei »Revolvermänner« Adam Richetti, Vernon Miller, der die Information über die Ankunft der G-Men erhielt und Charles »Pretty Boy« Floyd.

Aufgrund der langen Reise ließ die Aufmerksamkeit der Lawman (Gesetzesmänner) nach, als sie ihre wartenden Kollegen erblickten und in die bereitgestellten Autos einsteigen wollten. Das Aufmerksamkeitsdefizit nutzten die drei Verbrecher und liefen auf die Agenten zu. Laut Aktenlage gab Floyd das Kommando: *»Knallt sie nieder«* und alle drei feuerten aus ihren schweren Waffen. Pretty Boy stand ohne Deckung auf der Mitte der Straße, seine MP in die rechte Hüfte gestützt (anderen Quellen nach hatte er zwei .45 Pistolen), und gab eine Serie von Feuerstößen nach der anderen ab.

Aus den Archiven gehen unterschiedliche Aussagen über die (mögliche) Bewaffnung der Polizisten hervor, auf jeden Fall hatten sie keine Chance zur Gegenwehr. Vier Polizisten (davon ein FBI-Mann) lagen tot auf der Straße, zwei andere waren schwer verwundet, die drei Gangster entkamen.

Nash lag von elf Kugeln durchsiebt tot im Dreck.

Die Gangsterära formt das FBI zu einer der führenden Polizeibehörden der Welt.

Nachfolgende Ermittlungen ergaben, dass er wohl »zum Schweigen« gebracht werden sollte.

Am 29. November 1933 wurde Miller an der Peripherie von Detroit ebenfalls tot aufgefunden. Die angeordnete Untersuchung durch die Rechtsmedizin ergab, dass er bestialisch mit glühendem Metall sowie mit Eispickeln gefoltert und dann erwürgt wurde. Die Experten des FBI kamen aufgrund dieser Umstände zu dem Schluss, dass es zu Streitigkeiten in der Gruppe gekommen war.

Richetti wurde am 21. Oktober 1934 von der Ortspolizei von Wellville in Ohio gefasst und »zum Sprechen gebracht«. Er verriet den Aufenthaltsort von Floyd, der einen Tag später dort umstellt werden konnte. Trotz Aufforderung sich zu ergeben, war er entschlossen, sein Leben als Desperado zu beenden. Bei dem sich anschließenden Feuergefecht kam er ums Leben, was kaum jemand betrauerte.

Bei dieser Aktion waren die Beamten des FBI auch schon wesentlich besser ausgerüstet. Während sie vorher nur vereinzelt und mit Genehmigung bewaffnet waren, genehmigte der amerikanische Congress um die Jahreswende 1933/1934 nun die ständige Bewaffnung der Agenten und gab ihnen auch weitergehende Rechte bei der Verfolgung und Festnahme von Straftätern.

Diese brauchten sie schon bei dem nächsten spektakulären Fall, der Entführung des Erdöltycoons Charles F. Urschel, den am 23. Juli 1933 bewaffnete Männer von der Veranda seines Hauses unter Waffengewalt zum Mitkommen zwangen. Seine Freilassung erfolgte wenige Tage später, aber aufgrund seines sehr guten Gedächtnisses konnte er sich an viele Einzelheiten erinnern. Er hatte die Fahrzeit abgeschätzt, sich Geräusche in der Umgebung, seinen Raum, den Geschmack des Wassers gemerkt und die Entführer bei Gesprächen belauscht. Das alles brachte das FBI innerhalb von wenigen Stunden auf die Spur der Entführer, die auch alle festgenommen werden konnten. Alle, bis auf das Ehepaar George »Machine Gun« Kelly und Kathryn Kelly.

MG Kelly, der diesen Spitznamen wegen seiner Affinität zu Schnellfeuerwaffen bekam und als einer

Die zerschossenen Fahrzeuge nach dem Kansas City Massaker (zwischen den Fahrzeugen liegen zwei tote Polizisten).

Die Fingerabdruckkarte des BI von Charles Floyd.

Das letzte Foto von »Pretty Boy« Floyd, welches diesen zusammen mit seiner Frau und seinem Sohn zeigt.

Eines der wenigen Fotos von George »Maschine Gun« Kelly.

der härtesten Gangster von Amerika galt und so gut im Umgang mit der MP war, dass er auf 25 Meter Wallnüsse traf, stand total unter der Fuchtel seiner Frau. Während bei anderen Unterweltgrößen die Gangster-Braut oft nur Anhängsel und Hilfe war, wurde Kathryn wegen ihrer Tobsuchtsanfälle »gefürchtet«. Sie hatte ihren Mann auch dazu gebracht, Drohbriefe an Richter und Zeugen zu schreiben, die er immer mit seinen Fingerabdrücken unterzeichnete.

Durch intensive Bemühungen konnten die Agenten wenig später einen Zugweg zurückverfolgen, sie wussten, dass sich MG Kelly nun bei Memphis Tennessee aufhielt und umstellten das Versteck bei Morgengrauen am 26. September 1933. Durch umsichtiges Vorgehen konnten sie sich sicher seiner Schlafstätte nähern und sprachen ihn dort scharf an, Kelly ergab sich sofort. Er soll gerufen haben: *»Nicht schießen G-Men, nicht schießen G-Men«.* G-Men, die Abkürzung für Government Men (Männer der Regierung), wurde darauf hin zum Synonym der Agenten.

Kelly und die meisten seiner Bande wurden zu lebenslanger Haft verurteilt, er verstarb am 17. Juli 1954 dort an Herzversagen. Obwohl nicht aktenkundig, besteht noch heute die Legende, dass sich die Frau von Kelly für seine kampflose Festnahme »schämte« und sinngemäß sagte: *»Du Feigling, Du gehörst nicht mehr zu meiner Familie«.*

Das wohl berühmteste Gangsterpärchen der US-Geschichte war Clyde Barrow (* 24. März 1909 in Telico/Texas; † 23. Mai 1934 im Bienville Parish/Louisiana) und Bonnie Parker (* 1. Oktober 1910 in Rowena/Texas; † 23. Mai 1934 im Bienville Parish/Louisiana), bekannt als Bonnie and Clyde. Während Clyde den Analen nach als primitiv, geistesschwach, halb impotent und homosexuell galt, wird Bonnie als eine romantische, begabte und intelligente Studentin beschrieben.

Beide trafen sich in Zeiten großer Perspektivlosigkeit im Januar 1930. Clyde war vorbestraft, arbeitslos, ohne Geld und Hoffnung, Bonnie war ebenfalls seit wenigen Wochen arbeitslos, ihr Ehemann saß zudem im Gefängnis.

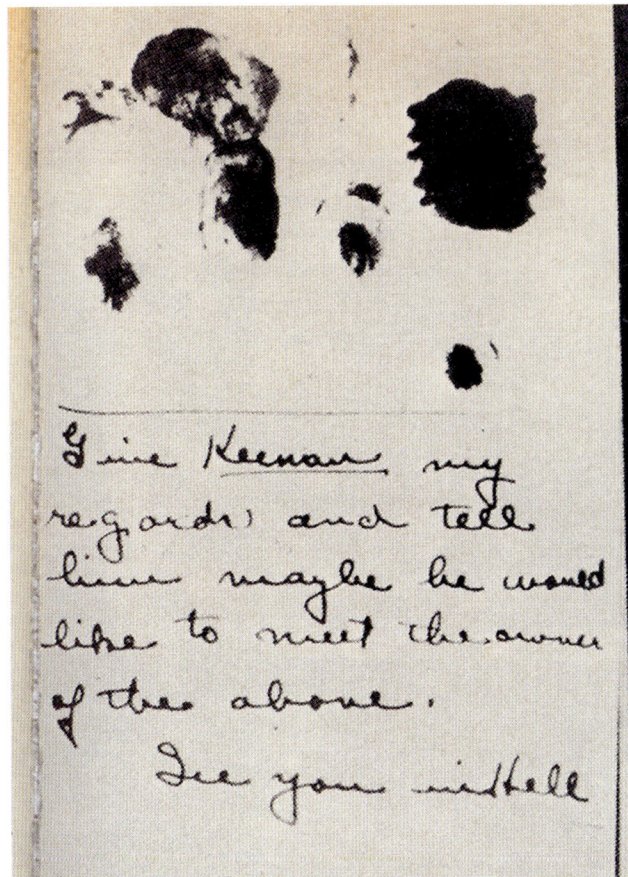

Ein Drohbrief von
MG Kelly, den er
mit seinen Fin-
gerabdrücken
unterzeichnet hat.

MG Kelly nach
seiner
Festnahme.

Bonnie Parker (hier vor einem der besten Wagen der damaligen Zeit)...

... und Clyde Barrow ging als das »Liebespärchen« unter den Gangstern in die Kriminalgeschichte ein.

Bonnie »übt« eine Entwaffnungstechnik an Clyde.

U.S. Department ....stice

Federal Bureau of Investigation

Washington. D.C. 20535

I.C. #26-31672

December 14, 1934
(Revised October, 1983)

CLYDE CHAMPION BARROW
BONNIE PARKER

NATIONAL MOTOR VEHICLE THEFT ACT

Clyde Champion Barrow and his companion, Bonnie Parker, were shot to death by officers in ambush near Sailes, Bienville Parish, Louisiana, on May 23, 1934, after one of the most colorful and spectacular manhunts the Nation had seen up to that time.

Barrow was suspected of numerous killings and was wanted for murder, robbery, and on state charges of kidnaping.

The Federal Bureau of Investigation (in early 1930's called the Bureau of Investigation) became interested in Barrow and his paramour late in December, 1932, through a singular bit of evidence. A Ford automobile was found abandoned near Jackson, Michigan, which had been stolen in Pawhuska, Oklahoma, in September of that year. At Pawhuska it was learned another Ford car had been abandoned there which had been stolen in Illinois. A search of this car revealed it had been occupied by a man and a woman, indicated by abandoned articles therein. In this car was found a prescription bottle, which led Special Agents to a drug store in Nacogdoches, Texas, where investigation disclosed the woman for whom the prescription had been filled was Clyde Barrow's aunt.

Further investigation revealed that the woman who obtained the prescription had been visited recently by Clyde Barrow, Bonnie Parker, and Clyde's brother, L. C. Barrow. It also was learned that these three were driving a Ford car, identified as the one stolen in Illinois. It was further shown that L. C. Barrow had secured the empty prescription bottle from a son of the woman who had originally obtained it.

On May 20, 1933, the United States Commissioner at Dallas, Texas, issued a warrant against Clyde Barrow and Bonnie Parker, charging them with the interstate transportation, from Dallas to Oklahoma, of the automobile stolen in Illinois. The FBI then started its hunt for this elusive pair.

BACKGROUND

Bonnie and Clyde met in Texas in January, 1930. At the time, Bonnie was 19 and married to an imprisoned murderer; Clyde was 21 and unmarried. Soon after, he was arrested for a burglary and sent to jail. He escaped, using a gun Bonnie had smuggled to him, was recaptured, and was sent back to prison. Clyde was paroled in February, 1932, rejoined Bonnie, and resumed a life of crime.

In addition to the automobile theft charge, Bonnie and Clyde were suspects in other crimes. At the time they were killed in 1934, they were believed to have committed 13 murders and several robberies and burglaries. Barrow, for example, was suspected of murdering two police officers at Joplin, Missouri, and kidnaping a man and a woman in rural Louisiana. He released them near Waldo, Texas. Numerous sightings followed, linking this pair with bank robberies and automobile thefts. Clyde allegedly murdered a man at Hillsboro, Texas; committed robberies at Lufkin and Dallas, Texas; murdered one sheriff and wounded another at Stringtown, Oklahoma; kidnaped a deputy at Carlsbad, New Mexico; stole an automobile at Victoria, Texas; attempted to murder a deputy at Wharton, Texas; committed murder and robbery at Abilene, Texas; murder and robbery at Sherman, Texas; another murder at Dallas, Texas; abducted a sheriff and the chief of police at Wellington, Texas; and committed a murder at Joplin, Missouri, and a murder at Columbia, Missouri.

THE CRIME SPREE BEGINS

Later in 1932, Bonnie and Clyde began traveling with Raymond Hamilton, a young gunman. Hamilton left them several months later, and was replaced by William Daniel Jones in November, 1932.

Ivan M. "Buck" Barrow, brother of Clyde, was released from the Texas State Prison on March 23, 1933, having been granted a full pardon by the Governor. He quickly joined Clyde, bringing his wife, Blanche, so the group now numbered five persons. This gang embarked upon a series of bold robberies which made headlines across the country. They escaped capture in various encounters with the law. However, their activities made law enforcement efforts to apprehend them even more intense. During a shootout with police in Iowa on July 29, 1933, Buck Barrow was fatally wounded and Blanche was captured. Jones, who was frequently mistaken for "Pretty Boy" Floyd, was captured in November, 1933, at Houston, Texas, by the sheriff's office. Bonnie and Clyde went on together.

On November 22, 1933, a trap was set by the Dallas, Texas, sheriff and his deputies in an attempt to capture Bonnie and Clyde near Grand Prairie, Texas, but the couple escaped the officers' gunfire. They held up an attorney on the highway and took his car, which they abandoned at Miami, Oklahoma. On December 21, 1933, Bonnie and Clyde held up and robbed a citizen at Shreveport, Louisiana.

On January 16, 1934, five prisoners, including the notorious Raymond Hamilton (who was serving sentences totaling more than 200 years), were liberated from the Eastham State Prison Farm at Waldo, Texas, by Clyde Barrow, accompanied by Bonnie Parker. Two guards were shot by the escaping prisoners with automatic pistols, which had been previously concealed in a ditch by Barrow. As the prisoners ran, Barrow covered their retreat with bursts of machine-gun fire. Among the escapees was Henry Methvin of Louisiana.

Beide trafen aufeinander und verliebten sich unsterblich ineinander. Wenige Wochen später wurde Clyde wegen einer Straftat inhaftiert, konnte sich aber den Weg in die Freiheit erpressen, da ihm Bonnie eine Waffe in die Strafanstalt einschmuggelte.

Obwohl er kurz darauf wieder gefasst wurde, ins Gefängnis kam, wartete sie auf ihn bis zu seiner Entlassung im Februar 1932.

Ab diesem Zeitpunkt begannen sie ihre Raub- und Mordtouren in den Vereinigten Staaten. Obwohl sie etliche schwerste Straftaten begangen hatten, konnte das FBI die örtlichen Polizeien erst ab Mai 1933 unterstützen, als ein Bundesgericht einen Haftbefehl wegen Autodiebstahls erließ, da die beiden einen gestohlenen PKW vom Staat Texas in den Staat Oklahoma fuhren.

Obwohl die G-Men zu diesem Zeitpunkt auch mit der Jagd auf andere Gangster beschäftigt waren, kamen sie den beiden rasch auf die Spur.

Das Gangsterpärchen lebte im großen Stil und lieferte sich mehrfach Feuergefechte mit der örtlichen und staatlichen Polizei, die ihnen nicht habhaft werden konnte. Beide zeichneten sich dabei mit einer menschenverachtenden Kaltschnäuzigkeit aus und gingen rücksichtslos vor.

Hoovers Methode war auch hier, die Gangster unter großen Druck zu stellen, sie zu hetzen und ihnen keine Zeit der Ruhe zu gönnen. Heute würde diese Methode wohl nicht mehr angewendet werden, da man so auch Straftaten provoziert und Gewalt gegen die Bevölkerung in Kauf nimmt, aber unter den damaligen Verhältnissen war es eine richtige Entscheidung. Zeitweise befassten sich 100 Agenten und über 1000 Polizisten mit dem Fall.

Die entscheidende Wende kam im Frühjahr 1934, als die beiden zeitweise einen Sheriff als Geisel genommen hatten. Dieser konnte sie belauschen und wertvolle Informationen erlangen, die er an die Agenten weitergab, welche die richtigen Schlüsse zogen.

Unter der Führung des erfahrenen, ehemaligen Texas Rangers Frank Hamer, wurde das Insiderwissen genutzt, um den Beiden eine Falle zu stellen. Die Agenten des FBI waren auf einer anderen Verbrecherjagd, als es in den Morgenstunden des 23. Mai 1934 zu einem Shoot-Out (Schusswechsel) kam, bei dem Bonnie und Clyde getötet wurden.

Hamer, ein erfahrener Gesetzeshüter, ließ den beiden keine Chance. Auf ihr Konto ging eine ungeheure Zahl an Straftaten, alleine zwölf Morde, davon acht an Polizisten, zeugen von ihrer Gewaltbereitschaft.

Als ihr Fahrzeug vorfuhr und sie identifiziert waren, eröffneten Hammer und weitere Lawman das Feuer, sie leerten ihre Magazine... Ca. 170 bis 220 Einschüsse im Fahrzeug, je nach Art der Zählweise, und von über 50 Projektilen getroffen, starben die beiden augenblicklich. Ob sie noch zu ihrem Waffenarsenal im hinteren Bereich des Fords greifen konnten oder wollten ist strittig.

Ein Amateurfilmer zeichnete das Ende des Geschehens auf Film, was wohl mit die erste Dokumentation dieser Art war, aber heute keine Seltenheit mehr ist.

THE LAST MONTHS

On April 1, 1934, Bonnie and Clyde encountered two young highway patrolmen near Grapevine, Texas. Before the officers could draw their guns they were shot. On April 6, 1934, a constable at Miami, Oklahoma, fell mortally wounded by Bonnie and Clyde, who also abducted a police chief, whom they wounded.

The FBI had jurisdiction solely on the charge of transporting a stolen automobile, although the activities of the Bureau Agents were vigorous and ceaseless. Every clue was followed. "Wanted notices" were distributed to all officers, furnishing fingerprints, photograph, description, criminal record, and other data. The Agents followed the trail through many states and into various haunts of the Barrow gang, particularly Louisiana. The association with Henry Methvin and the Methvin family of Louisiana was discovered and FBI Agents and they found that Bonnie and Clyde had been driving a car stolen in New Orleans.

On April 13, 1934, an FBI Agent, through investigation in the vicinity of Ruston, Louisiana, obtained information which definitely placed Bonnie and Clyde in a remote section southwest of that community. The home of the Methvins was not far away and the Agent learned of visits there by Bonnie and Clyde. Special Agents in Texas had learned that Clyde and his companion had been traveling from Texas to Louisiana, sometimes accompanied by Henry Methvin.

The FBI and local law enforcement authorities in Louisiana and Texas concentrated on apprehending Bonnie and Clyde, whom they strongly believed to be in the area. Then, it was learned that Bonnie and Clyde, with some of the Methvins, had staged a party at Black Lake, Louisiana, on the night of May 21, 1934. Bonnie and Clyde were due to return to the area two days later.

A posse composed of police officers from Louisiana and Texas, including Texas Ranger Frank Hamer, concealed themselves in bushes along the highway near Sailes, Louisiana, before dawn on May 23, 1934. Bonnie and Clyde appeared in an automobile in the early daylight. As they attempted to drive away, the officers opened fire. Bonnie and Clyde were killed instantly.

- 3 -

Das Ende der beiden ging in den Zeitschriften um die ganze Welt.

Während alle anderen Verbrecher aus dieser Ära wenige Jahre später verachtet und vergessen waren, gab es eine Verklärung der beiden. Dies wurde noch gefördert durch die Entdeckung der Gedichte von Bonnie, ihr Finales »The story of Bonnie and Clyde« rührte nach dem Abdruck in den wichtigsten US-Zeitschriften ein ganzes Land zu Tränen. Noch heute fühlen sich viele von der Romanze angezogen, »Fanclubs« in aller Welt (sogar in Deutschland) entstanden und bestehen.

John Herbert Dillinger (* 22. Juni 1903 in Oak Hill/Indianapolis; † 22. Juli 1934 in Chicago) war der wohl bekannteste Verbrecher der Gangsterära. Er verübte schon in seiner Jugend etliche Diebereien und überfiel Geschäfte. Der letzte dieser Überfälle am 6. September 1924 endete in seiner Festnahme. Er wurde mit einer Rahmenstrafe von bis zu zwanzig Jahren Zuchthaus bestraft, von der er auch neun Jahre absitzen musste. Im Frühjahr 1933 erfolgte die vorzeitige Entlassung, die er nicht nutzte, sondern als Schwäche des Staates einschätzte

und überfiel schon wieder im Herbst 1933 Banken. Er wurde erneut geschnappt und ins Polizeigefängnis nach Lima in Ohio eingeliefert. Dort sollte er in Untersuchungshaft sitzen, bis zu seiner Gerichtsverhandlung.

Bei einer routinemäßigen Durchsuchung konnte in seiner Zelle ein Fluchtplan aufgefunden werden. Dillinger stritt den Besitz ab und gab sich ahnungslos. Vier Tage später entflohen acht Gangster, mit Hilfe von eingeschmuggelter Bewaffnung, exakt auf Grund eines solchen Fluchtplanes aus dem Staatsgefängnis von Michigan City.

Am 22. Oktober 1933 erschienen drei von ihnen mit einem weiteren Ganoven im Knast von Dillinger, erschossen den Sheriff und befreiten ihn. Nun war er wieder der Chef einer Bande, die in wenigen Monaten hunderttausende US Dollar erbeutete, zehn Menschen erschoss und sieben verwundete. Vier ausgeraubte Banken, drei geplünderte Polizeiarsenale und dreimal gewaltsames Eindringen in Gefängnisse mit anschließender Gefangenenbefreiung konnten ihnen zur Last gelegt werden. Die Dunkelziffer war vermutlich weitaus höher...

Das FBI durfte noch nicht ermitteln, da es zur damaligen Zeit noch keine ausreichende gesetzliche Legitimation gab, leistete aber dennoch Unterstützung in Hinblick auf die Spurenanalyse.

Dillinger war mit seiner Bande am 29. Januar 1934 in einem Hotel in Tucson, Arizona, als es zu einem unvermittelten Brand kam. In dem anschließenden Tumult konnte die Bande fast komplett und ohne größere Gegenwehr »kassiert« werden.

Dillinger wurde in das Gefängnis von Crow Point, in Indiana, eingesperrt, wo er seinem Prozess, u. a. wegen Polizistenmordes bei einem Banküberfall in Chicago, entgegen sah. Die Behörden verkündeten in der Presse, dass »von hier aus noch keiner entkommen war«, doch sie kannten die hohe kriminelle Energie von Dillinger nicht.

Dieser beobachtete die Lage im Knast genau, bal-dowerte die Verhaltensweisen der Wachen und mögliche Fluchtwege genau aus, bevor er am 3. März 1934 alles auf eine Karte setzte. Er schnitzte mit einer Rasierklinge aus einem Stück Holz eines

Waschbrettes einen pistolenähnlichen Gegenstand, den er noch mit schwarzer Schuhcreme einfärbte. Ein Wachmann, der in völliger Angst vor Dillinger den großen Fehler begang, ihm die Zellentüre zu öffnen, fiel komplett auf die Drohwirkung der »Pistole« rein.

Erst einmal aus der Zelle, erpresste er sich den weiteren Weg, schnappte sich mehrere Maschinenpistolen, sperrte weitere Wachen ein und stahl zum Schluss noch das Auto des Sheriffs, um sich damit auf den Weg nach Chicago zu machen. Mit dieser letzten Tat verstieß er dann »endlich« gegen ein Bundesgesetz, den National Motor Vehicle Theft Act, der das Verbringen von gestohlenen Fahrzeugen von einem Staat in den anderen unter Strafe stellte. Nun durfte das FBI ermitteln.

John Dillinger, der inzwischen Public Enemy Number One (Staatsfeind Nr. 1) genannt wurde, war indes in Chicago damit beschäftigt, seine dezimierte Bande wieder aufzubauen. Mit von der Partie war nun auch Lester Gillis, der als »Baby Face Nelson«, in die Kriminalgeschichte eingehen sollte.

Mit seiner neuen Gang überfiel er wieder Banken und schrieb sogar seiner Schwester einen Brief, in der er die Justiz verlachte: »... es wird berichtet, dass ich eine echte Fünfundvierziger gehabt hatte. Das ist reiner Quatsch, weil sie nicht zugeben wollen, dass ich mit meiner hölzernen Pistole acht Wachtmeister und ein Dutzend Kalfakter eingesperrt habe, bevor ich ihre Maschinenpistolen in die Hand kriegte.

Als ich sie dann hatte, habe ich ihnen die hölzerne Pistole gezeigt und da hättest Du mal ihre Gesichter sehen sollen. Ha! Ha! Ha! Dass mir das gelang, ist mir zehn Jahre meines Lebens wert. Ha! Ha!«

Die G-Men zogen den Kreis um die Verdächtigen immer enger und übten zudem großen Druck auf die Unterwelt aus, indem sie quasi jeden Ganoven davon überzeugten, alle Hinweise auf den Aufenthaltsort der Bande zu melden.

Am 30. März 1934 meldete ein Verwalter einer Wohnanlage ein »seltsames Paar«, das sich seit kurzem dort eingemietet hatte. Nach kurzer Überwachung war klar, das war Dillinger und seine

5. Februar 1934, Dillinger mit dem Police Chief (rechts) und seinem Verteidiger (links) vor Gericht.

Ein Foto das Hoover entzürnte, Staatsanwalt Robert Estill mit Dillinger in freundschaftlicher Umarmung.

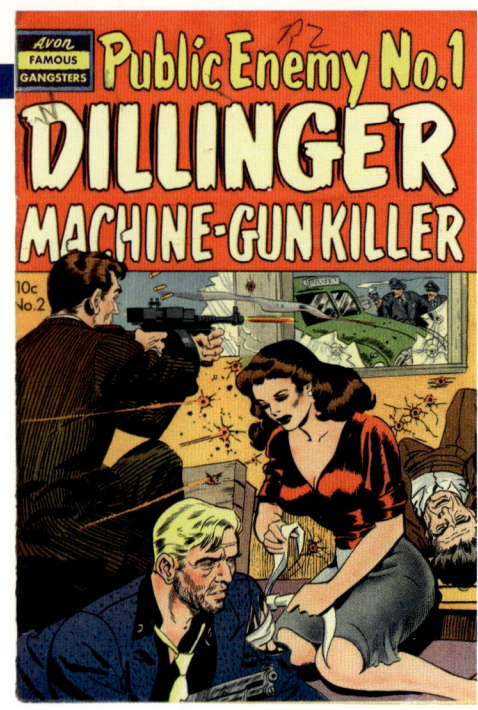

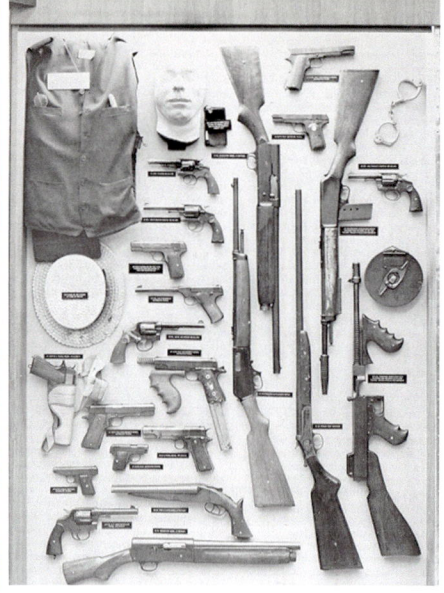

Einige Waffen, die Dillinger und seine Gang bei den Straftaten verwendeten.

Zu Beginn der Gangsterära waren Teile der Bevölkerung noch auf Seiten der Outlaws, was aber nicht lange anhielt. In dieser Zeit wurden die »Taten der Bösen« heroisiert.

Mit diesen Plakaten wurde nach Dillinger gefahndet.

Freundin Frechette. In den frühen Morgenstunden des folgenden Tages klopfte das FBI an die Türe. Frechette öffnete, erkannte die Beamten und schlug die Türe sofort wieder zu.

Es kam zu einem Feuergefecht, bei dem Dillinger seine »Chicago Typewriter« heftigst einsetzte und so beiden die Flucht ermöglichte, obwohl ihn auch ein Projektil am Bein verletzte.

Die Flucht gelang ihm im April 1934 erneut, als Hundegebell die anrückenden Polizeikräfte verriet, die den Unterschlupf der Bande stürmten. Wenige Tage darauf erschoss Babyface Nelson einen FBI Mann und verletzte weitere Polizisten schwer.

Aufgrund der großen Polizeipräsenz und den damit verbundenen Repressalien auf die Unterwelt, bekam das FBI immer wieder Tipps von anderen Gangstern, die schließlich in der Festnahme von Frechette mündeten.

Dillinger überfiel in der Zwischenzeit eine Polizeistation und tauchte dann mit Nelson in einer Ferienkolonie unter. Auch dieser Aufenthaltsort wurde lokalisiert, ein weiterer Festnahmeversuch scheiterte an dem Kugelhagel, den die beiden auf die Agenten und die Unbeteiligten in der Umgebung niederließen. Nelson bestätigte wieder seinen unberechenbaren Ruf, als er gegen Ende des Feuergefechtes spontan eine Geisel nahm und wieder einen G-Men ermordete.

Hoover, der vom Hauptquartier aus in Washington D. C. die Berichte las, kochte vor Wut über die Anzahl der Fehlschläge. Er beauftragte nun einen seiner besten Männer, den FBI Agenten und früheren Rechtsanwalt Samuel P. Cowley, mit der Leitung der Maßnahmen und gab ihm ausreichende Handlungsfreiheiten und eine Warnung über die Gefährlichkeit der Mission mit auf den Weg.

Die Fährte führte wieder nach Chicago, wo sich Dillinger nach einer (angeblichen) Gesichtsoperation, die ein schnelles Identifizieren von ihm erschweren sollte, erholte.

Der entscheidende Hinweis kam nun von einer Prostituierten, die sich Geld und eine Aufenthaltsgenehmigung verdienen wollte. Anna Cumpanas hatte sich durch zwei Chicagoer Polizisten an das FBI gewandt und traf sich auch gleich mit Cowley und dem Leiter des FBI in Chicago, John Purvis.

Sie teilte ihnen mit, dass sie mit Dillinger und seiner neuen Freundin am 22. Juli ins Kino gehen werde. Dillinger sei sicher dabei, wahrscheinlich auch bewaffnet. Damit die Agenten sie besser erkennen konnten, werde sie ein rotes Kleid tragen. Später bestätigte sie alles noch mal telefonisch, so dass an diesem Abend das FBI eine Polizeifalle vor dem Kino (es handelte sich dabei um das in der FBI Academy verewigte Biograph Theater) errichtete. Gegen 22.30 Uhr verließen die drei das Kino und gingen an Purvis vorbei, der im Eingangsbereich wartete und ihn zur Sicherheit aus nächster Nähe identifizierte. Er gab ein verdecktes Zeichen und sofort umringten fünf G-Men den Verbrecher. Dieser erkannte sie in der Annäherungsphase und griff in den Bereich seines Gürtels. Die Agenten hatten keine andere Wahl, als sofort zu schießen, so dass Dillinger mit dem Gesicht voran tot auf das Pflaster fiel.

Ob Dillinger wirklich eine Waffe (eine Pistole im Kaliber .380) hatte oder ihm diese später »untergejubelt« wurde, ist nicht sicher, was aber an dem gerechtfertigten Einsatz der Schusswaffen (nach damals geltendem Recht) durch die Agenten nichts ändert.

Die Prostituierte Cumpanas bekam 5.000 Dollar der

Belohnung (die restlichen 5.000 wurden an die zwei Chicagoer Polizisten übergeben, was damals noch rechtlich zulässig war) und dennoch erfolgte ihre Ausweisung. Cowely wurde befördert, starb aber in Ausübung seines Dienstes wenige Monate später, als er erneut mit Nelson zusammentraf, den er dabei auch tödlich verletzte. Purvis verteidigte noch weiter Recht und Ordnung, klärte spektakuläre Fälle, nahm sich jedoch kurz nach seiner Pensionierung im Jahr 1960 das Leben.

Lester Gillis (* 6. Dezember 1908 in Chicago/Illinois; † 27. November 1934 in Chicago), auch bekannt unter dem Namen George Nelson und seinem Spitznamen Babyface Nelson (wegen seinem jugendlichen Aussehen), war ein gefürchtetes Mitglied der Dillinger Bande.

1922 trat er das erste Mal strafrechtlich in Erscheinung, als er in Chicago ein Auto knackte. Dann folgte die übliche Verbrecherkarriere mit Jugenderziehungsheim, Bewährungen und ersten Gefängnisstrafen. 1926, mal wieder auf Bewährung entlassen, verübte er einen Banküberfall, wofür er zu einer längeren Gefängnisstrafe verurteilt wurde. Als er 1932 auf dem Rückweg von einem Gerichtstermin war, bei dem er sich wegen eines weiteren Bankraubes zu verantworten hatte, entfloh er einem Wärter, lebte eine Zeitlang im Untergrund und schloss sich dann der Gang um Dillinger an. Mit diesem zusammen tötete er mehrere Polizisten und beging schwere Straftaten.

Nach dem Tod Dillingers übernahm er den »Titel« als Staatsfeind Nr. 1 und wurde vom FBI landesweit gejagt.

Am 27. November 1934 begegnet er den Agenten Cowley und Hollies auf einer Landstrasse in Illionois, nach Aktenlage zufällig, und eröffnete sofort das Feuer.

Die Agenten mussten sich verteidigen, setzten ihrerseits die Waffen ein und bewahrten trotz eigener Verwundung soviel Feuerdisziplin, dass die Frau von Nelson, die ebenfalls in seinem Wagen saß, unverletzt blieb. Diese Besonnenheit nutze den beiden Agenten leider nichts, sie starben auf der Straße.

Bei seinen vielen Konfrontationen mit der Polizei gab es immer wieder spektakuläre Feuergefechte.

In der Gangsterära waren einige (meist örtliche) Gesetzeshüter genauso schießwütig wie die Verbrecher, was manche rechtschaffene Bürger zu außergewöhnlichen Maßnahmen veranlasste.

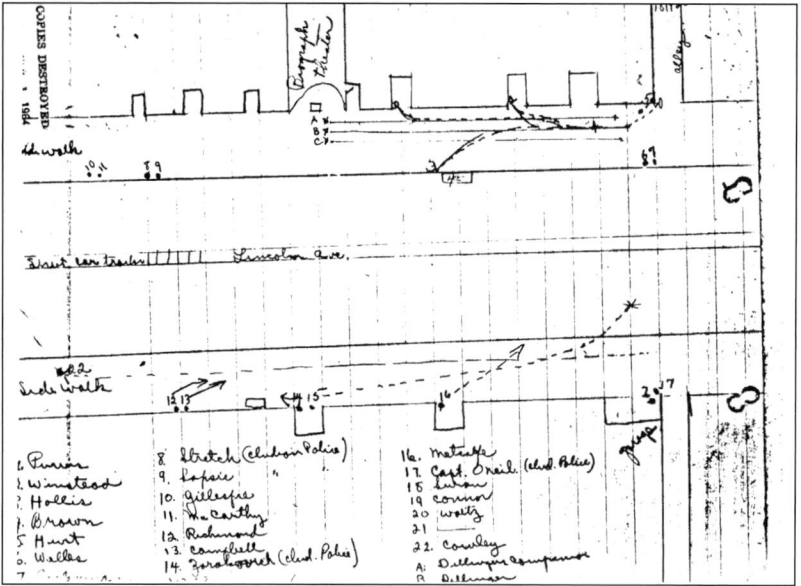

FBI-Zeichnung von dem Ablauf des Festnahmeversuches von John Dillinger.

Hier fand der Showdown mit Dillinger statt, das Biograph Theater.

Nelson war ebenfalls schwer verwundet, konnte zunächst noch vom Tatort fliehen, starb kurz darauf und wurde im Auftrag seiner Frau in einen Straßengraben gelegt.

Der letzte Staatsfeind Nr. 1 der Gangsterära war Alvin Karpis (* 10. August 1907 in Montreal/Kanada; † 26. August 1979 in Spanien). Wegen seiner Brutalität und seines düsteren Stimmungsbildes nannten ihn seine Kumpane »Creepy« (der Gruselige).

Nachdem er wegen mehrerer Straftaten abgeurteilt war, traf er in dem Staatsgefängnis von Langsin auf Fred Baker. 1931 wurden beide kurz nacheinander entlassen und trafen außerhalb der Mauern wieder aufeinander. Baker nahm Karpis mit in sein Haus und führte ihn in seine Familie ein.

Die Familie Baker war schon Ende der zwanziger Jahre berüchtigt. Vier Brüder, die mit ihrer Mutter ein Leben als Outlaws führten, gaben Stoff für viele Reportagen und Filme.

Ma Baker, auch »Bloody Mama« (blutige Mutter) genannt, soll der Kopf der Bande gewesen sein, was aber aus heutiger Sicht nicht mehr zu halten ist. Sie profitierte zwar zweifellos von den Straftaten, nahm aber kaum an welchen teil. In der Biographie von Karpis ist von diesem niedergeschrieben, dass sie während der »richtigen« Überfälle abseits in einem Cafe saß und wartete. Andere Quellen belegen, dass sie zumindest Tatorte ausspionierte, logistische Planung übernahm und Rechtsanwälte koordinierte.

In der Folgezeit verübten sie einige Überfälle, Erpressungen und Entführungen. Um sich auszuruhen und »Gras über die Sache wachsen zu lassen«, trennte sich die Bande für einige Wochen, Ma Baker machte Urlaub, Karpis ging seiner Lieblingsbeschäftigung, dem Angeln, nach.

Auch Karpis unternahm den Versuch, sein Aussehen bei einem Gesichtschirurgen zu verändern, was aber misslang. Ohne Erfolg blieb auch sein Versuch, sich die Fingerkuppen abzuschleifen, um keine Abdrücke mehr damit zu hinterlassen. So war er eine Zeitlang auf seine schwangere Freundin Dolores Delaney angewiesen, die ihn versorgte.

Am 16. Januar 1935 wurde Ma Baker und ihr Sohn

bei einem Festnahmeversuch des FBI erschossen, als sie gezielte Schüsse auf die Agenten abgaben. Am gleichen Tag umstellte das Bureau den Unterschlupf von Karpis und seiner Freundin, auch hier kam es zu einem Feuergefecht. Karpis konnte fliehen, die schwangere Dolores kam im Kugelhagel ums Leben. Karpis versteckte sich eine Zeitlang in abgelegenen Hütten und beging wieder Überfälle, u. a. auf einen Zug in Ohio. Er entwickelte einen unbeschreiblichen Hass auf die G-Men und auf Hoover, dem er mehrere Drohungen zukommen ließ.

Hoover wollte sich mit der Festnahme von Karpis beweisen und gab persönlich die Order, alle Mittel für eine Fahndung anzuwenden.

Aufgrund seiner Angelleidenschaft konnte er im Frühjahr 1937 im Süden der USA grob lokalisiert werden. Nahbereichsfahndungen ergaben den entscheidenden Hinweis auf seinen Unterschlupf in New Orleans. Hoover eilte mit seiner Führungsgruppe direkt zum Ort des Geschehens und übernahm die Einsatzleitung. Rasch war das Gebäude umstellt, die Positionen verteilt, ein Plan abgesprochen. Alles verlief perfekt, Karpis konnte ohne Gegenwehr geschnappt werden.

Über den genauen Ablauf der Festnahme herrscht Uneinigkeit. Die offizielle Version lautet, dass Hoover den Gangster persönlich mit vorgehaltener Waffe davon abhielt, ein Gewehr zu greifen, Karpis aber schrieb in seinen Memoiren, dass der FBI-Chef erst aus der Deckung kam, als der Gangster schon überwältigt war.

Damit endete die Ära der großen Outlaws in den USA, die monatelang die Bevölkerung in Angst und Schrecken versetzte. Die meisten von ihnen kamen ums Leben, nur wenige ins Gefängnis, indem sie auch starben. Karpis war eine Ausnahme, er wurde nach 35 Jahren aus dem Knast entlassen.

Das FBI und die Gerechtigkeit hatten gesiegt. Hoover war populär wie nie, war positiv auf den wichtigsten Titelseiten der Magazine, die Legende des FBI ging endgültig um die Welt.

Die großen Outlaws von damals sind heute alle von der Bühne des Verbrechens abgetreten.

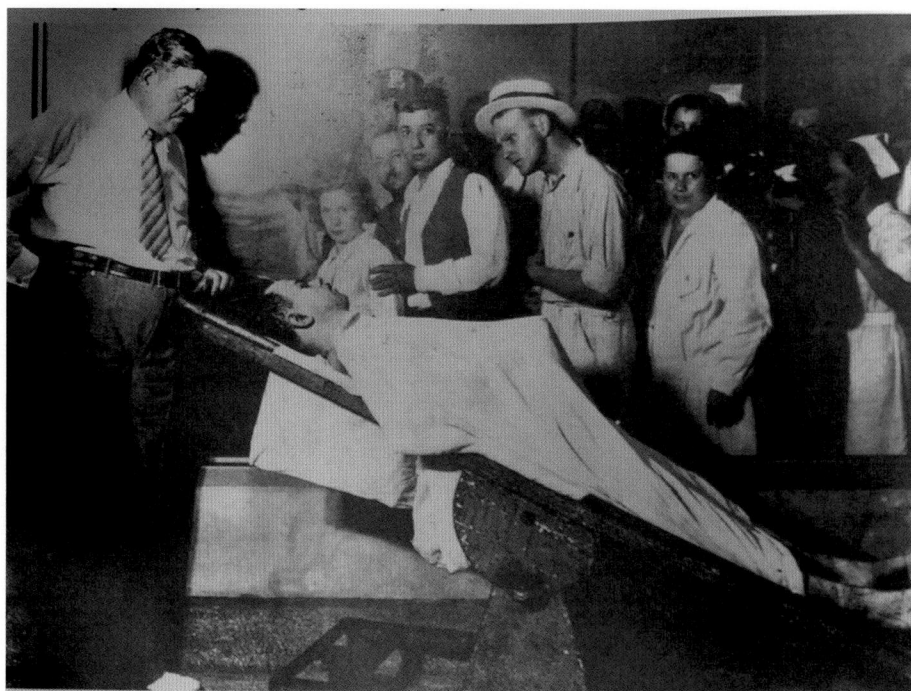

Dillinger wird von den Behörden aufgebahrt und der staunenden Bevölkerung zur Schau gestellt.

Polizeifoto von Lester »Baby Face« Nelson.

Das Auto von Nelson, in dem er bei einer Schießerei mit der Polizei den Tod fand.

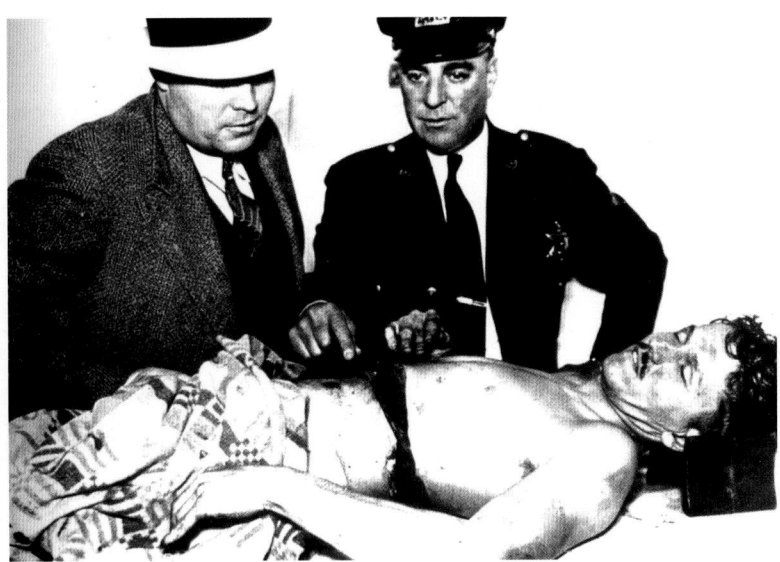

Ein Cop zeigt einem Ermittler die Schusswunden, die zum Tod von Nelson führten.

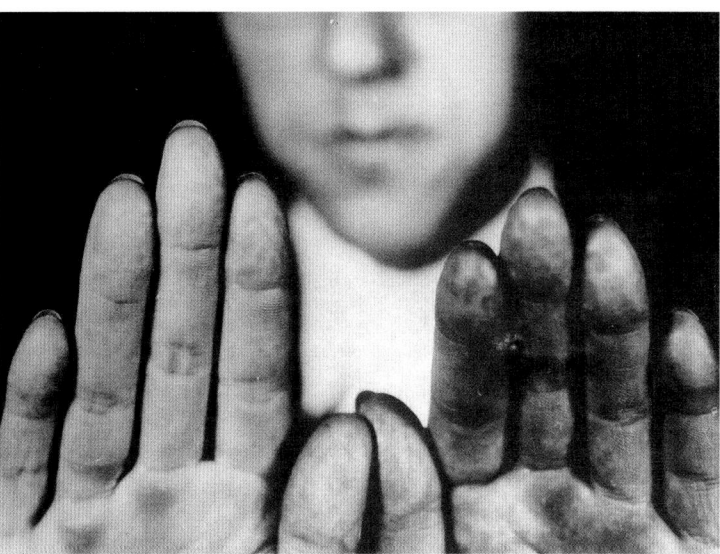

Manche Outlaws versuchten durch Verbrennen der Fingerkuppen ihre Identifizierung zu erschweren.

Ma Baker schmückt einen Weihnachtsbaum in den 1930er Jahren.

Die Zeitungsmeldungen um die Festnahme der Baker Familie läutete die letzte Runde in der Gangsterära ein.

Auch Alvin Karpis wurde durch die G-Men festgenommen.

Kampf gegen den Ku-Klux-Klan

Im September 1922 erhielt FBI-Chef Hoover das direkte Hilfeersuchen des Gouverneurs von Louisiana, der ihn um Hilfe bei der Bekämpfung des Ku-Klux-Klan (zurückzuführen auf das griechische Wort Kyklos für Kreis und das schottische Wort Klan für Sippe) bat. Der Klan war so mächtig geworden, dass er selbst die obersten Regierungsbehörden in Angst und Schrecken versetzte. Der Ku-Klux-Klan (KKK) ging um das Jahr 1860 aus Geheimverbindungen des ehemaligen Konföderierten-Generals Nathan Forrest hervor, die sich der Verteidigung der »amerikanischen Werte« (Unterdrücken der schwarzen Bevölkerung, größeren Einfluss der Süd-Staaten auf die Politik, Erhaltung der Ehre der Frau, etc.) verschrieb.

Das Interesse an dem Klan war enorm, innerhalb weniger Jahre gehörten hunderttausende US-Bürger dieser Organisation an, was auch eine Frage des Zeitgeistes war. Morde an der schwarzen Bevölkerung, Erpressungen und magischer Unfug (Beschwörungsriten, Abbrennen von Kreuzen, Auftritte in Umhang und Kapuze, Vergabe von erfundenen Titeln) übten eine große Anziehungskraft auf Außenseiter aus. Nach einigen Jahren zog sich der Klan wieder »in den Untergrund zurück«, kam aber im Jahr 1915 wieder auf, zurückzuführen auf den Nationalismus um die Zeit des Ersten Weltkrieges. Dieses neuerliche Aufflackern initiierte der ehemaligen Freimaurer und Methodistenprediger William Simmons, der Geschäftsmann Edward Clarke organisiert es als Organisation und beide setzten sich an die Spitze der Bewegung. Nun übten die Klansmen wieder ihren Terror gegen die Bevölkerung aus. Alleine im Staate Georgia gab es 1920/1921 um die 135 Lynchmorde, die eindeutig dem Klan zugeordnet werden konnten.

Ein Aufmarsch des KKK 1928 in Washington...

...mit tausenden von Klansmen.

Der Klan war sehr mächtig geworden, Behördenmitarbeiter, Sheriffs und Kongressangehörige waren Mitglieder. Inoffiziellen Angaben nach hatte der Klan vier Millionen aktive Mitglieder, die auch vor öffentlichen Großdemonstrationen in Washington nicht zurückschreckten.

Das BI erzielte hier einen Erfolg, als durch die Mithilfe der Agenten in den Jahren 1924 und 1925 mehrere Verurteilungen zu langjährigen Haftstrafen von Führungspersönlichkeiten gelangen. So wurde »dem Feuer die Nahrung entzogen« und die Mitgliederzahlen gingen stetig zurück.

Zu Zeiten der Bürgerrechtsbewegung in den 1960er Jahren flammten die »Ideen« des KKK in einer »dritten Welle« wieder auf. Nachdem es in der Zeit um und nach dem Zweiten Weltkrieg ruhiger um den Klan war, standen die »Ideale« der Südstaaten nun wieder zur Debatte.

Da die örtliche Bevölkerung meist fest in die Aktivitäten des Klans verwickelt war oder sich vor ihm fürchtete, war jede Ermittlung schwierig und auch mit Gefahren für die Agenten verbunden. Einige Mordfälle des KKK konnte das FBI Mitte der 60er Jahre mit großen Mühen aufklären, wie z. B. der Mord an dem schwarzen Armee-Offizier Lemuel Penn, der nach einer Reserveübung aus einem fahrenden Kfz heraus erschossen wurde.

Auf besondere Schwierigkeiten stießen die Bundesagenten auch bei der Aufklärung des Mordanschlags auf die drei Bürgerrechtler Michael Schwerner, James Chaney und Andrew Goodman am 21. Juni 1964 in Mississippi. Da sich hier ein kompletter Landstrich sowie der Sheriff und seine Deputys verschworen hatten, war selbst eine langwierige Ermittlung erst erfolgreich, als mit 25.000 US Dollar eine Zeugenaussage über den genauen Fundort der drei Leichen erkauft wurde.

Nach weiteren Ermittlungen kam dann der Tathergang ans Licht. Die drei Aktivisten wurden zunächst erkannt, unter einem falschen Vorwand von einem örtlichen Deputy angehalten und in Gewahrsam genommen. Diese Zeitspanne »nutzten« die Klansmen und bereiteten einen Hinterhalt vor. Als die drei jungen Männer wenige Stunden später

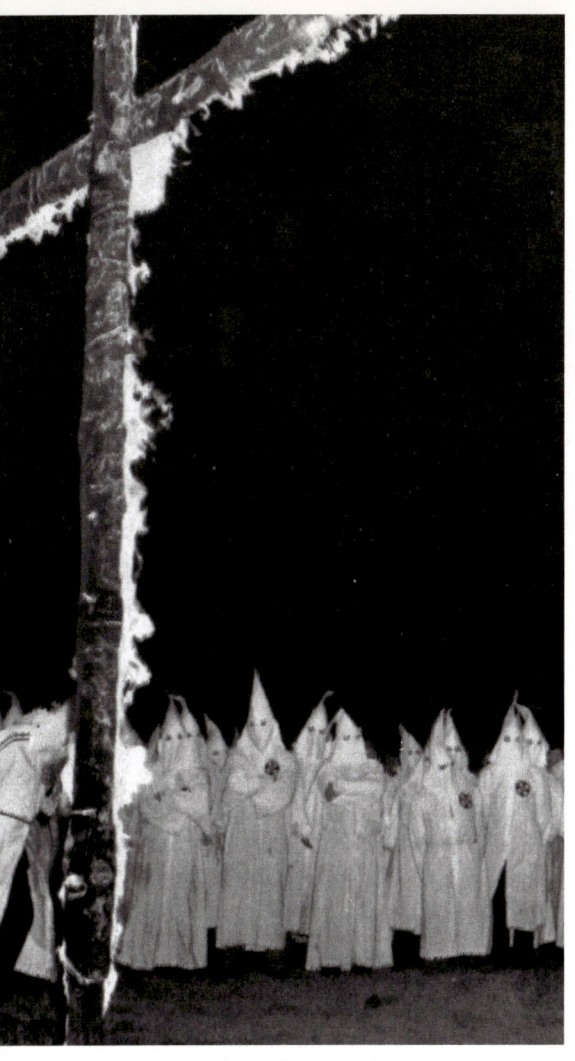

Eine Ku-Klux-Klan Zeremonie in
den späten 1950er Jahren.

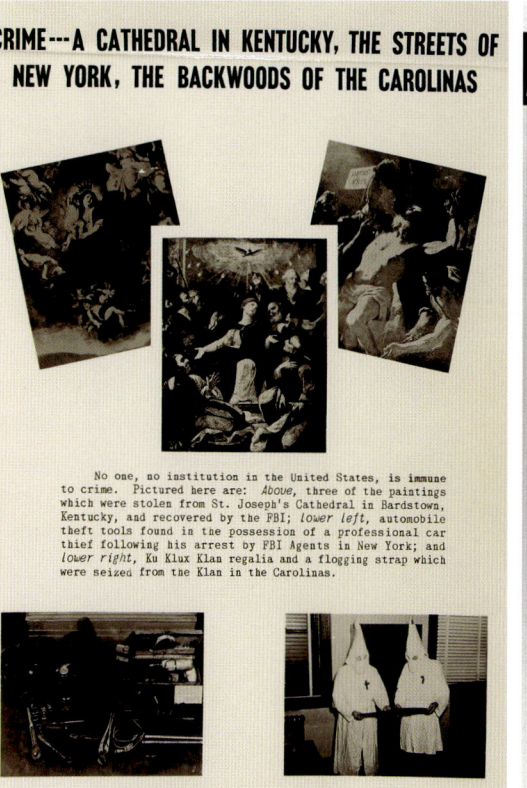

CRIME---A CATHEDRAL IN KENTUCKY, THE STREETS OF
NEW YORK, THE BACKWOODS OF THE CAROLINAS

No one, no institution in the United States, is immune
to crime. Pictured here are: *Above*, three of the paintings
which were stolen from St. Joseph's Cathedral in Bardstown,
Kentucky, and recovered by the FBI; *lower left*, automobile
theft tools found in the possession of a professional car
thief following his arrest by FBI Agents in New York; and
lower right, Ku Klux Klan regalia and a flogging strap which
were seized from the Klan in the Carolinas.

Bei einem großen Kirchendiebstahl
Mitte des letzten Jahrhunderts war
auch der Ku-Klux-Klan beteiligt.

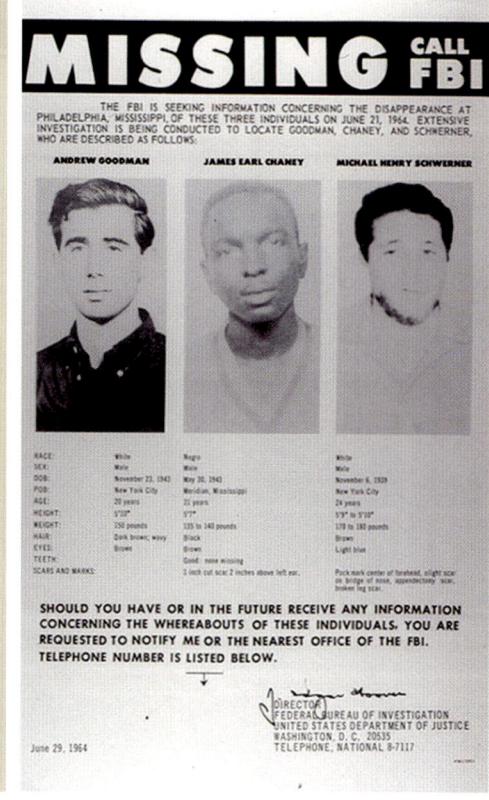

MISSING CALL FBI

THE FBI IS SEEKING INFORMATION CONCERNING THE DISAPPEARANCE AT
PHILADELPHIA, MISSISSIPPI, OF THESE THREE INDIVIDUALS ON JUNE 21, 1964. EXTENSIVE
INVESTIGATION IS BEING CONDUCTED TO LOCATE GOODMAN, CHANEY, AND SCHWERNER,
WHO ARE DESCRIBED AS FOLLOWS:

ANDREW GOODMAN   JAMES EARL CHANEY   MICHAEL HENRY SCHWERNER

SHOULD YOU HAVE OR IN THE FUTURE RECEIVE ANY INFORMATION
CONCERNING THE WHEREABOUTS OF THESE INDIVIDUALS. YOU ARE
REQUESTED TO NOTIFY ME OR THE NEAREST OFFICE OF THE FBI.
TELEPHONE NUMBER IS LISTED BELOW.

DIRECTOR
FEDERAL BUREAU OF INVESTIGATION
UNITED STATES DEPARTMENT OF JUSTICE
WASHINGTON, D. C. 20535
TELEPHONE, NATIONAL 8-7117

June 29, 1964

Mit diesem Plakat wurde nach den
drei verschwundenen jungen Männern im Miburn-Missing-Fall gesucht.

Das ausgebrannte Auto der drei
jungen Friedensaktivisten.

Nach längeren Grabungen entdecken die
Agenten die Leichen am 28. August 1964.

Der »Magier« des KKK Robert Shelton spricht 1964 ein Aufnahmeritus in South Carolina 1964.

Der KKK ist (gerade in den Südstaaten) bis zum heutigen Tag aktiv...

wieder in Richtung ihrer Heimat fuhren, drängten sie diese von der Straße ab und ermoderten sie brutal. Örtliche Straßenarbeiter halfen ihnen sogar dabei, die Leichen in einer unzugänglichen, tiefen Grube zu verscharren.

Trotz dieser Rekonstruktion war die Beweisführung für eine genaue Täterschaft sehr schwierig und es bedurfte mehrerer Gerichtsverhandlungen, einigen Jahrzehnten und kleineren staatlichen Rechtsbeugungen bis zur letzten gerichtlichen Verurteilung.

Besonderes Aufsehen ergab auch der Mord an der weißen Oppositionistin Viola Liuzzo, die auf dem Heimweg des berühmten Friedensmarsches nach Montgomery am 25. März 1965 einen farbigen Heranwachsenden in ihrem Wagen mitnahm. Dies sahen vier Verbrecher des Klans als »Rassenschande« an und erschossen sie am Steuer ihres Autos. Da einer der vier Täter, Gary Rowe, ein bezahlter (und extra in den Klan eingeschleuster) Spitzel des FBI war, war die Aufklärung dieser Straftat einfach. Dennoch konnte erst mit juristischen Spitzfindigkeiten und einem alten Gesetz aus dem Jahr 1870 der Gerechtigkeit (zumindest teilweise) genüge getan werden, um die Haupttäter zu zehn Jahren Gefängnis, wegen Konspiration gegen die Bürgerrechte, zu verurteilen.

Auch nach der Jahrtausendwende hat der Klan immer noch Einfluss in den USA. Tausende offizielle Mitglieder, größere Versammlungen, Terroranschläge auf die Kirchen der schwarzen Bevölkerung und einschlägige Internetseiten sorgen dafür, dass dieser Irrweg weiterhin jungen Menschen offen steht.

... und führt immer noch weltweite offene Aufzüge durch.

Spektakuläre Entführungen und Überfälle

Die Tätigkeiten des BI in den dreißiger Jahren waren geprägt von zahlreichen Entführungen, wobei das Lindbergh Kidnapping der herausragendste Fall war.

Charles A. Lindbergh (* 4. Februar 1902 in Detroit/ Michigan; † 26. August 1974 in Kipahulu/ Hawaii) war ein Volksheld in den USA, seitdem er erfolgreich am 20. Mai 1927 einen Alleinflug von New York nach Paris in 33,5 Stunden absolvierte.

In den Abendstunden des 1. März 1932 lehnte ein Eindringling eine selbstgebaute Leiter an die Fassade seines abgelegenen Hauses am Fuß der Sourland Mountains. Er kletterte in den 2. Stock des Kinderzimmers, wo sein Sohn, der 20 Monate alte Charles Lindbergh junior, in seinem Bettchen lag.

Lindberg jr. feiert seinen ersten Geburtstag.

Die Leiter am Tatort (das X markiert die Stelle, wo später der Meisel aufgefunden wurde).

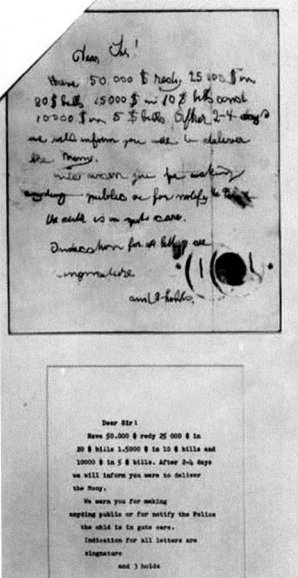

Der erste Erpresserbrief im Fall Lindberg.

Die 10 Dollar Note von der Tankstelle.

Er schnappte sich das Kindchen und entkam in die Nacht, obwohl kurz darauf schon sein Fehlen bemerkt wurde. Eine sofortige Suche blieb ergebnislos, brachte aber einige Indizien zum Vorschein, u. a. einen Erpresserbrief. Dieser wies etliche Fehler in Satzbau und Rechtschreibung auf, der Inhalt lautete:

Sehr geehrter Herr,

halten Sie 50.000 Dollar bereit, 25.000 Dollar in 20 Dollar Scheinen, 15.000 Dollar in 10 Dollar Scheinen und 10.000 Dollar in 5-Dollar Scheinen. Nach 2 - 4 Tagen werden wir Sie informieren, wohin das Geld abzuliefern ist. Wir warnen Sie davor, etwas publik zu machen oder die Polizei zu informieren. Das Kind ist in guten Händen.

Zudem war das Schreiben noch mit ineinander liegen Kreisen »signiert«.

Die Spuren-Experten des FBI suchten sofort alles auf verwertbare Indizien ab, jedoch war kein Fingerabdruck auf dem Schreiben aufzufinden. Hieraus konnten durch das deutsche Wort »gut«, das der Schreiber für das englische Wort »good« verwendet hatte, erste Anhaltspunkte auf einen oder mehrere deutschstämmige Täter gezogen werden. An der Leiter erfolgte die Sicherstellung von mehreren verwertbaren Fingerabdrücken. Zudem handelte es sich dabei um keine gewöhnliche Standardleiter, sondern um ein zerlegbares Modell, um eine Einzelanfertigung.

Unterhalb der Leiter, im tiefen Erdreich, fand man zudem noch einen Meisel, ein Werkzeug, welches von dem Entführer stammen musste.

In den nächsten Tagen kam ein weiterer Erpresserbrief, der das Lösegeld auf 100.000 US Dollar erhöhte. Dies war eine gewaltige Summe, die nach heutiger Kaufkraft weit über einer Millionen Dollar entspricht.

Dieser Fall setzte das FBI sowie die mitermittelnde örtliche Polizei vor große Schwierigkeiten, weil zu der schlechten Spurenlage noch Trittbrettfahrer kamen und sich zudem inhaftierte oder bekannte Kriminelle über die Presse einschalteten, was alles noch konfuser machte, z. B. bot Al Capone seine »Mithilfe« an.

In den darauf folgenden Tagen stellte sich der Senior Dr. John F. Condon den verzweifelten Lindberghs als Mittelsmann zur Verfügung und wurde auch von den Entführern akzeptiert. Es folgten Kontaktaufnahmen per Zeitung, ein Treffen, Verhandlungen und weitere Anweisungen.

Als *»Lebenszeichen«* erhielt er abschließend postalisch den Schlafanzug des Kindes und schaltete nach Absprache mit dem FBI und den Lindberghs eine Anzeige in der Home News: *Das Geld liegt bereit. Keine Polizei. Kein Secret Service. Ich komme alleine, wie das letzte Mal.*

Am Abend es 02. April bekam Gordon einen Zettel,

zugestellt von einem Taxifahrer, der ihm erste Instruktionen für den Übergabeort gab. Er und Lindbergh befolgten das und wurden daraufhin kreuz und quer durch Manhattan gescheucht.

Zum Schluss kamen sie an dem St.-Raymond-Friedhof an, wo Condon das Geld persönlich übergab und Lindbergh von der Ferne zusah. Condon übergab 50.000 US Dollar an einen Mann der sich als »John« ausgab und erhielt dafür eine Notiz mit dem Aufenthaltsort des Kindes. Es sollte sich auf einem Boot mit Namen »The Nelly« in der Nähe von Marth's Vineyard in Massachusetts befinden, was sich aber bald als Lüge erwies.

Da die Polizei offensichtlich von der Übergabe nichts wusste, konnte der Mann wieder in die Dunkelheit entkommen. Nach einigen Tagen des Wartens, gerade auch weil bei dem Lösegeld noch eine vertrauliche Telefonnummer gelegen hatte, erklärte Charles Lindbergh am 09. April 1932 auf einer Pressekonferenz, dass er betrogen wurde, setzte ein hohes Kopfgeld auf die Entführer aus und erlaubte dem FBI und der örtlichen Polizei mit der rücksichtslosen Verfolgung des Verbrechens. Zudem wurden die Seriennummern der Banknoten herausgegeben.

Am 12. Mai kam die Hiobsbotschaft. Ein Lastwagenfahrer hatte die Leiche des kleinen Lindberghs gefunden. Das Kind war stark entstellt, Körperteile fehlten, der Schädel war eingeschlagen, Tiere hatten es angefressen. Nur mit Mühe konnte das Baby identifiziert werden.

Nun stellte sich eine lähmende Ruhe ein. Die Lindberghs zogen in einen anderen Teil der USA, die Polizei ermittelte fieberhaft, aber erfolglos. Dr. Condon startete eigene Ermittlungen und hatte auch zeitweise einen Verdächtigen, dem jedoch nie eine Mittäterschaft nachzuweisen war. Die New Yorker Polizei konnte einige Banknoten aus dem Lösegeld ausfindig machen, die nun im Umlauf waren und wollte daraus auf einen möglichen Aufenthaltsort der Täter schließen.

Eine überraschende Wende trat erst Jahre später, am 15. September 1934 ein, als ein Tankwart in New York einen verdächtigen 10 Dollar Schein be

F. B. I. -18-1
SKETCHES OF "JOHN", WHO RECEIVED THE LINDBERGH KIDNAP RANSOM MONEY. DRAWN FOR THE FEDERAL BUREAU OF INVESTIGATION, UNITED STATES DEPARTMENT OF JUSTICE, IN JULY, 1934, BY JAMES T. BERRYMAN, OF THE WASHINGTON, D. C. EVENING STAR FROM A VERBAL DESCRIPTION GIVEN BY DR. JOHN F. CONDON.

Eine Phantomzeichung von »John«.

kam. Er sah auf der FBI Liste nach, in der alle Seriennummern aus dem Lösegeld abgedruckt waren und landete einen Treffer. Er notierte sich sofort das Kennzeichen auf dem Schein und informierte das FBI-Büro von New York.

Das Fahrzeug gehörte einem deutschem Immigranten, Bruno Richard Hauptmann (* 26. November 1899 in Kamenz/Sachsen; † 3. April 1936 in Trenton/New Jersey), der in der Bronx mit seiner Familie lebte. Nach einer kurzen Observation ordnete Hoover persönlich seine Festnahme an.

In seiner Hosentasche entdeckten die Agenten einen weiteren 20-Dollar Schein, was die sofortige Festnahme und ein anschließendes Verhör rechtfertigten.

Bruno Hauptmann zum Zeitpunkt der Tat.

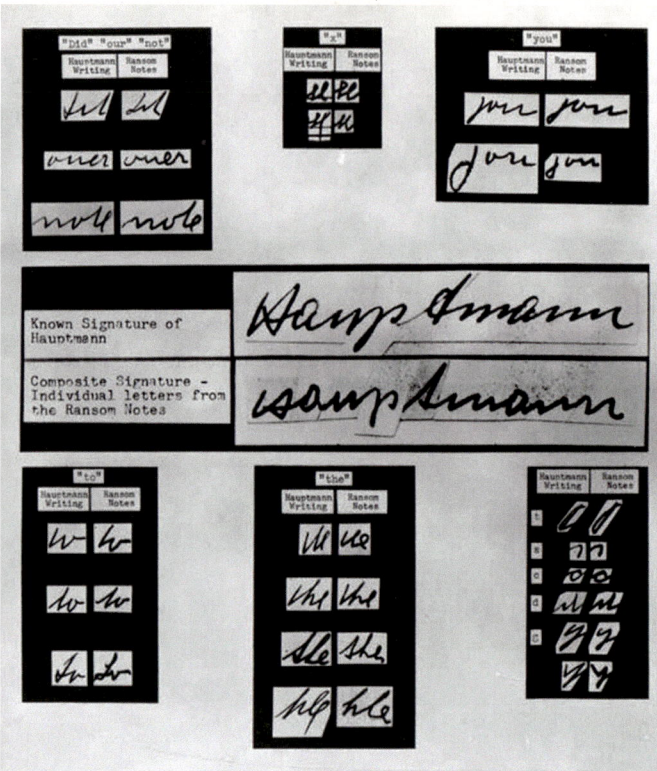

Die Schriftvergleichanalyse von Hauptmann und den Erpresserbriefen.

Bruno Hauptmann wird für die Anklage kriminaltechnisch untersucht.

Bei einer ersten Durchsuchung seines Hauses wurde nichts aufgefunden, nur kam den Agenten ein außergewöhnlich effektives Alarmsystem suspekt vor, das Hauptmann persönlich installiert hatte.

Hauptmann sagte aus, das Geld von einem Freund mit Namen Isidor Fisch zur Aufbewahrung erhalten zu haben. Fisch reiste dann unheilbar krank in seine Heimat nach Deutschland ab und verstarb kurz darauf dort. Hauptmann gab an: *»Es ist nun mein Geld und ich habe das Recht es auszugeben.«*

Er gab zu Protokoll, dass weiteres Geld in seiner Garage lag, wo die Agenten auch 13.750 Dollar auffanden. Den Archiven nach ordnete Hoover eine weitere, gründliche Durchsuchung des Hauses an. Dabei lokalisierten sie in einem Wandschrank des Kinderzimmers ein Geheimfach, das den Rest des Lösegeldes enthielt. Zudem war auf der Unterseite der verdeckenden Holzleiste die nicht öffentliche Telefonnummer von Dr. Condons eingekerbt.

Hauptmann stritt trotz rustikaler Vernehmungsmethoden eine Teilnahme an der Straftat ab, das FBI ermittelte nun weitere Indizien. Der aufgefundene Meisel unterhalb der Leiter stammte aus dem

Im Wandschrank des Kinderzimmers wurde der Großteil des Lösegeldes sowie die Telefonnummer Condons aufgefunden.

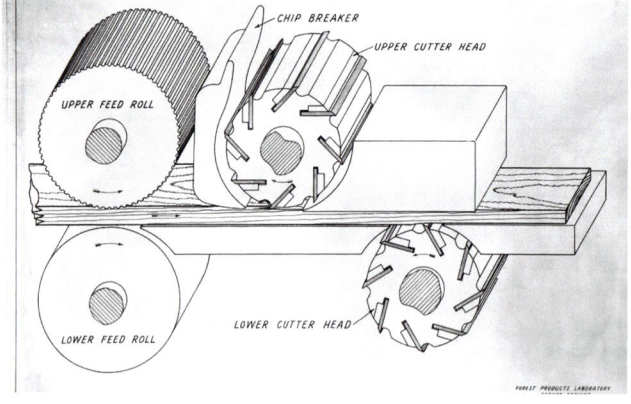

Konstruktionszeichnung von der Arbeitsweise der Hobelmaschine, die zur Herstellung der Leiter verwendet wurde.

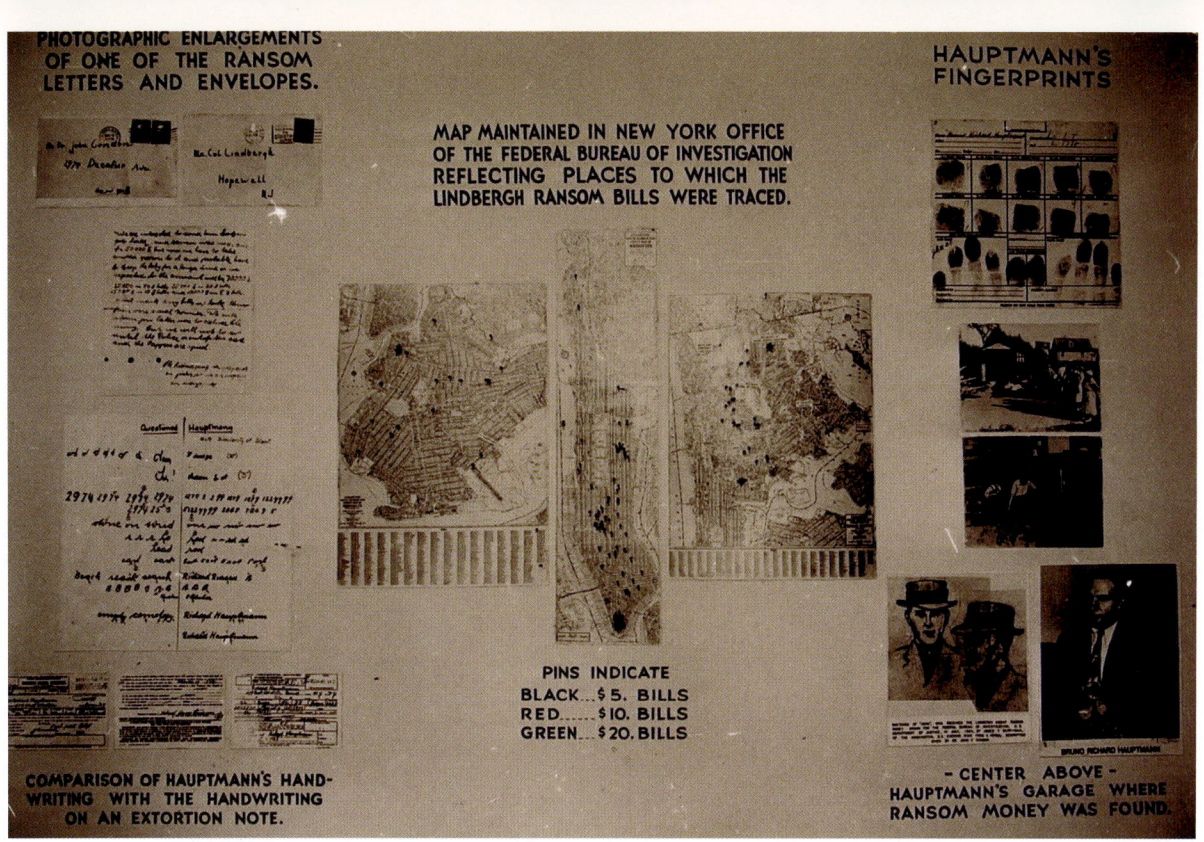

PHOTOGRAPHIC ENLARGEMENTS
OF ONE OF THE RANSOM
LETTERS AND ENVELOPES.

HAUPTMANN'S
FINGERPRINTS

MAP MAINTAINED IN NEW YORK OFFICE
OF THE FEDERAL BUREAU OF INVESTIGATION
REFLECTING PLACES TO WHICH THE
LINDBERGH RANSOM BILLS WERE TRACED.

PINS INDICATE
BLACK...$ 5. BILLS
RED......$10. BILLS
GREEN...$20. BILLS

COMPARISON OF HAUPTMANN'S HAND-
WRITING WITH THE HANDWRITING
ON AN EXTORTION NOTE.

- CENTER ABOVE -
HAUPTMANN'S GARAGE WHERE
RANSOM MONEY WAS FOUND.

FBI-Tafel mit den wichtigsten Hinweisen auf die Lindbergh Entführung.

FEDERAL BUREAU OF INVESTIGATION
UNITED STATES DEPARTMENT OF JUSTICE
J. Edgar Hoover, Director

Fraud in connection with the Lindbergh Kidnapping Case

Gaston B. Means
Norman T. Whitaker, alias the "Fox"

Means obtained $100,000.00 from sympathetic lady desirous of effecting the return of the Lindbergh baby - Conspired with the "Fox" to get an additional $35,000.00 from same source to exchange for marked money paid to kidnappers. Convicted for both acts.

In March, 1932, Gaston B. Means obtained $100,000.00 from Mrs. Evalyn Walsh McLean of Washington, D.C., under the pretense of ransoming the kidnapped child of Colonel Charles A. Lindbergh. Means proposed to accomplish the return of the child by contacts with underworld characters who had the child in custody. Not satisfied with obtaining this small fortune, Means and a confederate at that time known as the "Fox" informed Mrs. McLean that the baby could not be returned until they had received an additional $35,000.00 to exchange for $50,000.00 of marked money which Colonel Lindbergh had turned over to the kidnappers. Although intending to raise this amount by pawning some of her jewels, the hoax was discovered and Mrs. McLean did not part with the $35,000.00. Herein will be seen actual photographs of the jewels. When called upon to return the $100,000.00, Means informed Mrs. McLean that he had given it to a mysterious person who allegedly represented her. In June, 1932, Means was taken into custody, tried, convicted, and sentenced to a term of fifteen years' imprisonment.

After the issuance of the proper legal processes, Special Agents of the Federal Bureau of Investigation traced innumerable telephone and telegraph messages before they discovered that Means' confederate, the "Fox," was Norman T. Whitaker, disbarred patent attorney, who had but recently been released on bond pending an appeal from a conviction for violation of the National Motor Vehicle Theft Act. Whitaker was located and taken into custody in Brooklyn, New York, and charged with conspiring with Gaston B. Means to commit larceny. Both Means and Whitaker were convicted for conspiracy to obtain the $35,000.00 from Mrs. McLean, by fraud, on May 16, 1933. Whitaker was sentenced to eighteen months' imprisonment and Means received an additional sentence of two years to run concurrently with his previous sentence. Gaston B. Means died on December 12, 1938, while still serving these sentences.

GASTON B. MEANS

Wie bei allen größeren Kriminalfällen gab es Trittbrettfahrer, die sich bereichern wollten.

Teilweise konnte das FBI blitzartige Erfolge vorweisen, wie hier im Cash Kidnapping Case, wo zwischen Tatausführung und Verurteilung 18, 5 Tage lagen.

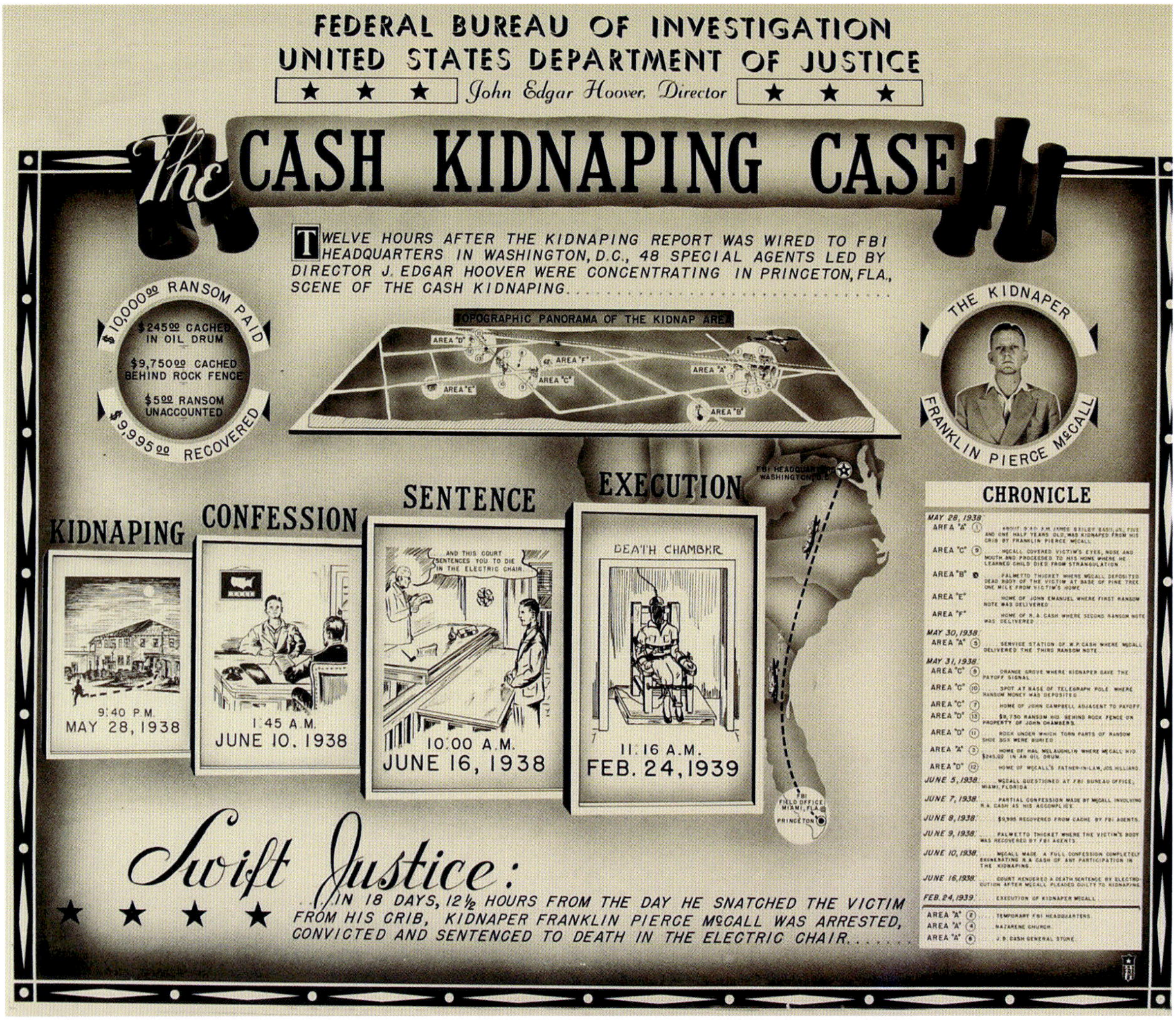

Der Körper des Opfers Cash wurde halb verwest im Wald gefunden.

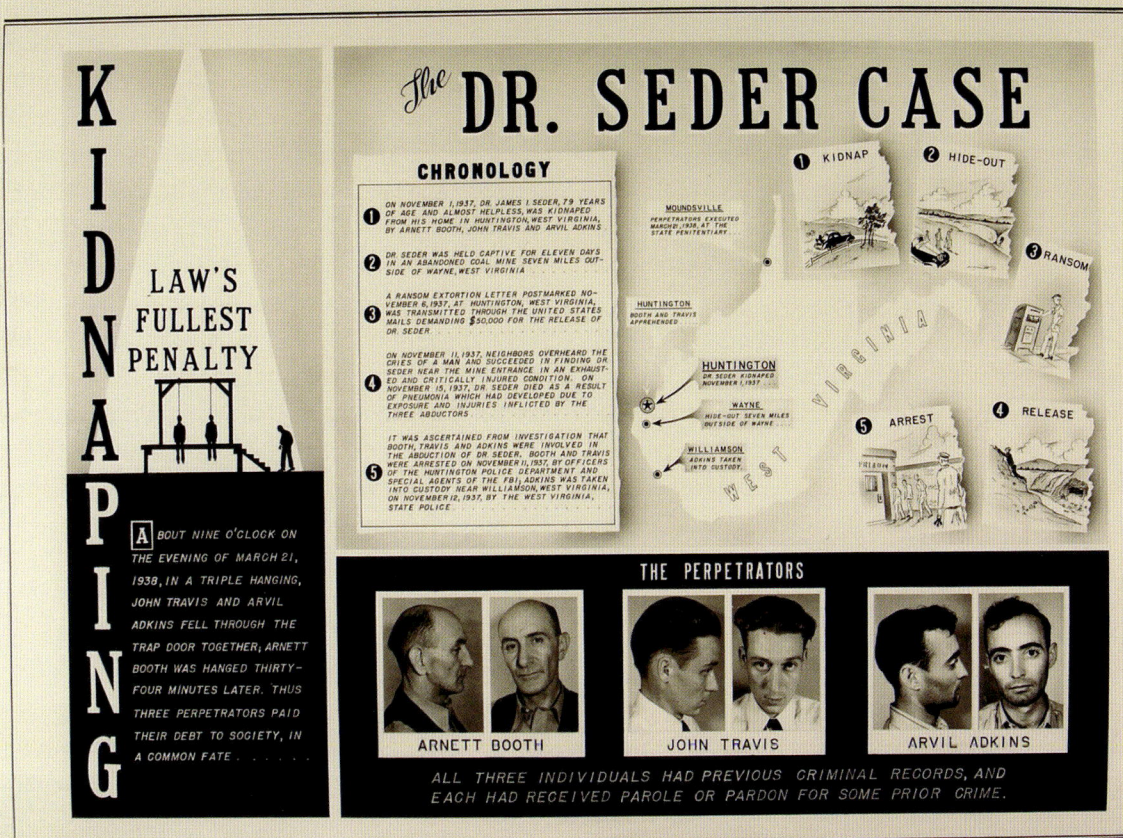

FEDERAL BUREAU OF INVESTIGATION
UNITED STATES DEPARTMENT OF JUSTICE
★ ★ ★ *John Edgar Hoover, Director* ★ ★ ★

KIDNAPING

LAW'S FULLEST PENALTY

The **DR. SEDER CASE**

CHRONOLOGY

① ON NOVEMBER 1, 1937, DR. JAMES I. SEDER, 79 YEARS OF AGE AND ALMOST HELPLESS, WAS KIDNAPED FROM HIS HOME IN HUNTINGTON, WEST VIRGINIA, BY ARNETT BOOTH, JOHN TRAVIS AND ARVIL ADKINS.

② DR. SEDER WAS HELD CAPTIVE FOR ELEVEN DAYS IN AN ABANDONED COAL MINE SEVEN MILES OUTSIDE OF WAYNE, WEST VIRGINIA.

③ A RANSOM EXTORTION LETTER POSTMARKED NOVEMBER 6, 1937, AT HUNTINGTON, WEST VIRGINIA, WAS TRANSMITTED THROUGH THE UNITED STATES MAILS DEMANDING $50,000 FOR THE RELEASE OF DR. SEDER.

④ ON NOVEMBER 11, 1937, NEIGHBORS OVERHEARD THE CRIES OF A MAN AND SUCCEEDED IN FINDING DR. SEDER NEAR THE MINE ENTRANCE IN AN EXHAUSTED AND CRITICALLY INJURED CONDITION. ON NOVEMBER 15, 1937, DR. SEDER DIED AS A RESULT OF PNEUMONIA WHICH HAD DEVELOPED DUE TO EXPOSURE AND INJURIES INFLICTED BY THE THREE ABDUCTORS.

⑤ IT WAS ASCERTAINED FROM INVESTIGATION THAT BOOTH, TRAVIS AND ADKINS WERE INVOLVED IN THE ABDUCTION OF DR. SEDER. BOOTH AND TRAVIS WERE ARRESTED ON NOVEMBER 11, 1937, BY OFFICERS OF THE HUNTINGTON POLICE DEPARTMENT AND SPECIAL AGENTS OF THE FBI; ADKINS WAS TAKEN INTO CUSTODY NEAR WILLIAMSON, WEST VIRGINIA, ON NOVEMBER 12, 1937, BY THE WEST VIRGINIA STATE POLICE.

① KIDNAP ② HIDE-OUT ③ RANSOM ④ RELEASE ⑤ ARREST

MOUNDSVILLE — PERPETRATORS EXECUTED MARCH 21, 1938, AT THE STATE PENITENTIARY.

HUNTINGTON — BOOTH AND TRAVIS APPREHENDED.

HUNTINGTON — DR. SEDER KIDNAPED NOVEMBER 1, 1937.

WAYNE — HIDE-OUT SEVEN MILES OUTSIDE OF WAYNE.

WILLIAMSON — ADKINS TAKEN INTO CUSTODY.

WEST VIRGINIA

ABOUT NINE O'CLOCK ON THE EVENING OF MARCH 21, 1938, IN A TRIPLE HANGING, JOHN TRAVIS AND ARVIL ADKINS FELL THROUGH THE TRAP DOOR TOGETHER; ARNETT BOOTH WAS HANGED THIRTY-FOUR MINUTES LATER. THUS THREE PERPETRATORS PAID THEIR DEBT TO SOCIETY, IN A COMMON FATE . . . . . .

THE PERPETRATORS

ARNETT BOOTH   **JOHN TRAVIS**   **ARVIL ADKINS**

ALL THREE INDIVIDUALS HAD PREVIOUS CRIMINAL RECORDS, AND EACH HAD RECEIVED PAROLE OR PARDON FOR SOME PRIOR CRIME.

Die Entführung des fast achtzigjährigen Dr. Seder, der seinen Entführern noch entkommen konnte und dann dennoch an den Folgen starb, löste 1937 eine Welle der Empörung aus.

Entführungsopfer der 1930er und 1940er Jahren wurden meist in entlegenen Gebieten gefangen gehalten und nur notdürftig versorgt (hier mit Konserven)...

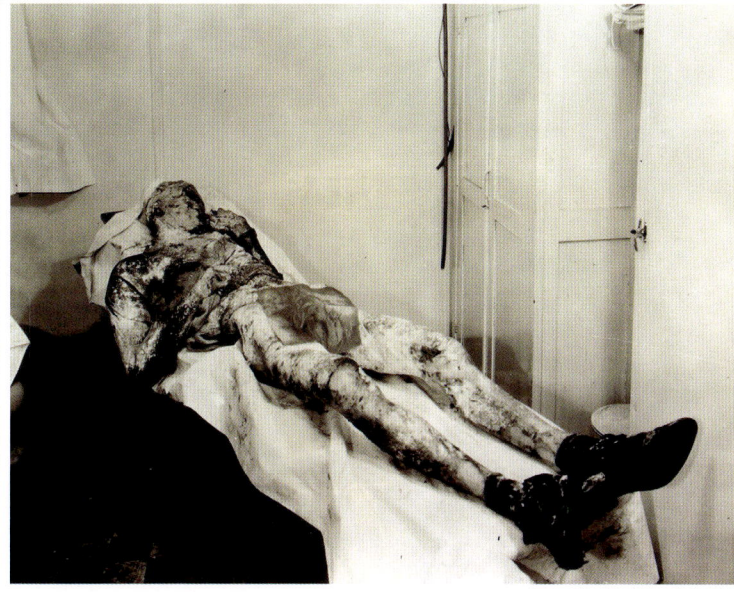

... und viele fanden dabei den Tod.

Werkzeugkasten von Hauptmann, ebenso fanden sich darin Nägel, die modellgleich für den Bau der Leiter Verwendung fanden. Hauptmann hatte um 1932 in einer Tischlerei gearbeitet, wo er als geschickter Handwerker galt. Diese Tischlerei hatte zum damaligen Zeitpunkt eine seltene Hobelmaschine, die nach Versuchen des FBI-Laboratorium auch für den Bau der Leiter eingesetzt wurde.

Zudem stimmte das Fahndungsbild von »John« mit seinem Aussehen überein und auch die Handschrift von Hauptmann war identisch mit der auf den Erpresserbriefen.

Der folgende Prozess baute überwiegend auf Indizien auf, während Hauptmann auf unschuldig plädierte. Die vom Daily Mirror bezahlten Anwälte hatten wenig zu bieten und machten auch einige Fehler, u. a. bestanden sie nicht auf einer genauen Identifizierung der Babyleiche.

Dr. Condon und Lindbergh sagten aus, dass er »John« sei, was aber aufgrund des langen Zeitabstandes und der schlechten Sichtverhältnisse am damaligen Übergabeort suspekt war.

Der Prozess ging wie erwartet aus, Hauptmann erhielt die Todesstrafe, die Hinrichtung erfolgte am 03. April 1936. Bis heute gibt es, wie bei den meisten großen Kriminalfällen, zahlreiche Ungereimtheiten, auch wenn zumindest eine Mittäterschaft Hauptmanns unzweifelhaft sein dürfte. U. a. wurde der Hinweis auf Mittäter nie richtig ausermittelt, einige Beweise und Aussagen stellten sich nachträglich als falsch heraus, teilweise gab es auch Ungereimtheiten in Bezug auf das Verhalten von Lindbergh selber.

Für das BI war es dennoch eine erste Bewährungsprobe bei den nun sich häufenden Erpressungs- und Entführungsfällen, gerade auch in Bezug auf wissenschaftliche Untersuchungsmethoden von Beweismaterial durch das FBI Laboratorium.

Die wohl größte Personenfahndung in einem Entführungsfall hatte das FBI in den frühen 1970er Jahren. Am 04. Februar 1974 wurde die Tochter des Medienmogul William Randolph Hearst, Patty Hearst (* 20. Februar 1954 in San Francisco/Kalifor-

nien) aus einem kleinen Appartement am Rande der kalifornischen Eliteuniversität in Berkeley entführt. Die Entführer gingen dabei sehr brutal vor, schlugen erst ihren Verlobten mit einem Gewehrkolben nieder und warfen dann die junge Patty, die nur mit einem Bademantel bekleidet war, in den Kofferraum eines Fahrzeuges und fuhren davon. Hearst wurde eigenen, späteren Aussagen zufolge nun 57 Tage lang in einen speziell dafür konstruierten, blick- und schalldichten Schrank (1 m x 1,7 m) gesperrt und misshandelt. Zudem wurde sie zweimal vergewaltigt und stundenlangen »Verhören« unterzogen, bei denen ihre Peiniger ihr eine Mitschuld an der schlechten Lage der USA zum Ende des Vietnamkrieges gaben. Die Entführer, das wurde schon wenige Tage nach der Entführung durch Bekennerschreiben klar, war die SLA (Symbionese Liberation Army), eine linksradikale Organisation, die aus ca. 20 Personen bestand und wirre Ziele als »Befreiungsarmee« verfolgte.

Den Verhören, bei denen die SLA-Mitglieder zugleich mit ihr sprachen und ihr wohl auch (durch stundenlanges Wiederholen) Schuldgefühle einredeten, war sie nicht lange gewachsen. In einer Mischung aus dem Stockholm Syndrom (bei denen Geiseln in einer für sie aussichtslosen, lebensgefährlichen Situation mit ihren Entführern paktieren) und jugendlicher Naivität, begann sie langsam die wirren Meinungen der SLA zu übernehmen.

Ein erstes Tonband, von ihr besprochen ihren Eltern zugestellt, schockten diese und auch die Experten des FBI. Darin lobte sie ihre Entführer und stellte Forderungen in deren Namen. Ein Gefangener aus St. Quentin sollte freigelassen, Lebensmittel für die kalifornischen Armen verteilt werden. Ihr Vater ließ daraufhin für über sieben Millionen Dollar Waren in den Slums verteilen, zu einer Freilassung kam es natürlich nicht.

Bei Patty zeigte die pausenlose Propagandalitanei Wirkung. Immer wieder hämmerten ihr die Bandenmitglieder die wirren Träume der SLA ein. Sie hätten Kampfgruppen überall im Land, das Leben der Armen in Amerika sei miserabel, die Menschen warten auf ihre Befreiung, die Revolution

PATRICIA HEARST
(WITH WIG NO. 1)

PATRICIA HEARST
(WITH WIG NO. 2)

PATRICIA HEARST
(WITH WIG NO. 3)

PATRICIA HEARST
(WITH GLASSES AND WIG NO. 4)

Patty Hearst mit verschiedenen/möglichen Frisuren-Perücken.

7-15200   0173

F·B·I

Patty Hearst posiert mit einer vollautomatischen Waffe (im Hintergrund ist ihr Fantasy-Logo zu sehen).

Hearst begeht zwecks »Geldbeschaffung« einen Bankraub.

habe bereits begonnen. Hearst, am Ende ihrer Kräfte und wohl auch unter Drogen, glaubte nun diese Aussagen, zumal sie als »verwöhnte Milliardärstochter« das wirkliche Leben in den USA nie kennengelernt hatte.

Nach einem finalen Gespräch stellte die Bande sie vor die Wahl: Entweder würde sie sich der SLA anschließen, oder sie käme frei und könnte nach Hause gehen. Patty glaubte nicht an diese Alternative, sie rechnete bei Verweigerung mit ihrem Tod. Deshalb gab sie eine Antwort, die auf Tonband auch an einen Radiosender in Berkeley ging: »Ich habe mich der SLA angeschlossen, meine Eltern sind Schweine, mein Vater ein Lügner, der den unterdrückten Menschen nicht wirklich helfen wollte.«

Bald wurde ihre Haltung auch geglaubt, die SLA lancierte ein Foto in die Öffentlichkeit, auf dem sie mit einem automatischen Gewehr im Arm und einem Barett auf dem Kopf vor dem Symbol der SLA

Am 24. August 1926 spazierte ein unbekannter Mann in die Farmers National Bank in Pittsburgh und platzierte eine kleine Tasche an (dem damals gebräuchlichen) Bankausgabekäfig. Er forderte die Summe von 2.000 Dollar, ansonsten würde er die Bank sprengen. Als er das Geld nicht ausgehändigt bekam, »hielt er Wort« (Originalzitat aus dem damaligen Polizeibericht) und löste den Zündmechanismus aus. Dabei wurde ein Bankwächter und er getötet sowie sieben Menschen in und zweiunddreißig außerhalb der Bank.

Die Wucht der Detonation zerriss den Körper des Täters, nur ein rechter Arm und sein Fahrzeug konnte aufgefunden werden.

Die Identifizierungsabteilung des BI bekam eine Mitteilung und verglich ihre Datenbestände. Dies ergab dann eine Übereinstimmung mit einem Fingerabdruck der Polizei in Milwaukee, vom 26. November 1915.

Der Täter konnte somit als William Chowick identifiziert werden, seine Vorstrafen und seine Gefängnisaufenthalte sprachen für sich.

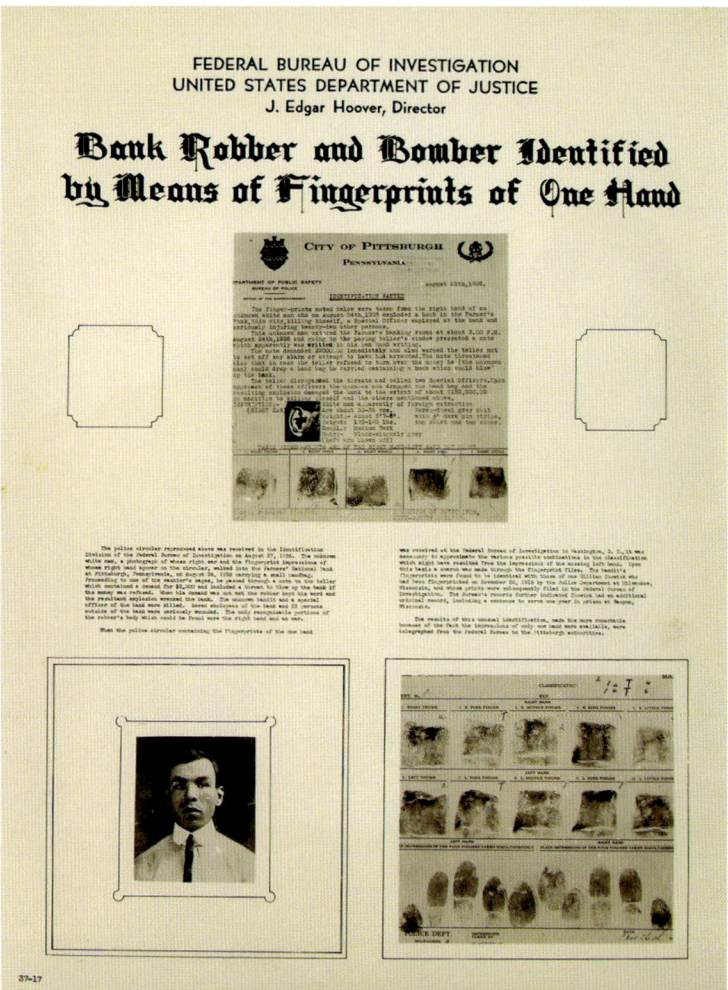

Ein spektakulärer Banküberfall aus dem Jahre 1926.

Diese drei Räuber trugen bei ihrem Überfall 1966 bei Pennsylvania Masken um nicht erkannt zu werden...

...allerdings nahmen sie diese »zu früh« wieder ab und konnten mit der Überwachungskamera fotografiert werden.

UNITED STATES DEPARTMENT OF JUSTICE
FEDERAL BUREAU OF INVESTIGATION

WASHINGTON, D.C. 20535

In Reply, Please Refer to
File No.

FOR IMMEDIATE RELEASE
DECEMBER 28, 1968

The Arlington Trust Company, Pentagon City Branch Bank, 1111 Army Navy Drive, Arlington, Virginia, was robbed at approximately 4:20 p.m. on December 27, 1968, by four unknown Negro males. Three robbers entered the bank, the fourth remained outside in a getaway car.

The FBI today released three photographs taken during the robbery. One photograph shows all three robbers, each with a turtleneck jersey pulled over his nose. The bandit in the foreground of this photograph wore a dark narrow-brim felt hat and a top coat with a dark fur collar. He was described as being in his early 20's, approximately 5 feet 8 inches tall, slender build and with a medium brown complexion.

The other two robbers are shown individually in the other two photographs. One robber is shown when his jersey slipped from over his face. He is wearing a fur Cossack-type hat, a light color raincoat with fur collar and has protruding from under his coat a sawed-off shotgun or rifle. He has a moustache and is described as about 30 years of age, 5 feet 8 inches tall, 140 to 150 pounds with medium brown complexion.

The third robber wore a dark narrow-brim felt hat, a plaid top coat and dark leather gloves. He was described as being in his early 20's, about 5 feet 6 inches tall, 135 pounds with medium brown complexion.

All of the robbers were described as having their hair cut short. No photograph or description of the fourth bandit, who remained outside, is available.

This bank was robbed in a similar manner on October 24, 1968.

Anyone with any information regarding the possible identities of these robbers is requested to immediately call the FBI at EX3-7100.

Der Bericht eines Bankraubes von 1968.

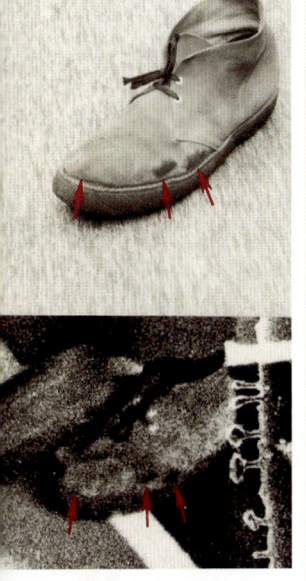

Zudem konnte noch ein Schuh eindeutig zugeordnet werden.

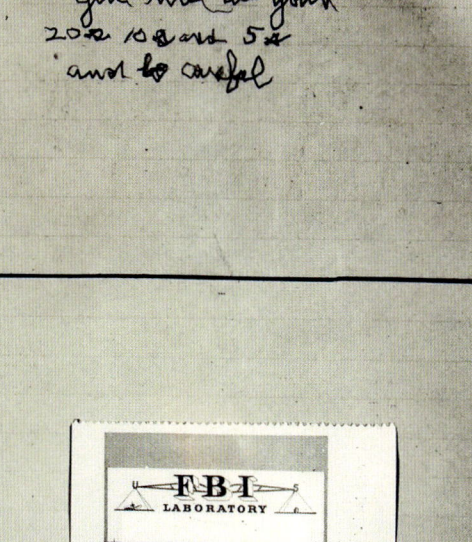

Manche Bankräuber verwenden auch Drohbriefe, welche dann ein wichtiger Sachbeweis im strafprozessualen Verfahren sind.

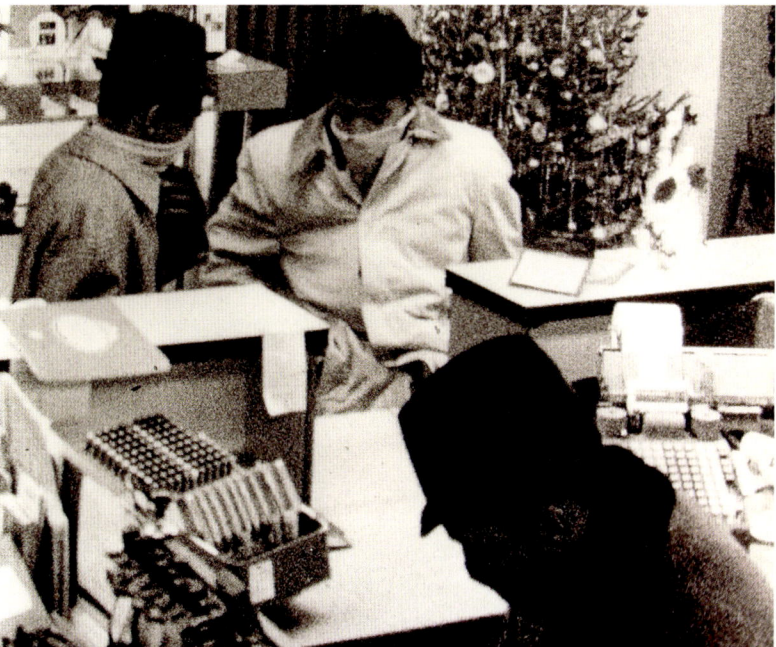

Das Foto der Überwachungskamera aus der Airlington Trust Company zeigt die drei jungen Räuber.

Nach einem auf-
geklärten Bank-
raub zählen FBI-
Agenten aus Bal-
timore Anfang der
1960er Jahre das
geraubte Geld.

Diese drei Bankräuber gingen 1971 in Washington
D. C. gesittet mit ihren Geiseln um...

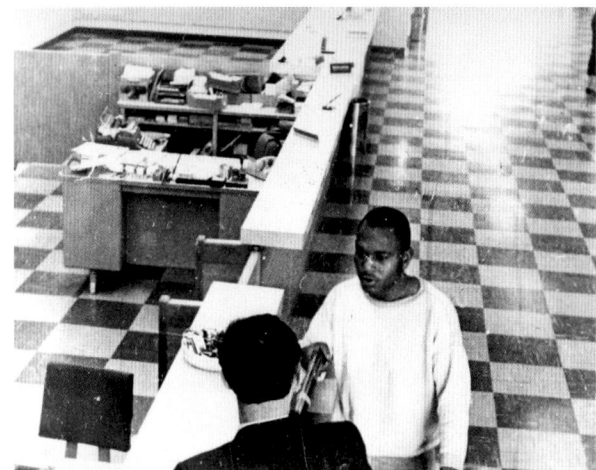

... was nicht alle Räuber taten.

Dieser hier schlug einen wehrlosen Mann in der Bank...

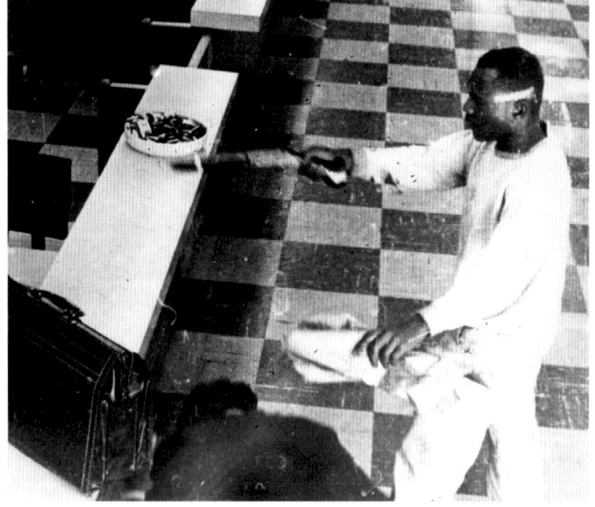

... mit einer illegal erworbenen Schrotflinte bewusstlos.

Andere nahmen sogar die Wachleute als Geiseln...

... und drangen gewaltsam in den Schalterbereich vor.

**Meist werden nur billigste Waffen »Saturday Night Specials«
für die Straftaten verwendet, allerdings nicht immer...**

(einer siebenköpfigen Kobra) zu sehen war. Dann beging sie auch einen Bankraub mit anderen Mitgliedern, die Überwachungskameras zeigten ein eindeutiges Bild. Sie schrie die Kunden in der Bank an und bedrohte sie mit einer Waffe. Sie nahm nicht nur einfach teil, sie vertrat es regelrecht.

Diese dramatische Wandlung hatte sich innerhalb von etwas mehr als zwei Monaten vollzogen. Das FBI fahndete mit Hochdruck und über 300 Agenten, die es in einer Umgebung wie San Fransisco in den 1970er Jahren nicht leicht hatten. Überall hatten die linksradikalen Gruppen Unterstützer, die Bundesbehörden waren nicht »sehr beliebt«. Auch die Presse und »selbsternannte Experten« kamen nun auf den Plan und diese waren einhellig nicht auf der Seite von Patty. Nur wenige mahnten zur Besorgnis, dass die junge Frau einer Gehirnwäsche unterzogen sein könnte.

Vollkommen kippte die Stimmung in der Bevölkerung, als am 17. Mai 1974 die komplette Führungsgruppe der SLA um den »Generalfeldmarschall de

Freeze« bei einem Feuergefecht mit der Polizei umkam. Patty, die sich nun Tania nannte, übernahm die Führung der restlichen Bande, ein in der Kriminalgeschichte bis dahin einmaliger Vorgang. Nun wurden FBI-Fahndungsplakate mit ihrem Konterfei herausgegeben und sie nicht mehr als Opfer, sondern als Täterin gesehen.

Sie durchquerte die gesamte USA, beging weitere Straftaten und versuchte, »die Revolution zu starten.« Erst am 18. September 1975 gelang in San Fransisco ihre Festnahme durch die örtliche Polizei und das FBI. Sie ergab sich sofort und kampflos.

Das nun folgende Spektakel um ihre Verurteilung zog einen Schlussstrich. Obwohl sie sich am Anfang noch zu den »Zielen« der SLA bekannte, plädierte ihre Verteidigung auf unschuldig. Sie wurde zu einer langen Gefängnisstrafe verurteilt, jedoch nach sieben Jahren durch US-Präsident Jimmy Carter begnadigt. Am letzten Tag seiner Amtszeit erhielt sie 2001 von Bill Clinton ein presidential pardon (vollständige Begnadigung) und lebt heute

... wie hier mit einem Revolver im Kaliber .44 Magnum »bewiesen« wird.

Heute sind in jedem größeren Geschäft Überwachungskameras installiert, wie hier 2006 in einem Fast Food Restaurant an der Ostküste.

verheiratet, als Mutter von zwei Kindern, sozial engagiert in der Nähe von Connecticut.

Flugzeugentführungen bearbeitete das FBI selbstverständlich auch, bis in die heutigen Tage hinein. D. B. Cooper (alias »Dan Cooper«) ist ein Pseudonym für einen berüchtigten, bis heute nicht identifizierten Flugzeugentführer, der am 24. November 1971, um 16.35 Uhr eine Boing 727 entführte.

Cooper stieg in Portland/Oregon in das Flugzeug in Richtung Seattle und war dabei mit einem sauberen Anzug wie ein Geschäftsmann gekleidet. Als das Flugzeug in der Luft war, bestellte er bei der Stewardess ein Getränk und steckte ihr einen Umschlag zu. Sie dachte, es wäre einer der »üblichen Anmachversuche« mit einer Telefonnummer und steckte ihn freundlich ein. Cooper sprach sie daraufhin an: »Fräulein, Sie schauen sich den Zettel besser an. Ich habe eine Bombe.« Das tat sie dann auch, auf dem Zettel stand: »Ich habe eine Bombe in meiner Aktentasche. Falls nötig, werde ich von ihr Gebrauch machen. Ich möchte, dass Sie sich neben mich setzen. Das ist eine Entführung.«

Die junge Frau rannte schnell zum Flugzeugführer, der verständigte den Tower, die Stewardess setzte sich neben Cooper. Der ließ sie einen kurzen Blick

in seine mit Drähten präparierte Tasche werfen, es sah nach einer echten Bombe aus. Er gab seine Forderung nun direkt an sie weiter: »Ich möchte vier Fallschirme und 200.000 US-Dollar in bar. Das soll alles in Seattle bereitgestellt sein, vorher landen wir da nicht.«

Dieser Drohung wurde entsprochen, als das Flugzeug gegen 17.45 Uhr landete, bekam er was er wünschte und ließ auch alle Passagiere frei abziehen. Nur das Personal, bestehend aus Piloten, Co-Piloten und einer Stewardess blieb an Bord.

Das Flugzeug hob kurz darauf wieder ab und wurde in Richtung Mexiko gesteuert. Er gab dem Piloten vor, in relativ niedriger Flughöhe von ca. 10.000 Fuß zu fliegen. Die normale Höhe zur damaligen Zeit war 25.000 bis 37.000 Fuß. Zudem sollte noch das Fahrwerk ausgefahren bleiben und die Landeklappen auf 15 Grad gestellt sein. Gegen 20.11 Uhr sprang er dann mit dem Geld über dem Südwesten des Bundesstaates Washington D. C. ab, sicher konnte das aber nie bestätigt werden. Die Zeitberechnung erfolgt durch den Einschlag der Stairway, die gegen das Flugzeug stieß und dass Copper ab diesem Zeitraum nicht mehr gesehen wurde.

Zwar wurde die Boing durch ein Kampfflugzeug F-106 verfolgt, wegen der schlechten Sicht und dem Sicherheitsabstand konnte die Besatzung dort aber nichts erkennen.

Sofort lief eine groß angelegte Fahndung an, das FBI entsandte seine Spezialisten zum Tatort. Im Flugzeug erfolgte die Sicherstellung von zwei zuordnungsbaren Fingerabdrücke sowie zwei der Fallschirme. Die vermutete Absprungstelle wurde 18 Tage später genauestens abgesucht, ohne jedoch das Geringste zu erreichen, abgesehen von dem Verhör einer auffälligen Person mit Namen D. B. Cooper. Es stellte sich schnell heraus, dass er mit dem Fall nichts zu tun hatte, sein Name wurde aber durch ein Missverständnis an die Medien weitergeleitet, die daraus für kurze Zeit den Täter machte. Seitdem dient dieser Namen als Synonym für den unbekannten Flugzeugentführer.

Am 13. Februar 1980 fand eine Familie, die einen

Die Rekonstruktion des Ausstieges von Cooper aus der Boing 727.

D. B. Cooper zum Zeitpunkt der Tat (links) und mit Hilfe einer Alterungs-Software im Jahre 2007 (rechts).

Picknickausflug machte, 5.800 Dollar am Ufer des Columbia Rivers, 8 Kilometer nordwestlich von Vancouver (Washington). Da das FBI die Seriennummern vor der Übergabe notiert hatte, war eine Zuordnung zum Lösegeld möglich. Der Rest des Geldes blieb verschwunden.

Seitdem gab es über 1.000 Verdächtige, der letzte kam am 22. Oktober 2007 hinzu, eine sichere Täterschaft ist bis zum heutigen Tag nicht nachzuweisen. Jedoch war der Fall dafür verantwortlich, dass weltweit die Installation von weiteren Sicherheitsvorkehrungen an den Flughäfen erfolgte.

Drei Straftäter, die in keinem Zusammenhang zueinander stehen, galten zeitweise als dringend tatverdächtig.

Im Jahr 1971 wurde der Massenmörder John List der Entführung verdächtigt, die direkt nach der Ermordung seiner Familie geschah. Lists Alter, seine Gesichtszüge und sein Körperbau passten auf die Beschreibung des mysteriösen Flugzeugentführers. Zudem entsprachen Lists Schulden fast genau der damaligen Beute von Cooper. Aus dem Gefängnis heraus bestritt er jedoch hartnäckig, Cooper zu sein und das FBI betrachtet ihn nun nicht mehr als Verdächtigen.

Am 7. April 1972 entführte Richard McCoy ebenfalls eine Boing 727 und erpresste sich bei einer Zwischenlandung in Denver 500.000 Dollar Lösegeld und vier Fallschirme. Ebenso wie Cooper verließ er das Flugzeug über die Heckklappe, gab wie dieser fast die selben Instruktionen und auch er benutzte zur Drohung nur Attrappen. Da in diesem Fall die Fingerabdrücke gesichert werden konnten, ebenso wie das Tatschreiben, konnten die Agenten ihn schnell identifizieren.

Zudem hatten sie die Aussage eines Autofahrers, der McCoy mit Springerausrüstung mitnahm und eine Aussage eines Polizisten, der McCoy privat kannte und ihm bei einem Gespräch Täterwissen preisgab.

McCoy hatte Law Enforcement studiert, war Mitglied der Spezialeinheit Green Beret, Helikopterpilot und erfahrener Fallschirmspringer. Sein Lebenstraum war es, CIA oder FBI-Agent zu werden. In seinem Haus fand das FBI Teile der Sprungausrüstung und Geld in der Höhe von 499.970 US-Dollar. McCoy plädierte auf unschuldig, wurde vor Gericht aber der Flugzeugentführung überführt und zu einer Haftstrafe von 45 Jahren verurteilt. Im Gefängnis modellierte er sich aus zahnmedizinischer Paste eine »Handfeuerwaffe« und nutzte diese für eine Flucht mit Mitgefangenen im August 1974. Das FBI benötigte drei Monate, um ihn in Virginia aufzuspüren. Trotz Ansprache wollte er sich nicht ergeben, sondern eröffnete das Feuer. Der Agent O'Hara musste von seiner Waffe, einer Schrotflinte, Gebrauch machen und erschoss ihn.

Das Buch »D. B. Cooper, Der wahre McCoy«, ge-

Die Beute von McCoy wird der Presse präsentiert (oben), er selber wird dem Richter vorgeführt (unten).

$499,970 extorted from United Airlines 7 April 1972 by Richard McCoy and recovered by the FBI from the McCoy home in Provo, Utah, on 9 April 1972 being viewed by Assistant Special Agent in Charge Vic Schaefer, FBI, Salt Lake City.

The Salt Lake Tribune

FBI Captures Student, 'Evidence' in Skyjack

schrieben von Bernie Rhodes und dem früheren FBI-Agenten Russell Calame, kam im Jahr 1991 in den Handel. Darin wurden Beweise zusammengetragen, dass Cooper und McCoy dieselbe Person seien. Die Autoren verwiesen auf die gleichen Methoden der Entführung und auf vorhandenes Beweismaterial.

McCoy selber gab nie zu (aber bestritt auch nie), ob er Cooper sei. Als er direkt gefragt wurde, gab er zur Antwort: *»Darüber möchte ich nicht reden«*. Der Agent, der McCoy erschoss, wird mit den Worten zitiert *»Als ich Richard McCoy erschoss, habe ich auch zugleich D. B. Cooper erschossen«*. Gegensätzlich dazu stehen aber die Aussagen des FBI-Ermittlers, der in den 1970er Jahren den Fall tagtäglich bearbeitete. *»Wir hatten McCoy mehrfach wegen der Entführung überprüft, strichen ihn aber von der Liste, da er an dem Tattag sicher in Kalifornien war.«*

Im Juli 2000 brachte U.S. News and World Report einen Artikel über eine Witwe aus Pace in Florida namens Jo Weber und ihre Behauptung, dass ihr verstorbener Mann, Duane L. Weber, vor seinem Tod im Jahr 1995 ihr gegenüber gestanden hätte: *»Ich bin Dan Cooper«*.

Sie schöpfte Verdacht und begann seine Vergangenheit zu überprüfen. Duane Weber hatte im Zweiten Weltkrieg in der Armee gedient und später in einem Gefängnis in der Nähe des Flughafens Portland gearbeitet. Sie erinnerte sich daran, dass ihr Mann einst einen Alptraum hatte und im Schlaf sprach: *»Ich springe aus einem Flugzeug und hinterlasse meine Fingerabdrücke auf der Hecktreppe«*.

Außerdem hatte sie in seinen Unterlagen Hinweise auf den Seattle Flughafen gefunden und ein Gespräch mit ihm in Erinnerung, bei der er erwähnte: *»Meine alte Knieverletzung stammt von einem Sprung aus einem Flugzeug«*.

Jo Weber erzählte auch von einem Urlaub, *»einer sentimentalen Reise«* nach Seattle. Dabei gingen sie auch zum Columbia River und sie erinnerte sich, wie Duane seltsamerweise zu den Ufern des Flusses hinunterging, genau vier Monate, bevor der Teil von Coopers Beute in der gleichen Gegend gefunden wurde.

Der Agent Himmelsbach verglich die Fotos von ihm und die Zeichnungen von Cooper und fand keine große Übereinstimmung. Das bestätigten auch mehrere Zeugen, die Cooper gesehen hatten. Eine Gesichtserkennungssoftware, die mit 3.000 Personen zu dem Fall bestückt ist, wählte dagegen Duane als beste Übereinstimmung von allen Verdächtigen.

Da jedoch keine der gesicherten Fingerabdrücke mit seinen übereinstimmten, kamen auch in seinem Fall Zweifel auf.

Ende 2007 belebte das FBI durch eine Öffentlichkeitsfahndung den Fall erneut und verspricht sich von den stetigen Medienberichten, dass sich ältere Zeugen/Mitwisser melden.

Kampf gegen die Mafia

Die Mafia ist ein streng hierarchischer, schwer krimineller Geheimbund, der seine Macht mit Straftaten aller Art sowie politischer Einflussnahme festigt und ausbaut. Die Mafia (im klassischen Sinn) hat ihren Ursprung im italienischen Sizilien und tyrannisiert dort schon seit Jahrhunderten die Bevölkerung.

Das Wort Mafia ist mittlerweile weltweit zum Synonym für das organisierte Verbrechen geworden, obwohl selbst im italienischen Heimatland verschiedene Ausdrücke dafür, je nach Herkunftsregion, verwendet werden.

Mit ihren Verbrechen (hauptsächlich Schutzgelderpressung, Prostitution, Glücksspiel und Drogenhandel) »erwirtschaftet« die Mafia geschätzte 100 Milliarden Euro pro Jahr und hat Italien bis in höchste Regierungskreise fest in der Hand. Sie hat viele tausend Tote zu verantworten, unterdrückt die normale hart arbeitende Bevölkerung und hat keinerlei romantische Züge, auch wenn sie durch Filme wie »Der Pate« heroisiert wird.

Um 1910 waren ca. 800.000 Sizilianer in die USA ausgewandert und brachten dabei auch ihre »Ehrenmänner« mit. So bezeichnen sich die Angehörigem des organisierten Verbrechens (OK) auch heute noch gerne, auch wenn sie das definitiv nicht sind. Sobald sich die ersten ethnischen Viertel bildeten, sobald die ersten Geschäfte eröffnet waren, breiteten auch die eingereisten Verbrecher ihre »Herrschaft« in Windeseile aus.

Um 1880 gab es zwar schon die Gesellschaft der »schwarzen Hand«, die es sogar wagte, 1890 den Polizeichef von New Orleans offen zu ermorden, sowie italienisch stämmige Banden in New York, die über 1.500 Mitglieder aufbrachten, jedoch kamen diese an die »verbrecherische Genialität« der später folgenden Mobster (umgangssprachig für Mitglied der Mafia) nicht heran.

Diese Schattengesellschaft nahm den Namen Cosa Nostra (italienisch: Unsere Sache, abgekürzt

LCN) an und hatte bald die völlige Kontrolle über einige Stadtteile in den USA, hauptsächlich in New York (Brooklyn, Little Italy, etc.), aber auch in Chicago und Detroit. Zudem erlangten sie Einfluss auf die Docks, was ihren Machtbereich ausweitete und sicherte. Gefördert wurde dies noch durch die Perspektivlosigkeit vieler Jugendlicher und durch die Prohibition in den USA. Das totalitäre Regime von Benito Mussolini in Italien tat sein Übriges, kaum hatte der Diktator die Verbrecherbosse aus Sizilien vertrieben, tauchten sie in Manhattan auf. Bis um 1900 gab es »nur« organisierte Verbrecherbanden, nun wurde das Verbrechen als solches organisiert. Ein Meilenstein dazu war die Atlantic City Conference von 1929, in der:

- Zuständigkeiten geregelt,
- Gebiete verteilt,
- das Ende der Prohibition besprochen,
- die Öffnung der Cosa Nostra für andere ethnische Gruppen (z. B. die Juden) besprochen,
- die Erweiterung der Einflussmöglichkeiten auf das Glücksspiel (Gambling) abgemacht wurden.

Mit zu den wichtigsten Teilnehmern gehörten Al Capone, Meyer Lansky und Lucky Luciano. Letzterer konnte 1931 seinen Traum von einem nationalen Verbrecher-Syndikat (National Crime Syndicate) verwirklichen. Er ließ den damaligen Boss der Bosse (capo di tutti capi), Salvatore Maranzano, ermorden und eine »Säuberungsaktion« durchführen, die mit der Ermordung von einigen Mobstern in den USA endete.

Luciano propagierte einen demokratischen Führungsstil, brachte so die wichtigsten Bosse hinter sich und zusammen und teilte die gesamte USA in Einfluss-Sphären und Gebiete für die italo-amerikanischen Familien auf. Das Leitungsorgan des Syndikates (die Commission), regelte die Zusammenarbeit der Familien und schlichtete Streitigkeiten, anstatt sich zu befehden, arbeiteten die Familien nun solidarisch. Da alle Beteiligten das Schweigegebot (Omertà) beachteten, konnten sie komplette Stadtteile als auch einzelne Geschäftszweige (ob legal oder illegal) übernehmen.

Um sich an die Macht zu bringen oder um diese auszubauen, verübten Mobster immer wieder Morde und Anschläge auf Konkurrenten, Aufsteiger aus den eigenen Reihen, die gefährlich (sei es durch Verrat oder unkontrollierbar gewordenen Einfluss) wurden. Im Einzelfall gingen sie auch gewaltsam gegen Regierungsbeamte, Politiker und Polizisten vor, wobei hier eher die Methoden der Bestechung oder Erpressung Verwendung fanden. Einer alten Regel nach interessiert es wenige Bürger, wenn sich die Mafiosi nur gegenseitig umbringen, solange keine Unbeteiligten einbezogen werden.

Die wohl spekatukulärste Mordaktion der Cosa Nostra, war das Valentinstag-Massaker am 14. Februar 1929. Dabei wurden sechs Mobster des Bosses George »Bugs« Moran und ein Associate (Unterstützer) erschossen. Moran war der letzte Boss einer Gruppierung, die in Chicago in Konkurrenz zu Al Capone stand, alle anderen Bosse hatte er eliminieren lassen. Capone holte nun zum finalen Schlag aus und entsandte seine Soldaten zu dem Lagerhaus in dem sich Moran üblicherweise aufhielt. Moran war jedoch nicht im Gebäude, sondern sah das Kommen der Mörder, die sich mit Fahrzeugen näherten, die denen der zivilen Polizei sehr ähnelten, von einem Seitenweg. Auch stiegen aus dem Fahrzeug mehrere »uniformierte Polizisten« aus, so dass er dachte, es handele sich um eine Razzia und flüchtete. Auch die Gangster im Lagerhaus dachten so, ließen sich nach draußen an eine Wand abführen, dort aufstellen und durchsuchen. Dann wurden sie in einem Trommelfeuer erschossen, die Täter entkamen unerkannt.

Trotz intensiver Bemühungen verschiedener Polizeibehörden, das FBI hatte eine Vielzahl an Vorgängen zu diesem Fall, sind die genauen Hintergründe der Tat bis heute ungeklärt. Aufgrund der Feindschaft und des geplanten Tatablaufes wird das Massaker Capone zugerechnet, auch wenn direkt nach der Tat eine Verdächtigung der Chicago Police im Raum stand. Nach langjährigen Ermittlungen und neuartigen Untersuchungsmethoden der forensischen Ballistik konnte eine der Tatwaf-

Giuseppe »Piddu« Morello war bekannt als der einfingrige Anführer der schwarzen Hand, einer OK-Vorläuferorganisation Anfang des vorletzten Jahrhunderts.

Die Annäherung der Gangster zu dem Lagerhaus der Moran Bande.

Eine Beerdigung eines Paten ist immer eine »große Sache«, schon 1925 bei dem Tod von A. Genna.

Eine Übersichtsaufnahme des Tatortes, das das Valentinsmassaker dokumentiert.

Teilweise haben diese Beerdigungen (hier in den 1920er Jahren in Chicago) 100.000 Dollar gekostet und über 20.000 Zuschauer angelockt.

Capone Mobsters Are in Power, on 10th Anniversary of St.

Murray Humphries.   Frank Nitti.   Phil d'Andrea.   Eddie Vogel.   Rocco Fischetti.   Rocco de Grazia.

Ten years after they had massacred seven Moran gangsters on Valentine's Day, Capone mobsters are still riding high, wide and handsome. Al Capone is in a federal hospital after serving a stretch at Alcatraz, but his lieutenants are in right with the Kelly-Nash machine. Working with William R. ("Billy") Skidmore, the Capone mobsters have organized gambling to a degree of efficiency hitherto unknown in the city's history. Not satisfied with gambling, they dabble

Zum 10. Jahrestag des St. Valentinmassakers 1937 erhebt eine mutige Zeitschrift schere Vorwürfe gegen die Strafverfolgungsorgane...

Valentine's Day Massacre of the Moran Gang

... und nennt die Hintermänner des Mordanschlages.

Polizisten stellen den ungefähren Tathergang am Tatort nach (definitiv fanden aber andere Waffen Verwendung).

fen Fred Burke zugeordnet werden, der wegen Polizistenmordes lebenslang hinter Gitter saß. Als weiterer Täter wird einer der Lieblingsleibwächter von Al vermutet, »Machine Gun« Jack McGurn, ein kaltblütiger »Revolvermann«, der eine Vielzahl von Menschen auf dem Gewissen hatte und selber am Valentinstag 1936 den Tod fand.

Moran, der über 25 Raubüberfälle verübte, bevor er volljährig war, entkam diesem Massaker, verlor aber unmittelbar an Macht und Rückhalt. Er hatte sich in Jahrzehnten hochgedient, schwelgte im Luxus, doch hatte er nun seinen Zenit überschritten. Er wurde in Chicago noch geduldet, verließ dann die Stadt und ging nach Ohio. Auch dort liefen seine »Geschäfte« sehr schlecht, so dass er auf seine alten Tage noch einen Banküberfall verübte, der dilettantisch ablief und »nur« 10.000 Dollar einbrachte. Diese Summe hatte er früher wie Konfetti um sich geworfen, nun ging er dafür ins Gefängnis, in dem er 1957 starb.

Die Cosa Nostra begann Ende der 1920er Jahre ihre Riten weiter auszuleben, die teilweise auf ältere Geheimbünde und italienische Verbrecherbanden

aus dem 18. Jahrhundert zurückgehen, z. B. den ausgedehnten Aufnahmeritus (mit Verbrennen von Heiligenbildern, Blutopfern, Schwüren, etc.). Obwohl einige der Bosse dies als Mummenschanz abtaten (z. B. Capone, Luciano), hat es bis heute eine gewisse Anziehungskraft auf junge Kriminelle und bindet die neuen Mitglieder »moralisch« eng an die Mobster.

Angelehnt an die US Armee und die römischen Legionen wurden nun auch die im Heimatland erprobten Ränge modifiziert.

Nach Gerichtsprotokollen von Aussteigern unterteilen sie diese in:

- Boss,
- Unterboss (acting boss, street boss),
- Consigliere (Berater),
- Capo/Captain,
- Soldier (Full Member, Man of Honor, »One of Us«, »A Friend of Us«, Goodfella, Made Man, Made Guy),
- Associate (nicht eingeschriebenes, aber unterstützendes Mitglied).

Das Besondere in den USA ist die ausgedehnte Zusammenarbeit mit Associates, die in der Vergangenheit bei den Behörden fälschlich als Vollmitglieder galten. Diese haben eine sehr enge Bindung zu dem Capo, es können auch »gemeinsame Geschäfte« gemacht werden, jedoch dringen sie nie in den inneren Kreis vor. Associates können auch prominente Aushängeschilder sein, wie z. B. Frank Sinatra, der mehrfach von der Cosa Nostra »Starthilfe« für seine Karriere bekam.

Im Gegensatz zu Sizilien spielte die Herkunft in den USA keine größere Rolle, die Nicht-Sizilianer Al Capone und Lucky Luciano arbeiteten sowohl mit dem Kalabresen Frank Costello, wie auch mit Vito Genovese, der Neapolitaner war, als auch mit Nicht-Italienern zusammen. Dazu gehörten z. B. jüdische Gangster wie Meyer Lansky oder auch der bekannte irische Auftragsmörder Frank Sheeran zu der Cosa Nostra und hatten nach den Erkenntnissen des FBI die tatsächliche, volle Mitgliedschaft.

Durch diese öffentlich bekannten Figuren hielt sich die Cosa Nostra über Jahrzehnte an der Macht, seit sie sich in den 1930 Jahren vollständig etablierte und auch heute noch großen Einfluss hat.

Traditionell wird sie von den fünf New Yorker Familien:

- Bonanno,
- Colombo,
- Gambino,
- Genovese,
- Lucchese,

bis heute in den USA geleitet, auch wenn einige autarke Bereiche/Städte, wie das Chicago Outfit, bestehen.

Nachdem die USA im Zweiten Weltkrieg mit Hilfe der Cosa Nostra in Sizilien erfolgreich landen konnten, verfestigten sich die Strukturen weiter. Bedingt durch moderne Telekommunikationsmittel entstand ein noch besserer Bezug zu den USA, wenn gleich auch die jeweiligen Strukturen autarke Machenschaften betrieben.

Zeitgleich landete die Cosa Nostra ihren größten Coup, den Aufbau der Glitzermetropole Las Vegas. Dort war schon lange das Glücksspiel, sonst nahe-

zu fast überall in den USA verboten, legal. Es gab aber nicht mehr als einige billige Motels, Tankstellen und verrauchte Bars. FBI-Informanten nach gab Meyer Lansky dem aufstrebenden Benjamin »Bugsy« Siegel einige Millionen in bar und den dezidierten Auftrag, Las Vegas in ein El Dorado zu verwandeln. Nach einigen Rückschlägen gelang ihm das auch, vor allem als er das Hotel-Casino Flamingo eröffnete, das in den folgenden Jahren eine Goldquelle sowie ein Beispiel für die folgenden Themenhotels darstellte.

New Yorks Bürgermeister Fiorello La Guardia zertrümmert 1934 medienwirksam Spielautomaten des organisierten Verbrechens, was aber nur ein Tropfen auf einen heißen Stein darstellte.

Am 14. November 1957 trafen sich die führenden Mobster der LCN zum Meeting in Apalachin, im Anwesen von Joe Barbaras.

Existiert im renovierten Zustand heute noch, auch wenn die LCN längst nicht mehr die Macht innehat wie früher.

Das Flamingo in seinen Anfangsjahren (im Hintergrund das damalige Las Vegas)...

...war das erste Casino der Cosa Nostra in Las Vegas.

Das FBI und J. Edgar Hoover betrachteten die italo-amerikanischen Banden bis weit in die 1950er Jahre nur als lokales Ereignis, für das das FBI nicht zuständig war. Es gab zwar auch vorher einzelne Erfolge, Festnahmen und Verurteilungen, wie die Verhaftung von Luciano und Buchalter, jedoch wurde die Cosa Nostra jahrzehntelang nicht als das bekämpft und erkannt, was sie wirklich ist, ein landesweit operierendes Verbrechersyndikat. Selbst die Gangstermorde in der Prohibition und die medialen Auftritte von Al Capone u. a. fanden kaum Beachtung.

Hoover hatte zwar Kenntnis von den Machenschaften, verbot seinen Agenten aber größere, offensive Ermittlungen. Warum dies so war, lässt sich retrograd kaum beurteilen, da die nötigen Beweise nicht zu erbringen sind.

Am wahrscheinlichsten sind:

- Hoover und die Justiz waren zu sehr mit anderen Aufgabengebieten beschäftigt und sahen als wirkliche nationale Bedrohung nur die Kommunisten an.
- Sie fürchteten die Macht der LCN, deren Geld, Erpressungs-. und Korruptionsmethoden und den Einfluss zu anderen hohen Entscheidungsträgern. Sie hätten den Kampf nicht so leicht gewinnen und selber in Schwierigkeiten geraten können, z. B. waren in einigen Städten komplette Polizeireviere und politische Gremien in der Hand der Mobster. Dies ging sogar soweit, dass einige Gangster ihre Aktivitäten (z. B. Transportfahrzeuge, Slot Maschinen) mit speziellen Stickern versahen, damit Polizisten nicht tätig wurden.
- Hoover und einige anderen wichtige Entscheidungsträger (bis hin zu US-Präsidenten) wurden von der Cosa Nostra erpresst, z. B. mit angeblicher Homosexualität, Wissen über begangene Straftaten (Wettspiel, etc.), Geldzahlungen.

Las Vegas hat Ben Siegel sogar einen Gedenkstein gesetzt, was wohl einmalig auf der Welt ist.

So sieht Vegas heute aus, eine pulsierende Stadt, die es wohl ohne den Mob so nicht gäbe.

Das Umdenken begann nach dem berühmt-berüchtigten Apalachin-Meeting. Dies war eine Zusammenkunft fast aller Führer der amerikanischen Cosa Nostra am 14. November 1957 in der Gemeinde Apalachin in New York. Über 100 der wichtigsten italo-amerikanischen Gangsterbosse versammelten sich, um über anstehende Entscheidungen der Unterwelt zu verhandeln. Dabei ging es wohl hauptsächlich um den Drogenhandel, der von einigen älteren Bossen immer noch nicht gerne gesehen war sowie um einen neuen »Boss der Bosse«. Das Meeting fand im Haus eines unbedeutenderen Capos statt, jedoch bemerkten zwei Polizisten, Sergeant Edgar Croswell und Trooper Vincent Vasisko von der New York State Police, dass ungewöhnlich viele und hochwertige Fahrzeuge im Bereich des Hauses standen.

Sie riefen Verstärkung, begannen die Nummernschilder zu überprüfen und zu notieren. Das sahen einige der im Haus befindlichen Bosse und gerieten in Panik. Über die Hälfte sprang auf und lief aus dem Haus. Über Stock und Stein, über Wiesen und Felder, in den besten Anzügen und feinsten Lederschuhen der damaligen Zeit. Unterwegs warfen sie Waffen und Geldbündel weg, die noch viele Monate später dort gefunden wurden. Den Archiven nach wurden aufgrund der schlechten Kondition, der Weite der Landschaft und der Ortsunkenntnis 62 Personen vorübergehend festgenommen, einige wenige entkamen. Unter den Festgenommen befanden sich die Bosse aus Florida, Texas, California, Illinois, Ohio, u. a. Kurioserweise blieben alle im Haus befindlichen Gangsterbosse unbehelligt.
Die Presse schlachtete dieses Ereignis aus, die

Eines der unzähligen FBI Memoranden über die Mafia Bosse (hier Lansky). Rechts oben ist der FBI-interne Verteiler, den alle wichtigen Leiter der damaligen Administration abzeichnen mussten.

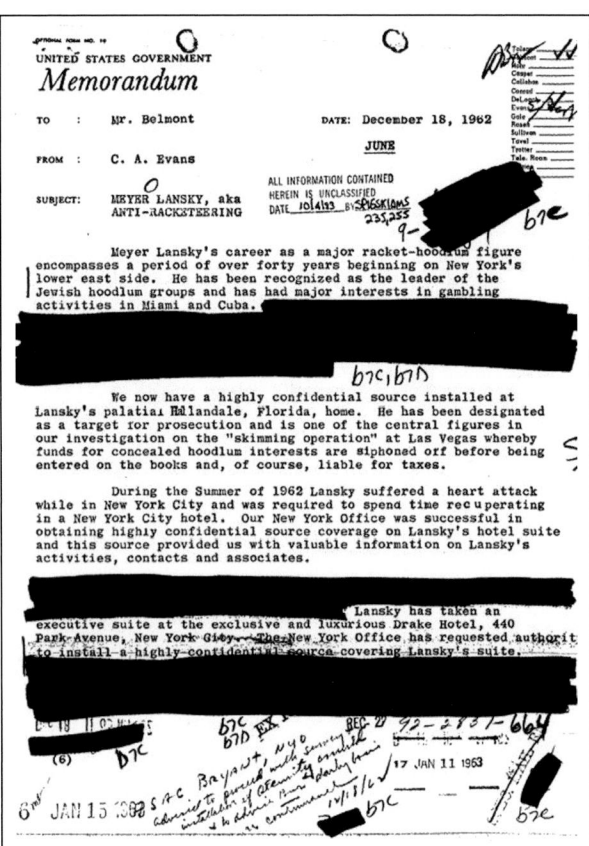

Erst in den 1960er Jahren erfolgten offensivere Maßnahmen seitens des FBI gegen die Cosa Nostra, vor allem als der Verdacht bestand, dass die LCN mit den Kommunisten gemeinsame Sache machten.

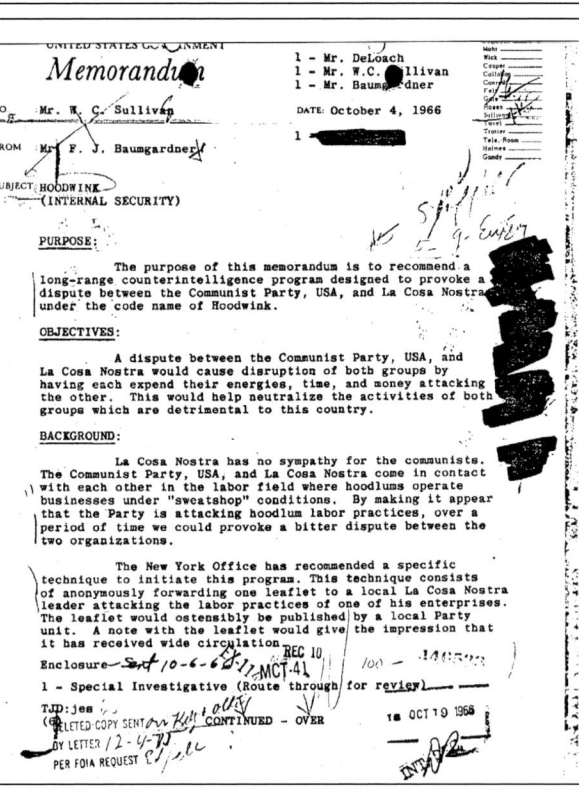

Politik machte Druck, so dass Hoover am 27. November 1957 das Top Hoodlum Program verkündet, mit dem das FBI den Kampf gegen die Cosa Nostra aufnahm.

Vollkommen in das Licht der Öffentlichkeit kam die LCN im Oktober 1963 durch die Aussagen von Joe Valachi vor dem McClellan-Committee, einem Untersuchungsausschuss des Kongresses der Vereinigten Staaten. Der ehemalige Mobster Valachi hatte Angst, von seinen Kumpanen im Knast umgebracht zu werden und wandte sich an die Bundesagenten, die für seinen Schutz garantierten. Dafür verriet er 317 Gangster an die Behörden und »packte aus«, was er über deren Vorgehensweise und innere Struktur wusste.

Erst nach dem Tod von Hoover, Mitte der 1970er Jahre, als das FBI sich neu zu orientieren begann, wurde gezielt und koordiniert gegen die Cosa Nostra vorgegangen. In dem Hauptquartier gibt es nun eine Koordinationstelle mit Spezialisten und Analysten der verschiedenen Fachgebiete, es findet eine Zusammenarbeit mit den OK-Dienststellen der jeweiligen städtischen Polizei statt, die meisten Außenbüros des FBI verfügen über eigene Ermittlungsgruppen, die sich ausschließlich um die Mobster kümmern.

Es folgten viele Erfolge und Festnahmen, wobei die Undercoveraktionen des Bureau die besten, gerichtsverwertbaren Informationen erbrachten.

Der FBI-Mann Joe Pistone wurde dabei zu einer kriminalistischen Legende. Getarnt als Donnie Brasco infiltrierte er von 1976 bis 1981 die LCN, arbeitete sich von unteren Jobs hoch, hatte direkte Kontakte zu verschiedenen hochrangigen Mitgliedern und brachte viele Details ans Licht, die die Agenten zuvor nur von Informanten kannten.

Am wichtigsten war die nun gesicherte Erkenntnis, dass es nie so ruhig und harmonisch zuging, wie oftmals geglaubt. »An jedem gottverdammten Tag ist jemand da, der auf Deine Position möchte. Du musst immer wachsam sein und Deine Kraft und Stellung behaupten«, war die Lebensweisheit einer seiner Freunde in diesem Schattenstaat. Mordanschläge, die aus den eigenen Reihen ka-

Eines der größten
Bombenattentate
in der Geschichte
der LCN erfolgte
am 23. November
1962 ...

... auf Charley
Cavallaro wegen
»Streitigkeiten«
im Spieler-
Milieu. Sein
elfjähriger Sohn
kam dabei eben-
so ums Leben.

Die Gebietsverteilung der LCN im Jahr 1963 nach einer (damals streng geheimen) FBI-Auswertung.

Joe Valachi erläutert 1963 einer erstaunten Öffentlichkeit erstmals Insiderwissen über die Cosa Nostra.

Die FBI-Legende Joe Pistone (links) fügte dem organisierten Verbrechen in den USA einen erheblichen Schaden zu. Mit seinen Informationen gelang die Inhaftierung von 120 Mafiosi.

men, waren die häufigste Todesursache für Mobster und das meist in jungen Jahren. Nur sehr wenige, wie Anthony Accardo oder Meyer Lansky, hatten ein langes Leben mit einem ausgedehnten »Ruhestand«. »*Du lebst durch die Pistole und den Dolch und Du stirbst dadurch*«, sagten auch die Gangster zu Pistone, der bei diesem Einsatz weit an seine Grenzen ging. Durch ihn konnten viele Verbrecher zumindest zugeordnet werden. Kurz vor der vollen Mitgliedschaft bekam er den Auftrag, einen Vertrauens-Mord zu begehen, den die FBI-Führung natürlich »ablehnte«. Pistone wurde abgezogen und ging sofort in das Zeugenschutzprogramm, da die Bosse 500.000 Dollar Kopfgeld auf ihn aussetzten.

Pistone erhielt die volle Unterstützung der Regierung, achtete in den Grundzügen auf seine Sicherheit und zog dann mit seiner Familie um. Auf den direkten Personenschutz konnte er schon bald verzichten, er arbeitete bis 1997 weiter als Agent und lebt nun pensioniert ein ruhiges Leben unerkannt in den USA.

Obwohl noch weitere Schläge gegen die LCN gelangen, u. a. im spektakulären Pizza Connection Fall und sie im neuen Jahrtausend längst nicht mehr die Macht hat wie vor einigen Jahrzehnten, ist sie dennoch existent und bedroht die rechtschaffende Bevölkerung.

Die Cosa Nostra hatte einige prominente Mitglieder, deren Lebenslauf aus kriminologischer Sicht interessant ist:

Arnold Rothstein (* 17. Januar 1882; † 4. November 1928) »der Vater« der Cosa Nostra, löste die Bandenführer der Jahrhundertwende ab, die hauptsächlich mit Gewalt um Macht kämpften. Rothstein sah in allererster Linie das Geschäft. Und er kreierte für Jahrzehnte die Methoden und den Stil des amerikanischen, organisierten Verbrechens, sowie auch das Auftreten und die Kleidung.

Rothstein hatte ausgeprägt guten Manieren, der erste Boss mit jüdischem Hintergrund, die in den Jahrzehnten bis nach dem Zweiten Weltkrieg für Furore sorgten. Er wurde auch als der Gründer der »Kosher Nostra« von der Presse tituliert, die später von Meyer Lansky weitergeleitet, aber auch beendet wurde.

Rothstein versammelte nahezu alle bedeutenden Gangster um sich, die in den dreißiger Jahren zu zweifelhaftem Weltruhm gelangen sollten und gab ihnen erste Jobs und Orientierung.

Er war hauptsächlich ein Spieler und Schutzgelderpresser, der auch seine Finger in dem großen Sport- und Wettbetrug um die World Series von 1919 hatte. Seine genaue Beteiligung ist strittig, erwiesen ist jedoch, dass er im Hintergrund Anweisungen gab und Gelder kassierte.

Obwohl er viel Geld verdiente, blieb das Spielen seine Leidenschaft, vor allem Pool Billard und Karten. Das wurde letztendlich auch sein Verhängnis. Nach einem langem Pokerspiel verlor er Ende 1928 die für seine Verhältnisse lächerlich niedrige Summe von 320.000 US Dollar und weigerte sich, diese zu zahlen, da er fand, dass das Spiel manipuliert war.

Als es »ein klärendes Gespräch ohne Waffen« geben sollte, erschien er dort, nachdem er einem Freund seinen Revolver gegeben hatte. Sein Kontrahent hatte keine solche »Gaunerehre«, er schoss Rothstein sofort in den Bauch. Dieser starb nicht sofort, er lag noch einige Tage im Delirium und gab selbst bei mehreren Kontaktaufnahmen der Polizei den Namen des Schützen nicht preis. Rothstein bekam eine prunkvolle Beerdigung und auf eine eigenartige Weise imitieren ihn viele Mobster bis in die heutige Zeit.

Alphonse Gabriel (Al) Capone (* 17. Januar 1899 in Brooklyn/New York; † 25. Januar 1947 in Palm Beach/Florida) war und ist das Synonym für Gangster aus Chicago/USA. Da er als einer der ersten Verbrecher Gelder in den legalen Wirtschaftskreislauf brachte, die er (einer Unterwelt-Legende nach) in Washsaloons investierte, wird ihm auch die Wortschöpfung »Geldwäsche« zugesprochen.

Wie die meisten anderen Mobster verübte er seine ersten Straftaten in der Schule, wofür er von seinem Lehrer gerügt wurde. Obwohl er noch ein Knirps war, beleidigte und verprügelte er diesen, wofür er wiederum vom Schuldirektor verprügelt

Eine typische Observationsaufnahme des FBI, drei Mafioso (Agro, Piney, unbekannt) bei einer »Besprechung« vor einem italienischen Lokal in der First Avenue in Manhatten.

»The White House«, das berühmte Hauptquartier des Bosses Castellano in Staten Island, New York.

Am 16. Dezember 1985 wurde der (vorletzte) bekannte Boss der Bosse Paul Castellano vor Sparks Steakhouse in New York erschossen, nun war der Weg frei für Gotti.

Arnold Rothstein, »das Vorbild« der Cosa Nostra in den USA.

Al Capone war stets gut und teuer gekleidet.

wurde. Er flog von der Schule, schloss sich Straßengangs an und kam schließlich zu der berüchtigten Five Points Gang, bei der er sich rasch einen Namen machte. Noch bevor er 20 Jahre alt war, bekam er eine Anstellung als Rausschmeißer bei den Mafiosi Johnny Torrio und Franke Yale. Hierbei zog er sich auch seine legendäre Gesichtsnarbe zu, die ihm neben »Big Al« auch den Spitznamen »Scarface« einbrachte. Er beaufsichtigte eine unbedeutende Bar, als er eine junge Italienerin beleidigte (*»Schätzchen, Du hast aber einen hübschen Hintern.«*) Daraufhin kam es zu einem Kampf mit ihrem Bruder, der ihm ein Messer durchs Gesicht zog und entkam. Bei anderen Auseinandersetzungen hat Capone meist die Oberhand, was ihm die »Aufmerksamkeit« der Polizei und der Freunde der Toten einbrachte. Als ihm »der Boden zu heiß« wurde, ging er zu seinem altem Mentor Torrio nach Chicago, einer damals aufstrebenden Stadt. Aus heutiger Sicht weiß man, dass es wohl auch die korrupteste US-Stadt in den »wilden Zwanzigern« war. Capone schaffte es auch hier seine Aufträge zu erfüllen und stieg schnell zum Partner von Torrio auf. Als dieser bei einem Mordversuch schwer verletzt wurde, wollte er seinem Leben eine neue Richtung geben. Von Ex-Häftlingen ist überliefert, dass Capone ihn im Februar 1925 aus dem Krankenhaus abholte und Torrio zu ihm sagte: *»Al, ich höre auf. Nun ist alles Dir.«* Er saß noch eine kurze Haftstrafe ab, nahm 30 Millionen US Dollar und ging zurück nach Brooklyn, dort führte er ein ruhiges Leben.

Capone aber war auf dem Höhepunkt seiner Macht und prägte das »Chicago Outfit«. Er setzte auf junge Männer in Führungspositionen und nahm im Gegensatz zu anderen Bossen auch häufig persönlich an Straftaten teil. Im April 1926 beschloss er den Tod von zwei Unter-Bossen einer anderen Gruppierung sowie eines Staatsanwaltes. Bei allen Taten schoss er selbst, was Aussagen seiner Männer zufolge »diese noch mehr ansporten«. Als einer der ersten in Amerika setzte er auf »Chancengleichheit am Arbeitsplatz«. Während andere italienische Bosse ethnische Minderheiten

kaum als Menschen ansahen, zählte bei »Big Al« keine Herkunft, Religion oder Hautfarbe. Wer ihm treu war, durfte für ihn arbeiten. Es gab bei ihm auch eine zweite Chance, sogar für den Mann, der ihm das Messer in New York durchs Gesicht zog. Er bewunderte dessen Mut und stellte ihn als seinen Bodyguard an, wann immer er im »Big Apple« war. Ende 1926 stiftete er nach einer Konferenz den Frieden unter den Gangs von Chicago, bei der genau abgesteckte Territorien und Zuständigkeiten geregelt wurden. Dennoch hielten sich viele nicht daran, so dass Capone am 1. Juli 1928 seinen ehemaligen (zweiten) Mentor Frankie Yale und am 14. Februar 1929 sieben Männer (beim Valentinstag-Massaker) der Moran-Gang töten ließ. Wehe, wer ihn hinterging. Bezeichnend dafür ist eine Episode, die auch zigmal verfilmt wurde. Drei seiner Männer, die er wegen eines Mordes an Polizisten gegen alle »Ratschläge« schützte, wollten »sich selbständig machen« und planten sogar noch, ihn mit der »Konkurrenz« zu töten. Er gab zu ihren Ehren am 7. Mai 1929 ein Festessen und erschlug das Trio eigenhändig auf dem Höhepunkt des Abends, vor Dutzenden anderen geladenen Gästen. Sein ehemaliger Fahrer: *»Capone war dabei so wütend, er rastete so aus, dass alle dachten, er habe einen Herzanfall.«*

Capones Macht war legendär, er hatte über 1.000 Personen, die für ihn arbeiteten, nahm viele Millionen im Jahr ein, u. a. ergaben retrograde, interne Buchhalterberichte bis zu 429.000 US Dollar Einnahmen aus dem Alkoholgeschäft pro Woche an, aber er zahlte teilweise auch bis zu 300.000 US Dollar in der Woche aus. *»I own the police«* (Mir gehört die Polizei), war sein häufiges Zitat, was wohl auch stimmte, da in den 1920er Jahren ca. 60% aller Polizisten auf seiner Gehaltsliste standen. Durch medienwirksame Auftritte, hübsche Damenbegleitung und auch große Wohltätigkeit anlässlich der »großen Depression« erfuhr er eine große, weltweite Popularität. Seine Großzügigkeit und seine Partys waren legendär, ebenso seine Trinkgelder und Geschenke. Mehrfach wurden unbeteiligte Personen bei »seinen Schießereien«

verletzt, wofür er immer die Krankenhauskosten übernahm und »Entschuldigungen« verteilte. Ca. 500 tote Menschen werden nach heutiger Einschätzung direkt und indirekt mit ihm in Verbindung gebracht.

Capone wohnte überwiegend in Hotels, meistens im Metropole, Hawthorne Inn und im Lexington, hatte dort auch seine Kommandozentralen. Er mietet komplette Stockwerke, für seine sechs (privaten) Zimmer zahlte er 20.000 Dollar jährlich. Dafür war ihm jeder nur erdenkliche Luxus der damaligen Zeit sicher, sogar mit extra konstruierten Geheimgängen, damit er sich unauffällig bewegen konnte. Neben dem Alkohol, machte Capone auch seine Geschäfte mit der Prostitution und dem Glückspiel. Geschäfte mit Drogen konnten ihm nie nachgewiesen werden.

Das machte ihn aber auch zur Zielscheibe für die Justiz, die auch auf Anordnung von Washington nun endlich Erfolge nachweisen musste. 1929 und 1930 kam es zu kleineren Anklagen und geringen Gefängnisstrafen, die seine Macht aber nicht schwächen konnten. Dennoch stellten sich ihm nun vermehrt mutige Männer von verschiedenen staatlichen Institutionen entgegen und machtem ihm zumindest das Leben schwer. Sie überprüften und luden ihn vor, versuchten, ihn in seinen Bürgerrechten (u. a. der Freizügigkeit) zu beschränken. Dabei mussten sie selber geltendes Recht brechen, anders ging es nicht. Nicht nur zur damaligen Zeit hatten Verbrecher bekanntlich umfassende Rechte, von denen sie auch gerne Gebrauch machten. Elliot Ness, der bekannte Agent des BATF sowie die Steuerfahndung stellten zusätzliche Ermittlungen an. Letzterem gelang es, einen verdeckten Ermittler, Mike Malone, der sich in allen Belangen des Steuerrechts auskannte, im Lexington Hotel unter einer Legende einzumieten und Capone »zuzuführen«. Er leitete wertvolle Hintergrundinformationen über den Ablauf seiner Geschäfte weiter, da Capone in dieser Hinsicht sehr unvorsichtig war. Er vertrat die Meinung: »*Illegal verschafftes Geld, kann ich doch nicht versteuern...*« Diese Meinung vertrat er auch offen in un-

TIME
The Weekly Newsmagazine

ALPHONSE ("SCARFACE") CAPONE
A pink apron, a pan of spaghetti.
(See NATIONAL AFFAIRS)

Volume XV   Number 12

Al Capone nutzte geschickt die Printmedien, um sein Ansehen zu steigern, wozu er gerne sein gewinnendes Lächeln einsetzte.

zähligen Zeitungsinterviews und bei Anhörungen. Anfang der 1930er Jahre hielt sich Capone viel in Miami auf, kaufte dort ein Haus und gab rauschende Empfänge. 1931 kam es zu einer Anklage wegen Steuerhinterziehung in Höhe von 219.269,12 US Dollar, eine sehr lächerlich niedrige Summe, doch mehr konnten die Behörden nicht vorweisen. Durch Inkompetenz von Capones Anwälten kam es zu zwei Missverständnissen. Bei einem vorgerichtlichen Gespräch machte »Scarface« Aussagen, die (wie er meinte) nicht gegen ihn verwendet werden durften, doch das war ein Trugschluss. Gerade auf diesen Informationen baute die Anklage auf. Capone gab im Vorfeld die Verfehlung zu, in der irrigen Annahme dafür mildernde Umstände zu bekommen. Doch daran sah sich das Gericht nicht gebunden, Capone zog öffentlich sein Schuldbekenntnis zurück, die Verhandlung begann. Capone kam täglich in wechselnden bunten Anzügen, einer seiner Männer mit Hilfs-Sheriff-Ausweis und einer Waffe, Autogrammjäger aus aller Welt, usw. Kurzum, es war ein Medienspektakel von großem Ausmaß. In fünf von dreiundzwanzig Anklagepunkten erfolgte die Verurteilung zu 80.000 Dollar Strafe/Gerichtskosten und elf Jahren Haft.

Er musste seine Haftstrafe sofort antreten, auch wenn damit seine Macht noch nicht gebrochen war. Er bestach Wachen, stellte dem Direktor seinen Wagen plus Chauffeur zur Verfügung und erhielt als Gegenleistung Vergünstigungen, eine exklusive Zelle (für damalige Verhältnisse sogar mit Dusche) und konnte alle Freunde empfangen die er wollte. Er lud sogar Lucky Luciano und seinen alten Freund Johnny Torrio ein und der Legende nach konferierten sie im Hinrichtungsraum, Al saß dabei lachend auf dem elektrischen Stuhl.

Wenige Monate später kam er ins Bundesgefängnis von Atlanta, von dort ließ er auch seine Geschäfte weiterführten, seine Zelle renovieren und geschmackvoll einrichten. Pikanterweise war u. a. in seiner Zelle ein wegen Betruges verurteilter Richter. Nach gut zwei Jahren hatten die Behörden genug gesehen und ließen ihn ins neu geschaffene, berüchtigte Alcatraz-Gefängnis als Häftling Nr. 85 verlegen. Dort, in der wohl härtesten Haftanstalt der westlichen Welt, gab es keine Zeitungen, keine Uhr, kaum Besuch und nur zensierte Briefe. Es gab die kleinsten Zellen und die brutalsten Wachen.

Durch diese Haftbedingungen und seine schlecht behandelte Syphilis-Erkrankung begann sein körperlicher Verfall. Gerechterweise ist von hier zu berichten, dass er ein unbeugsamer Mann blieb und sich auch in körperlichen Auseinandersetzungen zu behaupten wusste. Al kam im Januar 1939 wieder auf freien Fuß und verbrachte seine letzten Jahre in geistiger Abwesenheit in seinem Haus in Florida. Seine treuen Männer statteten ihm von Zeit zu Zeit einen Höflichkeitsbesuch ab, doch es gab keinen Weg für ihn, die Macht wieder zu erlangen. Seine irische Frau Mary, die ihn 1918 heiratete, pflegte ihn bis zu seinem Tod und überlebte ihn um fast vier Jahrzehnte bis April 1986. FBI-Infor-

manten nach soll sie noch von vielen Mobstern »Zuwendungen« bekommen haben, noch lange nach dem Tod von Al und von vielen, die erst nach seinem Tode geboren wurden. Capone selbst verstarb Anfang 1947 im engsten Familienkreise als wohl bekanntester Mobster aller Zeiten.

Louis »Lepke« Buchalter (* 6. Februar 1897 in New York; † 4. März 1944 im Sing-Sing-Gefängnis in Ossining/New York) war das Kind jüdischer Emigranten aus Russland, der in der Lower East Side von Manhattan aufwuchs. Daher rührte auch sein Spitzname Lepke, eine Verballhornung des jiddischen »Lepkeleh« (engl. »Little Louis«), den er von seiner Mutter bekam.

Diese verließ ihn aber bald nach dem Tod ihres Mannes und gab ihn in die Obhut ihrer Schwester. Ein Biograph drückte es Jahrzehnte später so aus: *»Der Vater tot, die Mutter fort, in nur einem einzigen Augenblick war das Gesetz aus dem Leben von Lepke verschwunden.«*

Als Mitglied der Straßengang Amboy Dukes in Brownsville (New York) lernte er Meyer Lansky kennen. Zusammen begangen sie erste Straftaten, wuchsen auf und lernten weitere »aufstrebende Gangster«, wie Bugsy Siegel und Jacob Shapiro kennen.

1915 wurde Lepke bei einem Ladendiebstahl erwischt und verbrachte zwei Jahre in einer Besserungsanstalt. Doch diese Maßnahme half (wie auch meist in der heutigen Zeit) nicht, er kehrte nach New York zurück und verdiente sich weiterhin mit Diebstählen seinen Lebensunterhalt. Louis Buchalter machte kurz darauf die Bekanntschaft von Jacob »Gurrah« Shapiro, gemeinsam spezialisierten sie sich auf Schutzgelderpressungen von Ladenbesitzern.

1918 wurde Buchalter wegen eines Raubes zu fünf Jahren Gefängnis verurteilt, die er in Sing Sing absaß. Nach seiner Entlassung stieg er zusammen mit Shapiro 1923 in die Orgen-Bande ein, die Gewerkschaften und Arbeiter kontrollierten. Den Boss Orgen ermordeten sie 1927 und übernahmen die Führung. Auch zu dem bekannten Criminal-Mastermind Rothstein hatten sie ein »gutes Ver-

Aber er konnte auch anders, seinen gefürchteten Blick (The Look) setzte er ein, wenn er einen Gegner »überzeugen« wollte.

Eine Straßenszene in den 1920er Jahren vor einem Hauptquartier von »Scarface« Capone, dem Hawthorne Hotel.

Capone beim Sport mit dem Weltmeister im Schwergewicht Jim Braddock in Miami.

Meyer Lansky, der Führer der »Kosher Nostra« war als einer der wenigen Bosse über Jahrzehnte an der Macht und starb eines friedlichen Todes. Hier sein Konterfei im Wandel der Jahrzehnte auf FBI-Fotos...

Capone in einem Wagen des FBI am Tage seiner Entlassung 1939.

... hier als älterer Mann in den 1970er Jahren in Miami Beach.

Der Boss Joe Colomobo sr. (hier mit dem Regenschirm) führte u. a. auch eine italo-amerikanische Civil Rights League (Bürgerrechtsbewegung) an. Er wagte es sogar, Anti-FBI und Anti-Hoover Demonstrationen vor FBI-Zentralen durchzuführen, was verschärfte Maßnahmen gegen die Gruppe bewirkte. Sein »Vorgesetzter« Carlo Gambino ordnete an, »diesen Blödsinn« einzustellen, doch Colombo sr. ließ davon nicht ab und wurde umgebracht.

Fotos von »internen Veranstaltungen« der Cosa Nostra sind sehr selten, hier zwei seltene Ausnahmen.
Bei einer Vorbereitungsaktion werden die Details eines kriminellen Plans durchgesprochen und die Ausrüstung gecheckt. Hier ist Jerry Langella (links) in jungen Jahren zu sehen, bevor er der Boss der Colombo-Familie wurde, mit einem anderen Verbrecher als sie ihre Waffen begutachten.

Nach einem Freispruch feiern einige Mobster mit ihren Anwälten bei einem gemeinsamen Essen im New Yorks La Stella Restaurant. Santo Trafficante prostet bei diesem Foto noch dem ihm bekannten Reporter der New York Times zu. Dieser brachte einen Aufsehen erregenden Bericht unter der Headline (Überschrift) Little Apalachin Meeting. Aufgrund dieses Berichtes wiederum besuchte der Restaurant-Kritiker Claiborne das Lokal und bewertete es mit zwei respektablen Sternen.

hältnis« und übernahmen einige seiner Führungstechniken. Als sich die Cosa Nostra neu um Luciano formierte, sah dieser die Notwendigkeit einer straff geführten Gruppe von Killern, die jederzeit bereit stand zu töten und dies auch professionell ausübte. Dazu wurde gerne auf sogenannte »Hitmen« (Killer) aus anderen Städten zurückgegriffen, die von außerhalb kamen, das Opfer und die Umstände nicht kannten, professionell töteten und sich wieder ohne jede Spur und Motiv zurückzogen. Lepke übernahm die Führung dieser Gruppierung in der Cosa Nostra, die später von der Presse »Murder Inc.« getauft wurde.

Einer seiner Capos wurde der berüchtigte Albert Anastasia »The Mad Hatter«, von der Presse als »Lord High Executioner« bezeichnet.

Murder Inc. bezog sein Hauptquartier in einem Süßwarenlanden in Brooklyn. Dort verbrachten sie den Tag, warteten auf ihre Instruktionen und die Genehmigung der Bosse für einen Auftrag. Zwischenzeitlich gingen sie sogar so weit, zu trainieren und effektivere Methoden zu entwickeln. Wahrscheinlich haben sie zusammen ca. 400 Personen in den USA ermordet, fast alle aus dem Umfeld der Mobster.

Lepke zog seinen persönlich Vorteil aus den Aufträgen, die nach den FBI-Akten mehrere tausend Dollar pro Mord betrugen und lebte auf großem Fuß mit mehreren Häusern, Chauffeuren, etc. Doch im Sommer 1937 holte auch diesen jüdischen Gangster die Realität ein. Neue junge Staatsanwälte hatten sich auf seine Fersen geheftet und Beweise zusammengetragen. Er bekam einen Tipp über seine vorstehende Verhaftung und rief sein letztes großes Gangster-Meeting ein. Sie regelten dort seine spätere Flucht und die Verteilung seiner Bande, danach verschwand er. Das FBI, das ihn Tage später festnehmen sollte, fand ihn nicht an seinen gewohnten Plätzen. Nun begann die größte je dagewesene »Manhunt« (Menschenjagd) nach einem Mobster. Über 100.000 Fahndungsplakate wurden gedruckt, Zielfahndungen auf der ganzen Welt eingeleitet, aber keiner dachte daran, dass Lepke sich in Hinterzimmern im Bereich New York aufhielt.

Lepke lebte über zwei Jahre im Untergrund, wechselte wöchentlich die Verstecke. Die guten Kontakte der OK halfen ihm dabei, jedoch wurde der Druck täglich stärker, gerade wenn seine alte Bande weiterhin Morde verübte. FBI-Chef Hoover beschäftigte 25 Mann täglich damit, Druck auf die Unterwelt auszuüben und nach ihm zu fahnden. Alles blieb erfolglos. Informationen aus der Unterwelt ergeben heute, dass mit Hoover nach monatelanger Verhandlung ein Deal ausgehandelt werden sollte, der garantierte, dass Lepke nicht erschossen und mit einem fairen Prozess sowie einem milden Urteil rechnen konnte. Am Abend des 24. August 1939 ergibt sich Lepke nach einem langen Katz und Mausspiel dem FBI-Chef. Eines wird ihm schnell klar, einen Deal hatte es niemals gegeben, es war ein Trick. Lepke wurde in einem kurzen Prozess wegen Drogenvergehens zu 14 Jahren verurteilt. Nach längerer Vorbereitung gelang dann (auch durch den Einsatz von Spitzeln und Überläufern) 1942 die Verurteilung zum Tode wegen Mordes an einem einzelnen Mann.

In den Wochen vor seiner Hinrichtung bekam Lepke von offizieller Seite mehrere »Gesprächsangebote« und unbestätigten Gerüchten nach auch

Der Steckbrief, mit dem nach Lepke gefahndet wurde.

Louis Buchalter besteigt einen Gefängniswagen der Bundesbehörde.

Buchalter während einer gerichtlichen Anhörung mit seinen Anwälten.

Lepke wird von FBI-Agenten transportiert und »beschützt«.

»eine Umwandlung« seiner Strafe in Aussicht gestellt, wenn er Details über die LCN auspackt. Die Zeitungen spekulierten und brachten täglich neue Sondermeldungen. Lepke ließ aber über seine Frau verlauten, dass er nichts zu sagen habe. Das sicherte seiner Familie einen gewissen Status und ein ruhiges Leben. Zudem konnte er sich so in der Unterwelt noch retrograd einer »gewissen Bewunderung« erfreuen, da er auch noch standhaft blieb, als er den Tod vor Augen hatte.

Am 4. März 1944 wurde er auf dem elektrischen Stuhl exekutiert, als einziger Top-Leader des OK und zudem als bisher reichster Mann. Seine Bande löste sich in den späten 1940er Jahren auf. Eine derartige Vereinigung, die teilweise bis zu 250 Mittäter hatte, gab es danach nie wieder. Einige davon starben später ebenfalls durch Auftragsmord, so

der gefürchtete Anastasia 1957, andere kamen ungeschoren davon und lebten unbehelligt bis in die 1990er Jahre.

Benjamin Siegel (* 28. Februar 1906 in Brooklyn/ New York; † 20. Juni 1947 in Beverly Hills/Kalifornien) war ebenfalls ein ehrgeiziger und in vielen Kreisen bewunderter Mobster. Während vieler seiner Zeitgenossen, die ebenfalls Führungspositionen in der LCN innehatten, einfache Soldaten mit gewalttätigen Aktionen beauftragten, tat das Siegel meist selbst. Das brachte ihm auch seine Spitznamen »Cowboy« und »Bucksy« (Verrückter) ein. Bucksy stammte aus Hell's Kitchen und achtete zeitlebens auf sein Äußeres. Lange bevor es Mode wurde aus Fitnessgründen (ohne ein sportliches Ziel) zu trainieren, ging er schon zum Krafttraining, zur Massage und auch ins Solarium. Sein gepfleg-

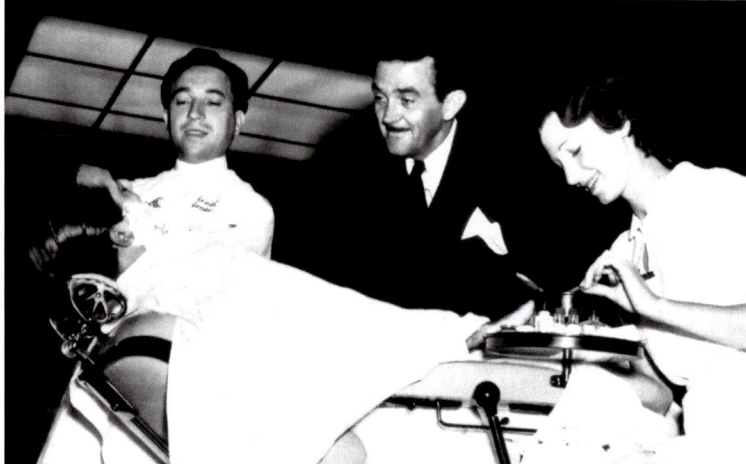

Ben Siegel lässt sich im Schönheitssalon verwöhnen.

Bugsy Siegel auf dem Höhepunkt seiner Macht, 1940 in Las Vegas.

Ben Siegel unmittelbar nach dem Mordanschlag, tot im Sessel seines Hauses.

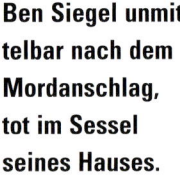

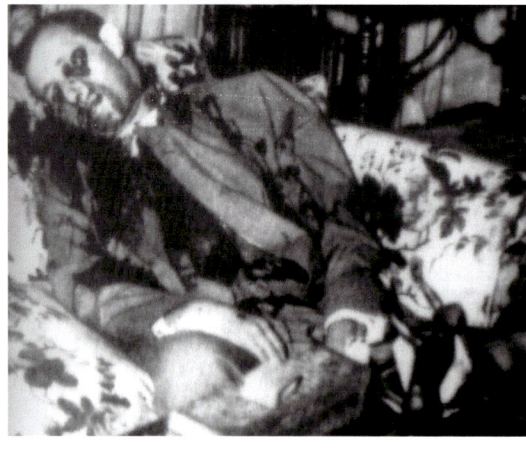

Das Grab von Ben Siegel, der scheinbar noch heute viele weibliche Verehrer hat.

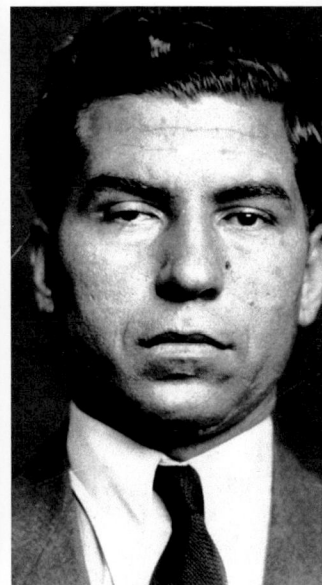

Dutch Schulz findet sein Ende in einem Restaurant, er hatte sich nicht dem Willen der Bosse gebeugt.

Dutch Schulz um 1930, als er auf ein Urteil wegen eines Steuervergehens wartet.

Luciano in Jahr 1935, mit bedrohlichem, düsterem Blick.

tes Äußeres brachte ihm viel Bewunderung entgegen, gerade auch von seinen weiblichen »Fans«. Er wurde vom National Crime Syndicate in den 1930er Jahren nach Los Angeles gesandt, wo er sich nicht nur um die Geschäfte, sondern auch um viele Hollywood-Schönheiten kümmerte. Einer Unterwelt-Legende nach soll er sogar auf einer Reise nach Italien mit Herman Göring und Joseph Goebbels zusammengetroffen sein und einen Mordanschlag in Erwägung gezogen haben. In den frühen 1940er Jahren bekam er den Auftrag, Las Vegas, das damals aus einigen wenigen alten Motels bestand, aufzubauen. Er stieg bei mehreren Bauvorhaben mit ein und ließ schließlich das Flamingo bauen, das erste High-Class-Hotel am Strip. Er verlor aber bald die Kontrolle, das Hotel entwickelte sich zu einem finanziellen Deaster und seine Frauengeschichten (er hatte bis zu vier verschiedene Freundinnen gleichzeitig in den besten Suiten dauerhaft untergebracht) machten Schlagzeilen. Auf der berühmt-berüchtigten Havanna-Konfernz der Bosse wurde sein Tod beschlossen und im Sommer 1947 ausgeführt, gerade als das Flamingo die ersten Gewinne einfuhr. Den Aufstieg von Las Vegas, den glitzernden Strip, die riesigen Gewinne für die LCN, erlebte er nicht mehr.

Charles Luciano (* 11. November 1896 in Lercara Friddi/Sizilien; † 26. Januar 1962 in Neapel/Italien) war der wohl einflussreichste Boss der Cosa Nostra in den USA aller Zeiten, sogar das Time Magazine wählte ihn zu einer der bedeutendsten Persönlichkeiten der Geschichte. Vor und nach ihm gab es noch andere mächtige Bosse, die aber niemals seine Kontakte/Möglichkeiten besaßen. Da er mehrere Attentate, darunter einen »Ride« (»Spazierfahrt« mit dem Ziel der Ermordung) überlebte, bekam er den Spitznamen »Lucky«. Lucky wurde in der Nähe von Palermo geboren und emigrierte 1906 in die USA. Ein Jahr später, als Zehnjähriger, musste er sich schon für seine erste (nachgewiesene) Straftat verantworten. Den Akten nach erpresste er wenig später sogar seinen Schuldirektor und als dieser kein Schutzgeld an den Knirps zahlen wollte, brannte er die komplette Schule ab. Lucky war ehrgeizig, 1931 ließ er Joe Masseria, einen bis dahin bedeutenden Capo »abservieren«.

Lucino wird 1936 von zwei Bundesagenten zum Supreme Court New Yorks begleitet.

Wie viele Gangster war auch Frank Costello mildtätig zu armen Menschen, vor allem wenn die Presse anwesend war.
Frank Castello, der »Prime Minister der Unterwelt«, überlebte mindestens fünf Attentate und galt als der Verbindungsmann der LCN zu Politik und Wirtschaft. Ihm werden enge »berufliche« als auch private Kontakte zu den Kennedys und zu FBI-Chef Hoover nachgesagt. Hierfür gibt es bis heute unzählige Personal-, aber keine Sachbeweise.

Anfang der 1950er Jahre spaziert Luciano wieder durch Palermo und verknüpft dortige Kriminelle mit italo-amerikanischen Gruppierungen in den USA.

Luciano 1955 als älterer Mann, der seinen Lebensabend genießt und dennoch von New York träumt.

Frank Costello verfolgt 1950 eine Anhörung des Senats über organisiertes Glückspiels.

Mickey Cohnen posiert 1950 für eine Publikation seiner Lebensgeschichte. Er »übernahm« nach dem Tod von Siegel Las Vegas und baute es zur vollen Größe aus.

Luciano traf sich mit ihm zum Essen und ging im entscheidenden Augenblick aus dem Raum. Er wusch sich die Finger auf der Toilette, während Siegel und mehrere seiner Männer den »Hit« ausführten. Insider vermuteten, dass dies einen Bezug zu Pontius Pilatus haben sollte, zu einem rituellen Waschen der Hände in Unschuld.

Er wurde nun der Stellvertreter von Maranzano, dem damaligen Boss der Bosse, der wiederum Luciano »absservieren« wollte. Lansky erfuhr davon und sandte seine vier Killer zu Maranzano, um ihm zuvorzukommen. Auf dem Weg in sein Hauptquartier trafen sie auf Vicent »Mad Dog« Coll, dem designierten Killer von Luciano und erklärten ihm, sie seien Regierungsbeamte bei einer Kontrolle, was dieser glaubte, sie passieren ließ und so erst den Mordanschlag ermöglichte.

Luciano übernahm die Kontrolle, ein »goldenes Zeitalter« für die Cosa Nostra brach an, welches ihn aber auch 1936 für eine Strafe von 30 bis 50 Jahren ins Gefängnis brachte. Doch auch hier hörte seine Herrschaft nicht auf, er gab weiterhin Befehle und wurde in den Wirren des Zweiten Weltkrieges sogar von offizieller Seite um Hilfe gebeten. Deutsche U-Boote versenkten über 100 Schiffe vor der Küste Amerikas und auch der New Yorker Hafen war nicht mehr sicher. Nur Lucky hatte durch seine Mittelsmänner die völlige Kontrolle über die Docks und so wurde, unbestätigten Gerüchten

nach, zu ihm Kontakt aufgenommen und er sorgte für einen sicheren Arbeitsauflauf im Hafen. Er verschaffte der Marine genaue Pläne aus Sizilien und stellte Kontakte zur dortigen Unterwelt her, die eine sichere Landung ermöglichten. Diese Hilfe wurde ihm von der Regierung nicht vergessen. 1946 wurde seine Strafe ausgesetzt, verknüpft mit der Bedingung, das Land zu verlassen. Zu seiner Abfahrt am Hafen erschien das »Who is Who der Unterwelt« am Hafen um ihren alten Boss zu verabschieden. Am Nachmittag des 10. Februar 1946 verließ er von Pier sieben aus Brooklyn und kehrt nie wieder in die USA zurück (auch wenn er, Interviews zufolge, noch oft davon träumte). Er verlebte noch fast zwei Jahrzehnte in Luxus und verstarb 1964 an Herzversagen an einem Flughafen in Italien.

John Gotti (* 27. Oktober 1940 in Bronx/New York; † 10. Juni 2002 in Springfield/ Missouri), Spitzname »Teflon-Don«, weil die Anklagen an ihm abzuperlen pflegten wie an einer beschichteten Oberfläche, war der letzte große medienbekannte Pate der Cosa Nostra. Er gab Interviews, war im TV präsent und schaffte es wie Al Capone auf die Titelseite von Time Magazine.

Er wuchs im New Yorker Stadtteil Queens auf, lebte die typisch kriminelle Jugend, die ihn prägte. Durch die Nähe der elterlichen Wohnung zum JFK-Flughafen beging er dort erste Straften und, mit Hilfe von einflussreichen Verwandten, bekam er von

Mit teilweise bis zu 1.000 (gekauften) Demonstranten versuchten die Anwälte und Familienangehörigen Gotti (erfolglos) vor dem Gefängnis zu bewahren.

John Gotti, der bekannte Boss der 1990er Jahre.

Hier nutzen die Killer die Unachtsamkeit von »The Cigar« Galante aus und erschossen ihn beim Essen. Sein Markenzeichen nahm er dabei mit in den Tod.

Neben einem Ride ist ein Mordanschlag in unverfänglichen Situationen (z. B. beim Friseur, beim Essen) eine beliebte Ermordungsmethode.

Carmine Galante, genannt »The Cigar«, war ein berüchtigter Anführer der Bonanno-Familie in New York. Nach zwei längeren Haftstrafe riss er Mitte der 1970er die Macht seiner Familie an sich und wollte groß ins Drogengeschäft einsteigen. Das verstieß natürlich gegen »interne Abmachungen«, die ihn aber nicht kümmerten. Nach zwei schweren Fehlern, der Ermordung von acht Mitgliedern der Gambino-Familie und die Vergabe von höheren Führungsämtern an Außenstehende, bröckelten sein Ansehen und seine Macht. Am 12. Juli 1979 wurde er in seinem Lieblingsrestaurant aus kürzester Distanz erschossen, selbst ein Teil seiner Leibwächter soll in den Anschlag verwickelt gewesen sein. The Cigar hielt bis in den Tod die Zigarre zwischen den Zähnen, was ihn auf den Tatortfotos eine gewisse Berühmtheit verschaffte.

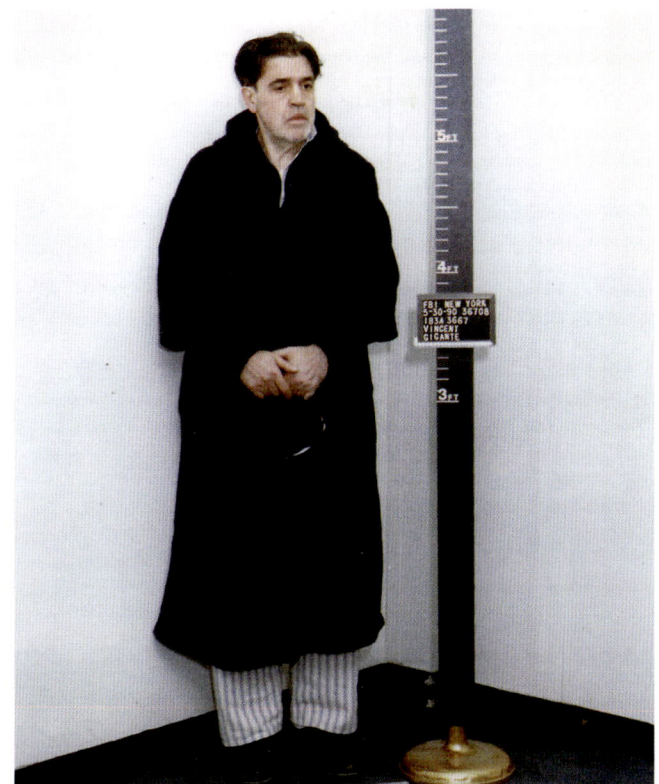

1990 erfolgte die Festnahme von Vincent »the Chin« Gigante, dem Boss der Genovese Familie aus New York. Wie später in mehreren Filmen persifliert, erschien er fortan zu Vernehmungen und Anhörungen im Pyjama, womit er seine schlechte geistige Verfassung demonstrieren wollte. Es gelang ihm damit, seine Verurteilung um sieben Jahre hinauszuzögern, aber nicht zu verhindern. Obwohl u. a. wegen mehrfachen Mordes angeklagt, erhielt er »nur« 12 Jahre Gefängnis, plus weitere drei Jahre für das Vortäuschen einer psychischen Krankheit.

So enden die meisten Mobster, tot auf dem Boden.

sieben Jahre Gefängnis erhielt. Diese Strafe saß er, aus dem Blickwinkel der LCN »ehrenhaft« ab und gab auch keine detalierten Informationen preis.

Nach seiner Entlassung gab Cambino ihm eine Willkommsparty und die Position eines Capos. FBI-Informanten nach sicherte er seine Positionen mit einer Mischung aus Brutalität und Gelassenheit.

1980 überfuhr sein Nachbar John Favara (unabsichtlich) seinen zwölfjährigen Sohn Frank bei einem Verkehrsunfall, bei dem das Kind verstarb. Vier Monate später wurde Favara auf offener Straße in ein Auto gezogen und verschwand spurlos. Aus den FBI-Akten ist ersichtlich, dass er einer Unterwelt-Legende nach mit dem Auto in eine Kfz-Presse geworfen und zu einem Würfel Metal »verarbeitet« wurde.

Gotti zog mit einer Mischung aus Raffinesse, Brutalität (er schüchterte seine Kontrahenten gerne selbst ein) und guten Manieren (gerade in Bezug auf seinen Kleidungsstil und seinen gepflegten Umgang zu Frauen und der Presse) bis Mitte der 1980er Jahre große Gewinne ein. 1985 wurde dann zu einem Entscheidungsjahr der Cosa Nostra in den USA. Der Pate Paul Costellano, der seit ca. 1976 »der Don im Bereich New York« war, hatte jeden Bezug zu seinen kriminellen Wurzeln verloren. Er beachtete die »ungeschriebenen Unterwelts-Regeln« nicht mehr, zudem war er durch seine Liebelei zu seinem Hausmädchen und der Erwartung einer längeren Gefängnisstrafe »zu einem Risiko« geworden.

Außerdem ernannte er noch einen seiner Vertrauensleute, Tomas Bilotti, zu einem Capo und stellte ihn auf Augenhöhe zu Gotti. Big Paul wollte so einen Ausgleich schaffen, den sich Gotti nicht gefallen lassen konnte. In einem der spektakulärsten Mordaktionen der letzten Jahrzehnte ließ er beide vor Sparks Steak Hause in Manhatten auf offener Straße ermorden. Informanten nach sah Gotti dabei in der alten Mafiatradition der »wilden« 1920er Jahre von der anderen Straßenseite aus zu. Sein Tod blieb ungerächt, den anderen Bossen kam sein Tod gerade recht. Da das FBI das Haus von Big Paul »verwanzt« hatte und es noch weiteres Be-

der Cosa Nostra »erste Aufträge« (Diebstahl, Erpressung, etc.).

In seinem dritten Lebensjahrzehnt wurde er durch den Familien-Chef Carlo Cambino zum Capo »befördert« und versah diese Position gewissenhaft. Als 1972 Manny Cambino von einer rivalisierenden Untergrundorganisation entführt wurde, bewies er seine Loyalität zur Familie. Trotz intensiver Suche seiner Leute und mit der Zahlung von 350.000 US Dollar Lösegeld wurde Manny ermordet. Dem FBI gelang es, zwei der Entführer/Mörder zu fassen, ein Dritter, James McBartney, entzog sich dem Zugriff durch das Bureau.

Gotti, der seine eigenen Ermittlungsmethoden anwendete, spürte ihn mit zwei seiner Leute auf und brachte ihn um. Die Strafverfolgungsbehörden im Bereich New York konnten ihm nur eine minderschwere Teilnahme nachweisen, so dass er nur

Dem Paten Sam Giancana (Zweiter von rechts) werden bis heute enge Kontakte zu Präsident John F. Kennedy nachgesagt. Dieses Foto aus den Akten des FBI zeigt auch ihre gemeinsame Gespielin Judith Campbell (rechts außen).

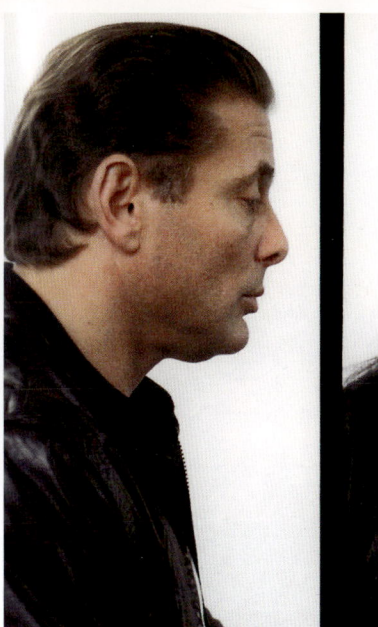

Sammy »the Bull« Gravano war der Unterboss von Gotti. Beide zerstritten sich schon bald wegen ihrer »Einnahmen«, was das FBI bei der Verhaftung der beiden Ganoven 1990 nutzte. Gravano ging in das Witness Protection Programm (Zeugenschutzprogramm, wurde aus Furcht vor Anschlägen sogar zeitweise in der Academy bewacht, erhielt nur eine geringfügige Haftstrafe und sagte dafür gegen Gotti aus. Seine Aussagen führten zudem noch zur der Festnahme von ca. 36 weiteren Mobstern. Das Programm schütze ihn vor der Rache Gottis, jedoch stiegt er schon in den 90er Jahren auf eigenen Wunsch wieder aus. Er ging nach Arizona und begann dort mit dem Aufbau eines Drogenrings, der sich auf Ecstasy spezialisierte. Um die Jahrtausendwende nahm das FBI ihn erneut fest und er erhielt eine zwanzigjährige Haftstrafe in einem Supermax-Gefängnis.

weismaterial gab, sah Castellano einer Gefängnisstrafe von ca. 170 Jahren entgegen. Aus einer vertraulichen FBI-Akte: *»Gemäß alten Mafia-Traditionen ist Knast eine Bewährung, eine Probe für aufstrebende Bosse. Sie kassieren eine Haftstrafe, können dort lernen, sich auf weitere Aufgaben vorbereiten, und werden, wenn sie Stillschweigen bewahrt haben, wieder in die Struktur integriert. Doch bei einem Boss, der 70 Jahre alt ist, ist das nicht mehr zu erwarten. Er wird vermutlich aussagen (»singen«) und viele weitere mit in den Untergang ziehen. Das Risiko war manchen einfach zu groß...«*

So stieg Gotti quasi über Nacht zum neuen Boss auf. Er verjüngte die Strukturen und übergab viele wichtige Positionen an junge Führer (Leader), die seine Macht sichern sollten. Da es den Strafverfolgungsbehörden lange Zeit nicht gelang, ihn zu überführen, erlangte er enorme Aufmerksamkeit. Doch auch sein Stern sank eines Tages. Dem FBI war 1992 eine Anklage durch Abhöraktionen (insgesamt waren es über 100 Stunden Bandmaterial) auf der Basis des RICCO Gesetzes zu verdanken, auch konnte noch sein Consigliere »überzeugt« werden, gegen ihn auszusagen. Er wurde zu lebenslanger Haft verurteilt und kam ins berüchtigte Supermax-Gefängnis, das viele Ähnlichkeiten zu älteren Strafanstalten anfangs des letzten Jahrhunderts hat. In strenger Einzelhaft gehalten, starb *er 2002 im Gefängnis.*

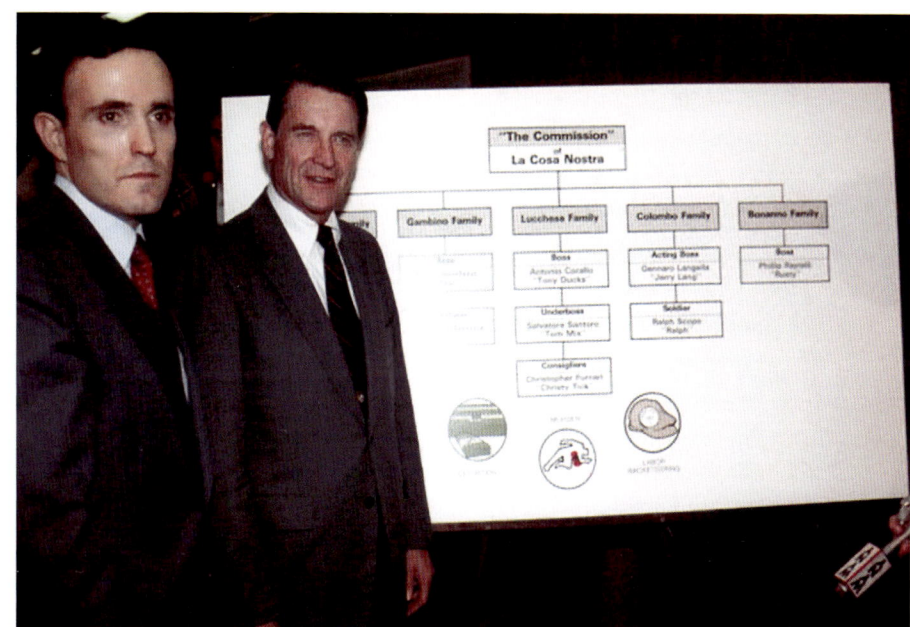

1985 präsentieren Rudolph Giuliani und FBI-Direktor William Webster den Medien verstärkte Maßnahmen gegen die LCN.

Chronologie der wichtigsten Ereignisse

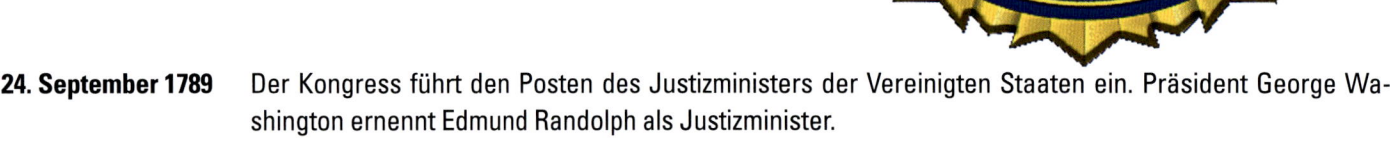

24. September 1789 Der Kongress führt den Posten des Justizministers der Vereinigten Staaten ein. Präsident George Washington ernennt Edmund Randolph als Justizminister.

22. Juni 1870 Der Kongress genehmigt die Aufstellung des DOJ, des Department of Justice (Justizministerium).

3. März 1871 Der Kongress billigt 50.000 Dollar für die Erkennung und strafrechtliche Verfolgung von Verbrechen. Der Justizminister ernennt den ersten Spezialagenten zum Leiter von Sonderermittlungen. Das Gehalt des Agenten wird aus dieser bereitgestellten Summe gezahlt. In den nächsten 40 Jahren verlassen sich das Justizministerium und andere Bundesbehörden jedoch auf Personal, das vom Finanzministerium ausgeliehen ist, um Ermittlungen zu leiten.

27. Mai 1908 Ein staatsdienstlicher Gesetzentwurf verkündet, dass Geheimdienstangestellte, welche Aufträge von einem anderen Ministerium als dem Finanzministerium (ausgenommen in Fällen von Fälschung) annehmen, für zwei Jahre zu suspendieren sind. Die Bestimmung wird am 1. Juli wirksam und somit das Ausleihen von Agenten verhindert.

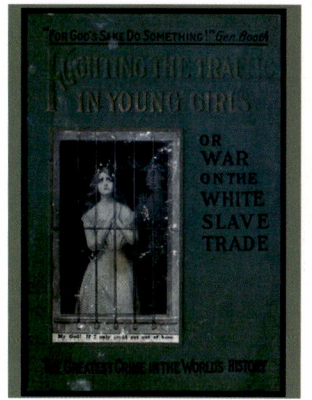

29. Juni 1908	Justizminister Charles J. Bonaparte ordnet die Schaffung einer Spezialagenten-Einheit in dem Department of Justice (DOJ), dem Justizministerium, an. Seine Anordnung entthebt 23 Ermittler, die bereits beim Ministerium beschäftigt sind, von ihren Aufgaben und engagiert dauerhaft acht weitere Agenten des Finanzministeriums.
26. Juli 1908	Justizminister Bonaparte befiehlt der Spezialagenten-Einheit, dem Hauptprüfer, Stanley W. Finch, Bericht zu erstatten. Diese Anordnung wird als der formale Anfang der Behörde betrachtet, zu der 1935 das FBI wurde.
16. März 1909	Justizminister George W. Wickersham bezeichnet die Spezialagenten-Einheit als das Bureau of Investigation (abgekürzt als BOI oder BI).
25. Juni 1910	Der Kongress verabschiedet das White Slave Traffic Act (Weiße-Sklaven-Handelsgesetz), auch bekannt als der Mann Act. Damit steht das Verbringen von Personen in einen anderen Bundesstaat unter Strafe, wenn damit »unmoralische Absichten« verbunden waren. Das neue Gesetz verstärkt auf bedeutende Weise die Zuständigkeit des BOI für zwischenstaatliches Verbrechen.
30. April 1912	Der frühere Buchprüfer A. Bruce Bielaski, Chef Finch's Assistent seit 1909, wird zum Chef des BOI ernannt. Der ehemalige BOI Chef Finch wird Sonderbeauftragter für die Bekämpfung des Sklavenhandels.
August 1914	Als der Erste Weltkrieg in Europa beginnt, werden zusätzliche Verantwortlichkeiten an das BOI vergeben. Am 6. April 1917 erklärte der Kongress Deutschland den Krieg und Präsident Woodrow Wilson ermächtigt das BOI, feindliche Ausländer in Haft zu nehmen.
20. März 1917	Bielaski stimmt einer Zusammenarbeit mit dem Amerikanischen Schutzbund (APL), einer privaten Unternehmerorganisation, zu. APL-Mitglieder stellen den Agenten des Büros logistische und andere Hilfe zur Verfügung.
6. April 1917	Nachdem der Kongress Deutschland und Österreich-Ungarn den Krieg erklärt hat, gibt US-Präsident Woodrow Wilson eine auf dem Ausländergesetz von 1798 basierende Proklamation heraus, die das Justizministerium autorisiert, »feindliche Ausländer« festzuhalten und zu verhaften. Die Ermittlungen des BOI werden dahingehend ausgeweitet.
15. Juni 1917	Der Kongress verabschiedet das Spionagegesetz von 1917. Das Gesetz verbietet Spionage, Einmischung bei der Einberufung und Versuche von Illoyalität. Es verstärkt zudem die Möglichkeit des BOI gegen Spionage und »Subversion während des Krieges« vorzugehen, aber ein Mangel an Personal behindert die Anstrengungen des Bureau, das Gesetz umzusetzen.
5. September 1917	Wegen Verletzung des Spionagegesetzes verhaften Agenten die Führung der Industriearbeiter der Welt (IWW) in ihrer Zentrale in Chicago. Zudem beschlagnahmen sie brisante Literatur, auf deren Basis 1918 die Verurteilung der IWW-Leiter erfolgt.
3. September 1918	In New York City verhaften Agenten, die Ortspolizei und Einsatzleute des amerikanischen Schutzbundes tausende von »Bummlern« (wehrpflichtige Männer, die verdächtigt werden, sich nicht für die Einberufung

Das FBI hat in seiner 100jährigen Geschichte viele Erfolge nachzuweisen.

Die »moralischen Absichten« der US-Bürger wurden mit dem Mann Act geschützt.

FBI
Law Enforcement Bulletin
July 1988

Violent Crime Against the Aging

Seit 1919 werden regelmäßig Mitarbeiterinformationen herausgegeben. Wie hier 1988 eine FBI interne Zeitschrift, die auf dem Titel eine verkleidete Agentin als »ältere Dame« zeigt.

Ein ungeklärter Terroranschlag am 19. September 1920. In der New Yorker Wall Street explodiert eine Bombe in einer Kutsche und reißt mindestens 30 Menschen in den Tod.

Nuorteva und Martens, zwei »führende Kommunisten« im Amerika der 1920er Jahre.

registriert zu haben). Die Festnahmen von prominenten Geschäftsleuten, welche einfach versäumt hatten ihre Einberufungskarten mitzuführen, rufen scharfe Kritik hervor.

30. Juni 1919	Justizminister Palmer verfügt, dass das BOI unter die Leitung des Vize-Justizministers gestellt wird. William E. Flynn, früherer Chef des Geheimdienstes, wird zum Direktor des BOI ernannt. Er tritt seinen Posten am 01. Juli 1919 an.
1. August 1919	Justizminister Palmer schafft innerhalb des Bureau eine allgemeine Geheimdienstdivision (GID), um Daten über revolutionäre, pazifistische, radikale und andere anders denkende Bewegungen zu sammeln.
9. September 1919	Ein Senatsausschuss beschäftigt sich mit der Frage der Gefährlichkeit von radikalen, kommunistischen Organisationen. Die BOI-Agenten stellen dafür Dossiers zusammen.
28. Oktober 1919	Der Kongress verabschiedet das Nationale Kraftfahrzeugdiebstahl-Gesetz, auch bekannt als das Dyer Gesetz. Dieses Gesetz bevollmächtigt das Bureau, Autodiebstähle zu untersuchen, die über die Staatsgrenzen hinausgehen. Vor der Verabschiedung dieses Gesetzes behinderten Zuständigkeitsgrenzen zwischen den Staaten die Ermittlungen bei zwischenstaatlichen Autodiebstahlringen.
7. November 1919	In Zusammenarbeit mit der Einwanderungsbehörde erfolgt die Festnahme von führenden Mitgliedern der Union der russischen Arbeiter. Nach einem Gesetz von 1918 sind ausländische Einwohner auszuweisen, wenn sie Mitglieder von Organisationen sind, die auf einen revolutionären Sturz der Regierung hinarbeiten. Am 21. Dezember 1919 werden 249 von diesen Festgenommenen nach Russland abgeschoben. Dabei sind auch die gefährlichen Anarchisten Emma Goldmann und Alexander Berkman.
1. Dezember 1919	Das erste Bulletin (eine FBI interne Zeitschrift) wird publiziert, Mitteilungen an die Außendienstbüros versandt und die Verfahrensweise des BOI bei Ermittlungen exakt festgelegt.
2. Januar 1920	Die Agenten nehmen in Zusammenarbeit mit der Ortspolizei tausende von ausländischen Einwohnern und Bürgern in Haft, welche in 33 US-Städten Zusammenkünfte der kommunistischen Partei und der kommunistischen Arbeiterpartei besuchten. Diese Razzien werden allgemein als die Palmer-Razzien bekannt, nach dem Justizminister A. Mitchell Palmer. Nach längeren Gerichtsverfahren werden 556 Menschen in ihre Herkunftsländer abgeschoben.
27. April 1920	Bei Anhörungen im Kongress werden ethische Fragen über die Rolle von Bundesagenturen bei der Abschiebung der Kommunisten erörtert.

Weibliche Agenten gab es auch schon in den Anfangsjahren des BI, wie hier ein Dienstausweis von 1925 belegt.
Aus den Archiven ergibt sich, dass Alaska P. Davidson die erste weibliche Agentin war, die am 11. Oktober 1922, im Alter von 45 Jahren, ihren Dienst begann. Sie hatte zwar nur drei Jahre die öffentliche Schule besucht, diente aber dennoch wenige Jahre beim BI.

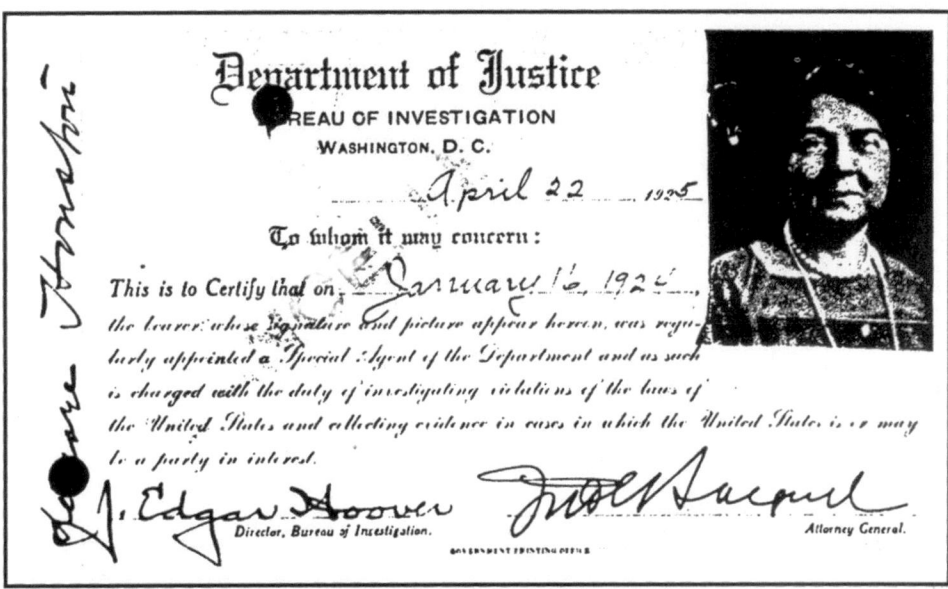

Um den Mord an einer Osage-Indianerin und zwei Dutzend weiteren »native Americans« aufzuklären, infiltrierten die Agenten die Bevölkerung, um ihr Vertrauen zu gewinnen. Mit den so gewonnenen Informationen konnten sie eine bezahlte Mörderbande überführen.

Ravine where the body of Anna Brown (right) was found murdered by order of William Hale (left).

28. September 1920	Der Chef des Bureau, Flynn, gibt den ersten SAC Letter heraus, womit nun regelmäßig die Führungskräfte des BOI über Neuigkeiten informiert werden.
22. August 1921	William J. Burns, ein ehemaliger Secret Service Agent und berühmter Privatdetektiv, wird der neue Direktor des BOI. Der 26 Jahre alte J. Edgar Hoover wird sein Stellvertreter.
22. August 1922	Die Agenten führen eine groß angelegte Razzia bei einem Treffen der kommunistischen Partei in Bridgman/Michigan durch. Da ihnen noch die gesetzliche Aufgabenzuweisung fehlt, wird das Beweismaterial an die zuständige Staatspolizei übergeben.
September 1922	Die Agenten des Büros durchsuchen die Büros des Kongressabgeordneten Oscar Keller.

Zur Zeit der großen Depression um die 1930er Jahre gab es viele hungernde Menschen in den Straßen der USA (wie diese, die hier für ein Stück Gratis-Gebäck und einen Kaffee anstehen), was die Verbrechensstatistik in die Höhe schnellen ließ.

Clyde Tolson, der zweite Mann nach Hoover im früheren FBI, diente seit 1928 viele Jahrzehnte mit Passion und Treue (wie hier bei einem Vortrag zur Lage der Nation im Jahr 1961).

1. September 1922	Justizminister Daugherty erzielt ein umfassendes, gerichtlich bestätigtes Streikverbot gegen protestierende Eisenbahnarbeiter und beauftragt die Mitarbeiter des Bureau mit der strafrechtlichen Verfolgung. 1.200 streikende Arbeiter werden ermittelt und festgenommen.
10. Mai 1924	Justizminister Harlan Fiske Stone bestimmt J. Edgar Hoover als amtierenden Direktor des BOI, zum Jahresende ernennt er ihn dann zum Direktor. Hoover erfüllt diese Position bis zu seinem Tod im Jahre 1972. Zur Zeit seiner Ernennung beschäftigt das Bureau 441 Spezialagenten, 195 Stenotypisten sowie einige Büroangestellte.
Juni 1924	Hoover leitet umgehend umfassende Reformen in die Wege, überprüft alle Angestelltenakten und entlässt diejenigen, welche nicht die professionellen Maßstäbe einhalten, die er verlangt. Alsbald verkündigt er

WHEN RUTH PAID HER DEBT TO THE STATE!—The only unofficial photo ever taken within the death chamber, this most remarkable, exclusive picture shows closeup of Ruth Snyder in death chair at Sing Sing as lethal current surged through her body at 11:06 Thursday night. Its first publication in yesterday's EXTRA edition of THE NEWS was the most talked-of feat in history of journalism. Ruth's body is seen straightened within its confining gyves, her helmeted head, face masked, hands clutching, and electrode strapped to her right leg with stocking down. Autopsy table on which body was removed is beside chair. —Story and sundry continued

In den USA findet relativ häufig die Todesstrafe nach einer Verurteilung wegen eines Kapitalverbrechens Anwendung. Hier wird im Januar 1928 Ruth Snyder auf dem elektrischen Stuhl (damals noch als Deathchair bezeichnet) wegen Mordes an ihrem Ehemann hingerichtet. Einem Reporter gelang diese erste Aufnahme aus dem Todestrakt mit einer versteckten Kamera, die er um sein Bein montiert hatte.

Das FBI hatte seit seinem Bestehen immer wieder »farbige« (Sprachgebrauch der damaligen Zeit) Agenten in seinen Diensten, auch wenn dies in den Gründerjahren nur sehr wenige waren. Zu Zeiten von J. Edgar Hoover sprechen die Quellen von ca. drei Mann, wobei einer der feste Fahrer und Bodyguard von ihm war.
Als der vierte FBI-Direktor Wiliams Burn seinen neuen Posten 1921 antrat, brachte er von seiner Detektei einen fähigen Mann mit. James E. Amos, einen Afro-Amerikaner, der vorher auch persönlicher Sekretär und Bodyguard von US-Präsident Roosevelt war. Er verdiente am Anfang sechs Dollar am Tag und brachte in mehreren Fällen wie:
der Fahndung nach Lepke,
dem Duquesne Spionagering,
dem Black Star Fall,
der Fahndung nah der Tri-State-Gang,
sein Wissen mit ein.
James Amos diente dem Bureau mit großer Hingabe 32 Jahre bis zu seiner Pensionierung im Jahr 1953. Heute sind über 4.200 Agenten im Dienst, die afro-amerikanischer Abstammung sind.

Leitbilder für das Verhalten und die Kleidung, legt Mindestanforderungen für neue Agentenbewerber fest und initiiert verdienstvolle Ernennungen und Beförderungen.

Sommer/Herbst 1924 Der neue Direktor Hoover beginnt eine spezielle »dienstliche und vertrauliche Akte« anzulegen. Zu einem späteren unbekannten Zeitpunkt schafft Hoover eine zweite Akte über heikles Material, die »persönliche und vertrauliche Akte«, in der Informationen gegen berühmte Personen aus Politik und Gesellschaft enthalten sind. Zu einem weiteren unbekannten Zeitpunkt (vermutlich in den 1930er Jahren) autorisiert Hoover seinen Stellvertreter, Clyde Tolson, in seinem Büro eine »private Akte« anzulegen, welche Aktenvermerke enthält, die Hoover zu führenden FBI-Agenten gesandt hat und die ebenfalls wichtige, heikle Themen tangieren. Diese Akten verschaffen Hoover einen enormen Vorteil in den kommenden Jahrzehnten, werden ihm aber auch stetige Kritik einbringen.

Die Identifizierungsdivision um 1940 beschäftigte hunderte von Menschen mit dem Archivieren und Analysieren der daktyloskopischen Spuren.

1. Juli 1924	Das BOI gründet eine Identifizierungsdivision, nach dem der Kongress »den Austausch von Identifizierungsakten mit Beamten der Städte, Verwaltungsbezirke und Bundesstaaten« ermächtigte. Das BOI führt die Fingerabdruckakten in Washington D.C. ein, indem es Sammlungen des ehemaligen Büros für strafrechtliche Identifizierung in Leavenworth, Kansas und des internationalen Verbandes der Polizeikommissare, der früher seinen Sitz in Chicago hatte, zusammenfügt.
1. Juli 1924	Hoover gründet im FBI-Hauptquartier in Washington D.C. einen nationalen Bestand von Fingerabdrücken, die in Strafsachen zu verwerten sind.
20. Februar 1925	Direktor Hoover nimmt eine Umstrukturierung des Bureau vor, um administrative Dinge zu beschleunigen.
24. März 1925	Direktor Hoover legt Maßstäbe für das Verfassen von Berichten fest und gibt eine OBSCENE-Akte heraus, in der »obszönes oder unpassendes« Material aufgelistet ist.
11. Oktober 1925	Der Autodieb Martin James Durkin erschießt den Spezialagenten Edwin C. Shanahan bei einem Festnahmeversuch. Dieser war der erste Agent des BOI, der im Dienst getötet wird. Am 20.Januar 1926 fangen Spezialagenten Durkin in St. Louis ein. Er wird des Mordes an Shanahan überführt und zu 35 Jahren Gefängnis verurteilt.
15. August 1926	Agenten verhaften in Kalifornien den früheren mexikanischen Kriegsminister Enrique Estrada, der einen Umsturz in Mexiko herbeiführen will.
15. September 1927	Das erste Ermittlungshandbuch der Bundespolizei wird herausgegeben, in dem Regeln und Verfahrensweisen dargestellt sind. Dieses Standardwerk wird regelmäßig revidiert, aktualisiert und an alle Mitarbeiter herausgegeben.
1. Januar 1928	Das BOI richtet einen theoretischen und praktischen Ausbildungslehrgang für neue Spezialagenten ein. Während einer zweimonatigen Hospitation im Außendienstbüro in Washington werden neue Agenten in den Vorschriften und Verfahrensweisen des Buerau sowie mit praktischen Übungen in der Verbrechensermittlung geschult und abschließend von erfahrenen Agenten auf ihre Qualitäten und Potential hin bewertet.

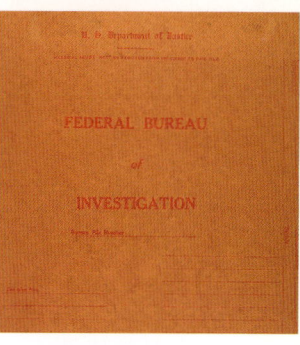

2. April 1928	Clyde Tolson wird zum Spezialagenten des FBI ernannt.
27. März 1929	Agenten verhaften Al (Alphonse) Capone in Florida, als er es versäumt, einer gerichtlichen Vorladung Folge zu leisten. Capone kommt noch mal davon, wird aber später für mehrere Jahre wegen Steuerhinterziehung inhaftiert.
11. Juni 1930	Der Kongress ermächtigt die nationale Division für Identifizierung und Information, eine einheitliche Verbrechensstatistik für die gesamten Vereinigten Staaten zusammenzustellen. Vorher wurde dies ungenau und von Staat zu Staat unterschiedlich gehandhabt. Seit 1931 hat das FBI den statistischen Uniform Crime Report jährlich über alle Arten von Verbrechen und deren Aufklärung, ebenso auch periodische Zusammenfassungen bezüglich spezieller Themen, veröffentlicht.
5. Dezember 1931	Der erste Wohlfahrtsverband der Bundesagenten wird gegründet, um die sozialen und sportlichen Aktivitäten zu fördern.
1. März 1932	Das Bureau leitet den internationalen Austausch von Fingerabdruckdaten mit befreundeten ausländischen Regierungen in die Wege. Wegen des Anstiegs der Spannungen in Europa wird dieses Programm in den späten 1930ern gestoppt und erst nach dem Zweiten Weltkrieg wieder aufgenommen.
22. Juni 1932	Als Antwort auf den Lindbergh-Entführungsfall und andere hochprofilierte Entführungen verabschiedet der Kongress den Federal Kidnapping Act (Bundesentführungsgesetz). Das Gesetz verleiht dem BOI die Vollmacht, bei Entführungen auch über die Landesgrenzen eines einzelnen Bundesstaates zu ermitteln.
25. Oktober 1932	Das erste nationale Radioprogramm (The Lucky Strike Hour), das auf authentischen BOI-Fällen basiert, wird ausgestrahlt.
24. November 1932	Das BOI gründet ein technisches Labor im Southern Railway Gebäude an der 13ten Straße und Pennsylvania Avenue im Nordwesten von Washington D.C. Das Labor expandiert rasch und wird führend auf dem Gebiet der forensischen Wissenschaften. Es versieht seit damals Dienste für das Bureau sowie viele andere föderale, staatliche, lokale und sogar ausländische Polizeidienststellen.
August 1933	Der Gangster »Machine Gun Kelly« prägt maßgeblich den Spitznamen »G-Men« für die FBI-Agenten. Bei seiner Festnahme ruft er Zeugen zufolge: »Nicht schießen, G-Men, nicht schießen.« »G-Men«, die Kurzform für Government Men, wird schnell zum Synonym für die Spezialagenten in aller Welt.
10. November 1933	Die erste Bürgerakte mit separater Anlage für Fingerabdrücke wird zu nicht-strafrechtlichen Zwecken angelegt.
17. Juni 1933	Bei der versuchten »Befreiung« des Strafgefangenen Frank Nash kommen mehrere Polizisten und Agenten ums Leben. Dieses Verbrechen geht als Kansas City Massaker in die Kriminalgeschichte ein.
1. Oktober 1933	Eine Referenzsammlung von Feuerwaffen wird angelegt, um bei Straftaten in Bezug auf Revolver, Pistole, Gewehre, etc. schneller und sicherer ermitteln zu können.

Die Akten des FBI und vor allem deren Inhalte geben immer wieder Anlass für Spekulationen.

Durch den FOIA sind nun viele Dokumente einsehbar, auch wenn – heikle Stellen – per Gesetz zu schwärzen sind.

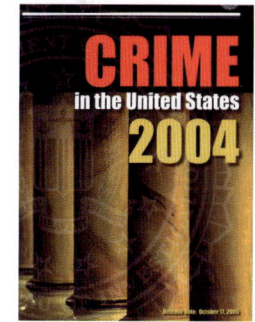

Seit 1931 gibt das FBI den Uniform Crime Report heraus, der auf hunderten von Seiten das Verbrechen in den USA statistisch auswertet.

20. März 1934	Justizminister Homer Cummings bringt im Kongress sein Anti-Verbrechensprogramm und darauf basierende Gesetze durch und steigert damit die Autorität des Bureau. Das Justizministerium fördert somit das öffentliche Bild einer superprofessionellen und effizienten Behörde, personifiziert durch den G-Man.
8. Mai 1934	US-Präsident Franklin Roosevelt beauftragt Hoover persönlich, »Nazigruppen« zu überwachen, besonders ihre anti-amerikanischen Aktivitäten.
18. Juni 1934	Der Kongress verfügte im Mai und Juni 1934 eine Reihe von Anti-Crime Legislations (Anti-Verbrechens-Gesetzen) als Antwort auf Verbrechen wie das Kansas City Massaker. Diese geben Spezialagenten die Befugnis zur Festnahme und zum Tragen von Schusswaffen. Vorher konnten die Spezialagenten nur einen Citizen Arrest (Festnahme durch Jedermann) durchführen oder der Agent musste einen US-Marshall oder ortsansässigen Polizeibeamten um Begleitung bitten. Dazu kamen noch Gesetze, die die Ermittlungen in Sachen Bankraub, flüchtige Verbrecher und bei der Sachfahndung nach gestohlenem Eigentum erleichtern.
20. Juni 1934	Roosevelt unterzeichnet das Kommunikationsgesetz mit dem Paragraph 605, der das Abhören verbietet. Im Fall Nardone gegen U.S.A. entscheidet der Oberste Gerichtshof zweimal (erst 1937 und dann 1939), dass dieses Verbot auch für Bundesagenten zutrifft und dass, wenn illegal verschaffte Abhörinformation für eine Anklage vorliegen, der Fall abzuweisen ist.
22. Juli 1934	Spezialagenten erschießen einen der meistberüchtigten Verbrecher seiner Zeit, John Herbert Dillinger, bei der Festnahme in Chicago.
20. September 1934	Bruno Richard Hauptmann wird in New York wegen der Entführung und Tötung des Sohnes des berühmten Piloten Charles Lindbergh festgenommen.
22. Oktober 1934	Agenten des Büros verhaften den berüchtigten Gangster Charles »Pretty Boy« Floyd.
Oktober 1934	Einweihung des Gebäudes des Justizministeriums an der Pennsylvania Avenue. Die FBI-Zentrale hat darin Räumlichkeiten bis in die 1970er Jahre.
01. Juli 1935	Zu Beginn des Geschäftsjahres 1936 wird das BIO offiziell zum Federal Bureau of Investigation (FBI). Präsident Franklin Roosevelt genehmigt diese Aufwertung, als er am 22. März das Justizministeriumsbewilligungsgesetz Nr. 22 unterzeichnet.
29. Juli 1935	Das FBI führt ein nationales Polizeitrainingsprogramm ein, ein Vorläufer der heutigen FBI-Nationalakademie, als es eine Klasse von 23 neuen Agenten zu einem zwölfwöchigen Lehrgang des Unterrichts über exakte und praktische Gesetzesvollstreckungsmethoden willkommen heißt.
30. April 1936	FBI-Direktor Hoover verhaftet in New Orleans persönlich Alvin »Creepy« Karpis, einen Verbrecher, der wegen der Entführung des Unternehmers William Hamm jr. aus St. Paul im Juni 1933 gesucht wurde.
24. Mai 1936	Präsident Roosevelt beruft Direktor Hoover zu einer Morgenbesprechung, um ihm seine Sorge in Bezug auf »umstürzlerische Aktivitäten in den Vereinigten Staaten« mitzuteilen. Er bittet Hoover, die Aktivitäten von Nazi- und Kommunistengruppen beobachten zu lassen. Nachdem er die Genehmigung des Justizministers und die Vollmacht des Außenministers zum Leiten der Ermittlungen erhalten hat, benachrichtigt Hoover seine verantwortlichen Spezialagenten über diesen prekären Auftrag. 1939 weist Präsident Roosevelt die Verantwortung für die Bekämpfung von Spionage, Sabotage und anderer umstürzlerischer Aktivitäten gemeinschaftlich dem FBI, dem militärischen Geheimdienst des Kriegsministeriums (MID) und dem Büro des Marinegeheimdienstes (ONI) zu.

5. September 1936	FBI-Direktor Hoover weist alle Leiter der FBI-Außendienstbüros dazu an, jede Information in Verbindung mit umstürzlerischen Aktivitäten von Seiten jedes Einzelnen oder einer Organisation, ohne Rücksicht auf die Quelle, sofort an das Hauptquartier zu melden. Zudem sollen keine weiteren Ermittlungen ohne seine ausdrückliche Genehmigung erfolgen.
15. Dezember 1936	Hoover leitet eine Razzia, um den Gangster Harry Brunette in New York festzunehmen.
2. November 1938	Präsident Roosevelt stimmt dem Vorschlag Hoovers zu, die FBI-Spionageabwehraktivitäten zusammen mit verschiedenen militärischen Stellen zu koordinieren und generell zu erweitern. Dieses Programm ist seinem Wunsch nach mit »striktestem Vertrauen« und ohne »zusätzliche Gesetzgebung« durchzuführen.
2. September 1939	Hoover autorisiert eine Auflistung von Personen, die im Kriegsfall die nationale Sicherheit gefährden. Diese Personen können dann im Individualfall schneller aufgespürt und festgenommen werden.
6. September 1939	Präsident Roosevelt autorisiert das FBI öffentlich mit der Ermittlungsarbeit bei Spionage, Sabotage und Verletzungen der Neutralitätsvorschriften.
14. Januar 1940	FBI-Agenten verhaften in New York City 17 Mitglieder der pro-faschistischen christlichen Front wegen der Planung eines »riesigen Komplotts«, um die Regierung zu stürzen und eine faschistische Diktatur herzustellen. Diese Verschwörer verfügen über weitreichende Kontakte, Waffen und Munition und sogar Bomben. Keiner der Festgenommenen wird verurteilt, da ihre Verteidiger »erfolgreich« die Rolle des FBI-Hauptspitzels Denis Healy vor Gericht infrage stellen.
6. Februar 1940	FBI-Agenten verhaften in Detroit und Milwaukee 12 radikale Aktivisten, da sie im Jahr 1937 Freiwillige für den Kampf in der sogenannten Abraham-Lincoln-Brigade zur Unterstützung der spanischen Loyalistenregierung rekrutierten. Sowohl die Methoden des FBI bei der Durchführung der Festnahmen als auch die Frage, warum gegen die Freiwilligen ermittelt wurde, beschleunigt die Kritik an einer »Gestapo-Taktik« des FBI durch die Medien. Eine darauffolgende interne Untersuchung des Justizministeriums widerlegt diese Kritik.
11. April 1940	FBI-Direktor Hoover führt ein spezielles, administratives Berichtsverfahren über besonders »heikle Verwaltungsangelegenheiten« ein. Diese Berichte werden auf buntem Papier (erst blau, später rosa) getippt, um ihre Serialisierung im zentralen Protokollsystem des FBI auszuschließen. 1950 beendet Hoover dieses Berichtsverfahren, danach schreiben die Agenten solche Informationen in »inoffiziellen Kurzmitteilungen« (blanko weißes Papier ohne Briefkopf), welche dann bis zu ihrer Zerstörung in Büroakten archiviert werden.
21. Mai 1940	Präsident Roosevelt gibt eine geheime Anweisung heraus, die Abhöraktionen des FBI während Ermittlungen der »nationalen Verteidigung« zulässt, jedoch ist in jedem Fall die Genehmigung des Justizministers einzuholen.
5. Juni 1940	Die Behörden FBI, MID und ONI schließen ein Abgrenzungsabkommen, nachdem Ermittlungen zur »inneren Sicherheit« ausschließlich beim/vom FBI geführt werden. MID und ONI konzentrieren sich auf das militärische Umfeld.
24. Juni 1940	Das FBI gründet auf Präsident Roosevelts Bitte hin den Sondergeheimdienst Special Intelligence Service (SIS). Im Zusammenhang mit dem SIS entsendet das FBI-Agenten in Länder der ganzen westlichen Hemisphäre (ausgenommen Panama). Sie ermitteln in Süd- und Zentralamerika gegen ausländische Geheimdienste, gegen Spionage, Sabotage und gezielte Propagandabemühungen gegen die US-Regierung. Bis

zum Ende des 2. Weltkrieges erzielen sie hierbei beachtliche Erfolge. Nachdem Präsident Truman das SIS 1946 auflöst, bilden diese Agentenverbindungen die Basis für die Legal Attaché des FBI (FBI-Verbindungsagenten).

28. Juni 1940   Der Kongress erlässt das sogenannte Smith-Gesetz, das den gewaltsamen Sturz der US-Regierung verbietet. Darunter fallen auch Vorbereitungshandlungen und die Zugehörigkeit zu einer Gruppierung, die dieses Ziel befürworten.

31. August 1940   Das FBI konzipiert ein Katastrophendezernat, um den zivilen Behörden bei der Identifizierung von Personen zu helfen, die bei einem Flugzeugabsturz in Virginia ums Leben kamen. Dieses Dezernat wurde bald zu einem dauerhaften Teil des Bureau und leistete in hunderten solch ähnlicher Tragödien Identifizierungshilfe.

18. November 1940   Justizminister Jackson stimmt dem Vorschlag des FBI-Direktors Hoover zu, eine vertrauliche Zusammenarbeit des FBI mit der amerikanischen Legion zu beginnen. Dieses Kontaktprogramm ermöglicht es, über 10.000 Mitglieder der Legion als »Informationsquellen« oder »vertrauliche Informanten der nationalen Verteidigung« für das FBI zu gewinnen.

1. Januar 1941   Das FBI-Logo in der noch heute verwendeten Form wird erstmals angewendet. Das vorherige Siegel des DOJ war mit einem Extraband »Treue, Mut und Integrität« versehen. FBI-Inspektor Drane Lester kreierte es einige Jahre zuvor.

28. Juni 1941   Der Kongress bewilligt 100.000 Dollar, um das FBI bei Ermittlungen gegen Bundesangestellte, die »Mitglieder umstürzlerischer Organisationen« sein könnten, zu finanzieren.

28. Juni 1941   Spezialagenten verhaften im Zuge einer zweijährigen Ermittlung den deutschen Spion Frederick Joubert, »Fritz« Duquesne und 32 andere deutsche Agenten. Die G-Men filmten auf erfolgreiche Weise Mitglieder von Duquesnes Ring, als sie William Sebold, einen FBI-Informanten, mit Spionagematerial versorgten.

23. Oktober 1941   Julius Lopez ist der erste hispanische Amerikaner, der zum Stellvertretenden Leitenden Spezialagenten ernannt wird. Lopez arbeitet danach beim Außendienstbüro in San Juan (Puerto Rico).

7. Dezember 1941   Die Japaner bombardieren den US-Marinestützpunkt in Pearl Harbor/Hawaii, worauf die USA in den 2. Weltkrieg eintreten. J. Edgar Hoover ordnet spezielle Maßnahmen an, um die USA zu schützen. Justizminister Francis Biddle ermächtigt das Bureau, gegen gefährliche feindliche Ausländer vorzugehen. Innerhalb von 72 Stunden arbeitet das FBI 24 Stunden am Tag bis zum Ende des Krieges und nahm dann 3.846 feindliche Ausländer in Untersuchungshaft. Zudem leiten die Mitarbeiter umfangreiche Beschlagnahmeaktionen in Bezug auf Schmugglerware, Kurzwellenradios, Dynamit, Waffen und Munition.

12. Juni 1942   Vier deutsche Saboteure, angeführt von George John Dasch, gehen von einem U-Boot aus in der Nähe von Long Island/New York an Land. Fünf Tage später kommt ein zweites Team mit weiteren vier deutschen Wehrmachtsangehörigen, angeführt von Edward Kerling, am Ponte Vedra Beach in Florida an. Zur Ausführung einer Aktion kommt es nicht, auch wenn klare Vorbereitungshandlungen getroffen wurden. Dasch stellt sich nach zwei Tagen selber dem FBI im New Yorker Außendienstbüro. Innerhalb von zwei Wochen nimmt das FBI alle anderen Saboteure gefangen. Am 8. August verurteilt eine Militärkommission sechs der Saboteure zum Tode und einen zu lebenslänglicher Haft. Dasch selbst wird zu 30 Jahren Gefängnis verurteilt. Die Exekutionen werden vollzogen, die Haftstrafen nach dem Krieg ausgesetzt.

THE
33 CONVICTED MEMBERS
OF THE
DUQUESNE
SPY RING

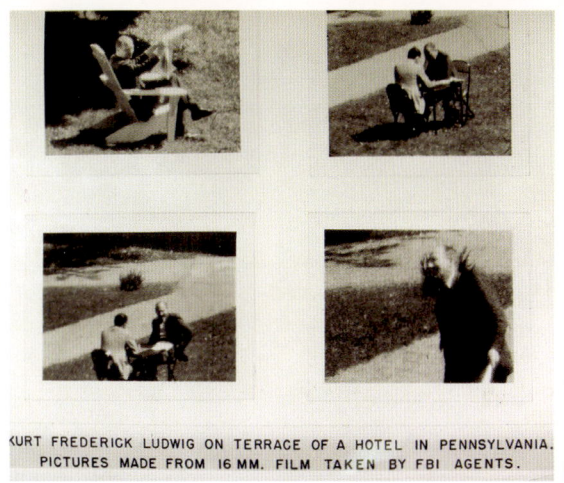

KURT FREDERICK LUDWIG ON TERRACE OF A HOTEL IN PENNSYLVANIA.
PICTURES MADE FROM 16 MM. FILM TAKEN BY FBI AGENTS.

Um die Zeit des Zweiten Weltkrieges war das FBI mit der Bekämpfung von Spionageaktivitäten beauftragt.
Die Mitglieder des weitverzweigten Duquesne-Spionagerings.

Ein vom FBI beschlagnahmter Übermittlungssender.

22. Juni 1942	Unter dem Decknamen RACON-Programm befiehlt FBI-Direktor Hoover den Außendienstbüros »den Umfang der Erregung unter den Negern« zu beobachten, was von den Achsenmächten (Deutschland, Japan) oder der kommunistischen Partei gefördert sein könnte. Daraus folgen »intensive Ermittlung« einschließlich der Überwachung prominenter Bürgerrechtsgruppen und deren Medien, so dass im September ein umfassender, geheimer Bericht an Hoover übergeben werden kann.
9. Oktober 1942	Das FBI gründet eine Radio- und Funküberwachungsstation in Clinton/Maryland, die eine Reichweite bis England hat. Weitere dieser Kontrollstationen werden in Oregon und Massachusetts eingerichtet und bis zur Schaffung der zentralen Geheimdienstagentur im Jahre 1947 betrieben. Obwohl das FBI danach offiziell für die internationale Überwachung nicht mehr zuständig ist, wird bis zur Mitte der 1960er Jahre ein solches »Notfallnetz« unterhalten.
3. Januar 1943	Präsident Roosevelt gibt eine Direktive heraus, die »alle patriotischen Organisationen und Individuen« dazu anhält, jede Information hinsichtlich Spionage und damit zusammenhängenden Angelegenheiten dem FBI zu melden.
13. Juli 1943	Justizminister Biddle beendet die Erstellung der »Schutzhaftliste« des FBI. Hoover willigt am 14. August 1943 formell in diese Anordnung ein, leitet seine Agenten aber heimlich dazu an, die Liste weiterzuführen und in Sicherheitsindex abzuändern.
18. November 1944	Der Direktor des Geheimdienstes OSS, William Donovan, reicht bei Präsident Roosevelt eine Kurzmitteilung ein, welche die Schaffung einer dauerhaft zentralisierten Geheimdienstagentur empfiehlt. Gerüchten zufolge lassen enge Mitarbeiter von Hoover eine Kopie davon an die Chicago Tribune durchsickern, welche am 9. Februar 1945 einen hochkritischen Artikel zu der vorgeschlagenen »Super-Gestapo-Agentur« veröffentlicht, der alle Bemühungen Donovans beendet.
11. März 1945	OSS-Agenten brechen in das Büro von Amerasia, einem Journal für asiatische Angelegenheiten ein und entdecken tausende von Seiten klassifizierter OSS-, Navy- und Staatsministeriumsdokumente. Sie übergeben diese am 14. März 1945 an das FBI, Agenten veranlassen sofort umfassende Ermittlungen und Observationen. Aufgrund der Dringlichkeit werden umfassende Einbruchs- und Abhöraktionen vorgenommen, die rasch »Erfolge« zeigen. Am 6. Juni 1945 verhaften FBI-Agenten sechs Personen (Reporter, Redak-

Ein vom FBI identifizierter Übergabeort in den 1940er Jahren.

Die Spione nutzten die modernste Technik der damaligen Zeit, u. a. auch Brieftauben, denen sie kleine Kameras umgeschnallt hatten, um Übersichtsaufnahmen zu erlangen.

teure und Angestellte des Staats- und Kriegsmarineministeriums) wegen des unberechtigten Besitzes von klassifizierten Dokumenten. Später werden nur drei der sechs Festgenommenen angeklagt, aber aufgrund der illegalen Ermittlungspraktiken nicht verurteilt.

30. Mai 1945	Zwischen Januar 1940 und Mai 1945 ermittelt das Büro in 19.299 Fällen von angeblicher Sabotage, die jedoch nur in 2.282 Fällen nachgewiesen und die meistens ohne direkten Vorsatz begangen wurden.
31. Juli 1945	Auf eine Bitte des Weißen Hauses unter US-Präsident Truman autorisiert FBI-Direktor Hoover eine Untersuchung der Beschäftigten des Weißen Hauses, um eine »undichte Stelle« festzustellen, die wichtige Informationen unauthorisiert an die Medien weitergibt.
August 1946	Der Kongress verabschiedet das Atomenergiegesetz, das dem FBI die Verantwortung überträgt, Personen zu überwachen, die Zugang zu sensiblen Daten (in Bezug auf die atomare Energie) haben, als auch Ermittlungen gegen strafrechtliche Verstöße zu leiten.
5. September 1945	Igor Gouzenko, ein in der sowjetischen Botschaft in Ottawa (Kanada) beschäftigter Sekretär, läuft zu den kanadischen Behörden über. Gouzenkos Enthüllungen über sowjetische Spionageaktivitäten in Kanada und den Vereinigten Staaten in der Kriegszeit führen zu einer intensivierten Ermittlung des Bureau, um verdächtige (US-) Bundesangestellte zu identifizieren.
27. Februar 1946	FBI-Direktor Hoover ermächtigt eine geheime »Bildungskampagne«, um die öffentliche Meinung in Bezug auf eine kommunistische Bedrohung zu beeinflussen.
17. Juli 1946	Präsident Truman autorisiert das FBI, Abhöraktionen bei Ermittlungsverfahren wegen »umstürzlerischer Aktivitäten« durchzuführen.
21. März 1947	Der Exekutivbefehl 9.835 führt das Loyalitätsprogramm für alle Mitarbeiter des Bundes ein, welche nun eine demokratische aber auch eine »regierungsbejahende« Einstellung haben müssen. Diese Standards für »entschiedene Loyalität« werden unter den Präsidenten Truman und Eisenhower noch verstärkt. Auch heute leitet das FBI Hintergrundermittlungen (u.a. mit dem Lügendetektor), um Kandidaten für hohe Regierungsposten zu überprüfen, bevor der US-Präsident sie ernennt.
13. Mai 1947	Hoover autorisiert in einem vertraulichen Rahmen, Akten von Filmstars dem Parlamentsausschuss gegen »unamerikanischen Aktivitäten« zur Verfügung zu stellen, um in Hollywood den »kommunistischen Einfluss« zu bekämpfen.
21. März 1948	Truman gibt einen Exekutivbefehl heraus, der ab sofort von Führungskräften des FBI die präsidiale Genehmigung erfordert, um Anfragen des Kongresses bezüglich geheimer Informationen zu bearbeiten.

29. Juni 1948	Zwölf der obersten Führer der US-Kommunistenpartei werden wegen Verletzung des Smith-Gesetzes angeklagt, da sie nachweislich die US-Regierung mit Gewalt stürzen wollten. Der Prozess dauert vom 17. Januar bis 14. Oktober 1949 und resultiert in ihrer Verurteilung. Die Berufungen werden vom Obersten Gerichtshof verworfen, worauf einige der Kommunistenführer im Untergrund verschwinden, um der Haft zu entgehen. Alle werden jedoch nach einer intensiven Fahndung des FBI festgenommen.
15. Dezember 1948	Eine New Yorker Geschworenenkammer klagt den früheren Staatsministeriumsbeschäftigten Alger Hiss des Meineides an. Die Beschuldigung rührt von einer Untersuchung des Kongresses zur kommunistischen Subversion und Regierungsspionage her. Hiss wird nach detailliertem Tätigwerden des FBI am 21. Januar 1950 überführt und zu einer fünfjährigen Freiheitsstrafe verurteilt. Im November 1954 erfolgt seine vorzeitige Entlassung. Der Fall wird ab den 1970er Jahren mehrfach wieder aufgerollt, wobei auch Verfehlungen von Seiten des FBI aufgedeckt werden. Obwohl der Fall heute kontrovers gesehen wird, spricht auch ein Teil der historischen Beweislast eindeutig gegen Hiss.

Sabotageakte durch feindliche Spione konnte das FBI nicht immer verhindern, wie hier 1942 im Hafen von New York.

4. März 1949	FBI-Agenten verhaften Judith Coplon, eine Angestellte des Justizministeriums, während ihres Treffens mit Valentin Gubitchev, einem sowjetischen Bürger, der bei den Vereinten Nationen angestellt ist. Sie wird angeklagt wegen des Versuchs der Weitergabe von klassifizierten Berichten des FBI an einen sowjetischen Beamten und daher verurteilt. Die Verurteilung wird wenig später aufgehoben, da es Ungereimtheiten in Bezug auf Abhöraktionen des FBI gegeben hat.
29. Juni 1949	Hoover autorisiert das spezielle JUNI-Mail-Verfahren für besonders heikle FBI-Berichte, die z. B. Informationen von hohen Personen der US-Regierung beinhalten oder wenn man sich auf »hochvertrauliche oder unübliche Ermittlungstechniken« bezieht. Diese Berichte werden vom zentralen Berichtssystem des FBI separat in einem speziellen Aktenraum im FBI-Hauptquartier in Washington D.C. aufbewahrt. FBI-Direktor William Webster beendet im November 1978 das JUNI-Mail-Verfahren.
8. Juli 1949	FBI-Direktor Hoover autorisiert das »Verwaltungsseiten-Verfahren«, um »Fakten und Informationen, die das Bureau in der Öffentlichkeit in Misskredit bringen könnten«, auf speziellen Seiten in den Akten zu führen. Wann immer der Bericht außerhalb des FBI verwendet wird, lassen sich diese Seiten komplett und nicht nachvollziehbar entfernen.
2. Februar 1950	Britische Sicherheitsagenten verhaften Klaus Fuchs nach einer groß angelegten Untersuchung, basierend auf einem FBI-Tipp, der sich aus sowjetischen Telegrammen herleitete. Diese enträtselten, entschlüsselten Telegramme sind unter dem Decknamen Venona berühmt geworden. Fuchs verbüßt 15 Jahre im Gefängnis und zieht dann nach Ostdeutschland. Dort stirbt er im Frühjahr 1988.

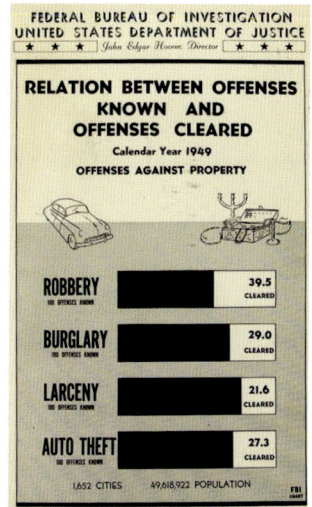

Als eine der ersten Behörden veröffentlichte das FBI Statistiken, hier aus dem Jahr 1949.

Der wegen Spionage verdächtige Hiss 1948 wird vor Gericht vereidigt. Jahre später sorgen Enthüllungen um angebliche Verfälschungen von Beweismittel durch das Bureau für Aufsehen.

Schon lange vor dem Loyalitätsprogramm von 1947 mussten die Agenten sich schriftlich zur Verfassung und zu den Zielen des Bureau bekennen, ein Vorgang der heute noch selbstverständlich ist.

März 1950	Das FBI beginnt (bis Juli 1953) den Senator Joseph McCarthy heimlich zu unterstützen.
14. März 1950	Das FBI initiiert das Programm der zehn meistgesuchten Flüchtigen, um die nationale Aufmerksamkeit auf gefährliche Kriminelle zu lenken. Das Programm besteht bis heute und ermöglicht immer wieder spektakuläre Fahndungserfolge.
06. März 1951	Der Prozess von Julius und Ethel Rosenberg, David Greenglass und Morton Sobell beginnt am US-Amtsgericht in New York City. Alle vier werden der Verschwörung und Spionage überführt. Die Rosenbergs werden zum Tode, Sobell zu 20 und Greenglass zu 15 Jahren Zuchthaus verurteilt. Seitdem wurden etliche Untersuchungen über die »wahre Schuld« der Rosenbergs, insbesondere über Ethel, initiiert. Aktuelle Erkenntnisse und Aussagen von ehemaligen UDSSR-Geheimdienstoffizieren belegen eine klare Schuld von Julius Rosenberg, wenn auch nicht in dem damals propagierten Umfang.
23. September 1950	Der Kongress verabschiedet das innere Sicherheitsgesetz (McCarran-Gesetz), Sabotage- und Spionagegesetze werden verschärft. Die neuen Gesetzesvorschriften in Bezug auf die Vorbeugehaft unterscheiden sich dennoch erheblich von den Standards, die Justizminister Clark 1948 heimlich aufgestellt hatte. Führungskräfte des Justizministeriums und des FBI beraten darüber, ob das neue Vorbeugehaftverfahren an die Gesetzgebung anzupassen ist. Im Oktober 1950 entscheidet Justizminister J. Howard McGrath, dass die Haftverzeichnisse weiterhin auf dem Sicherheitsindexprogramm von 1948 basieren. Diese Verfahrensweise wird bis zur Aufhebung 1971 beibehalten, die Führung einer Kartei mit »potenziell gefährlichen Personen« wird auch dann nicht eingestellt, sondern von Sicherheitsindex in Verwaltungsindex umbenannt.
15. März 1951	Direktor Hoover erstellt ein Programm, nach dem das FBI den Senatsausschuss für innere Sicherheit administrativ unterstützt und im Gegenzug von diesem interne Informationen über umstürzlerische Aktivisten und Organisationen erhält.
28. April 1951	Präsident Truman gibt den Exekutivbefehl 10.241 heraus, womit der Kündigungsstandard des »Bundesangestellten-Loyalitätsprogramms« von »vernünftigen Gründen für illoyal gehalten«, auf »vernünftige Zweifel zur Loyalität« abgeändert wird.
20. Juni 1951	FBI-Direktor Hoover leitet ein Programm »zur Bekämpfung der sexuellen Abweichungen« ein, um die ausführenden, gesetzgebenden und rechtsprechenden Sparten der Bundesregierung von homosexuellen Angestellten zu »säubern«. Es wird bald danach auf Universitätspersonal und Gesetzesvollstreckungsagenturen ausgeweitet.

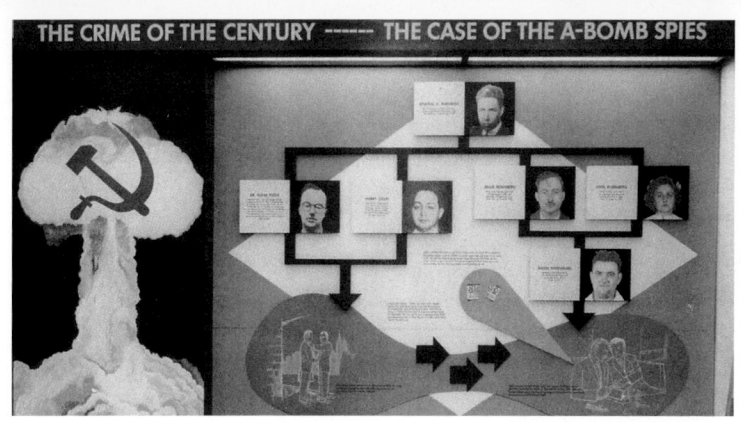

THE CRIME OF THE CENTURY ------ THE CASE OF THE A-BOMB SPIES

FBI-Schautafel zu dem Rosenberg Fall aus den 1950er Jahren.

Die Rosenbergs geben sich einen Abschiedskuss.

September 1951	Der Oberste Gerichtshof der Vereinigten Staaten bestätigt die Verurteilung von kommunistischen Partei-anführern, die im Jahre 1949 wegen des Smith-Gesetzes (mit Hilfe des FBI) strafrechtlich verfolgt wurden. Der Smith-Act verbietet jeden Versuch des Regierungsumsturzes in den USA, wird aber wenige Jahre später wieder entschärft.
26. Februar 1952	Justizminister McGrath bestätigt noch einmal das Recht, FBI-Abhöraktionen durchzuführen, verlangt aber eine sofortige Mitteilung an das Justizministerium zur Kontrolle/Genehmigung.
19. März 1953	Hoover befiehlt die regelmäßige Vernichtung der »vertraulichen Büroakten«. Führungskräfte auf der mittleren Hierarchieebene haben das alle drei Monate, Führungskräfte der oberen alle sechs Monate durchzuführen.
26. April 1953	Präsident Dwight D. Eisenhower gibt den Exekutivbefehl 10.450 heraus, der ein neues Sicherheitsprogramm beinhaltet. Demnach dürfen nur Personen für eine Bundesbehörde arbeiten, die ihre »unerschütterliche Loyalität« zu den Vereinigten Staaten beweisen können.
6. November 1953	Justizminister Herbert Brownell bezichtigt den früheren Präsidenten Truman der laschen Vorgehensweise in Sicherhcitsangelegenheiten; u. a. habe er falsche Personalmaßnahmen getroffen und gegen eindeutige FBI-Empfehlungen gehandelt. Truman beschuldigt Brownells Aussage als »McCarthyism«, er vereinbart eine Überprüfung aller Maßnahmen vor dem Senatsausschuss zur inneren Sicherheit am 17. November, bei dem auch FBI-Direktor Hoover aussagen muss.
15. Dezember 1953	Präsident Eisenhower bestätigt in einer Anweisung nochmals die Ermittlungspflichten des FBI hinsichtlich Spionage, Sabotage und umstürzlerischer Aktivitäten.
20. Mai 1954	Justizminister Brownell ermächtigt die FBI-Agenten Mikrofonüberwachungen (Verwanzungen) während der Ermittlungen in Fragen der »nationalen Sicherheit« auszuführen, selbst wenn es »unbefugtes Betreten« einschließt.
27. Oktober 1955	FBI-Direktor Hoover ermächtigt mit der Genehmigung des Justizministers die offizielle Kooperation mit dem Reporter Don Whitehead. Dieser schreibt das berühmte Buch »Die FBI-Story«, das die Arbeit der Agenten in einem positiven Licht weltweit bekannt macht.
1. November 1955	Eine DC-6B der United Airlines explodiert in der Nähe von Longmont/Colorado, wobei alle 39 Passagiere und fünf Crewmitglieder ums Leben kommen. Das FBI identifiziert Jack Gilbert Graham als den Täter, er hatte nach einem kurzen Praktikum in der Elektrobranche eine Zeitbombe gebaut und diese seiner Mutter in die Tasche gelegt. Von ihm persönlich am Flughafen gekaufte Lebensversicherungen erhärten einen ersten Verdacht, eine freiwillige Hausdurchsuchung bringt weitere Beweise zum Vorschein. Das FBI-Laboratorium nutzt hierfür neuartige Identifizierungsmethoden (auch in Bezug auf den Sprengstoff), um die Beweismittel als gerichtsverwertbar einzustufen und Graham zu überführen.

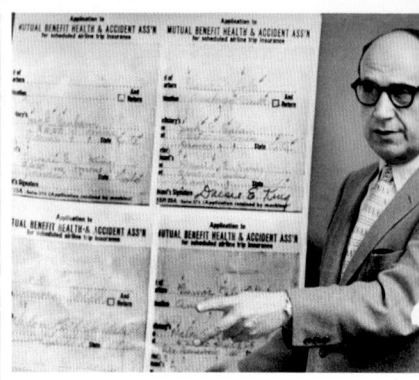

In einer Halle wurden 1956 die gefundenen Trümmer der United-Maschine zusammengesetzt, um sie kriminaltechnisch auszuwerten.

In den 1950er Jahren konnte man am Flughafen an Automaten mit Münzgeld Versicherungen kaufen.

Ein Sachverständiger erläutert die verschiedenen Unterschriften auf den Policen, die Rückschlüsse auf Graham erlauben.

12. Januar 1956	Die G-Men verhaften eine Gruppe von Männern, die den »Raub des Jahrhunderts«, den Brink-Raub, verübten und dabei 2,7 Millionen Dollar erbeuteten.
28. August 1956	FBI-Direktor Hoover autorisiert COINTELPRO, ein Programm, das die kommunistische Partei »zermürben, stören und diskreditieren soll«, indem »Unstimmigkeiten unter den Mitgliedern gefördert« und »gering schätzende Informationen« über prominente Kommunisten an sorgfältig ausgewählte Reporter, Kolumnisten und öffentliche Beamte verbreitet werden.
3. Juni 1957	Im Fall Jencks gegen die USA entscheidet der Oberste Gerichtshof, dass, immer wenn FBI-Spitzel während eines Prozesses aussagen, die Verteidiger berechtigt sind, die vertraulichen vorprozessualen Berichte, die auf den Informationen dieser Spitzel basieren, zu überprüfen. Diese Entscheidung ist sehr kontrovers und der Kongress schwächt diese Anordnung kurz darauf ab, so dass die Verteidiger nur die Informationen einsehen dürfen, die einen direkten Bezug zu ihren Mandanten haben.
21. Juni 1957	Das FBI verhaftet Oberst Rudolf Ivanovich Abel, einen russischen Spionageagenten, der zu 30 Jahren Gefängnis verurteilt wird. Im Februar 1962 wird er gegen den amerikanischen U-2-Piloten Francis Gary Powers ausgetauscht.
14. November 1957	Der New Yorker Polizist Edgar Croswell deckt eine Tagung von Verbrechensbossen auf, die sich aus dem ganzen Land auf dem Gut von Joseph Barbara in Apalachin/New York, versammelt haben. Dieses durch Zufall enttarnte Mafia-Treffen lenkt das Interesse vieler Strafverfolgungsbehörden (wieder) auf das organisierte Verbrechen. Direktor Hoover ruft am 27. November das Top Hoodlum Programm ins Leben, um Informationen über prominente kriminelle Anführer und ihre Aktivitäten zu erhalten.
1958	Der Verleger Henry Holt gibt FBI-Direktor Hoovers Buch über eine mögliche kommunistische Verschwörung heraus, den Bestseller »Master of Deceit« (Meister der Täuschung).
Januar 1958	Das FBI ersucht die US-Post ein »Brief-Schutzprogramm« zu initiieren, um den Briefverkehr in die Sowjetunion zu überwachen. Dabei sollen die Briefe nicht geöffnet, jedoch der Absender und der Empfänger protokolliert werden. Die Führung der Post gibt daraufhin bekannt, dass seit 1953 ein ähnliches Programm mit der CIA besteht, das teilweise »sogar noch weiter geht«. Seit Februar 1958 besteht danach eine Kooperation mit der CIA, die das FBI künftig mit den gewünschten Daten und ausgewählten kopierten Briefen versieht.

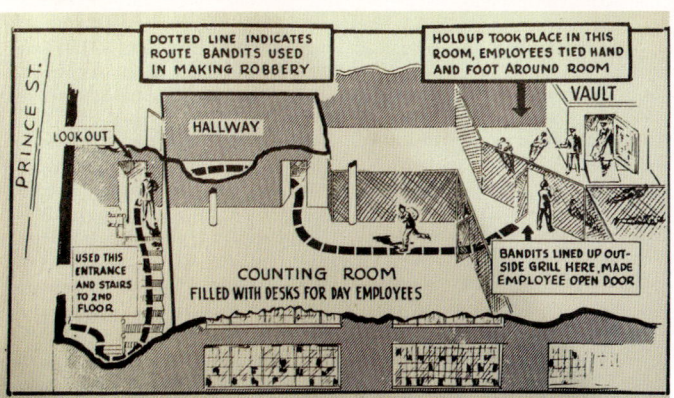

Das FBI rekonstruierte so für die Gerichtsverhandlung den Brinks Überfall.

Mittels Abhöraktionen im Bereich der Telekommunikation lassen sich bis heute Verbrecher überwachen.

Auch der Einsatz von Wanzen bringt große Erfolge. Hier werten FBI-Agenten die Ergebnisse aus.

Im Jahr 1959	Das Buch »Die FBI Story« wird mit dem damaligen Top-Star Jimmy Stewart verfilmt, die Reputation des FBI steigt immer weiter.
Mai 1960	Das FBI kooperiert inoffiziell mit dem Parlamentsausschuss über »unamerikanische Aktivitäten«, um den Ausschussbericht (Die Jugend - Ziel der Kommunisten) zu unterstützen und einen Film (Operation Aufhebung) zu veröffentlichen, der die Loyalität und die Taktiken der Kritiker des Ausschusses hinterfragt.
27. Juni 1961	Justizminister Robert F. Kennedy lässt eine FBI-Ermittlungskommission aufstellen, um eine »undichte Quelle« offen zu legen, die US-Planungen an die Zeitung Newsweek verraten hatte. In der Folge werden verschiedene Reporter abgehört.
17. August 1961	Justizminister Robert F. Kennedy gewährt dem FBI eine umfassende Vollmacht, damit Agenten Anfragen an Telefongesellschaften stellen dürfen, um »gemietete Leitungen« zu verwenden.
12. Oktober 1961	FBI-Direktor Hoover autorisiert das COINTELPRO Programm gegen die sozialistische Arbeiterpartei, um diese »trotzkische Organisation« zu »zermürben, zu stören und zu diskreditieren«
Juni 1962	Justizminister Robert F. Kennedy ersucht das FBI, eine »undichte Stelle« in der Regierung aufzuspüren, die Informationen über sowjetische Raketensysteme an die New York Times weitergegeben hat.
7. August 1962	Präsident John F. Kennedy unterzeichnet das nationale Sicherheitsaktions-Memorandum Nr. 177. Damit dürfen nun, in Abstimmung mit Hoover, jährlich bis zu 20 ausländische Polizeibeamte Kurse an der FBI-Akademie besuchen.

Diese Wanze (links) wurde gegen einfache Elektrobauteile ausgetauscht, versorgte sich selbst mit Strom und war somit lange einsetzbar.

Moderne Sender lassen sich in kleinsten Behältnissen (z. B. einem Stift) einbauen und übertragen Bild und Ton in Echtzeit gleichzeitig.

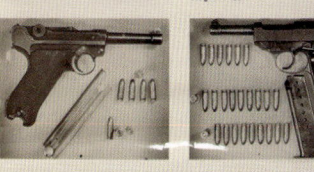

Festnahmen wegen des Smith Acts oder des Verdachts der konspirativen Tätigkeit mit dem Kommunismus waren in den 1950er Jahren eine Standardaufgabe für die G-Men.

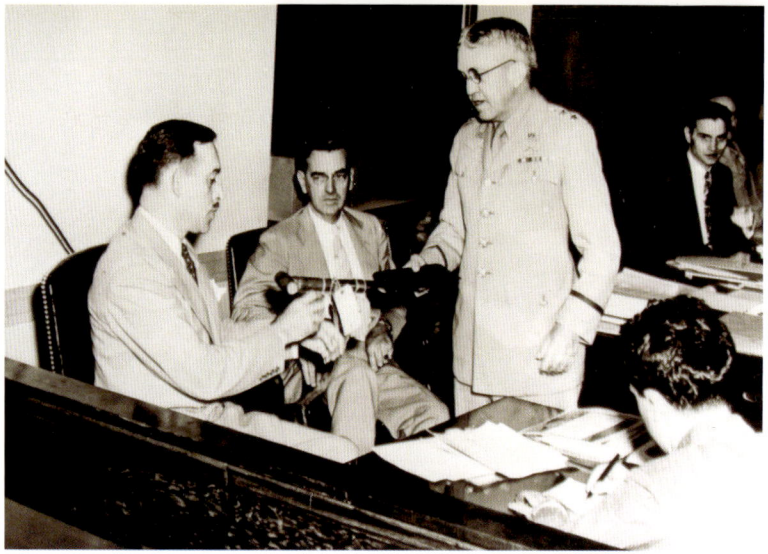

Hoover in den 1960er Jahren. Er sagt mehrfach vor Senatsausschüssen aus.

Alle Agenten des Bureau sind regelmäßige Zeugen bei Gerichtsprozessen und müssen dort detailliert und wahrheitsgetreu Auskunft geben.

15. Februar 1963	Hoover ordnet intensivierte Ermittlungen gegen bekannte Führer organisierter Verbrechenssyndikate, zitiert als La Cosa Nostra, an. Im September 1963 beschreibt einer der wichtigsten Spitzel des FBI, Joseph Valachi, während einer Anhörung des ständigen Ermittlungsunterausschusses des Senats, öffentlich die kriminellen Aktivitäten der LCN in den USA.
12. Juni 1963	Der aktive Bürgerrechtler Medgar Evers wird wegen seines Eintretens für die Rechte der Afro-Amerikaner umgebracht. Das FBI verhaftet Byron De La Beckwith für diese Straftat, die Anklage erfolgt und er wird zweimal von einer rein weißen Jury freigesprochen. Erst drei Jahrzehnte später, im Februar 1994, erfolgt eine Verurteilung aufgrund eigener Aussagen, die Beckwith gegenüber Dritten macht, um sich zu profilieren.
18. Oktober 1963	Justizminister Robert F. Kennedy genehmigt die Bitte des FBI, das Hauptquartier und den Wohnsitz von Dr. Martin Luther King jr. abzuhören. Kennedy genehmigt die King-Abhörung unter der Bedingung, dass das FBI binnen 30 Tagen eine erneute Wiederbewertung der Einsatzlage vornimmt und somit ersichtlich ist, ob ein weiteres Abhören nötig ist. Diese Wiederbewertung erfolgt nicht, das Abhören von Dr. King wird 1965 eingestellt, als Kennedys Nachfolger, der Justizminister Nicholas Katzenbach, davon erfährt.

Oberst Abel, einer der erfolgreichsten UDSSR-Spione wird 1990 mit einer Briefmarke in Russland geehrt.

СОВЕТСКИЙ РАЗВЕДЧИК

Р. И. АБЕЛЬ
1903—1971
5 к ПОЧТА СССР 1990

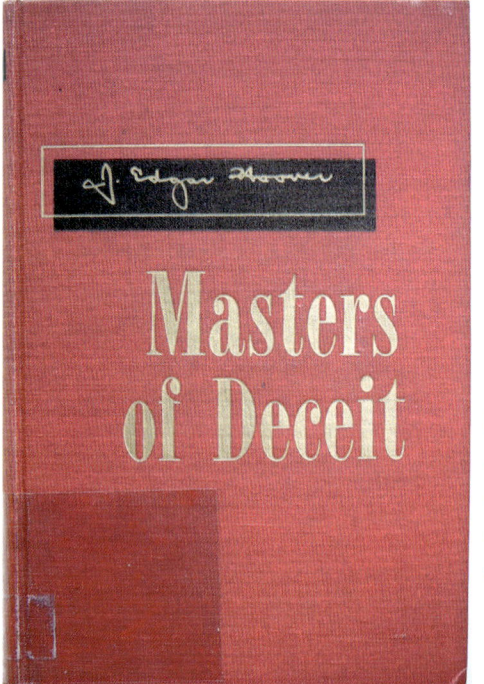

Das Buch von J. Edgar Hoover »Masters of Deceit« erschien 1958 und sorgte für Furore.

Ein Brandanschlag auf einen Überlandbus im Jahr 1961. Die »Sitzordnung« in Bussen hatte die Rassenunruhen mit hervorgerufen.

Ab 1962 durften offiziell ausländische Polizisten an Kursen der FBI-Academy teilnehmen.

22. November 1963 Lee Harvey Oswald ermordet US-Präsident John F. Kennedy In Dallas, Texas. Der nächste Präsident, Lyndon B. Johnson, überträgt dem FBI die Leitung der Ermittlungen nach dem Täter und den Hintergründen des Attentats. Das FBI hatte damals noch keine volle Zuständigkeit bei solchen Straftaten, zudem gibt es einen andauernden Zuständigkeitskonflikt zwischen Bundes-, Staats- und Lokalbehörden, die zu weiteren Verwirrungen führten. Obwohl Oswald mit an Sicherheit grenzender Wahrscheinlichkeit der Hauptschütze war, liegen viele Bereiche der Tat noch heute im Dunkeln. Turnusmäßig wird auch heute noch neuen Hinweisen nachgegangen.

8. Mai 1964 Präsident Johnson gibt einen Exekutivbefehl heraus, der für FBI-Direktor J. Edgar Hoover das Bundesgesetz der obligatorischen Pensionierung im Alter von 70 Jahren aufhebt.

21. Juni 1964 Die Bürgerrechtsarbeiter James E. Chaney, Andrew Goodman und Michael Schwerner werden in der Nähe von Philadelphia, Mississippi, ermordet. Die MIBURN- Untersuchung des FBI stellt die Agenten vor eine schwere Aufgabe, da sich ein kompletter Landstrich »verschworen« hat. Dennoch gelingt die Überführung von acht Tätern, einschließlich Hilfssheriff Cecil Price und Sam Holloway (eine Führungsfigur des Ku-Klux-Klan in Mississippi) und eine Verurteilung zu geringfügigen Haftstrafen.

10. Juli 1964 Präsident Johnson ordnet an, das FBI-Außendienstbüro in Jackson/Mississippi, wieder zu eröffnen (es wurde 1946 geschlossen). Johnson leiht FBI-Direktor Hoover die Air Force One, um die offizielle Eröffnungszeremonie zu besuchen.

2. September 1964 Hoover autorisiert das COINTELPRO Programm, um den Ku-Klux-Klan und andere spezifische Hassgruppen »bloßzustellen, zu stören und zu neutralisieren«.

3. Februar 1965 Das FBI und verschiedene US- Geheimdienste schließen ein Abgrenzungsabkommen, in Zukunft den Schutz des Präsidenten besser zu gewährleisten. Die Ermordung von Präsident John F. Kennedy ist der Auslöser für dieses Abkommen, da in der Nachbereitung des Attentats die schlechte Informationsübermittlung als eine der Hauptursachen für das Gelingen des Attentates feststeht. Zudem ist es seit 1966 ein

Dem Bürgerrechtler Medgar Evers wird 1992 in Jackson, Mississippi, mit einer Statue ein ewiges Andenken bewahrt.

Der mutmaßliche Attentäter Oswald ermordet am 22. November 1963 den US-Präsidenten JFK. Auf diesem Foto hält Oswald die Tatwaffe.

Bundesverbrechen, eine Körperverletzung, Entführung oder Ermordung des Präsidenten, Vizepräsidenten und anderer hoher Regierungsmitglieder zu planen, zu unterstützen oder auszuführen.

10. Juni 1965 Die J. Edgar Hoover Stiftung wird formell in Valley Forge, gegründet und von Lewis S. Rosenstiel, einem Millionär und Unternehmer finanziert, um die Ideen und Absichten zu verewigen, denen der FBI-Direktor »sein Leben widmete«, um »das Erbe und die Freiheit der Vereinigten Staaten zu schützen«.

19. September 1965 Die FBI-Fernsehserie (The FBI) feiert auf dem ABC-Sendernetz Premiere. Der Schauspieler Efrem Zimbalist jr. spielt in der Hauptrolle Inspektor Lewis Erskine und zieht Millionen in seinen Bann. Diese Serie war äußerst erfolgreich und lief bis 1974.

In den 1960er Jahren infiltrierte das FBI auch die Studentenbewegung, um an Informationen zu kommen.

Seit den 1960er Jahren rückte das FBI auch in Deutschland immer mehr in den Blickpunkt des Interesses, u. a. mit einer populären Comic Serie.

Die Black Phanter waren eine große Bedrohung für die USA. Hier gaben sie ein Flugblatt mit »Anweisungen« zum Töten von Polizisten heraus.

1966	Seit einer Entscheidung des Obersten Gerichtshof haben alle Gesetzesvertreter der USA ab sofort Verdächtige bei der Festnahme über ihre Rechte zu belehren (Miranda Warnung).
19. Februar 1966	Hoover stimmt einer Bitte des Weißen Hauses unter Johnson zu, wonach das FBI die geplanten Anhörungen des Senatsausschusses der US-Außenbeziehungen überwachen soll, um mit einem Blick zu bestimmen, ob der Vorsitzende des Ausschusses Fulbright und die anderen Senatoren Informationen von Kommunisten erhalten haben.
14. März 1966	Präsident Johnson bittet das FBI, Kontakte von Kongressmitgliedern und des Stabs des Kongresses zu sowjetischen Botschaften und Botschaften des Sowjetblocks zu kontrollieren, um ihm im Ereignisfall sofort Bericht zu erstatten. FBI-Agenten übermitteln dem Weißen Haus zwischen dem 13. Mai 1966 und dem 20. Januar 1969 wöchentlich Berichte und führen diese Tätigkeiten auch unter dem folgenden Präsidenten Nixon weiter.
13. Juni 1966	Der Oberste Gerichtshof verlangt, dass das Justizministerium die gesetzliche Vollmacht für eine Abhörungsaktion des Kriminellen Fred Black vorlegt. Diese Anforderung des Gerichts löst einen scharfen Disput zwischen FBI-Direktor Hoover und Justizminister Katzenbach über die Vollmacht des FBI zum Ab-

Das Bundesgefängnis Alcatraz, das gefürchtetste seiner Art in der westlichen Welt, beherbergte von 1934 bis 1963 die schlimmsten Verbrecher der USA.

Eine Zelle in Alcatraz war 1,52 × 2,74 Meter groß, mit Waschbecken, Toilette und Bett. Hier hielten sich die Häftlinge zwischen 18 und 23 Stunden am Tag auf.

hören aus. Nachfolgend lehnt Katzenbach die Bestätigung ab, dass frühere Justizminister das FBI zu Lauschangriffen während Kriminalermittlungen direkt autorisiert hatten.

4. Juli 1966
Präsident Johnson unterzeichnet den Freedom of Information Act (FOIA), der den Medien mehr Informationsrechte einräumt.

19. Juli 1966
FBI-Direktor Hoover verbietet zukünftige »Einbrüche« seiner Agenten, auch während andauernder Ermittlungen zur inneren Sicherheit.

September 1966
Der stellvertretende Justizminister Fred Vinson ordnet die Schaffung eines speziellen ELSUR Index an, um die Namen aller Personen zu protokollieren, deren Gespräche von FBI-Abhörgeräten und Wanzen aufgezeichnet wurden.

1. Januar 1967
Das Nationale Verbrechensinformationszentrum (NCIC) des FBI meldet die volle Einsatzbereitschaft. Polizisten aus dem ganzen Land können diese elektronische Datenbank nutzen, kriminelle Hintergründe erhellen, Verdächtige identifizieren und aktenkundige Straftaten von Verdächtigen zusammenführen. 1971 werden dazu erstmals hochmoderne Computeranlagen verwendet, nach einer Reform im Jahre 1999 wird die modifizierte Version, NCIC 2000, für das neue Jahrtausend verwendet.

4. April 1968
James Earl Ray ermordet Dr. Martin Luther King jr. in Memphis/Tennessee. Das FBI leitet die Sonderermittlung, basierend auf der Verletzung der Bürgerrechte Dr. Kings, somit sind die Bundesgerichte in der Angelegenheit zuständig. Das FBI kann Fingerabdrücke auf der Tatwaffe sicherstellen, Ray wird zu 99 Jahren Gefängnis verurteilt.

1. Juni 1968
Der Kongress erlässt das öffentliche Gesetz 90.351, das festlegt, dass jeder FBI-Direktor durch den US-Präsidenten nominiert und durch den US-Senat bestätigt werden muss. Zudem wird die maximale Amtszeit eines FBI-Direktors auf zehn Jahre festgelegt. Das Gesetz wird allerdings erst nach Hoovers Dienstzeit wirksam.

6. Juni 1968
Sirhan Sirhan ermordet in Los Angeles/Kalifornien den demokratischen Präsidentschaftskandidaten Robert F. Kennedy. Obwohl Sirhan sofort festgenommen wird, leitet das FBI eine intensive Ermittlung ein, um festzustellen, ob er alleiniger Täter war.

30. Oktober 1968	Der Leitende Sekretär des Nationalen Sicherheitsrats, J. Bromley Smith, bittet das FBI um die Überwachung der südvietnamesischen Botschaft in Washington D.C. und der prominenten Republikanerin Anna Chennault. Am 13. November 1968 weist Präsident Johnson das FBI an, zusätzlich alle gebührenpflichtigen Telefonanrufe zu überprüfen und festzustellen, ob der republikanische Vizepräsidentschaftskandidat Spiro Agnew am 2. November 1968 die südvietnamesische Botschaft oder Chennault angerufen hat.
19. Mai 1969	Auf Bitte Präsident Richard Nixons und des nationalen Sicherheitsberaters Henry Kissinger hin autorisiert FBI-Direktor Hoover das Abhören von 17 Personen (Mitglieder des Weißen Hauses und des Stabs des nationalen Sicherheitsrats, Mitarbeiter des Staats- und Verteidigungsministeriums und vier Washingtoner Reporter) um festzustellen, wer die US-Bombardierung von Kambodscha bekannt gegeben hat. Dies führt zu einem sehr negativen Bericht in der New York Times. Die Abhörungen halten bis zum Februar 1971 an, die »undichte Stelle« ist nicht zu ermitteln. Jedoch versorgen die Abhörberichte das Weiße Haus mit »wertvollen politischen Nachrichten«.
5. November 1969	Auf Anweisung von Nixon überwacht das FBI den Kolumnisten Joseph Kraft, um seine Informationsquellen bei den Friedensverhandlungen in Paris, die den Vietnamkrieg beenden sollen, zu ermitteln.

Am 4. April 1968 wird Dr. King bei einem Attentat getötet. Das Foto zeigt die Szenerie unmittelbar nach dem Schuss, Dr. King liegt am Boden, die Zeugen zeigen in Richtung des Schützen.

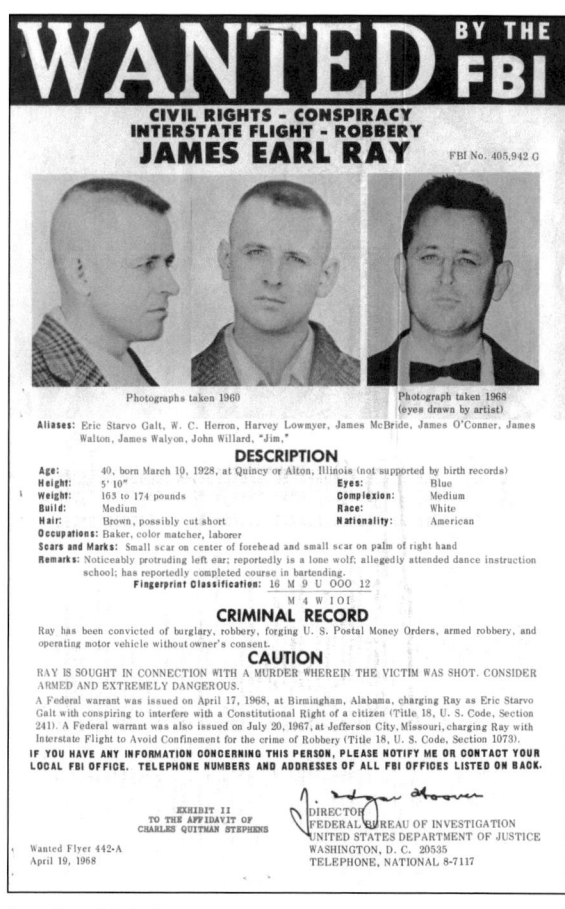

Der Steckbrief von James Earl Ray, dem mutmaßlichen Mörder von Dr. King.

Nach dem »Einsatz« der Nationalgarde auf dem Campus der Universität in Ohio führte das FBI dort umfassende Ermittlungen aus.

Die vier toten Studenten vom Mai 1970, erschossen von National-gardisten, die eindeutig unter Stress überreagierten.

Die Anti-Kriegsgruppierung Camden 28 wird am 22. August 1971 von 40 FBI-Agenten hochgenommen. Trotz erdrückender Beweislage (u. a. wegen eines Einbruchs) kommen die Geschworen zu dem Urteil »nicht schuldig«.

31. März 1970	Erzürnt über Abwerbungsversuche der CIA verschlechtert sich die Zusammenarbeit mit dem FBI. Zudem schränkt Hoover die Informationsweitergabe ein.
4. Mai 1970	Vier Studenten der Kent Staatsuniversität in Ohio werden von der Nationalgarde erschossen, diese wollten während einer Anti-Kriegs-Demonstration »die Ordnung« auf dem Campus wiederherstellen. Das FBI initiiert eine intensive Ermittlung, um die Verantwortung für den Tod der Studenten festzustellen.
23. Juli 1970	Der Berater des Weißen Hauses, Tom Charles Huston, sendet eine »offizielle Kurzmitteilung« an die Direktoren des FBI, CIA, NSA, etc., »eindeutige illegale Ermittlungstechniken« auszuführen und generell enger mit dem Weißen Haus zusammenzuarbeiten. Am 27. Juli 1970 instruiert FBI-Direktor Hoover Justizminister Mitchell über diesen Plan und seine Absicht, jede zukünftige Aktion des FBI schriftlich zu protokollieren. Mitchell berät sich daraufhin mit Nixon und teilt ihm die Absicht Hoovers mit, Nixon widerruft seine Kurzmitteilung.
24. August 1970	In einem Forschungslabor in Sterling Hall an der Universität von Wisconsin wird eine Bombe gezündet, die drei Menschen schwer verletzt und einen tötet. Infolge einer intensiven FBI-Ermittlung werden vier Täter identifiziert.
Oktober 1970	Der Kongress stimmt dem Rico-Gesetz zur Bekämpfung des organisierten Verbrechens zu. Das gibt dem FBI die wichtige Handhabe, strukturierte kriminelle Organisationen wegen ihrer gesamten kriminellen Tätigkeiten strafrechtlich zu verfolgen, anstatt gegen Einzelpersonen zu ermitteln oder die Organisation als eine kriminelle Verschwörung ansehen zu müssen. Durch das Rico-Gesetz erhöht sich das Strafmaß auf eine Mindeststrafe von 20 Jahren. Es erlaubt auch die Beschlagnahme und den Verfall von Eigentum der »Mafia-Angehörigen«.
25. November 1970	Der Berater des Weißen Hauses, H. Haldeman, bittet FBI-Direktor Hoover um eine Aufstellung von homo-sexuellen Washingtoner Reportern (und »jedem anderen Zeug«). Der erbetene Bericht wird zwei Tage später zugestellt.
8. März 1971	Eine radikale Anti-Vietnamkriegsgruppe, das Bürgerkomitee zur Untersuchung des FBI, bricht erfolgreich in die Resident Agency (Einwohnermeldeamt) in Media, Pennsylvania, ein. Dabei stehlen sie tausende Seiten von FBI-Akten und verbreiten diese an Nachrichtenmedien sowie an ausgewählte Mitglieder des Kon-

Seit den 1970er Jahren öffnet das FBI immer weiter die Archive. Die meisten historischen Akten, Berichte und Fotos sind heute im National Archive bei Washington.

Bei Razzien gegen das illegale Glücksspiel Mitte der 1970er Jahre hatten Agenten 10.800.000 Dollar und dieses Waffenarsenal sichergestellt. (Waffentechnisch sind besonders interessant die Colt 1911 in der Sammlerausführung oben rechts und die beiden unteren rechts liegenden professionellen Wurfmesser Bowie Axe und Professional von Harry McEvoy.)

gresses. FBI-Direktor Hoover ordnet eine intensive Ermittlung an (Deckname MEDBURG), um die Täter dieses Einbruchs zu überführen.

28. April 1971 FBI-Direktor Hoover beendet die verschiedenen COINTELPRO Programme, da diese durch den Einbruch in Media gefährdet sind.

13. Juni 1971 Die New York Times veröffentlicht die erste Folge der sogenannten Pentagonakten (Informationen der US-Politik in Indochina für den internen Gebrauch). Eine intensive FBI-Ermittlung identifiziert Daniel Ellsberg als den Straftäter, der das Material dafür hat durchsickern lassen.

4. Juli 1971 Eine rassistische Organisation, die sich der Aufhebung der Rassentrennung an öffentlichen Schulen widersetzt, sprengt in Longview/Texas, Schulbusse in die Luft. Infolge einer intensiven FBI-Ermittlung werden zwei Personen wegen Verletzung der Bürgerrechte und Verschwörung verurteilt.

30. September 1971 FBI-Direktor Hoover feuert den Leitenden FBI-Agenten William Sullivan wegen Untreue, der Weitergabe von Informationen und sperrt ihn aus seinem Büro aus.

23. Oktober 1971 Regierungsmitarbeiter des Weißen Hauses drängen Präsident Nixon, Hoover um seine Pensionierung zu bitten. Nixon erwägt und verwirft diesen Vorschlag.

30. Oktober 1971 Die Woodrow-Wilson-Schule für Politik und internationale Angelegenheiten der Princeton-Universität und der amerikanische Bürgerfreiheitsausschuss sponsern eine Konferenz, um FBI-Praktiken und Verfahren »zu bewerten«. Eine Einladung von FBI-Personal lehnt Hoover ab, er ordnet stattdessen eine Überwachung dieser Veranstaltung an.

7. April 1972 Richard F. McCoy jr. entführt auf dem Flug von Denver nach Los Angeles ein Flugzeug, zwingt den Piloten auf dem Flughafen von San Francisco zu landen, um dort u. a. an ein Lösegeld von 500.000 US Dollar zu gelangen. Er befiehlt dem Piloten den Flug fortzusetzen und springt über Provo, Ohio, ab. FBI-Agenten nehmen McCoy zwei Tage später fest. Bei einer kurz zuvor durchgeführten, ähnlich verlaufenden Entführung, ist der Täter bis zum heutigen Tag nicht ermittelt. Ein ähnlich gelagerter Fall ist bis heute ungeklärt.

2. Juni 1972 J. Edgar Hoover stirbt im Alter von 77 Jahren im Schlaf. Präsident Richard M. Nixon ernennt L. Patrick Gray III zum amtierenden Direktor. Gray muss am 23. April 1973 zurücktreten, da ihm u. a. Urkundenunterdrückung nachzuweisen ist.

8. Juni 1972 Die FBI-Akademie eröffnet ihr neues Ausbildungszentrum auf dem US-Marinekorpsstützpunkt in Quantico/Virginia. Am 26. Juni 1972 beginnt die erste Klasse mit 200 Agenten ihre Ausbildung. 1981 kommt die forensische Wissenschaftsforschung, 1989 die Forschungseinrichtung des Ingenieurwesens hinzu und

Der größte Massenselbstmord der Geschichte fand am 18. November 1978 in Jonestown statt. Auf Befehl von »Guru Jones« töteten sich 913 (darunter 213 Kinder) der ca. 1.100 Mitglieder. Speziell seit diesem Tag hat das FBI ein besonderes Auge auf verschiedene Sekten, die aber alle in den USA das Recht auf Religionsfreiheit in Anspruch nehmen können.

Morgenbesprechungen im FBI haben eine lange Tradition, die auch von Direktor Webster Mitte der 1980er Jahre fortgesetzt wird.

ermöglichen neue Perspektiven in der Verbrechensbekämpfung.

17. Juni 1972	Die Polizei nimmt fünf Einbrecher im Watergate Hochhaus fest, das einen der größten politischen Skandale auslöst, da diese illegale Abhöraktionen durchführen. Das FBI identifiziert bald G. Gordon Liddy (der in Nixons Wiederwahlkomitee ist) und E. Howard Hunt jr. (ein früherer CIA-Beamter, ein Berater des Weißen Hauses) als Organisatoren dieses Einbruchs. Es kommt zu mehreren Gerichtsverhandlungen, Verurteilungen und zum Rücktritt Nixons.
19. Juni 1972	In »USA gegen US-Bezirksgerichtshof« entscheidet der Oberste Gerichtshof, dass der Präsident nicht die konstitutionelle Macht hat, straffreie Abhörungen zur »inneren Sicherheit« zu ermächtigen. Diese Entscheidung impliziert, dass der Präsident die Macht haben könnte, straffreie Abhörungen »ausländischer Geheimdienste« anzuordnen.
7. September 1972	Die Identifizierungsdivision des FBI installiert den Prototyp eines computerisierten Fingerabdrucklesesystems.
24. Oktober 1972	Der Kongress verabschiedet das Öffentlichkeitsgesetz 92-539 zum Schutz von ausländischen Beamten und offiziellen Gästen der Vereinigten Staaten. Damit werden FBI-Ermittlungen bei jeder Entführung von ausländischen Beamten und offiziellen Gästen erlaubt. Gourgen M. Yanikian wird am 2. Juli 1973 wegen Ermordung zweier türkischer Konsulatsbeamten am 27. Januar 1973 in Santa Barbara/Kalifornien zu einer lebenslangen Haftstrafe verurteilt.
27. April 1973	Präsident Nixon ernennt William D. Ruckelshaus nach dem Rücktritt von L. Patrick Gray III zum amtierenden Direktor des FBI.
9. Juli 1973	Das erste Training des FBI-Spezialeinsatzkommandos SWAT (Special Weapon and Tactics) wird durchgeführt.
9. Juli 1973	Clarence M. Kelley wird als Direktor des FBI vereidigt. Kelley ist ein ehemaliger FBI-Agent und hat vor dieser Ernennung viele Jahre als Polizeichef in Kansas City, Missouri, gedient. Seine Amtszeit war von scharfer Kritik an den Handlungen des Bureau unter Direktor Hoover begleitet. Direktor Kelley bringt das FBI in ein neues Zeitalter und leitet größere Anstrengungen in die Wege, um die FBI-Prioritäten von Quantitäts- zu Qualitätsermittlungen zu verlagern.

11. Juli 1973	Justizminister Elliot Richardson autorisiert Historiker, 15 Jahre alte Akten des FBI einzusehen.
Februar 1974	FBI-Agenten starten ein Programm unter dem Decknamen PRISACT, das eine bessere Zusammenarbeit und Koordination mit Polizeibeamten im ganzen Land ermöglicht, um die Aktivitäten von farbigen militanten Extremisten und Revolutionären, die in Gefängnissen inhaftiert sind, zu überwachen.
4. Februar 1974	Mitglieder der symbionesischen Befreiungsarmee entführen Patty Hearst, die Tochter des Zeitungsverlegers und Multi-Millionärs William Randolph Hearst, aus ihrem Appartement in Berkeley/Kalifornien. Infolge einer intensiven Ermittlung des FBI wird sie einige Monate später festgenommen, da sie (nach einer angeblichen Gehirnwäsche), zu der Philosophie ihrer Entführer übergetreten ist und sich an einer Reihe von Raubüberfällen beteiligt hat.
27. Januar 1975	Der Senat gründet einen Senatsauswahlausschuss, um die Rolle, die Autorität und das Verhalten der verschiedenen Bundesgeheimdienstagenturen und insbesondere des FBI und der CIA zu untersuchen. Die daraus resultierende Senatsuntersuchung (sowohl öffentliche Anhörungen als auch veröffentliche Berichte), enthüllt u. a. zahlreiche Beispiele des Machtmissbrauchs des FBI und der Verletzung des Rechtes der Privatsphäre.
27. Februar 1975	Während der Aussage vor dem Parlamentsunterausschuss zur Wahrung der Bürgerrechte enthüllt und bestätigt Justizminister Edward Levi, dass der frühere FBI-Direktor J. Edgar Hoover in seinem Büro Dossiers mit abfälligen Informationen über prominente Amerikaner aufbewahrte (einschließlich Präsidenten und Mitgliedern des Kongresses).
26. Juni 1975	Die FBI Bundesagenten Jack R. Coler und Ronald A. Williams werden bei einer Untersuchung in einem Indianerreservat in der Nähe von Pine Ridge/South Dakota, ermordet. Der Vorsitzende der American Indian, Leonard Peltier, wird kurz darauf überführt, die Morde begangen zu haben. Am 2. Juni 1977 wird Peltier für die Morde zu zwei aufeinanderfolgenden lebenslangen Freiheitsstrafen verurteilt.
30. September 1975	Das neue J. Edgar Hoover FBI Gebäude ist bezogen, eingeweiht und dient seitdem als Hauptquartier.
18. Februar 1976	Präsident Gerald Ford gibt den Exekutivbefehl 11.905 heraus, der die Autorität und die Pflichten der Bundesgeheimdienstagenturen darlegt.
10. März 1976	Justizminister Edward Levi gibt Richtlinien heraus, um zukünftige FBI-Spionageabwehrermittlungen und Ermittlungen zur inneren Sicherheit zu regeln. Während die Spionageabwehrrichtlinien geheim bleiben, werden die Richtlinien zum Schutz der öffentlichen Sicherheit publiziert. Diese erlauben das Tätigwerden zu »vorbereitenden Ermittlungen von verdächtigen Terroristenaktivitäten« sowie bei der Verletzung von Bundesgesetzen. »Vorbereitende Ermittlungen« sind auf eine Dauer von 90 Tagen limitiert. Im Gegensatz dazu erfordern »volle Ermittlungen« Beweise für die geplante Verletzung eines Bundesstatuts und müssen jährlich (und schriftlich) von Justiziaren des Justizministeriums autorisiert werden.
17. März 1976	FBI-Agenten entdecken in New York City 25 Bände von vertraulichen Dokumenten im Bürosafe des Leitenden Spezialagenten in New York City, John Malone. Darin sind geheime Aktionen beschrieben, die das New Yorker Büro zwischen 1954 und 1973 durchführte. Der ehemalige FBI-Direktor Hoover hatte dazu u. a. 1942 klare Regeln für die turnusmäßige Vernichtung (sechs Monate) dieser Akten angeordnet, die hier keine Beachtung fanden. Eine spätere Untersuchung bestätigt, dass kein weiteres FBI-Außendienstbüro solche Dokumente über die Frist hinaus aufbewahrte.

26. März 1976 Das Nationalarchiv genehmigt einen Plan des FBI, geschlossene Akten/Fälle datensicher zu vernichten, eine Anzahl von Bürgerorganisationen legt dagegen Beschwerde ein. Im Januar 1980 entscheidet Richter Harold Greene, dass Teile vernichtet werden dürfen, jedoch Berichte von »historischem Wert« zu erhalten sind.

21. September 1976 Der kubanische Exilant Orlando Letelier, Mitarbeiter des Institut für Politikstudien, und ein Assistent werden in Washington D. C. von einer Autobombe getötet. Infolge einer intensiven FBI-Ermittlung werden drei Haupttäter und hohe Beamte der chilenischen Geheimpolizei ausgemacht.

4. Oktober 1976 Das FBI gründet eine Abteilung, die sich mit Fragen der Ethik befasst. Die Ergebnisse fließen auch in die Aus- und Fortbildung der Agenten ein, welche seit 1999 in einer eigenen Abteilung der FBI-Academy gelehrt werden.

7. April 1977 FBI-Agent John Kearney wird wegen »illegalen Brieföffnens, Abhörens und Einbrüchen« während einer Ermittlung nach radikalen Flüchtigen (Mitgliedern des Weather-Gruppierung) in New York City während der frühen 1970er angeklagt. Am 10. April 1978 lässt das Justizministerium die strafrechtliche Verfolgung von Kearney fallen und klagt stattdessen den früheren FBI-Direktor L. Patrick Gray sowie zwei seiner hochrangigen Mitarbeiter W. Mark Felt und Edward Miller an, die illegalen Aktivitäten von Kearneys autorisiert zu haben. Felt und Miller werden verurteilt, aber von Präsident Ronald Reagan am 26. März 1981 begnadigt. Die Staatsanwaltschaft versucht Gray separat den Prozess zu machen, sein Fall kommt aber nie zur Verhandlung.

1. Januar 1978 Gemäß eines neuen Gesetzes sind FBI-Agenten und andere Regierungsmitarbeiter zu pensionieren, wenn sie das Alter von 55 Jahren erreicht haben.

23. Februar 1978 William H. Webster leistet den Amtseid als FBI-Direktor. Der frühere Richter vom US-Revisionsgericht setzt Direktor Kelleys Schwerpunkte fort, indem er verstärkt Maßnahmen gegen ausländische Spionage, Wirtschaftskriminalität und das organisierte Verbrechen anordnet. 1982 leitet er zudem umfangreiche Reformen in den Dezernaten der Terrorismusabwehr und Drogenbekämpfung ein.

3. Mai 1978 Zum ersten Mal wird mittels Lasertechnologie ein mit herkömmlichen Methoden nicht aufzufindender Fingerabdruck gesichert. Das FBI-Labor leistet hier mit dem Laser Pionierarbeit; die Methode wird heute weltweit verwandt.

20. Mai 1978 FBI-Agenten verhaften Rudolph Chernyayev und Valdik Enger, sowjetische Staatsangehörige, die bei den Vereinten Nationen angestellt sind, wegen der versuchten Bestechung eines US-Marineoffiziers, um vertrauliches Material der Kriegsmarine zu erhalten. Ein weiterer sowjetischer Agent, Vladimir Zinyakin, wird ebenso verhaftet, aber aufgrund seiner diplomatischen Immunität freigelassen. Chernyayev und Enger können überführt und zu 10 Jahren Haft verurteilt werden.

18. Dezember 1978 Das computerisierte Geheimdienstinformationssystem wird zum ersten Mal im FBI-Hauptquartier genutzt.

16. Februar 1979 Der erste afroamerikanische SAC, John D. Glover, wird im Außendienstbüro von Milwaukee ernannt und am 22. April 1986 zum leitenden Direktor befördert.

29. Mai 1979 Der US-Bezirksrichter John H. Wood wird in der Nähe seines Hauses in San Antonio/Texas ermordet. Infolge einer FBI-Ermittlung werden Charles V. Harrelson und vier andere am 15. April 1982 angeklagt und im Jahre 1983 wegen Mordes und der Anstiftung zum Mord verurteilt.

Juli 1979	Der erste asiatisch-amerikanische FBI-Agent, Don S. Tokunaga, wird mit einer wichtigen Funktion im FBI-Außendienstbüro von Albuquerque betraut. Tokunaga wird im Dezember 1985 zum SAC des Büros in Seattle befördert.
9. Februar 1980	Die Undercoverermittlungen des FBI unter dem Decknamen BRILAB führen zu Korruptions- und Bestechungsanklagen gegen den Verbrechensboss von New Orleans, Carlos Marcello und einen früheren Beauftragten des Bundesstaates Louisiana.
3. Februar 1980	Nachrichtenberichte decken die ABSCAM-Ermittlungen des FBI auf, bei dem sich Agenten undercover als arabische Scheichs (mit Beratern) ausgaben und versuchten, Kongressmitglieder zu bestechen, um sich politische Gefälligkeiten zu sichern. Sechs US-Kongressabgeordnete, ein US-Senator und zahlreiche Staatsbeamte werden in einem der ersten Fälle, in dem verdeckt eingesetzte Filmkameras Anwendung finden, überführt.
21. April 1980	Das computerisierte Informationssystem über das organisierte Verbrechen wird im FBI-Außendienstbüro in Detroit erfolgreich eingeführt.
3. Oktober 1980	Die FBI-Identifizierungsdivision schließt das Testverfahren mit der Einführung eines computerisierten Systems zur Suche nach Fingerabdruckdateien positiv ab. Die Suchzeit nach einer Verbrecherakte wird damit von zwei Wochen auf 24 Stunden reduziert.
5. Januar 1981	Das Justizministerium gibt Richtlinien für verdeckte Ermittlungen des FBI heraus, die sich auch bei diesen gefährlichen Operationen nicht an schweren Straftaten beteiligen dürfen.
30. März 1981	John W. Hinckley jr. versucht Präsident Ronald Reagan in Washington D.C. zu ermorden, was von den Sicherheitskräften vereitelt wird. Er verwundet allerdings Reagan und drei weitere Personen. Eine spätere FBI-Ermittlung deckt keine Verschwörung auf. Hinckley wird am 24. August 1981 angeklagt und am 21. Juni 1982 aufgrund seiner Geisteskrankheit für nicht schuldig befunden.
16. Juni 1981	Das forensische Wissenschaftsforschungs- und Trainingscenter an der FBI-Akademie in Quantico/Virginia wird offiziell eröffnet.
21. Juni 1981	Mit Hilfe des FBI verhaftet die Polizei von Atlanta Wayne B. Williams wegen der Ermordung afroamerikanischer Kinder (es gab dort eine Serie von 28 ungelösten Mordfällen). Williams wird vor Gericht gestellt, wegen zwei dieser Morde überführt und zu zweimal lebenslänglich verurteilt.
4. Dezember 1981	Präsident Ronald Reagan erlässt den Exekutivbefehl 12.333, der neue Regeln in Bezug auf Geheimdienste und Spionageabwehroperationen darlegt. Danach kann das FBI, wenn von anderen Geheimdienstagenturen erbeten, innerhalb der Vereinigten Staaten Ermittlungen durchführen.
28. Januar 1982	Nach Anweisung des Justizministers William French Smith werden die Kernkompetenzen der Drug Enforcement Agency (DEA), der amerikanischen Bundesbehörde zur Drogenbekämpfung, sowie dem FBI abgegrenzt und eine Zusammenarbeit festgelegt.
7. März 1983	Justizminister Smith gibt Richtlinien heraus, um »Ermittlungen der inneren Sicherheit/Terrorismusermittlungen« des FBI zu regeln. FBI-Ermittlungen dürfen wegen dieser Tatbestände demnach durchgeführt werden, »um Verbrechen vorherzusehen und zu verhindern«. Smith hebt zudem das Erfordernis auf, dass der Justizminister solche Ermittlungen jährlich zu überprüfen und schriftlich festzulegen hat, ob deren Fortführung gerechtfertigt ist. Statt dessen brauchen FBI-Beamte nur dem Geheimdienstsbüro des

Justizministeriums solche Ermittlungen zu »melden«, und der Justizministers kann, »wenn er es für notwendig erachtet«, das FBI anweisen, einen detaillierten Bericht vorzulegen.

August 1983   Das Geiselbefreiungsteam des FBI, das Hostage Recue Team (HRT), meldet die volle Einsatzbereitschaft. Das HRT wird bei Geisellagen im ganzen Land eingesetzt und verfügt sowohl über geschulte Verhandlungsführer, als auch über modern ausgestattete Interventionsteams.

7. November 1983   Im US-Kapitol explodiert eine Bombe. Infolge einer intensiven Ermittlung des FBI erklären sich Laura J. Whitehorn, Linda S. Evans und Marilyn J. Buck der Verschwörung und des Anschlags (sowie weiterer Bombenlegungen) für schuldig und werden zu Haftstrafen von 10 - 20 Jahren verurteilt.

15. März 1984   Die GREYLORD-Untersuchung des FBI zu gerichtlichen Verfehlungen im Verwaltungsbezirk Cook County/Illinois ergeben eine erste Verurteilung. Bis 1989 werden von 88 angeklagten Richtern, Rechtsanwälten, Polizisten und Sekretären vier freigesprochen, zwei begehen Selbstmord. Der Rest bekannte sich schuldig oder wurde vor Gericht überführt. Die heldenhafte Undercover-Arbeit des Rechtsanwalts Terrence Hake mit dem FBI, der von der Korruption bei Gericht empört war, ist der Erfolg dieser Operation zu verdanken.

9. April 1984   Das DOJ gibt Anklagen gegen einen amerikanisch/italienischen Drogenring bekannt, der Heroin von Sizilien in die USA schmuggelte. Dazu bedienten sie sich einer Reihe von Pizzerien, weshalb die Verbrechergruppe aus dem OK-Bereich als Pizza Connection in die Justizgeschichte einging. 18 Männer, einschließlich mehrerer Anführer, können überführt und verurteilt werden.

10. Juli 1984   Das Nationale Zentrum der Analyse von Gewaltverbrechen (NCAVC) an der FBI-Akademie nimmt den Betrieb auf. Anfänglich nur auf ungelöste Mordfälle spezialisiert, nutzt das NCAVC bald auch hoch entwickelte wissenschaftliche Techniken sowie ein komplexes Computersystem, um staatlichen und örtlichen Behörden bei der Identifizierung von Verdächtigen zu helfen und um kriminelles Verhalten vorherzusagen.

2. Oktober 1984   Die gemeinsame italienisch-amerikanische Arbeitsgruppe zur Bekämpfung des Drogenhandels und des organisierten Verbrechens hält in Washington D.C. ihr erstes Treffen ab. Im Oktober 1983, von Präsident Reagan und dem Präsidenten des italienischen Ministerrats, Bettino Craxi, geschaffen, fördert das die Zusammenarbeit in der internationalen Verbrechensbekämpfung.

1985   Eine Serie von Verhaftungen wegen Spionage charakterisiert »das Jahr des Spions«. Am 21. November wird Jonathan Jay Pollard, ein Geheimdienstanalytiker der Navy, wegen Spionierens für Israel festgenommen und später verurteilt. Am 23. November wird Larry Wu Tai Chin, ein ehemaliger CIA-Analytiker, wegen Spionierens für die Volksrepublik China seit 1952 verhaftet und begeht später Selbstmord. Am 25. November erfolgt die Festnahme eines dritten bedeutenden Spions. William Pelton, ehemaliger Beschäftigter der Sicherheitsagentur National Security Agency (NSA), wird nach Ermittlungen des FBI für schuldig befunden, militärische Geheimnisse an die Sowjetunion verkauft zu haben. Erst ein Jahr zuvor war Spezialagent Richard W. Miller der erste FBI-Angehörige in der Geschichte, dem ebenfalls Spionage nachzuweisen war.

26. November 1984   Carolyn G. Morris wird zur stellvertretenden Assistenzdirektorin der Technikdienstdivision ernannt, die erste Frau des FBI, die mit einer so hohen Position betraut wird.

5. März 1985   Die Leichen des Drogenermittlers Enrique Camarena Salazar und eines mexikanischen Piloten werden in Guadalajara/Mexiko gefunden (sie waren am 7. Februar 1985 entführt worden). Dieser Aufsehen erregende Fall wird mit Hilfe des FBI erhellt und führt zur gerichtlichen Anklage mehrerer Personen in Los Angeles sowie der Verurteilung von 24 Personen in Mexiko, einschließlich eines mexikanischen Polizeibeamten und eines mexikanischen Staatspolizeibeamten.

19. Mai 1985 FBI-Agenten verhaften den früheren Kriegsmarine-Geheimdienstbeamten John Walker für die Weitergabe von klassifizierten Kriegsmarinecodes an sowjetische Agenten. Walkers Verurteilungen (und die seiner Komplizen) schließen eine intensive Ermittlung unter dem Decknamen WIND FLYER ab und beenden Walkers 18 Jahre dauernde Spionagetätigkeit für die Sowjetunion.

11. April 1986 Die FBI-Agenten Benjamin Grogan und Jerry Dove werden getötet und fünf andere Agenten während einer Schießerei mit zwei (im späteren Verlauf ebenfalls erschossenen) verdächtigen Bankräubern in Miami/Florida verwundet. Im Laufe der Auswertung dieser Geschehnisse, die als Miami-Desaster in die Analen eingingen, werden Ausrüstung, Waffen und die Einsatztaktik überdacht und verbessert.

10. Oktober 1986 Das nicaraguanische Militär schießt ein Transportflugzeug der Southern Air ab und verhaftet den einzigen Überlebenden, Eugene Hasenfus. Hasenfus gibt zu, Schusswaffen zu nicaraguanischen Rebellen (den »Contras«) transportiert zu haben. Eine FBI-Ermittlung wird initiiert, um festzustellen, ob die Southern Air auf Anweisung von US-Mitarbeitern Waffen transportiert hat und dabei die US-Neutralitätsgesetze verletzt wurden.

1. November 1986 El Sharia, eine Zeitung in Beirut (Libanon), berichtet, dass die Regierung der Vereinigten Staaten Waffen an den Iran verkauft, um die Freilassung von US-Geiseln im Libanon zu erzielen. Justizminister Edwin Meese III initiiert eine interne Untersuchung des Justizministeriums und des FBI und bestätigt am 25. November 1986 die Waffenverkäufe an den Iran.

18. November 1986 Durch die Zusammenarbeit des FBI und Agenten der Drogenvollstreckungsverwaltung werden neun Mitglieder des Drogenkartells von Medellin/Kolumbien wegen des Schmuggels von mindestens 58 Tonnen Kokain in die Vereinigten Staaten angeklagt.

5. Januar 1987 Infolge einer intensiven FBI-Ermittlung werden der mutmaßliche Verbrechensboss von Philadelphia, Nicodemo (»Little Nicky«) Scarfo, und der Ratsmann von Philadelphia, Leland Beloff, der Verschwörung und der Erpressung überführt.

13. September 1987 Fawaz Younis wird als erster verdächtiger ausländischer Terrorist vom Bureau für ein Verbrechen verhaftet, das gegen Amerikaner auf ausländischem Boden verübt wurde. Im März 1989 erfolgt die Verurteilung durch das US-Bezirksgericht wegen der Entführung eines jordanischen Flugzeuges, in dem auch zwei US-Amerikaner reisten. Im Juni 1989 ermächtigt das Justizministerium das FBI zur Festnahme von Terroristen, Drogenhändlern und anderen Flüchtigen im Ausland, ohne die Zustimmung des Staates, in dem diese ihren Wohnsitz haben. Die Verantwortlichkeit des FBI hat international über viele Jahre zugenommen, da Verbrecher in Bezug auf Drogen und Terrorismus häufig nationale Grenzen überqueren. Seit Ende der 1980er Jahre arbeitet das FBI auch verstärkt mit ausländischen Behörden zusammen, um Maßnahmen gebündelt auszuführen.

2. November 1987 William Steele Sessions leistet den Amtseid als neuer Direktor des FBI. Aufgrund des Zusammenbruchs der Sowjetunion und seiner Tochterstaaten muss das FBI nun zielgerichtete Maßnahmen einleiten, um daraus resultierenden Schaden für die USA abzuwenden.

Januar 1988 Aufgrund des Freiheitsinformationsgesetzes veröffentlicht das FBI seine Akten über das Komitee der

Solidarität von El Salvador (CISPES). Dabei wird enthüllt, dass FBI-Agenten von 1981 bis 1985 salvadorianische Gruppierungen gründlich überwachten, die sich Reagans zentralamerikanischer Politik widersetzten.

5. Februar 1988 Infolge einer koordinierten Ermittlung des FBI werden der panamaische General Manuel A. Noriega sowie 16 seiner Mittäter von der Drogenvollstreckungsverwaltung und des Zollbüros wegen Drogenschmuggels und Geldwäsche verhaftet.

7. Februar 1988 Der Fernsehsender Fox sendet zum ersten Mal America`s Most Wanted, eine Serie, die die Bevölkerung um Mithilfe bei der Suche nach flüchtigen Verbrechern auffordert. Nur vier Tage nach der ersten Sendung erfolgt die daraus resultierende erste Festnahme.

Seit 1988 forscht das FBI an der kriminalistischen Nutzung der DNA.

April 1988 FBI-Berichte bestätigen, dass unter dem Decknamen »Bücherei-Kenntnisprogramm« (von 1962) Bibliothekare gebeten wurden, Personen, welche einen ausländischen Akzent hatten und wissenschaftliche oder andere spezialisierte Zeitschriften ausliehen, aufzulisten. Damit sollten Ermittlungsansätze für Bemühungen ausländischer Geheimdienste sowie der Industriespionage frühzeitig erkannt werden.

14. Juni 1988 ILLWIND, eine FBI-Ermittlung gegen Korruption bei Regierungsaufträgen, führt zu Anklagen gegen Regierungsbeamte und private Unternehmer wegen Betrugs und Bestechung in 12 Bundesstaaten und dem Distrikt von Columbia.

26. September 1988 Bundesrichter Lucius D. Bunton stellt fest, dass das FBI hispanische Agenten systematisch bei Beförderungen und Arbeitsbedingungen benachteiligt. In der zweiten Phase dieses Prozesses ordnet Richter Bunton am 5. Mai 1989 Änderungen in dem Beförderungsverfahren des FBI an, lehnt es aber ab, den hispanischen Agenten eine Entschädigung zu gewähren.

1. Dezember 1988 Das FBI-Labor beginnt mit der Analyse der Desoxyribonukleinsäure (DNA), um sie für die Kriminalistik einzusetzen. 1989 und 1990 entscheiden mehrere Gerichte den DNA-Beweis für zulässig.

6. Dezember 1988 In Zusammenarbeit mit der DEA, der Kriegsmarine, der Küstenwache und dem Zollbüro beschlagnahmen FBI-Agenten in einer Undercoveroperation (die 1985 begann), Gelder und Drogen in Millionenhöhe und nehmen mehrere Verdächtige in sieben US-Großstädten fest. Unter dem Decknamen CATCOM dient dieser Operation eine Elektronikfirma aus Miami als Fassade, um Kommunikationsgeräte an Drogenkartelle zu liefern, die präpariert sind und die Unterhaltungen von Kartellmitgliedern aufzeichnen.

21. Dezember 1988 Eine Boing 747 der Pan American mit 259 Menschen an Bord explodiert über Lockerbie/Schottland, tötet alle an Bord befindlichen Personen sowie elf weitere am Boden. In einem der größten Ermittlungsverfahren der Geschichte gelingt es mit Hilfe des FBI, zwei Täter in Libyen auszumachen, die einem dortigen Geheimdienst zuzuordnen sind. Nach zähen juristischen und diplomatischen Verhandlungen gelingt, auch durch vom FBI ermittelte Beweise, eine Überstellung der Täter an ein UN-Gericht in den Niederlanden, welches unter schottischer Hoheit steht. Am 31.01.2001 wird der Agent Megrahi für schuldig befunden, an dem Anschlag federführend beteiligt gewesen zu sein, sein Mitangeklagter Fhimah aus Mangel an Beweisen freigesprochen.

Februar 1989 In einer Undercoverermittlung unter dem Decknamen WHITE MARE beschlagnahmen FBI-Agenten und die New Yorker Polizei in Queens 820 Pfund Heroin, die größte Konfiszierung von Drogen in den USA.

28. März 1989	In Zusammenarbeit mit anderen Bundes- und Staatsagenturen untersucht das FBI die Exxon-Valdez-Katastrophe (der Tanker Exxon Valdez war auf einem Riff auf Grund gelaufen, wodurch elf Millionen Gallonen Rohöl in den Prinz-William-Sund/Alaska, liefen). Die Exxon AG und Exxon Schifffahrtsgesellschaft werden angeklagt und bekennen sich verschiedener Umweltverbrechen schuldig.
19. April 1989	Infolge einer intensiven FBI-Ermittlung wird der frühere Armeeberater, Thomas J. Dolce, wegen der Weitergabe von klassifizierten Militärdokumenten an südafrikanische Agenten zu 10 Jahren Haft verurteilt.
21. Juni 1989	Justizminister Richard Thornburgh autorisiert das FBI, verdächtige Terroristen, Drogenhändler und andere Flüchtige im Ausland ohne die Zustimmung des ausländischen Landes (in welchem diese ihren Wohnsitz haben) festzunehmen.
18. Januar 1990	Mit Hilfe der zuständigen Polizei verhaften Agenten den Bürgermeister von Washington D.C., Marion Barry, u. a. wegen des Besitzes von Kokain. Obwohl im Laufe der Ermittlungen 14 Anklagepunkte (u. a. Meineid, Förderung der Prostitution) entstehen, wird Barry nur wegen des Kokainbesitzes überführt und verurteilt. Später wird er dennoch in wichtige Ämter wiedergewählt.
26. März 1990	FBI-Agenten verhaften den »Verbrecherboss von New England«, Raymond C. Patriarca, und 14 seiner Helfer. Die Anklage besteht aus 114 Punkten (u. a. Mord, Erpressung, Drogenhandel, Glücksspiel, Entführung, Justizbehinderung und Zeugeneinschüchterung).
12. Juni 1990	FBI-Agent Mark S. Putnam bekennt sich des Totschlags ersten Grades an einer Frau aus Pikeville, Kentucky, schuldig. Dafür wird er zu 16 Jahren Haft verurteilt und ist der erste wegen eines Kapitalverbrechens verurteilte FBI-Agent.
August 1990	Der frühere FBI-Agent Donald Rochon erstattet Anzeige wegen Mobbings durch seine Vorgesetzten, als er dem Außendienstbüro in Omaha, Chicago und Philadelphia zugewiesen war. Der FBI-Direktor Sessions stimmt einer Geldentschädigung zu und diszipliniert elf FBI-Agenten für ihr Fehlverhalten und das Ignorieren von Beschwerden.
September 1990	FBI-Direktor Sessions ernennt den FBI-Agenten Jimmy Carter als Verbindungsmann für die Rekrutierung neuer farbiger Agenten sowie als Ansprechpartner für Afro-Amerikaner. Carter ist der erste Agent, der eine solche Position bekleidet.
24. August 1990	Unter dem Decknamen LOST TRUST werden nach einer FBI-Aktion mehrere Regierungsmitglieder aus South Carolina wegen des Verkaufs von Stimmzetteln angeklagt. Einige bekennen sich für schuldig und verzichten auf ihre Sitze, einer wird der Bestechung überführt.
7. November 1990	Infolge einer intensiven FBI-Ermittlung, unter dem Decknamen VANPAC, wird Walter L. Moody jr. der Bombenattentate auf den Bundesrichter Robert S. Vance (am 16. Dezember 1989) und den Bürgerrechtsanwalt und NAACP-Beamten Robert E. Robinson (am 18. Dezember 1989) angeklagt. Moody wird überführt und zu zweimal lebenslänglich plus 400 Jahren verurteilt.
Januar 1991	Mit einer Undercoveroperation, die den Decknamen DRAGON CHASE trägt, beschlagnahmen FBI-Agenten in New York 28 Pfund hochqualitatives, weißes Heroin aus China und erzielen eine Anklage wegen Drogenschmuggels von 10 Personen in den Vereinigten Staaten und Thailand.
16. Januar 1991	Infolge des Militärkonflikts mit dem Irak beginnen FBI-Agenten, in Erwartung möglicher Terroristenanschlägen, mit der Gefährderansprache und dem Überwachen von arabischen Kontaktpersonen.

30. August 1991   FBI-Spezialeinheiten und weitere Gesetzeshüter retten neun Geiseln, die von kubanischen Flüchtlingen im Bundesgefängnis von Talladega/Alabama festgehalten werden. Die Geiseln sind unbeschadet, nur ein Insasse erleidet während der Rettungsoperation Verletzungen.

August 1991   Das Computeranalyse- und Reaktionsteam des FBI und CART nimmt im FBI-Labor seinen Dienst auf. CART sorgt für rechtzeitige und genaue Überprüfungen von Computern und deren Zubehör als Unterstützungsmaßnahmen der Ermittler sowie bei strafrechtlichen Verfolgungen.

9. Januar 1992   FBI-Direktor Sessions weist ca. 300 Agenten, die in den Bereichen Spionage, Geheimdienste, etc. tätig sind, eine neue Aufgabe zu. Nach Auflösung der Sowjetunion 1991 ist ein hoher Personalansatz in diesem Bereich nicht mehr nötig.

11. März 1992   Das FBI etabliert die neue Abteilung Criminal Justice Information Services (CJIS).

2. April 1992   Infolge einer intensiven FBI-Ermittlung wird John Gotti, der Führer der Gambino-Familie und des organisierten Verbrechens, des Mordes (u. a. an dem rivalisierenden Verbrecherboss Paul Castellano) und der Erpressung gerichtlich überführt.

30. Juni 1992   Die gut vorbereitete Aktion GOLD PILL geht zu Ende, FBI-Agenten und lokale Polizisten nehmen in über 50 Städten Ärzte und Vertreter der »Gesundheitsindustrie« wegen krimineller Machenschaften fest.

Juli 1992   Das FBI-Labor installiert DRUGFIRE, eine Datenbank, die spezifische und einmalige Markierungen an Projektilen und Patronenhülsen speichert und Rückschlüsse auf die verwendeten Schusswaffen ermöglicht. Zudem können Verlinkungen zu gleichgelagerten Straftaten in Bezug auf das Waffenrecht ermöglicht werden. 1999 wird in Zusammenarbeit mit der Bundesbehörde für Schusswaffen (ATF) ein bundeseinheitliches, ballistisches Netzwerk (NIBIN) geschaffen.

10. August 1992   Mit einer FBI-Undercoveroperation unter dem Decknamen EQUINE, zusammen mit der DEA, der Post und der kanadischen Polizei durchgeführt, wird ein großer Schlag gegen den Medikamentenmissbrauch geführt. Über 40 Personen können wegen des Handels mit anabolen Steroiden festgenommen werden.

22. August 1992   Mitglieder des HRT töten versehentlich Vicki Weaver, die Frau des weißen Separatisten Randall Weaver, in ihrem Haus in Ruby Ridge/Idaho. Das Team wurde angefordert, um Randall Weaver festzunehmen, der einen Tag zuvor von Bundesmarshalls wegen einer Schusswaffenanklage aufgesucht wurde, dabei Widerstand leistete und den Anlass zu einer Schießerei gab, bei dem ein Marshall und der Sohn Weavers starben. Im Nachgang dieser beiden Aktionen wurden auf Seiten der Regierungsvertreter Fehler aufgezeigt, wenngleich auch Weaver für sein rücksichtsloses Verhalten gerügt und verurteilt wird. Fünf FBI-Beamte werden aufgrund des Verdachts, Dokumente zerstört zu haben, vorübergehend suspendiert. Vier davon können ihre Unschuld belegen, nur der Agent Kahoe bekennt sich der Behinderung der Justiz (Vernichtung von Berichten) für schuldig.

26. Februar 1993   Eine Bombe explodiert unter dem World Trade Center in New York City, hinterlässt einen fünfstöckigen Krater, tötet sechs Personen und verletzt Hunderte teilweise schwer. In Zusammenarbeit mit anderen Bundesagenturen und der Polizeibehörde von New York (NYPD) werden am 24. Mai 1994 vier Personen dieses Verbrechens überführt. Eine weltweite Zielfahndung nach einem fünften Verdächtigen, Ramzi Ahmed Yousef, läuft zeitgleich an, die am 7. Februar 1995 in Pakistan mit seiner Festnahme und der dortigen Übergabe an das FBI endet.

28. Februar 1993   Die Bundesagentur für Alkohol, Tabak und Schusswaffen (BATF) führt eine Razzia bei einer obskuren

**...und brachte den
Behörden viel Kritik ein.**

**Am 19. April 1993 gegen 12.30 Uhr standen die
Gebäude in Waco in Flammen...**

**Das FBI nimmt am 21. Februar 1994 Aldrich
Ames fest, der viele Jahre höchste geheime
Informationen an die Sowjets verkaufte.**

Sekte, die von David Koresh geführt wird, bei Waco/Texas, durch. Daraus resultiert eine 51-tägige Belagerung des BATF, die zu keinem Ergebnis führt. Das FBI wird hinzugezogen und setzt am 19. April 1993 beim dynamischen Eindringen Tränengas ein. Die Davidianer legen Feuer und leisten erheblichen Widerstand bei der Erstürmung. Im Nachgang, der wieder ein schlechtes Licht auf die Bundesagenturen wirft, werden grundsätzliche Fragen in Bezug auf die Toten (u. a. vier tote BATF-Agenten) und zukünftige Verhaltensweisen bei solchen Extremlagen aufgeworfen.

4. März 1993

Als Höhepunkt einer dreijährigen Ermittlung verhaften FBI-Agenten in 13 Staaten (als Teil einer Operation) unter dem Codenamen DISCONNECT 548 Personen, denen 123 illegale Telemarketingaktionen nachzuweisen sind.

April 1993

Infolge einer langwierigen Ermittlung, die 1991 initiiert wurde, verhaften FBI-Agenten in St. Louis/Missouri Zein Isa und drei andere palästinensische Amerikaner ob der Verschwörung zum Massenmord an Juden, Sprengstoffattentaten und des Geldschmuggels zu der Terroristenorganisation Abu Nidal.

Juni-Juli 1993

Nach einer intensiven FBI-Ermittlung werden Scheich Omar Abdel Rahman und elf weitere islamische Fundamentalisten der Verschwörung (Planung der Sprengung des Gebäudes der Vereinten Nationen, des Lincoln- und Hollandtunnels und weiterer Bundesgebäude in New York City) angeklagt und verhaftet. Zwei der Angeklagten (Siddig Ibrahim Siddig Ali und Abdo Mohammed Haggag) bekennen sich schuldig und sagen für die Regierung aus. Am 1. Oktober 1995 werden Scheich Rahman sowie neun übriggebliebene Angeklagte in 48 der 50 Anklagepunkte für schuldig befunden.

1. September 1993

Louis J. Freeh wird als FBI-Direktor vereidigt. Nach bestandenem Jurastudium hatte Freeh von 1975 bis 1981 als Spezialagent des FBI gedient, wobei er besondere Verdienste in Bezug auf die Bekämpfung des organisierten Verbrechens errang. 1994 legt er seine Leitlinien vor, die eine enge Anbindung an die Verfassung, die Respektierung der Menschenwürde, Mitgefühl, Fairness und Integrität aller Mitarbeiter des FBI voraussetzen.

12. Oktober 1993

Der neue FBI-Direktor Freeh verjüngt die Strukturen im FBI-Hauptquartier im Zeitgeist des Lean Management. 47 Managementpositionen werden abgeschafft, die Technikdienstdivision fusioniert mit der Informationsmitteldivision, die Verwaltungsdienstdivision wird in Personal- und Finanzdivisionen geteilt und verschiedene Führungspositionen zusammengefasst.

Dezember 1993

FBI-Agenten benutzen erstmals das Internet, um an Informationen für die UNABOM-Ermittlungen zu gelangen. Zielgerichtet wird damit nach einem Verdächtigen gefahndet, der seit Mai 1978 Briefbomben in den USA versendet und den Tod von drei und die Verletzung von 23 Menschen zu verantworten hat.

Eine Auswahl an sicher-
gestellten Spionage-Waffen...

...und von Spionage-
Ausrüstung.

Das Murrah-Bundesgebäude in Oklahoma City nach
der Explosion am 19. April 1995, die 169 Menschen in
den Tod riss.

18. Januar 1994	Durch eine gemeinsame Operation des FBI, des Polizeiministeriums von Miami (Florida) und kolumbianischer sowie ecuadorianischer Behörden wird der Top-Ten-Flüchtige Armando Garcia in Cali/Kolumbien, verhaftet. 1985 stahl Garcia als Polizist in Miami mit seinen »Kollegen« 800 Kilo Kokain in zwei separaten Diebstählen von Schiffen, die entlang des Miami River andockten. Garcia bekennt sich der Anklagen schuldig und mindestens 18 frühere Polizeibeamte von Miami werden in Verbindung mit dem sogenannten Miami-River-Cops-Skandal zu Haftstrafen verurteilt.
27. Januar 1994	FBI-Direktor Freeh weist ca. 600 Agenten, die bislang Aufsichts- und Verwaltungspositionen innehatten, wieder der aktiven Ermittlung von vorrangigen Kriminalfällen und Abteilungen zum Schutz der inneren Sicherheit zu.
21. Februar 1994	FBI-Agenten verhaften Aldrich Hazen Ames, einen CIA-Veteran mit 30 Jahren Dienstzeit und seine Frau Maria aufgrund von Gegen-Spionageaktivitäten. Ames Straftaten beginnen im April 1985 und führen zu der Liquidierung von mindestens zehn informellen Mitarbeitern des FBI, der CIA und dem Verrat von mehr als 100 Geheimdienstoperationen. Ames versorgt die Sowjetunion zudem mit tausenden von Geheimdokumenten, wofür er eine lebenslange Haftstrafe, ohne die Möglichkeit der vorzeitigen Entlassung, erhält.
7. März 1994	FBI-Direktor Freeh verhängt strengere disziplinarische Strafen für das Fehlverhalten von Agenten, verlangt Polygraphüberprüfungen von Jobanwärtern auf Drogengebrauch und verbietet Vorurteile, die auf sexueller Orientierung basieren.
18. April 1994	FBI-Direktor Freeh vergrößert das Geiselrettungsteam des FBI (HRT) von 52 auf 77 Personen und schafft dort spezifische Posten, um deren Arbeit anzuleiten und zu koordinieren.
7. Oktober 1994	Der Kongress erlässt ein Gesetz zur digitalen Telekommunikation, womit dem FBI das Abhören von Gesprächen in schwerwiegenden kriminalistischen Ermittlungen von analogen und digitalen Systemen erlaubt wird.
19. April 1995	Am zweiten Jahrestag der Waco-Tragödie explodierte am Alfred P. Murrah Bundesgebäude in Oklahoma City eine Lastwagenbombe die 168 Leute tötet, über 500 verletzt sowie das neunstöckige Gebäude zerstört. Präsident Clinton trägt die Leitung der Ermittlungen dem FBI zu, auch wenn andere Behörden wichtige

FBI-Ermittler waren schon kurz nach dem Anschlag am Tatort, um die ersten Spuren zu sichern.

Der Bombenleger Timothy McVeigh konnte schnell als Haupttäter überführt werden.

Beiträge dazu leisten sollen. Nach kurzer Zeit konnten Timothy J. McVeigh und Terry L. Nichols der Tat überführt werden. McVeigh erhält die Todesstrafe, Nichols lebenslange Haft.

16. Juni 1995   Die vom FBI unterstützte internationale Polizeischule (ILEA) graduiert die ersten 33 ausgebildeten Polizisten, die alle aus dem Bereich des ehemaligen Ostblockes stammen.

27. Oktober 1995   Carolyn G. Morris wird als erste weibliche afroamerikanische Frau zur stellvertretenden Direktorin des FBI ernannt.

25. März 1996   FBI-Agenten verhaften LeRoy Schweitzer und Daniel Petersen, die Führer der extremistischen Anti-Regierung Freemen, wegen Bundesbank- und Scheckbetrugsanklagen. Gleichzeitig blockieren sie mit anderen Gesetzesvertretern eine Farm in der Nähe von Jordan/Montana. Darin haben sich weitere Anhänger der Freemen-Gruppe verschanzt. Statt zu Gewalt zu ergreifen, versuchen die FBI-Beamte ihre Kapitulation auszuhandeln, was am 13. Juni 1996 gelingt. 16 Mitglieder geben auf, 14 davon werden wegen Verstoßes gegen Bundesgesetze angeklagt (Bank- und Scheckbetrug, Bedrohung des Lebens eines Bundesrichters und Behinderung der strafrechtlichen Bundesverfolgung). Im Juli 1998 überführt eine Bundesgeschworenenkammer drei der Freemen-Bande des Finanzbetrugs und drei (einschließlich Schweitzer und Petersen) der Bedrohung des Lebens von Montanas oberstem Bundesrichter, Jack D. Shanstrom.

3. April 1996   FBI-Agenten nehmen Theodore J. Kaczynski in einer isolierten Hütte in Lincoln/Montana, wegen Verstoßes gegen das Sprengstoffgesetz fest. Kaczynski wird bald darauf als der sogenannte Unabomber identifiziert, was auch auf einen Tipp seines Bruders und einer daraus resultierenden Durchsuchung seiner Hütte basiert. Die Durchsuchung enthüllt Beweise, die ihn mit einer jahrzehntelangen Serie von Briefbomben in Verbindung bringt, versandt an Universitäten, Airlines und der Industrie. Am 18. Juni 1996 wird er in Sacramento/ Kalifornien angeklagt, im Januar 1998 bekennt Kaczynski sich schuldig und erhält als »Gegenleistung« eine lebenslange Haftstrafe ohne Bewährung.

11. Oktober 1996   FBI-Agenten verhaften Floyd R. Looker und sechs andere Mitglieder einer Milizengruppe aus West Virginia, da diese geplant hatten, mehrere Regierungs- und FBI-Gebäude zu sprengen.

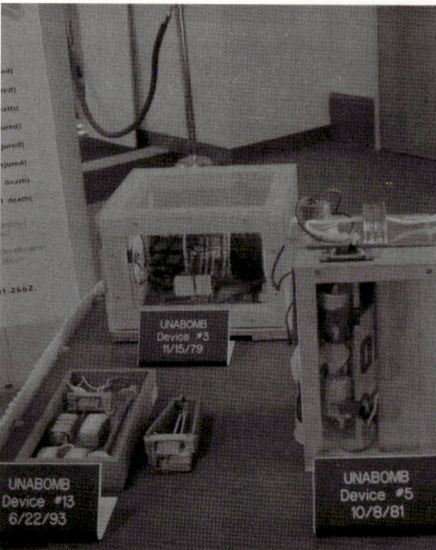

Den Opfern wird heute mit einem Memorial gedacht.

Die Fahndung in Sachen UNABOMB beschäftigte das FBI Jahrzehnte. (Hier einige der Bomben im Modell).

Mit Hilfe der Crimemapping-Methode (Rückschlüsse durch Tatortvergleich) gelang die Überführung des Serienvergewaltigers Dennis Rabbit, der von 1988 bis 1997 St. Louis in Angst und Schrecken versetzte.

18. November 1996	FBI-Agenten verhaften Harold J. Nicholson (einen ehemaligen CIA-Stationschef und Ausbilder an der CIA-Trainingsschule) wegen des Verrates von Real- und Tarnnamen von CIA-Mitarbeitern an russische Agenten während der 1990er Jahre.
Januar 1997	Infolge eines kritischen Berichtes des Hauptinspektors des Justizministeriums über das FBI-Labor werden personelle Umsetzungen vorgenommen. Die Untersuchungen des Vorganges enthüllen zahlreiche »Probleme« bei der unachtsamen Handhabung von Beweismaterial und laschen Verfahrensweisen, die den Ruf des FBI-Labors als Hightech-Verbrechensbekämpfungsagentur erschüttern und die strafrechtliche Verfolgung von aktuellen, wichtigen Fällen gefährden.
23. Januar 1997	Eine FBI-Operation führt zu der Anklage von 47 Mitgliedern der Gambino-Mafia-Familie.
4. April 1997	FBI-Beamte enthüllen öffentlich eine andauernde Untersuchung gegen chinesische Agenten und Konsulatsmitarbeiter wegen versuchter Bestechung von Regierungsmitarbeitern.
30. Juli 1997	Als Resultat einer erfolgreichen Operation verhaften FBI-Agenten sechs Personen (einschließlich zweier ehemaliger und zweier aktiver Stadtratsmitglieder von Houston) wegen Verschwörung und Bestechung.
7. Oktober 1997	FBI-Agenten verhaften die drei ehemaligen radikalen Studenten der Universität von Wisconsin/Milwaukee Theresa Squillacote, Kurt Stand und James Clark wegen der Spionage für kommunistische Geheimdienste (u. a. für Ostdeutschland) in den 1970er Jahren.
21. Oktober 1997	Donald M. Kerr, ein Nuklearwaffenphysiker, wird zum Leiter des FBI-Labors ernannt. Zum ersten Mal in der Geschichte des FBI wird dafür kein aktiver Agent beauftragt.
08. Dezember 1997	Das FBI präsentiert sein neues nationales DNA-Index-System (NDIS) einer staunenden Öffentlichkeit. NDIS erlaubt es forensischen Wissenschaftslaboren, gewalttätige Serienverbrechen untereinander mit Datensätzen bekannter Gewalt- und Sexualstraftätern abzugleichen, um auf tatrelevante Merkmale zu stoßen.
21. Januar 1998	Zum Abschluss einer zweijährigen FBI-Ermittlung werden 44 Polizisten des Amtsmissbrauches und der Bestechung (damit diese den Drogenhandel nicht eindämmen) in Cleveland und im nördlichen Ohio überführt.

26. Februar 1998	Die FBI-Führung stimmt zu, dem früheren FBI-Agenten Frederic Whitehurst 1,1 Millionen Dollar zu zahlen, um ein Verfahren gegen das FBI wegen »Benachteiligung« seiner Person zu verkürzen, da er korrupte und falsche Praktiken im FBI-Labor aufdeckte.
7. August 1998	Terroristische Bombenangriffe auf US-Botschaften in Nairobi und Daressalam töten hunderte von amerikanischen, kenianischen und tansanischen Bürgern. Kurz darauf kann die Tat der Terrorgruppe Al Qaida mit ihrem Anführer Osama Bin Laden zugeordnet werden. Das FBI leistet dabei mit verschiedenen Behörden großartige Arbeit und den längsten Auslandseinsatz in seiner Geschichte.
1. April 1999	Das Four Pillars Unternehmen mit Hauptsitz in Taiwan ist die erste ausländische Firma, die gegen das Wirtschaftsspionagegesetz von 1996 verstößt. Das FBI (hauptsächlich die Außenstelle in Cleveland) überführt den Vorsitzenden Yang und seine Tochter Sally, Handelsgeheimnisse von der Avery Dennison AG unrechtmäßig erlangt zu haben. Die Angeklagten bestachen dazu Forschungswissenschaftler von Avrey, um an vertrauliche Formeln und technische Informationen zu gelangen, womit der amerikanischen Industrie beträchtlicher Schaden entstand.
7. Juni 1999	Osama Bin Laden kommt auf die FBI-Liste der »zehn meistgesuchten Flüchtigen«, da Ermittlungen seinen Auftrag zu den Bombenattentaten auf die US-Botschaften in Ostafrika aufdecken.
23. Juni 1999	FBI-Personal reist in den Kosovo, um bei der Sammlung von Beweismaterial und der Überprüfung von forensischen Materialien zu helfen, die bei der strafrechtlichen Verfolgung von Slobodan Milosevic und anderen Kriegsverbrechern für den internationalen Strafgerichtshof wichtig sind.
11. Juli 1999	Direktor Freeh präsentiert das neue Computersystem NCIC 2000, mit dem Fingerabdrücke, Gesichtsaufnahmen und Personenidentifizierungen von Straftätern in wenigen Sekunden abgeglichen werden können. Ca. 18.000 Strafverfolgungsbehörden können dieses System nutzen.
19. Januar 2000	Die Anklagen gegen Mokhtar Haouari und Abdel Ghani Meskini in der Borderbom-Untersuchung werden bekannt gegeben. Beide sind beschuldigt, einer Terrorgruppe anzugehören, die während der Millenniumsfeiern am 1. Januar 2000 Bombenattentate verüben wollten. Ihre Festnahme, die alle Pläne vereitelte, erfolgte wenige Tage zuvor, was auf eine enge Zusammenarbeit des FBI, des NYPD und der kanadischen Justiz zurückzuführen ist.
17. Februar 2000	Das FBI-Bureau in Miami gibt die Festnahme von Mariano Faget bekannt, der im großen Stil Spionage für die kubanische Regierung betrieb. Faget, ein 34-jähriger Mann, hat vertrauliche Quellen sowie die Personalien kubanischer Überläufer verraten und eng mit verbrecherischen kubanischen Diplomaten, die teilweise mit Zwang ausgewiesen werden, preisgegeben.
24. März 2000	Die Constitution Hall gibt der speziellen Graduierungszeremonie einen feierlichen Rahmen, die für die 200. Klasse von FBI-Agenten abgehalten wird. Damit werden 269 neuen Agenten die begehrten Diplome überreicht sowie 32 internationalen Studenten aus 22 Ländern. Seit 1935 hat das Bureau nun über 33.000 Polizisten, davon fast 2.000 ausländische Gesetzeshüter, ausgebildet.
15. August 2000	Direktor Freeh modifiziert das FBI-Disziplinarsystem, um einen einheitlichen Standard zu gewährleisten (unabhängig von der Position), der ein faires Verfahren garantiert.
Oktober 2000	FBI-Ermittler werden nach Aden, Jemen, entsandt, um die Ermittlungen im Zusammenhang mit dem Bombenattentat auf die U.S.S. Cole zu unterstützen.

Die Boing 747 des TWA 800 Fluges wird in einer Halle wieder zusammengebaut, so lassen sich mögliche Fehler am sichersten ermitteln.

Die Skyline von New York 1990 mit den beiden Zwillingstürmen des World Trade Center (WTC).

Das zweite Flugzeug schlägt am 11. September 2001 in das WTC ein.

8. November 2000	Der frühere US-Senator Danforth, der eine unabhängige Überprüfung der FBI-Maßnahmen in der Waco-Tragödie leitet, veröffentlicht seinen Abschlussbericht. Ebenso wie eine weitere Kommission der Regierung kommt er zu dem Ergebnis, dass die FBI-Agenten rechtmäßig gehandelt und keinerlei Schuld an dem Ausgang der Aktion haben.
14. November 2000	Direktor Freeh und seine Mitarbeiter leisten Pionierarbeit bei der Errichtung des regionalen Computer Gerichtslabors (RCFL) in San Diego. Damit kann Beweismaterial digital erhoben, analysiert und archiviert werden sowie ein Abgleich mit anderen zuständigen Stellen erfolgen.
28. Dezember 2000	Die Präsidentschaftsbeschluss-Direktive 75 ordnet mit der Vorgabe CI-21 (Spionageabwehr für das 21. Jahrhundert) an, die nationale Spionageabwehrorganisation im Einzelnen und die Fähigkeit der Vereinigten Staaten generell zu verbessern. Direktor Freeh ernennt im März 2001 einen FBI- Agenten als ersten Spionageabwehrleiter dieser neuen Kooperation.
5. Januar 2001	Das FBI präsentiert öffentlich das nationale Infra-Guard-Programm, damit die Industrie und die Gesetzesbehörden in Zukunft enger und vertraulicher zusammenarbeiten können.
18. Februar 2001	Der FBI-Agent Robert Philip Hanssen wird wegen Verschwörung in Tateinheit mit Spionage festgenommen. Hanssen hat über Jahre den KGB mit vertraulichen Informationen versorgt.
29. März 2001	Der flüchtige Stratäter James Charles Kopp wird in Frankreich verhaftet. Kopp hatte 1998 einen Arzt ermordet und war seit 1999 weltweit in der Personenfahndung.
2. Juni 2001	Louis J. Freeh geht als Direktor des FBI in den Ruhestand.
04. September 2001	Robert S. Mueller III leistet den Amtseid als neuer FBI-Direktor. Er wird von Präsident George W. Bush im Juni 2001 nominiert und vom Senat am 2. August einstimmig bestätigt. Direktor Mueller übernimmt den Posten mit dem klaren Auftrag, die Technologieausführung, das Protokollmanagement, die Informationssicherheit und die Geheimdienst-/Spionageabwehranalyse des FBI zu modifizieren.
11. September 2001	Der größte Terroranschlag der US-Geschichte wird verübt, ca. 3.000 Menschen sterben.
September 2001	Nach den Terroranschlägen in New York und Washington setzt das FBI 7.000 der 11.000 Spezialagenten in der PENTTBOM-Ermittlung ein. PENTTBOM steht für Pentagon und Twin Towers Bombing.

Der Südturm des WTC bricht um 10.00 Uhr in sich zusammen.

Die Titelseite der New York Times vom 12. September 2001.

New York City von der anderen Seite des Hudson aus gesehen, immer noch imposant, aber zweier Wahrzeichen beraubt.

21. September 2001	Ana Belen Montes, eine 44jährige Angestellte aus Washington D.C., wird nach langen Ermittlungen des FBI der Spionage für den kubanischen Geheimdienst angeklagt und bekennt sich schuldig.
Oktober 2001	Direktor Mueller befiehlt allen FBI-Außendienstbüros gemeinsame Sonderkommissionen gegen Terrorismus zusammenzustellen und alle Bemühungen in dieser Sache voranzutreiben. Die erste dieser Sonderkommissionen wurde schon 1982 aufgestellt, bis zu den Anschlägen gab es dann 36 solcher Sokos, dennoch reichten diese bei weitem nicht aus, um genaue Erkenntnisse über das Vorhaben von Terroristen in den USA zu erlangen.
18. Oktober 2001	In Verbindung mit der US-Post setzt das FBI eine Belohnung von 1.000.000 Dollar für die Ergreifung des Täters aus, der mit Anthrax (Milzbrand) kontaminierte Briefe zu Medienorganisationen und Kongressbüros verschickte. Obwohl im Januar 2002 die Belohnung verdoppelt wird, gelingt erst im August 2008 nach intensivsten Bemühungen des FBI die Überführung des Täters Dr. Ivins.
26. Oktober 2001	Präsident Bush unterzeichnet den Patriot Act. Mit diesem Patriotismusgesetz bekommt das FBI weitere Gelder zugeteilt, kann zusätzliche Agenten einstellen und darf bei Terrorismusverdacht erweiterte operative Maßnahmen (Kommunikationsüberwachung, Zuhilfenahme von Satellitentechnologie, etc.) ergreifen, die zuvor gesetzlich nicht zulässig waren.
3. Dezember 2001	Direktor Mueller ordnet die Re-Organisation des FBI-Hauptquartiers an, um den Anforderungen des neuen Jahrtausends gerecht zu werden. Zudem werden damit der internationalen polizeilichen Zusammenarbeit, der Terrorismusabwehr, sowie der Internetkriminalitätsbekämpfung Rechnung getragen.
1. Dezember 2001	Direktor Mueller gibt die Anklage gegen Zacharias Moussaoui wegen Mittäterschaft bei den Terroranschlägen am 11. September 2001 bekannt.
23. Januar 2002	Mit Unterstützung des Kongresses beginnt das FBI eine massive Rekrutierungskampagne, um 1.000 neue Spezialagenten und hunderte von Spezialisten auf den Gebieten der Informationstechnologie, Fremdsprachen und Geheimdienstanalysen einzustellen.
Februar 2002	Mehr als 1.300 Agenten des FBI-Personals arbeiten mit Repräsentanten von anderen bundesstaatlichen und lokalen Polizei- und Sicherheitsbehörden zusammen, um die Sicherheit der Olympischen Winterspiele 2002 zu gewährleisten. Die Vorbereitungen dafür hatten schon im Mai 1998 begonnen und mehrfache Trainingsübungen erfordert, inklusive Szenarien mit Massenvernichtungswaffen.

12. Februar 2002   Vom FBI und dem Secret Service werden gemeinsam erarbeitete Richtlinien und Maßnahmen in Bezug auf terroristische Vorbereitungshandlungen im Cybernet vorgestellt.

18. März 2002   Das FBI-Ermittlungsverfahren mit Codenamen »Candyman« ermöglicht die Festnahme von 89 Personen, die im Internet Kinderpornograpie verkaufen und verbreiten. Dieser Erfolg, an dem auch andere Behörden teilhaben, wird von dem FBI-Büro in Houston geleitet und schließt zahlreiche Undercoveraktionen und Aktivitäten von über 20 Bundesstaaten ein.

29. Mai 2002   Der Justizminister gibt revidierte Ermittlungsrichtlinien aus, um die Bemühungen des Büros zur Terrorismusbekämpfung zu unterstützen.

Juni 2002   Das FBI wird zur führenden Terrorismusbekämpfungsagentur in den Vereinigten Staaten reformiert.

Juni 2002   Präsident Bush gibt Pläne zur Bildung eines neuen Heimatschutzministeriums durch Konsolidierung und Reorganisierung von mehr als 20 Bundesagenturen bekannt.

8. September 2003   Nach nahezu einem Jahrzehnt ohne professionellen Personalhistoriker gibt das Bundesermittlungsbüro (FBI) die Ernennung von Dr. John F. Fox jr. als FBI-Historiker bekannt. Fox ist der zweite Historiker des Bureau.

5. Februar 2004   Ein internationales Trainingszentrum der Gerichtsmedizin wird in Budapest, Ungarn, der Bestimmung übergeben.

23. Februar 2004   Ein neues Legal Attache (Auslandsbüro) des FBI wird in den Vereinigten Arabischen Emiraten eröffnet.

22. März 2004   Sieben Einzelpersonen werden in Colorado wegen der Durchführung eines »gigantischen Investitionscamps« angeklagt, der mehr als 1.000 Investoren weltweit um 56 Millionen Dollar betrog.

22. August 2005   Der stellvertretende Direktor des FBI, John Pistole, unterstützt Beamte des Justizministeriums, des Heimatschutzministeriums und anderer Bundesagenturen bei gleichzeitigen Ermittlungen, die auf einen großen internationalen Verbrechensring abzielten. Dieser versuchte Falschgeld, Waffen, Drogen und Zigaretten in die Vereinigten Staaten hineinzuschmuggeln.

9. September 2005   In Zusammenarbeit mit lokalen, staatlichen, Bundes- und internationalen Partnern koordiniert die FBI-Sonderkommission NGTF eine Serie von Festnahmen und Razzien im ganzen Land und durch Mexiko und Zentralamerika hindurch. Die Operation resultiert in einer Serie von Festnahmen, Durchsuchungen und anderen Strafverfolgungshandlungen. Zum Schluss der Operation werden mehr als 650 Einzelpersonen angeklagt. Strafverfolgungsagenturen in fünf Ländern nehmen an der Operation teil, die auf Mitglieder der Mara Salvatrucha-13 und ähnlicher gewalttätiger Banden abzielt.

16. Dezember 2005   Als Teil der laufenden Bemühungen der Regierung, die Kinderprostitution durch die Unschuldsverlust-Initiative auszurotten, gibt das Justizministerium die Festnahme von 19 Leuten durch Agenten im ganzen Land wegen zahlreicher Anklagen, die in Beziehung zur sexuellen Ausbeutung von Kindern stehen, bekannt.

30. Januar 2006   Das FBI-Bureau in Philadelphia unterstützt öffentliche und private Organisationen (u. a. Mothers in Charge) bei der Bildung einer Zeugenkooperationskampagne, um Zeugen von Verbrechen zur Aussage zu ermutigen. Die Kampagne ist unter dem Slogan »Step Up, Speak Up« (Stehe auf und spreche) bekannt.

26. April 2006	Nach Ermittlungen von FBI-Agenten aus Los Angeles, Interpol und Polizisten aus Australien und der lokalen Behörde, gelingt die Festnahme eines Arztes aus Atlanta in Südafrika. Im März 2005 wurde der Arzt (der zuvor in den USA praktizierte) mit neun Mittätern wegen betrügerischen Abrechnungen mit einem Gesamtschaden von 24 Millionen Dollar angeklagt und setzte sich daraufhin ab.
8. Mai 2006	Jeanson James Ancheta, der sogenannte »Zombie-König«, ein hochrangiges Mitglied eines Hackernetzwerkes namens »Botmaster Underground«, wird nach beweisgesicherten Ermittlungen des Bureau wegen »Computer Hijacking« zu 57 Monaten Gefängnis plus 3 Jahren »beaufsichtigter Freiheit« verurteilt.
23. Januar 2007	Francisco Torres und weitere acht Männer im Alter um die 60 Jahre werden in Kalifornien, New York und Florida von FBI-Agenten unter dem Verdacht festgenommen, an Banküberfällen und Überfällen der Black Panther teilgenommen zu haben. Obwohl diese Verbrechen schon Jahrzehnte zurückliegen, schützt sie das nicht vor der jetzigen Strafverfolgung.
26. Juli 2007	Das FBI feiert ein Jahrhundert. An diesem Tag wird es 99 Jahre alt und beginnt sein hundertstes Jahr des Schutzes der Nation durch Ermittlungen, Geheimdienstarbeit und Strafverfolgungsdienste.
2. August 2007	Ein FBI-Überseebüro wird in der Hauptstadt Phnom Penh/Kambotscha als neuer Außenposten in Südostasien eingerichtet. Das Büro, genannt Legal Attache oder »Legat«, ist eines von ca. 70 Außenpostenbüros auf der ganzen Welt.
19. November 2007	Ein 22-jähriger weißer Rassist namens Gabriel Laskey wird wegen seiner Rolle in der hasserfüllten Attacke auf den Tempel Beth Israel, einer jüdischen Synagoge in Eugene/ Oregon, verurteilt. Einige Jahre zuvor warfen Laskey, sein Bruder Jacob und zwei andere Männer während eines Gottesdienstes Steine, versehen mit Hakenkreuzen, durch die gläsernen Kirchenfenster des Tempels.
7. Januar 2008	In den ersten sechs Monaten des Jahres 2007 sinkt die Kriminalitätsrate zum ersten Mal in zwei Jahren. Bundesweit gehen die Gewaltverbrechen um 1,8 Prozent und Eigentumskriminalität um 2,6 Prozent, im Vergleich zum gleichen Zeitraum des Vorjahres, zurück.
7. Februar 2008	Das FBI gibt gemeinsam mit lokalen, staatlichen und föderalen Partnern eine große Razzia gegen die Mafia in New York und die Anklageschrift gegen die Führung der Gambino-Familie bekannt, eine der fünf großen OK-Syndikate im Big Apple. Es ergehen 57 Verhaftungen sowie mehr als fünf Dutzend Anklagen, auch gegen die Bauindustrie und ihre unterstützenden Gewerkschaften. Die Beschuldigungen umspannen etwa drei Jahrzehnte und schließen Mord, Drogenhandel, Geldwäsche und Erpressung mit ein.
6. März 2008	Wegen einer weltweiten Strafverfolgungsoperation über fünf Länder, drei Kontinente und elf US-Bundesstaaten gelingt die Aufdeckung eines weltweiten Kinderpornographie-Netzwerkes. Als Teil der anhaltenden Untersuchung werden insgesamt 22 Männer verhaftet, darunter 14 in den USA, vier in Deutschland, und jeweils zwei in Australien und dem Vereinigten Königreich. Im Laufe der internationalen Operation gelang zudem die Rettung von etwa 20 Opfern. Die investigativen Bemühungen zur Identifizierung und Rettung von weiteren Opfern dauern fort.
26. Juli 2008	Die Bundespolizei FBI, das Federal Bureau of Investigation, feiert 100-jähriges Bestehen.

Kampf gegen den Terror

Das FBI hat eine lange und stolze Geschichte des Einstehens für die Verteidigung der garantierten Freiheiten durch die Bill of Rights und die Verfassung. Das FBI tritt für diese Werte ein sowie für die Sorge um die Sicherheit aller Amerikaner.

Das FBI hat in seiner hundertjährigen Geschichte viele Terroristen ausschalten können, speziell 1919, 1920, 1950, in den 1970er und noch mehr in den 1980er Jahren. Zwischen 1993 und 1999 verhinderte das FBI und deren analytische Units eine Reihe von Anschlägen, die tausende von Menschenleben gekostet hätten. Sie verhinderten die Zerstörung von Bundesgebäuden, Hochhäusern in New York City, Brücken, Tunnel und sogar von FBI-Büros.

Der heutige Terrorismus ist vielfältig und unterliegt wechselnden politischen Bedingungen. Wer heute der »Freund« ist, kann morgen der »Feind« sein, so steht das FBI in dieser Beziehung vor einer immerwährenden Herausforderung.

Speziell seit dem Morgen des 11. September 2001 sind vielfältige, komplexe Fragen zur Strafverfolgung aufgekommen. Um die Reaktion des FBI auf die Terroranschläge zu verstehen, muss man bis zu diesem Morgen zurückgehen. Innerhalb kurzer Zeit überschlugen sich die Ereignisse. Flugzeuge stürzten in die World Trade Tower, ins Pentagon, auf ein Feld bei Pennsylvania.

Die Behörde erfuhr durch Handyanrufe von Passagieren, dass die Flugzeuge entführt worden waren. Keiner wusste von wem oder auch wie viele Entführer beteiligt waren. Am schlimmsten war der Verdacht einer zweiten Welle von Anschlägen in den USA.

Letztendlich kamen fast 3.000 Menschen bei diesen verheerendsten Terrorangriffen seit Menschengedenken ums Leben. Für das FBI bestand die unmittelbare Aufgabe darin, die Entführer und ihre Verbündeten aufzudecken. Die 24-Stunden-Kommandozentrale im Hauptquartier konnte innerhalb von Minuten nach dem ersten Angriff ihre Einsatzbereitschaft bestätigen. In New York musste das FBI seinen Platz evakuieren und aus einer Garage heraus operieren und einen Kommandoposten mit 300 Ermittlern aus 37 verschiedenen Agenturen koordinieren.

Der Umfang dieser Untersuchung ist beispiellos. Das FBI folgte mehr als 50.0000 gesonderten Ermittlungsansätzen und führte mehr als 167.000 Gespräche und Verhöre. Am 10. September hatte das FBI nur 535 Agenten, davon 82 im Hauptquartier, der Bekämpfung des internationalen Terrorismus zugeteilt. Innerhalb weniger Tage nach dem Anschlag wurden fast 7.000 Agenten aus anderen Bereichen dafür zusätzlich abgezogen.

Während der nächsten sechs Monate musste das FBI auch noch mit den Milzbranderreger-Fällen im Spätherbst 2001, der Entführung von Daniel Pearl, der Ermittlung des Absturzes eines Fluges der American Airlines in Queens am 12. November 2001 und Hilfestellung für die Sicherheitsmaßnahmen anlässlich der Olympischen Spiele in Salt Lake City im Februar 2002 fertig werden.

Amerika reagierte stark und schnell auf die Terroranschläge des 11. September und zum Glück erlebte das Land nicht noch weitere Katastrophen. In weniger als zwei Jahren wurden erhebliche Fortschritte gegen Al Qaida, einem terroristischen Netzwerk, das sich dem Kampf gegen den Westen und dem »Heiligen Krieg« verschrieben hat und zu den Hauptdrahtziehern von 9/11 gehörte, erzielt.

Aber der »Krieg gegen den Terrorismus« ist noch lange nicht vorbei. Trotz der Fortschritte versucht Al Qaida immer noch, die USA anzugreifen, und sie haben die Fähigkeit, das Wissen und die logistischen Mittel dies zu tun. Dies liegt auch an ihrem Gründer und Anführer, Osama Bin Laden, saudi-arabischer Staatsbürger mit syrisch-jemenitischen Eltern, der Bauingenieurswesen und Betriebswirtschaft studiert hat.

Seit den Bombenanschlägen auf die US-Botschaften in Kenia und Tansania im Jahre 1998 befindet er sich unter den Top Ten der Liste der meistgesuch-

Am Abend des 11. September brauchten auch die Helfer Hilfe.

Die brennenden Türme des WTC bleiben auf ewig symbolträchtig.

Wenige Stunden nach den Anschlägen am 11. September 2001 war das Evidence Responce Team auch am Pentagon…

…welches schwere Beschädigungen aufwies.

April 1995 gesehen hat. Damals verübten Timothy James McVeigh, ehemaliger US-Soldat, und Terry Nichols ein schweres Bombenattentat auf das dortige Murrah Federal Building, bei dem 168 Menschen umkamen.

Die Geschichte der verhinderten und ausgeführten Angriffe zeugt von den schwierigen Herausforderungen des Kampfes der USA gegen den Terrorismus. Tatsache ist, dass terroristische Gruppen sich ähnlich verhalten wie tödliche Viren. Ihre Reichweite ist global, sie sind hartnäckig, und sie passen sich rasch an, um ihre Überlebenschancen zu erhöhen. Die sich ändernde Form der terroristischen Gruppen ist der Grund, warum das FBI Fortschritte im Kampf gegen den Terror verbuchen kann und trotzdem eingestehen muss, dass die Bedrohung immer noch da ist.

Im Kampf gegen den Terrorismus muss ebenso die Strafverfolgung bereit und fähig sein, sich zu verändern. Die Anschläge vom 11. September gegen New York und Washington haben den Lauf der Geschichte geändert. Sie veränderten die Bedeutung der nationalen Sicherheit für die Vereinigten Staaten und verlagerten auf dramatische Weise die Prioritäten des FBI, so dass die Verhinderung von Terroranschlägen für das FBI oberste Priorität und der vorrangige Fokus aller Aktivitäten wurde.

Während das FBI weiterhin anderen wichtigen nationalen Sicherheits- und Strafverfolgungsverantwortlichkeiten verpflichtet bleibt, hat die Prävention gegen Terrorismus Vorrang im Denken und in der Planung, in der Einstellung und den Personalkosten, in der Ausbildung und der Technologie, und, was am wichtigsten ist, in den Ermittlungen. Mit dieser Verlagerung der Prioritäten hat sich eine große Veränderung in den Operationen des FBI ergeben. Die Regierung hat die Zahl der FBI-Agenten, die sich mit Counter-Terrorism (Terrorismus Abwehr) beschäftigen, stark angehoben.

Es sind fast 300 neue Terrorismusbekämpfungs-Übersetzer angeworben und vereidigt worden, die spezialisiert sind auf Sprachen des Nahen Ostens. Das FBI hat sein Terrorismusbekämpfungsprogramm einer kompletten strategischen Neuaus-

ten Personen des FBI und auf ihn ist ein Kopfgeld von 50 Millionen Dollar ausgesetzt.

Al Qaida ist natürlich nicht die einzige Bedrohung. Vor dem 11. September hatte die Hisbollah (»Gotteskrieger«), ein islamistisch-militanter libanesischer Kampfverband, mehr Amerikaner getötet als jede andere terroristische Gruppe. Auch darf man die inländischen Terroristen in den USA nicht vergessen. Diese nutzen Gewalt und Einschüchterung und sind auch eine tödliche Bedrohung, wie man es bei dem Bombenanschlag in Oklahoma City im

richtung unterzogen. Die Verantwortlichen setzen eine nationale Anti-Terrorismus-Spezialeinheit im FBI-Hauptquartier mit Vertretern aus 30 verschiedenen Bundes-, Landes-, und lokalen Agenturen ein. Diese koordiniert den zweiseitigen Informationsfluss zwischen dem Hauptquartier und den 66 lokalen Anti-Terrorismus-Spezialeinheiten im ganzen Land.

Eines ist nach 9/11 klar: Der globale Aspekt des Terrorismus erfordert eine noch größeren Integrierung der Geheimdienste, der verschiedenen Polizeibehörden, der Gerichte und der politischen Ausschüsse/Gremien, um weitere Angriffe schon in der Planungsphase der Terroristen gezielt zu vereiteln.

Es ist eine gefährliche Aufgabe für die Agenten, aber der Terrorismus ist nicht die erste Bedrohung für die Sicherheit, mit der das FBI zu tun hatte. Das FBI will den Krieg gegen den Terrorismus gewinnen, weil es die Freiheiten der Bürger schützen will, für die es schon immer, seit seiner Gründung, kämpfte.

Einige der muslimischen Terroristen der 1990er Jahre.

Verschiedene Fundstücke sind direkt neben Ground Zero in einem Museum untergebracht.

Ground Zero im Jahr 2007, die Wiederaufbauarbeiten dauern an.

Das FBI im Jahre 2008

Seit nun mehr als 100 Jahren existiert das FBI und hat eine klar definierte Aufgabenzuweisung: »Der Auftrag des FBI ist es, die Vereinigten Staaten gegen Bedrohungen durch ausländische Geheimdienste und Terroristen zu schützen, die Verfassung und Gesetze der Vereinigten Staaten zu bewahren und durchzusetzen sowie die Behörden auf staatlicher, kommunaler und internationaler Ebene durch Übernahme von Führungsaufgaben und kriminalrechtliche Dienste zu unterstützen.«

Um diese Werte zu erhalten, arbeiten (Stand 31. März 2008) 30.341 Mitarbeiter, davon 12.590 Agenten und 17.751 Unterstützungskräfte (Wissenschaftler, Übersetzer, Technologie-Spezialisten, etc.) rund um die Uhr. Über 6.000 Agenten verfügen über einen Hochschulabschluss, eine hohe akademische Ausbildung, so ist es nicht außergewöhnlich, dass ein Rechtsanwalt oder Arzt FBI-Agent wird. Weit über 3.000 Agenten verfügen über einen militärischen Background, über 2.500 beherrschen eine Fremdsprache.

Ihre Hauptaufgabengebiete sind:

- Die Vereinigten Staaten vor terroristischen Angriffen, vor Operationen ausländischer Geheimdienste und Spionage, vor Cyber-Angriffen und High-Tech-Kriminalität zu schützen.
- Öffentliche Korruption auf allen Ebenen bekämpfen.
- Die Bürgerrechte wahren.
- Transnationale und nationale kriminelle Organisationen und Unternehmungen bekämpfen.
- Schwere Wirtschafts- und Gewaltkriminalität bekämpfen.
- Unterstützungsleistungen für Partner auf Bundes-, Staats-, Bezirks-, kommunaler und internationaler Ebene.
- Techniken erneuern, um den Auftrag des FBI erfolgreich zu erfüllen.

Das FBI, seit 100 Jahren im Kampf gegen das Verbrechen.

Das FBI (intern als Bureau bezeichnet) hatte 2007 ein Budget von 6,04 Milliarden Dollar zur Verfügung und ermittelt in den USA bei Verstößen gegen viele verschiedene Straftatbestände, darunter:

- Bankraub,
- Drogenhandel,
- Entführung,
- Erpressung,
- organisierte Kriminalität,
- Spionage,
- Terrorismus.

Die Bundesbehörde ist für die landesweite Untersuchung von Verletzungen der Bürgerrechte verantwortlich, wie z. B.

- brutale Gewaltanwendung bei Polizeieinsätzen,
- Diskriminierung bei der Wohnungsvergabe,
- Gewalttaten mit rassistischem Hintergrund.

Das FBI ermittelt auch in der sogenannten White-Collar-Kriminalität, wie z. B.:

- Bankbetrug und Veruntreuung,
- Delikte im Bereich von Internet- und Online-kriminalität,
- in Umlauf bringen von Falschgeld,
- Korruption in lokalen und staatlichen Verwaltungsbehörden,
- Umweltverbrechen,
- Verstöße gegen Wahlgesetze.

Das FBI unterstützt oftmals andere polizeiliche US-Einrichtungen auf Bundes-, Staaten- und kommunaler Ebene, z. B.:

- bei der Identifizierung von Fingerabdrücken,
- der Laboranalyse von Beweisstücken,
- mit Fortbildungsveranstaltungen auf ihrer Academy,
- dem Entsenden von fachkundigem Personal zu Tatorten,
- dem Zugang zur zentralen Verbrechensdatenbank.

Außerdem veröffentlicht es seit 1930 ein Mal jährlich den National Crime Report, der auf hunderten von Seiten die Straftaten der USA statistisch und kriminologisch exakt auswertet.

Das FBI strebt auch im neuen Jahrtausend nach herausragenden Leistungen in allen Aspekten seiner Aufgaben. Bei der Diensterfüllung werden die FBI-Mitarbeiter den folgenden zentralen Werten verpflichtet, die sie auch exemplarisch vorleben müssen:

- Treue zum Rechtsstaat und zu den Rechten, die gemäß der US-Verfassung allen Menschen zustehen,
- Integrität durch ethisches Verhalten im Alltag,
- Rechenschaft durch Annahme der Verantwortung für ihr Handeln, ihre Entscheidungen sowie für deren Konsequenzen,
- Fairness im Umgang mit Menschen,
- Führung durch gutes Beispiel, sowohl in ihrer Arbeit als auch in ihrem privaten Umfeld.

Schon immer fortschrittlich, in den 1940er Jahren wurden »Handys« zur Verständigung bei Observationen eingesetzt.

Heute verrichten die FBI-Agenten ihren Dienst in allen Teilen der Welt, hier 2005 bei der Spurensicherung in Beirut, Libanon.

Jeder Mitarbeiter, dessen Verhalten im Widerspruch zu diesen zentralen Werten steht, verliert sein Recht auf Anstellung beim FBI. Gleichzeitig gibt es strenge disziplinarische Maßnahmen schon gegen geringere Fälle von Fehlverhalten. Einige (nicht alle) Verhaltensweisen, für die Mitarbeiter entlassen werden können, sind:

- Lügen unter Eid,
- Verweigerung der Mitarbeit während einer internen Untersuchung, wenn diese Mitarbeit gesetzlich oder vorschriftsmäßig erforderlich ist,
- Gutscheinbetrug,
- Diebstahl oder unbefugtes Aneignen, Verwenden oder Abzweigen von staatlichen Geldern oder staatlichem Eigentum,
- wesentliche Verfälschung von Ermittlungsaktivitäten und/oder Ermittlungsberichten,
- Verfälschung von Dokumenten im Zusammenhang mit der Bewilligung/Verausgabung von staatlichen Geldern,

- unbefugte Weitergabe von geheimem/sensiblem Material.

Jeder Mitarbeiter, der sich korrekt verhält, hat einen angesehenen Beruf mit perspektivischen Karrieremöglichkeiten. Er erhält eine monatliche Vergütung, die abhängig vom Dienstrang/Alter ist, und hat nach 20 Jahren ein Anrecht auf eine Pension.

Die ca. 12.590 FBI-Agenten (Special Agents) sind nach ihrer Vereidigung befugt und teilweise verpflichtet:

- Festnahmen durchzuführen,
- Schusswaffen zu führen,
- Ermittlungen zu leiten und dabei Daten zu erheben,
- Gesetzen notfalls mit Zwang Geltung zu verschaffen.

Das J. Edgar Hoover Building ist seit 1975 der Hauptsitz in der Innenstadt von Washington D.C., in unmittelbarer Nähe des Capitols und untersteht dem FBI-Direktor, der wiederum dem Justizminister der Vereinigten Staaten unterstellt ist. Der Direktor wird direkt vom Präsidenten der Vereinigten Staaten für zehn Jahre ernannt und trifft sich mit diesem in der Regel einmal wöchentlich (»Montagsrunde«), um die Lage der Nation zu besprechen.

Das Präsidium des FBI umfasst elf Abteilungen, die mit den folgenden Aufgaben betraut sind:

- Verwaltung,
- Verfolgung terroristischer Aktivitäten,
- Ermittlung in Kriminalfällen,
- strafrechtliche Informationsdienste,
- Finanzen,
- Informationsressourcen,
- Inspektion,
- Ermittlungsdienste,
- Laboruntersuchungen,
- nationale Sicherheit,
- Schulungen.

Jede dieser Abteilungen untersteht einem stellvertretenden Direktor. Ebenfalls dem Präsidium angegliedert sind vier wichtige Abteilungen:

- Öffentlichkeitsarbeit und Kongressangelegenheiten,
- fachliche Verantwortung,

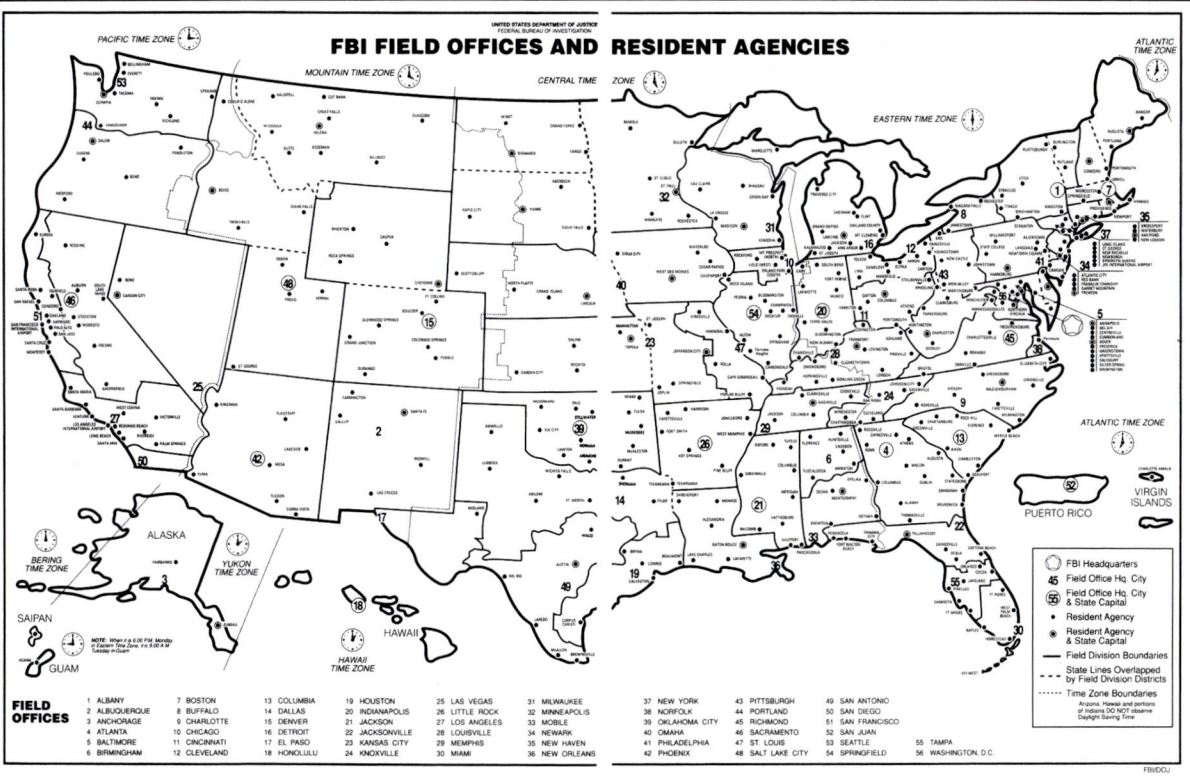

FIELD OFFICES

1 ALBANY	7 BOSTON	13 COLUMBIA	19 HOUSTON	25 LAS VEGAS	31 MILWAUKEE	37 NEW YORK	43 PITTSBURGH	49 SAN ANTONIO
2 ALBUQUERQUE	8 BUFFALO	14 DALLAS	20 INDIANAPOLIS	26 LITTLE ROCK	32 MINNEAPOLIS	38 NORFOLK	44 PORTLAND	50 SAN DIEGO
3 ANCHORAGE	9 CHARLOTTE	15 DENVER	21 JACKSON	27 LOS ANGELES	33 MOBILE	39 OKLAHOMA CITY	45 RICHMOND	51 SAN FRANCISCO
4 ATLANTA	10 CHICAGO	16 DETROIT	22 JACKSONVILLE	28 LOUISVILLE	34 NEWARK	40 OMAHA	46 SACRAMENTO	52 SAN JUAN
5 BALTIMORE	11 CINCINNATI	17 EL PASO	23 KANSAS CITY	29 MEMPHIS	35 NEW HAVEN	41 PHILADELPHIA	47 ST. LOUIS	53 SEATTLE	55 TAMPA
6 BIRMINGHAM	12 CLEVELAND	18 HONOLULU	24 KNOXVILLE	30 MIAMI	36 NEW ORLEANS	42 PHOENIX	48 SALT LAKE CITY	54 SPRINGFIELD	56 WASHINGTON, D.C.

Eine Übersicht aller Field Offices in den USA.

The FBI has fifty-six field offices and four hundred satellite or resident agencies.

■ Anwaltskammer,

■ Gleichberechtigungsvertretung.

Mit 56 Außenstellen (Field Offices) in allen größeren Städten der USA, 400 weiteren Büros (Resident Agencies) in den kleineren Städten und mit über 70 Auslandsbüros (Legal Attache Offices) außerhalb der Vereinigten Staaten kann das Bureau aufwarten. Diese stellen die administrative Basis für die Mitarbeiter, hier können sie ihren gesetzlichen Aufgaben nachkommen, ermitteln und koordinieren.

Ein Squad (Gruppe) ist die kleinste Einheit, die beim FBI zusammen an einem (oder mehreren) Fällen arbeitet. Je drei davon werden von einem ASAC (Spartenleiter), diese wiederum von einem SAC (Dienststellenleiter) geführt. Bei den personalstärksten Bureau, wie in Washington, Los Angeles und New York City, steht dem Field Office je ein Assistent Director vor.

Das FBI verfügt über die umfassendsten Befugnisse aller bundesstaatlichen Sicherheitskräfte der USA, gerade wenn das Bundesstrafrecht Anwen-

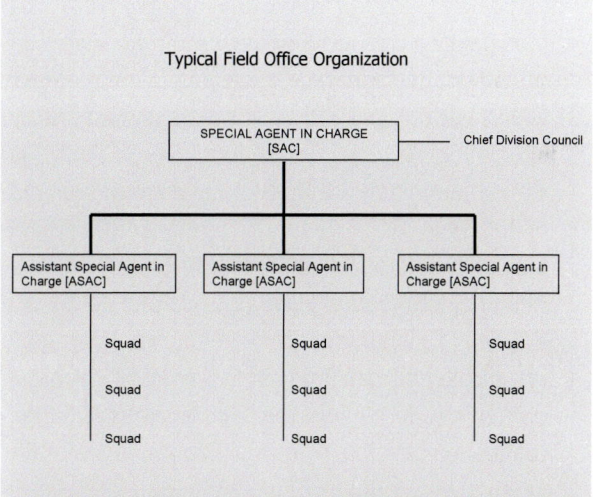

Ein typisches Organigramm eines Field Offices.

Das FBI hat zwei Standorte in Deutschland.

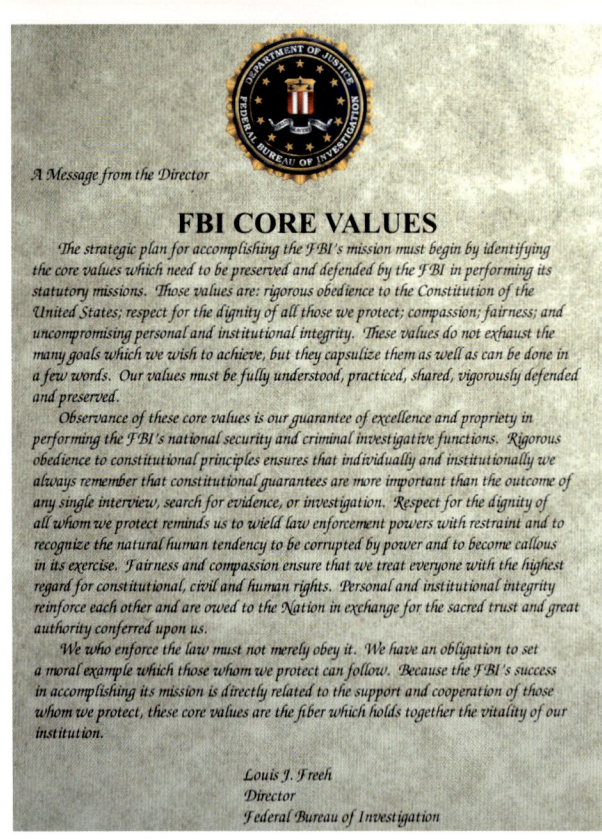

Jeder Direktor gibt zu Beginn seiner Amtszeit sein spezielles Leitbild heraus.

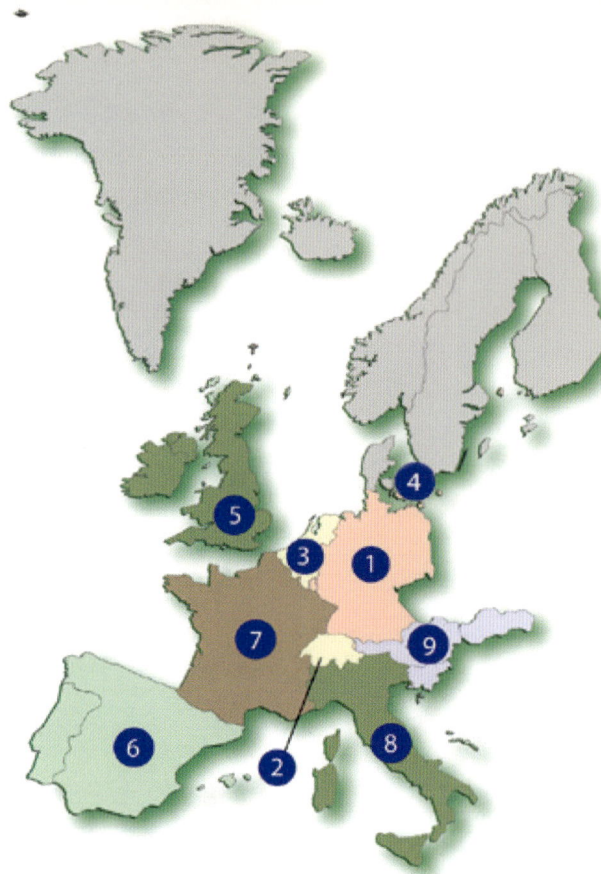

FBI-Standorte in Europa
1 **Deutschland: Berlin und Frankfurt**
2 **Schweiz: Bern**
3 **Belgien: Brüssel und Den Haag**
4 **Dänemark: Kopenhagen**
5 **England: London**
6 **Spanien: Madrid**
7 **Frankreich: Paris**
8 **Italien: Rom und Milano**
9 **Österreich: Wien**
sowie noch ein Suboffice in Budapest und eine europäische Academy.

dung findet und kann auch in anderen »Angelegenheiten« Ermittlungen aufnehmen, wenn es den dezidierten Auftrag vom Präsidenten oder Justizminister der USA erhält oder durch ein vom Kongress verabschiedetes Gesetz dazu berechtigt ist. Damit verfügt das FBI, im Gegensatz zu anderen US-Behörden, über die bedeutendsten Aufträge. So kümmert sich die DEA (Drug Enforcement Administration, Behörde zur Drogenbekämpfung) beispielsweise lediglich um Verstöße gegen das amerikanische Betäubungsmittelgesetz und der Secret Service (US-Personenschutzbehörde) vorrangig um den Schutz des Präsidenten und des Vizepräsidenten mit deren Familien. Operative Ermittlungstätigkeiten bei allen Arten von Drohungen oder tatsächlicher Gewaltanwendung gegen den Präsidenten, den Vizepräsidenten und Kongressmitglieder obliegen wieder dem FBI.

Bei den Ermittlungen kooperiert das FBI gelegentlich mit regionalen, nationalen sowie internationalen Sicherheitskräften. So arbeitet das FBI z. B. bei der Spionageabwehr im Hinblick auf die nationale Sicherheit der Vereinigten Staaten eng mit der CIA (Central Intelligence Agency, US-Geheimdienst mit der Aufgabe der Auslandspionage) und der NSA

(National Security Agency-Nationale Sicherheitsbehörde) zusammen. Die Kooperation mit der DEA findet vor allem bei der Bekämpfung der Drogenkriminalität statt. Das BATF (Bureau of Alcohol, Tobacco, Firearms and Explosives, Amt für Alkohol, Tabak, Schusswaffen und Sprengstoffe) wird für Delikte in Verbindung mit Alkohol und Schusswaffen eingeschaltet, wenn es um Verstöße im Zusammenhang mit Bomben und dem Gebrauch von Waffen geht.

Die Ermittlungen gegen Verbrecher sind häufig von nationaler oder sogar internationaler Tragweite.

Die Aufgaben des FBI wechselten im Laufe der Jahrzehnte, die Mission blieb die gleiche.

Mit diesem Kommandofahrzeug hat die FBI-Führung jederzeit Zugriff auf modernste Kommunikationsmittel.

Das FBI kann seine Ermittlungen über die Grenzen der amerikanischen Bundesstaaten hinweg führen und Personen verhaften, die sich durch Flucht in einen anderen Bundesstaat der Strafverfolgung entziehen wollen. Obwohl das FBI in der Regel nicht befugt ist, im Ausland Verhaftungen vorzunehmen, kann auch hier in Zusammenarbeit mit den Polizeibehörden des jeweiligen Landes eine Festnahme erfolgen, wenn der Verdächtige auf Grund eines in den USA verübten Verbrechens gesucht wird.

Die Bundesbehörde ist aber auch für Recherchen zuständig, die nicht unter das amerikanische Strafrecht fallen. Dazu gehört die Überprüfung von Kandidaten für das Oberste Bundesgericht der Vereinigten Staaten, für das US-Kabinett sowie die Überprüfung anderer Personen, die vom Präsidenten ernannt werden sollen oder die sich um eine Mitarbeit beim FBI, im Justizministerium, im Weißen Haus und ähnlichen wichtigen öffentlichen Stellen beworben haben. Auf die Ergebnisse dieser Ermittlungen stützt sich auch der US-Senat bei seinen Entscheidungen in Bezug auf eine Amtsbestätigung der Kandidaten.

Außerhalb der Zuständigkeit des FBI liegen Ermittlungen im Zusammenhang mit Geldfälschung (originär zuständig: Secret Service), Verstöße gegen Zoll- und Steuergesetze (Zollbehörde der Vereinigten Staaten) sowie Verstöße gegen das Postgesetz

(US-Post). Die Beschaffung von geheimen Informationen aus dem Ausland im Zusammenhang mit der nationalen Sicherheit der Vereinigten Staaten obliegt den verschiedenen US-Geheimdiensten CIA, SCS, etc. Das FBI untersucht allerdings, verstärkt seit dem 11. September 2001, terroristische Aktivitäten im Ausland, die sich gegen Bürger, Interessen oder Botschaften der USA richten.

Statistische Gegenüberstellung von Personal und Budget

Jahr	FBI-Agenten	unt. Mitarbeiter	Ausgaben
1908	34	-	Keine Angaben
1914	122	39	$ 455.698
1918	225	268	$ 1.746.224
1920	579	548	$ 2.457.104
1925	402	99	$ 2.184.688
1928	359	223	$ 2.250.000
1937	623	1.064	$ 5.925.000
1941	1.596	2.677	$ 14.743.300
1943	4.591	7.743	$ 38.836.000
1951	4.962	6.573	$ 69.947.000
1957	6.185	7.590	$ 95.510.000
1960	5.889	7.862	$ 114.600.000
1970	7.600	10.428	$ 256.857.000
1980	7.857	10.562	$ 621.942.000
1990	9.851	12.729	$ 1.684.444.000
1997	10.074	13.611	$ 2.548.583.000
2008	12.590	17.751	$ 6.040.000.000

Das FBI-Haupt-quartier

Vom Hauptquartier aus werden alle bedeutenden Fälle direkt gesteuert.

Das FBI hatte über Jahrzehnte sein Headquarter (Hauptquartier, abgekürzt HQ) in wenigen Stockwerken des Department of Justice. Erst 1962 genehmigte der Kongress den Bau eines eigenen Gebäudes. 1964 waren die Planungen beendet, 1967 begannen die Bauarbeiten.

Es gelang die Fertigstellung eines modernen Büro-komplexes mit allem Komfort und Möglichkeiten seiner Zeit. J. Edgar Hoover beaufsichtigte den Bau persönlich und betrachtete ihn als einer seiner wichtigsten Tätigkeiten. Die Fertigstellung erlebte er nicht mehr, er verstarb kurz vor der Fertigstellung. US-Präsident Nixon benannte ihm zu Ehren das Gebäude an der 935 Pennsylvania Avenue mit seinem Namen.

Seit der feierlichen Eröffnung am 30. September 1975 ist es die Hauptzentrale der Verbrechensbekämpfung in den Vereinigten Saaten und dient der Führungsgruppe und wichtigen Sachbearbeitern des FBI als Kommandozentrale.

Das erste Hauptquartier des BOI in den 1910er Jahren stand auf der K Street.

Ab 1917 verlegten sie ihr HQ in dieses größere Gebäude auf der Vermont Avenue.

Mehrere Jahrzehnte waren die Agenten dann im Department of Justice untergebracht. Dieses Gebäude gibt es heute noch.

1972, kurz nach dem Tod von FBI-Direktor Hoover, wurde das neue und aktuelle J. Edgar Hoover Building bezogen.

Gerade nachts zeigt es seine imposante Größe.

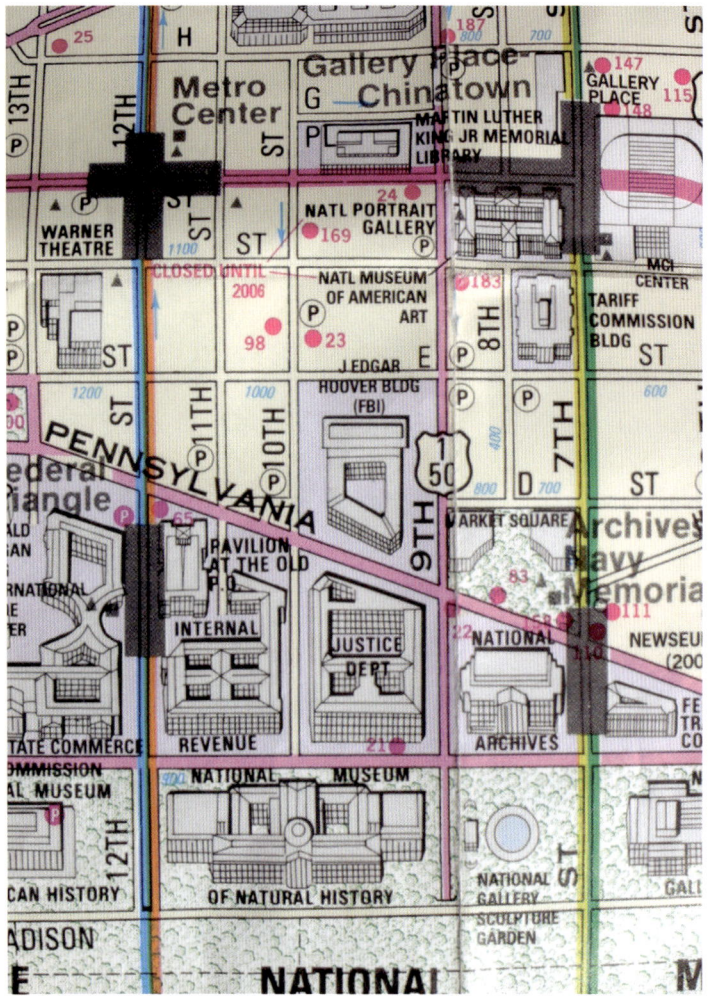

Das HQ liegt in zentraler Lage in Washington D. C.

Der Supervisor (Dienstgruppenleiter) fährt durch die benachbarten Straßen und überprüft die Objektschutzmaßnahmen an dem HQ.

Das Gebäude ist nicht mehr für Führungen offen und wird von der FBI-Police geschützt, hier von der K9 Unit (Hundestaffel).

Im großen Innenhof ist ein motivierender Ausspruch vom ehemaligen Direktor Hoover über Zusammenarbeit verewigt.

Eine imposante Statue erinnert die Mitarbeiter täglich an ihre Pflichten.

Im Innenhof des HQ finden auch immer wieder Ehrungen und Zeremonien (wie hier durch die US-Streikräfte) statt.

Der Andenken- und Ausrüstungsladen im HQ.

In unmittelbarer Nähe befindet sich auch das imposante Gebäude des Department of Justice (DOJ).

FBI Headquarters Functional Organizational Chart

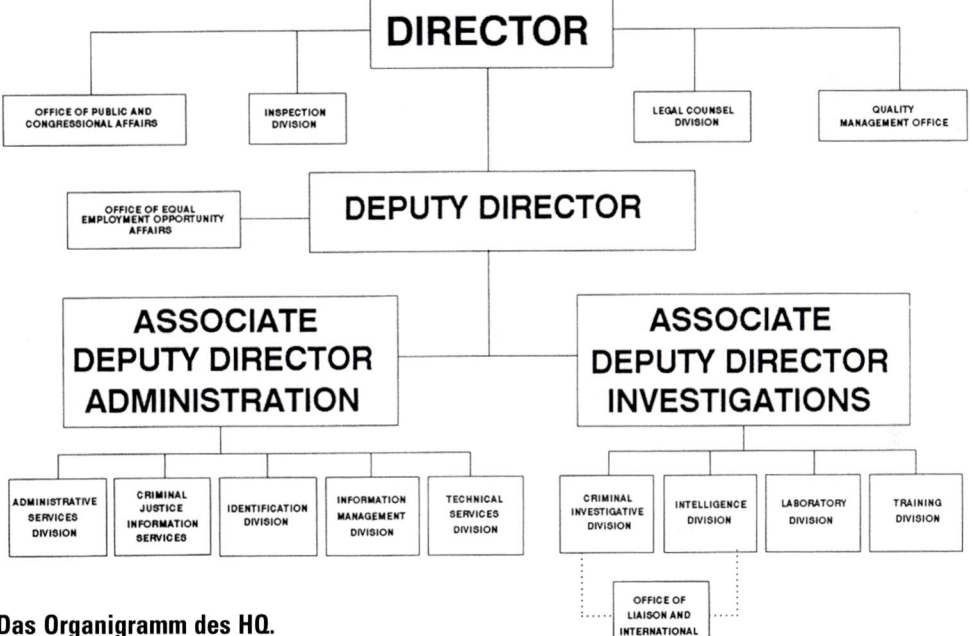

DIRECTOR

OFFICE OF PUBLIC AND CONGRESSIONAL AFFAIRS

INSPECTION DIVISION

LEGAL COUNSEL DIVISION

QUALITY MANAGEMENT OFFICE

OFFICE OF EQUAL EMPLOYMENT OPPORTUNITY AFFAIRS

DEPUTY DIRECTOR

ASSOCIATE DEPUTY DIRECTOR ADMINISTRATION

ASSOCIATE DEPUTY DIRECTOR INVESTIGATIONS

ADMINISTRATIVE SERVICES DIVISION

CRIMINAL JUSTICE INFORMATION SERVICES

IDENTIFICATION DIVISION

INFORMATION MANAGEMENT DIVISION

TECHNICAL SERVICES DIVISION

CRIMINAL INVESTIGATIVE DIVISION

INTELLIGENCE DIVISION

LABORATORY DIVISION

TRAINING DIVISION

OFFICE OF LIAISON AND INTERNATIONAL AFFAIRS

Das Organigramm des HQ.

Besondere Exponate sind in einem speziell eingerichteten Raum im HQ ausgestellt...

... wie z. B. der Hut und die Totenmaske von Dillinger...

...oder ein Bruchstück vom Ground Zero.

139

Das FBI-Laboratorium

Ein Laboratorium, von den Agenten kurz »The Lab« genannt, stand den Agenten schon vor Jahrzehnten zur Verfügung. Dies waren kleinere Labors, teilweise auch bei Fremdfirmen. Den Anforderungen des neuen Jahrtausends genügt nun der 2003 fertig gestellte Neubau des FBI, in einem Außenbereich der Academy.

Das Lab hat viele Abteilungen, die in ihrem Zuständigkeitsbereich arbeiten und mit zu den professionellsten und bestausgerüsteten in der Welt zählen.

- Chemistry Unit (Chemische Analyse Einheit)
  Hier werden chemische und metallurgische Analysen vorgenommen, hauptsächlich in Bezug auf Drogen und Crime Scenes (Tatorte). Aber auch Farben, alle Arten von Kunststoffen, Tintenanalysen, Gas, Giftstoffen, Medikamente, etc können kriminaltechnisch ausgestattet werden.
- Cryptanalysis and Racketeering Records Unit (Entschlüsselung und Zuordnungseinheit)

Diese Abteilung ist spezialisiert auf die Entschlüsselung von chiffrierten Nachrichten (schriftlich oder mündlich) von Straßen- und Knastgangs, Erpressern, Drogenkurieren, Gruppierungen aus dem Umfeld des organisierten Verbrechens und terroristischen Vereinigungen.

- DNA Analysis Unit (DNA Analyse Einheit)
  Hier werden auf serologischer oder nuklearer Basis DNA Testverfahren durchgeführt. Die Desoxyribonukleinsäure (DNA) ist ein in allen Lebewesen vorkommendes Biomolekül und die Trägerin der Erbinformation. Sie wird auch als »genetischer Fingerabdruck« bezeichnet, da sie bei jedem Menschen anders ausfällt, in allen Körperausscheidungen (z. B. Speichel,

Sperma) aber auch in Hautschuppen, Haaren, etc. nachweisbar ist. Mit den hier angewandten fortschrittlichen Testmethoden können daraus wichtige Rückschlüsse für Gerichtsverfahren gezogen werden.

- Explosives Unit (Abteilung für Explosivstoffe)
Die Mitarbeiter dieser Abteilung sind spezialisiert auf militärischen, zivilen und selbstlaborierten Sprengstoff. Sie können diesen sicher identifizieren, analysieren und notfalls auch entschärfen.
- Evidence Responce Team Unit (Tatortortermittlungs Team)
Diese Spezialisten unterstützen die Büros des FBI in der Spurensicherung und -auswertung an schwierigen Tatorten, sichten und testen neue Methoden und führen auch Schulungsmaßnahmen durch.
- Firearms Toolsmarks Unit -FTU- (Untersuchungsstelle für Schusswaffen)
Alle Arten von Spuren an Schusswaffen und Werkzeugen sowie Spuren, die dadurch verursacht wurden, gehören zum Aufgabengebiet der FTU. Das kann eine Funktionsüberprüfung, Passstücksuche, Seriennummerrekonstruktion oder auch eine Vergleichsanalyse sein.

Die unterschiedlichen Abteilungen unterstützen vorrangig die Agenten des FBI, jedoch auch andere Bundesbehörden, die Streitkräfte und sogar ausländische Polizeibehörden.

Schon 1932 eröffnete das FBI ein kriminaltechnisches Institut in der Pennsylvania Avenue in Washington D.C.

Das FBI-Laboratorium im Sommer 2008 ist state of-the-art und bietet alle technischen Möglichkeiten der Welt. Mit Chemikalien, Puder, Laserstrahlen und anderen speziellen Lichtquellen suchen die Experten nach Finger-, Reifen-, Schuhabdrücken oder anderen charakteristischen Spuren, nach be- und entlastenden Merkmalen, mit denen eine Schuld oder Unschuld nachzuweisen ist. Andere Spezialisten identifizieren gefälschte Briefe und Dokumente durch die Analyse der Handschrift, die Suche nach Abdrücken auf dem Papier oder durch die Ermittlung der Herkunft von Tinte und Papier der Schriftstücke. Das FBI-Labor kann aber auch Fotografien, Geschäftsunterlagen, Schusswaffen und Sprengstoffe bzw. deren Rückstände gerichtsverwertbar analysieren.

Der Widmungsstein.

Der Außenbereich und die Parkplätze des Lab.

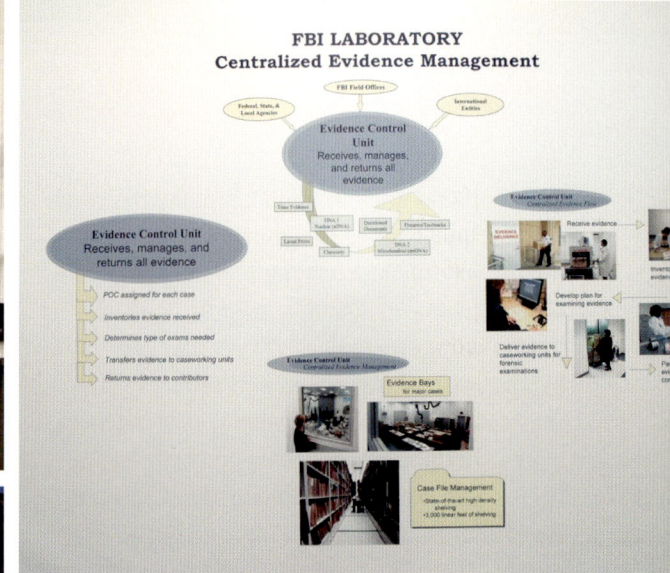

Schon zu Beginn der 1930er Jahre standen den Technikern die besten Geräte zur Verfügung...

... das ist auch heute noch so.

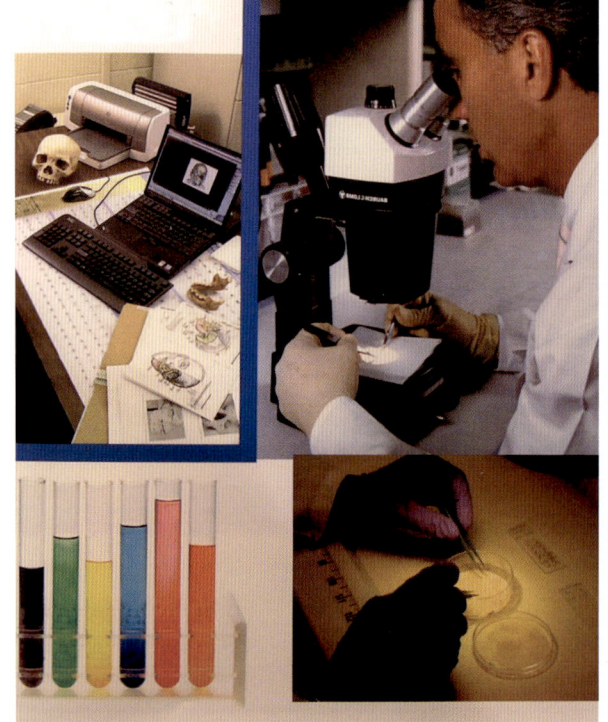

Ein effektives Management Verfahren ist nötig, um die große Anzahl von Vorgängen im Laboratorium zu koordinieren. Hier der grobe Ablaufplan.

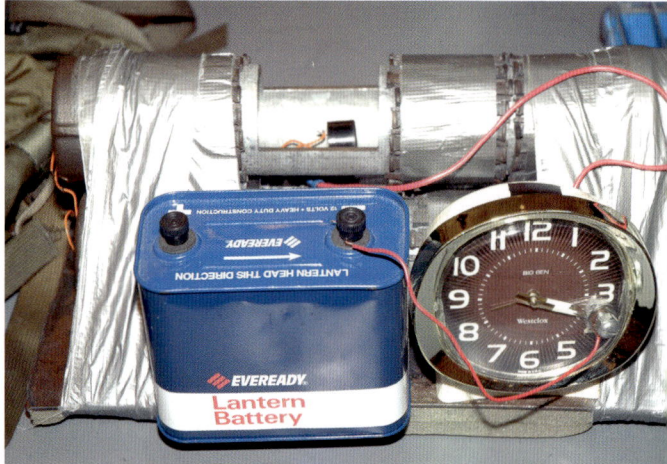

Im Lab wird in jeder Einheit mit den besten technischen Geräten und Materialen gearbeitet.

Ein Demonstrationsmodell einer Rohrbombe, die auch heute noch vielfach von Straftätern verwendet wird.

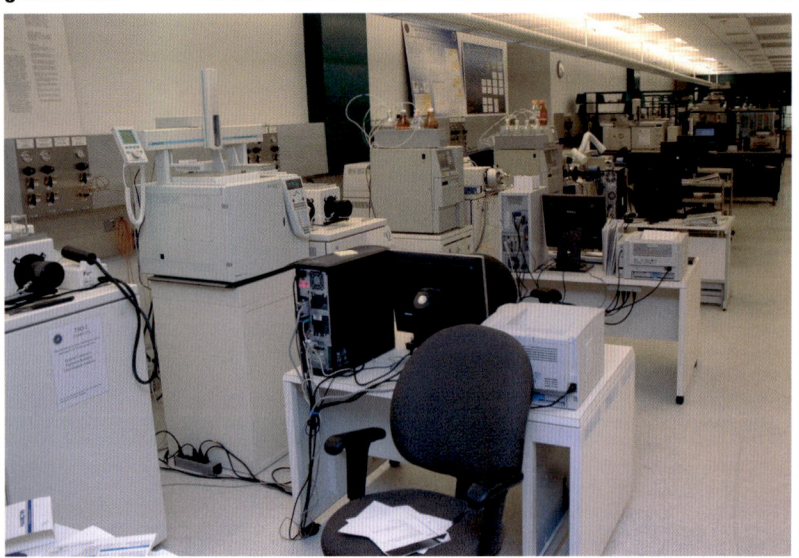

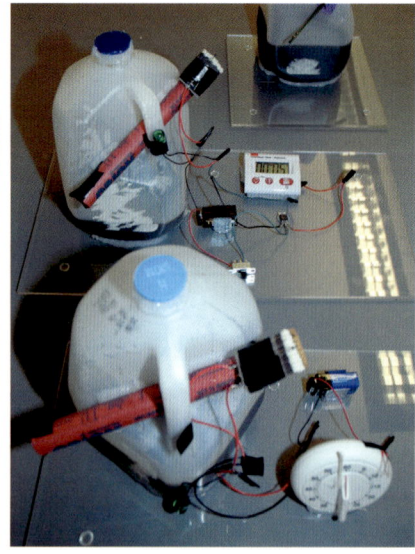

Beispielsmodell einfachster Brandsätze, wie sie heute aus Internet-Anleitungen zusammengebaut werden.

Der Schuhbomber von 2001 deutet nach dem 11. September auf die immer noch bestehenden Sicherheitslücken hin.

Hier das Original. Nur durch das beherzte Eingreifen eines Flight Attendant konnte eine Katastrophe verhindert werden.

Die Explosives Unit des Lab ist welt-weitweit im Einsatz, wie hier 2003 in Jakarta/Indonesien.

Untersuchungen an gefährlichen Exponaten werden grundsätzlich mit dem Roboter oder mit Schutzanzug durchgeführt.

Cooperation Between Laboratory Unit Functions

Frequently the successful completion of a forensic case involves a multi-disciplined approach utilizing the specialties of different Units within the Laboratory Division.

U.S. v. Richard Colvin Reid ("The Shoe Bomber")

On December 22, 2001, American Airlines flight 63 took off from Paris, France at 11:45 a.m. en-route to Miami, Florida with one hundred eighty-three passengers and fourteen crewmembers. Approximately two hours after takeoff, flight attendants and passengers confronted Richard Colvin Reid after he was observed attempting to light an explosive device located in his shoe. Reid was unsuccessful in his attempt and the plane eventually landed in Boston, where the bomb was rendered safe and transported by FBI agents to the Laboratory for forensic examinations. Laboratory examinations revealed that Reid was attempting to light a fuse in his shoe that would transmit a flame to the explosive secreted inside the shoe. Detailed below are some of the Laboratory Division Units and their respective contributions to the case.

Explosive Unit: Analyzed the components of the shoe bomb to determine how the bomb was supposed to have worked, the chemical composition of the explosives and where the components were manufactured.

Special Photographic Unit: Produced detailed forensic photographs of the shoe bomb and its individual components for use by forensic examiners, FBI investigators and the District of Massachusetts U.S. Attorney's office.

Questioned Documents Unit: Analyzed the construction of the shoe to try to locate the shoe manufacturer and analyzed the passports of Reid to determine alteration or substitution of his photograph.

Structural Design Unit: Created a detailed scale model of the shoe bomb, indicating the exact placement of the various components. The model was an extremely valuable visual aid for FBI investigators and the District of Massachusetts U.S. Attorney's office.

Other Units: The Forensic Audio, Video & Image Analysis Unit, Trace Evidence, DNA, Latent Print and Chemistry Units, all performed an array of various forensic examinations.

...hier ist die vom FBI freigegebene Story.

Die Harveys-
Casino-Bombe
von 1980 ließ
sofort auf einen
technisch
versierten Täter
schließen...

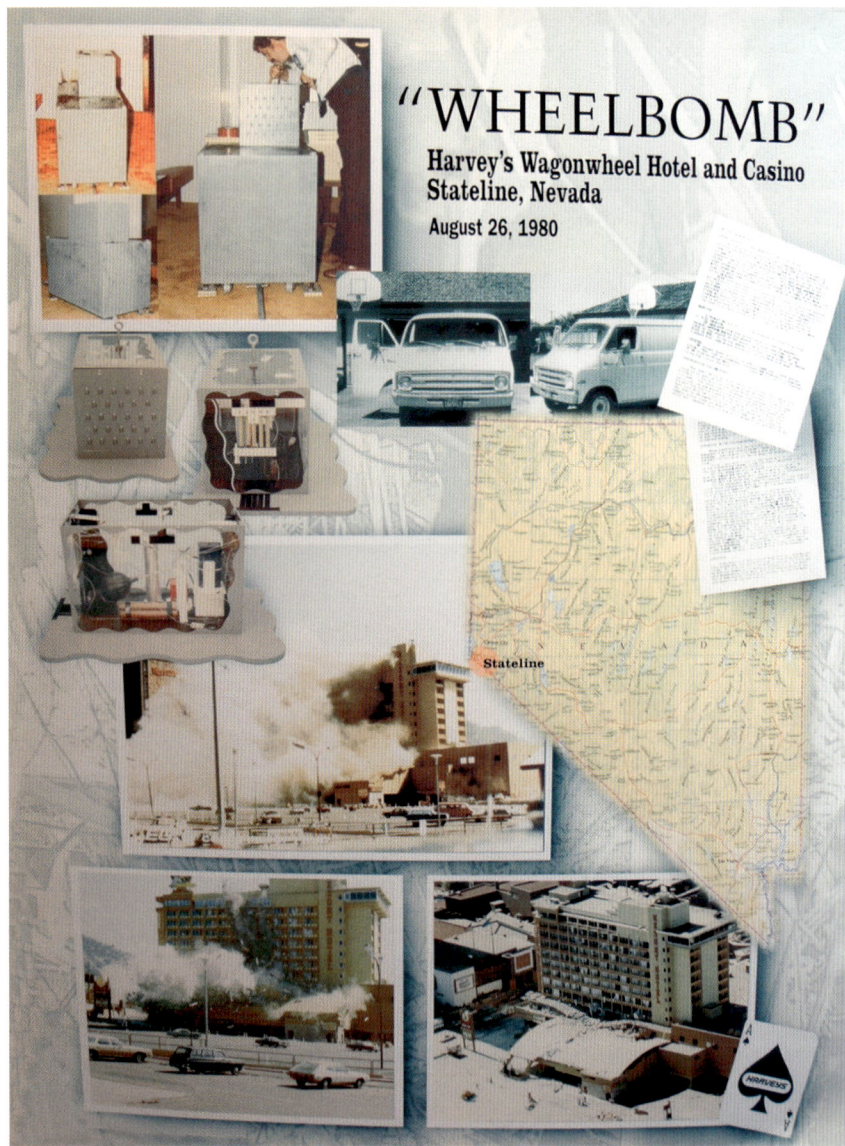

Ablaufdiagramm des Einsatzes an der Wheelbomb.

Nachdem der Spieler John Birges ca. eine Million in Harveys Spielcasino verloren hatte, konstruierte er eine der größten und gefährlichsten Bomben, die die Experten des FBI je gesehen hatten. Briges war geborener Ungar, hatte einen militärischen Background und viel Erfahrung im Ungang mit Sprengstoff.

Im damaligen Ostblock wurde er wegen »militärischer Aktivitäten« zu 25 Jahren Gulag verurteilt, konnte das aber nach acht Jahren sprengen und entkommen.

Diese Bestätigung seines »Könnens« brachte ihm wohl die Selbstsicherheit, seine Tat mit zwei weiteren Komplizen am 26. August 1980 auszuführen.

Ca. 1.200 Pfund Dynamit, welches er in Fresno gestohlen hatte, formte er zu dieser technisch komplizierten Bombe und forderte für die Übermittlung des Entschlüsselungscodes drei Millionen Dollar.

Das Management entschloss sich, die Polizei und das FBI einzuschalten, welche räumen ließ und ein Entschärfungsteam zusammenstellte. Die Bombe konnte aufgrund der Einzigartigkeit nicht genau eingeordnet werden, manche Spezialisten meinten, sie sei funktionsunfähig, andere waren da vorsichtiger.

Beim Versuch, die Bombe zu entschärfen, »setzte diese um« und zerstörte die gesamte Front und die meiste Einrichtung des Casinos. Verletzt wurde niemand, der Sachschaden ließ sich kaum beziffern, da eine komplette Renovierung erfolgte. Der 61jährige Briges konnte schnell ermittelt und zu lebenslanger Haft verurteilt werden, in der er 1996 starb.

Das FBI hat eine Vergleichs-Waffensammlung von über 5.000 Exponaten...

... darunter auch ca. 35 % Lang-waffen (hier einige Thompson Maschinen-pistolen)...

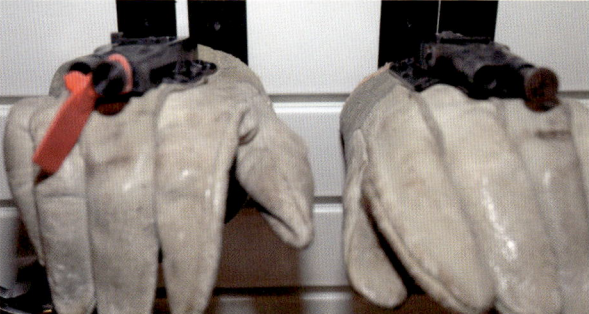

Aus dem Bereich der internationalen Geheimdienste stammen diese Schusswaffen, die mit einem Handschuh kombiniert sind.

... als auch historisch wertvolle Waffen, wie der Colt 1911 von Babyface Nelson.

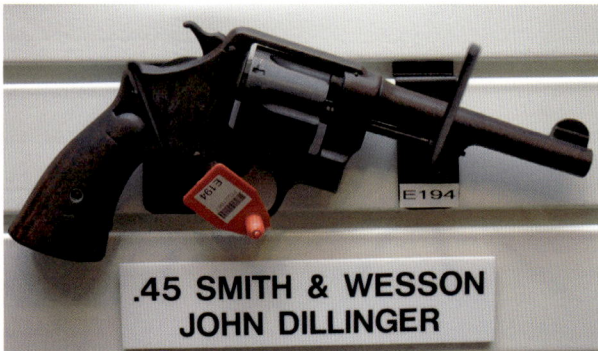

Der Revolver von John Dillinger.

Eine waffentechnische Kuriosität, ein siebenschüssiger Revolver im Kaliber 32.

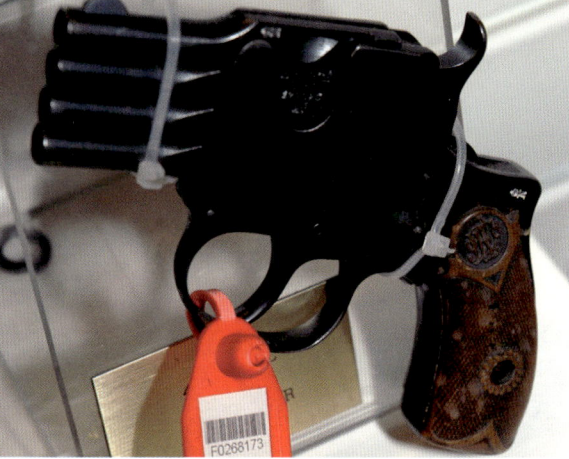

Eine Pistole aus dem Patty Hearst-Fall.

Eine Handfeuerwaffe mit vier Läufen.

Mannlicher Carcano, ein italienischer Karabiner im Kaliber 6,5, die Tatwaffe vom Attentat auf JFK.

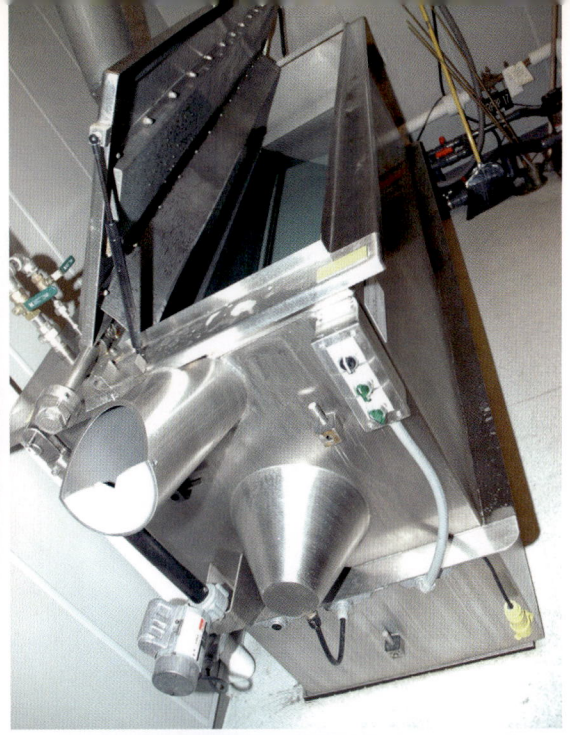

Der Wassertank, in dem abgeschossene Projektile kontrolliert aufgefangen werden.

Ein Arbeitsplatz zur Delaborierung und Untersuchung von Munition.

Der kleine Schießstand im FBI-Lab wird nur zu Waffentests verwendet, ein Training findet hier nicht statt.

Ein Teil der Waffensammlung aus der Mitte des letzten Jahrhunderts.

Über 15.000 verschiedene Munitionssorten hat die FTU vorrätig, um Vergleichstestreihen durchzuführen.

In der Firearms Section werden täglich Projektile auf Spuren untersucht, hier vor vielen Jahrzehnten...

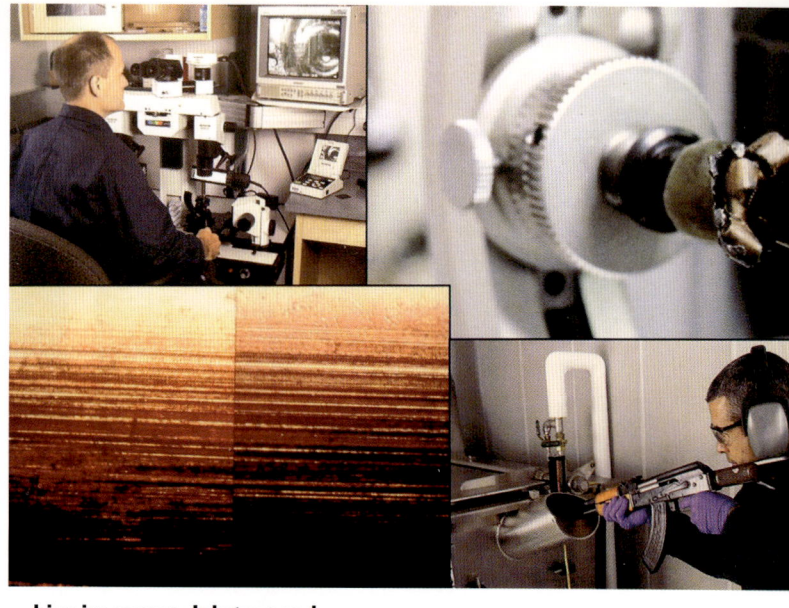

... hier im neuen Jahrtausend.

Projektile können an Tatorten mit Metalldetektoren aufgespürt werden, wie hier 2002 bei der Fahndung nach dem Amok-Sniper von Washington.

Das Lab fertigt maßstabsgerechte Modelle an, um z. B. Tatabläufe exakt darzustellen.

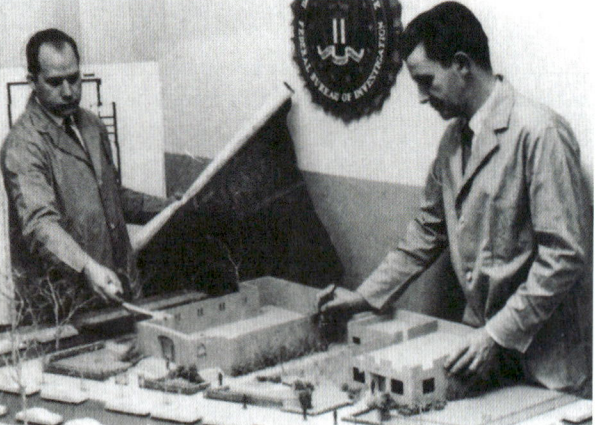

Das hat das FBI aber auch schon vor Jahrzehnten gemacht, wenn auch nicht in der heutigen Perfektion.

Dieses Modell wird an ein Bundesgericht versandt. Selbst die Größe der Bäume ist originalgetreu.

Das Original..   ... und das Modell beim Lackieren.

Mit großem Aufwand können auch komplette Stadtteile nachgebaut werden, z. B. für das Crimemapping.

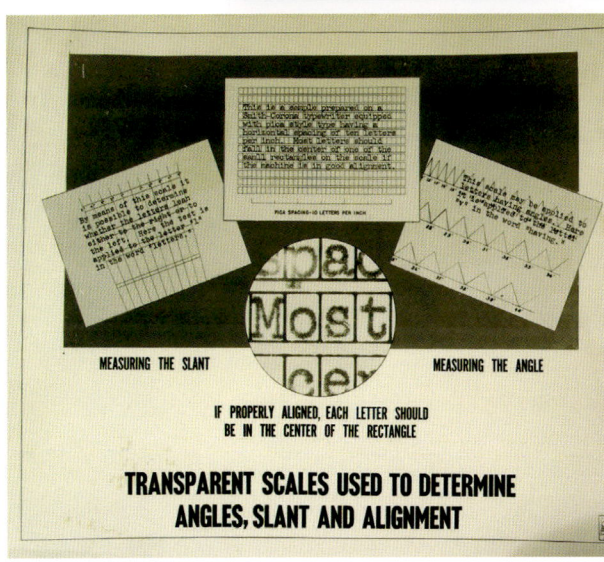

Eine vom FBI perfektionierte Methode, die bis Anfang der 1990er Jahre aktuell war, um die Schrift von Schreibmaschinen zu analysieren.

Die Auswertung der Reifenspur ist immer wieder ein wichtiges Beweismittel vor Gericht, um Täterschafts- und Teilnahmeformen zu klären.

In den 1940er Jahren eine Neuheit, die Untersuchung von Metall mit Röntgenstrahlen. Das wird heute auch noch gemacht, allerdings mit der nötigen Schutzausrüstung.

Schutzausrüstung ist bei einigen Untersuchungen (wie z. B. beim Verdacht auf Milzbrand) heutzutage nicht nur Vorschrift, sondern auch überlebensnotwendig. Das gilt am Tatort...

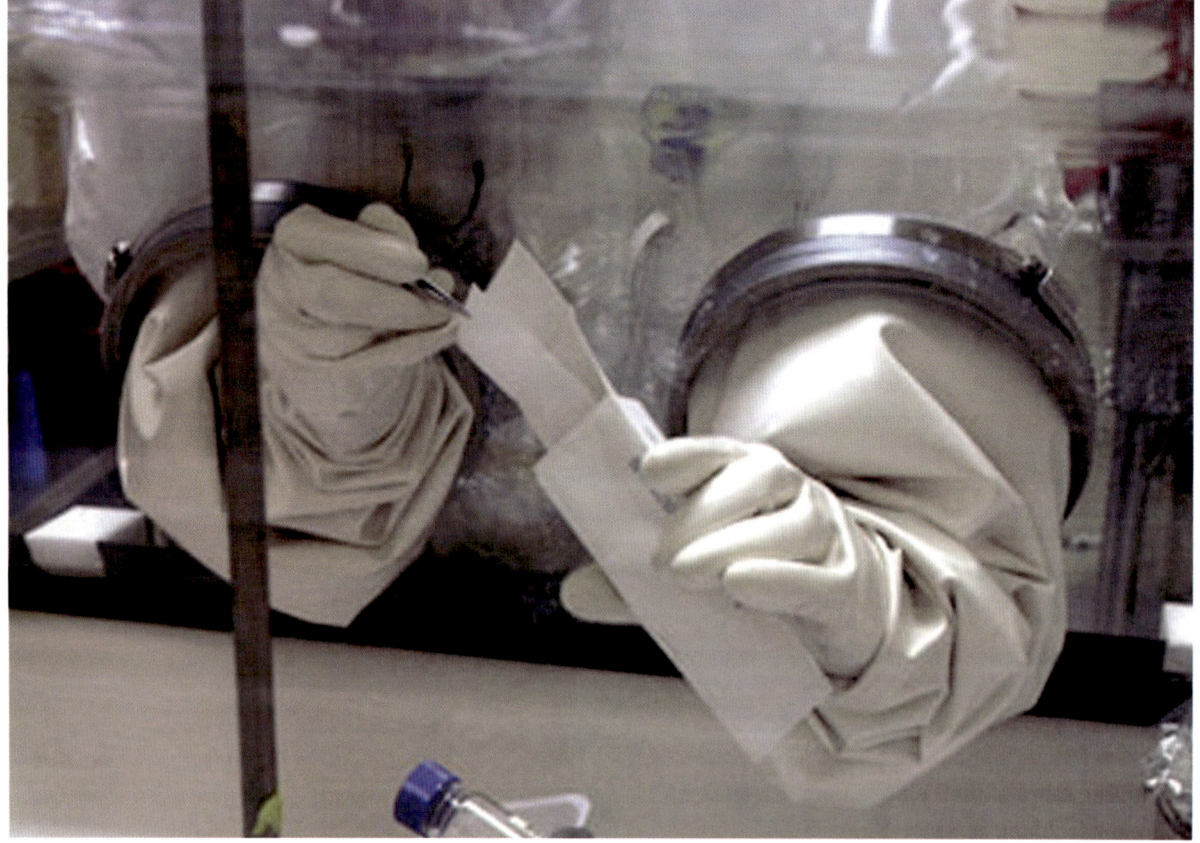

...als auch im Lab.

Zwei der Briefe, die mit Anthrax präpariert waren.

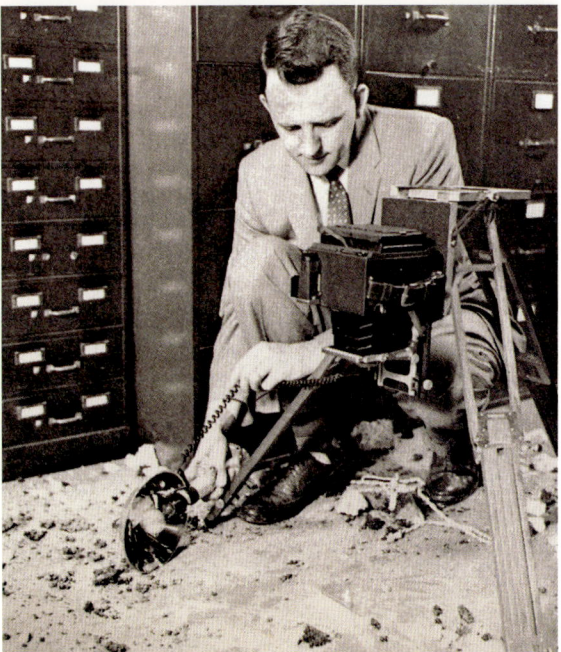

Fotografie in den 1930er Jahren...

Im Herbst/Winter 2001 versetzte eine Serie von Briefen die USA und die Welt in Angst und Schrecken. Hassbriefe versehen mit Anthrax-Pulver (Milzbrand) sollten wichtige Personen des öffentlichen Lebens töten. Zwar erreichten die Briefe nicht die Adressaten, die Milzbrand-Sporen töteten aber dennoch fünf Personen, die direkt oder indirekt damit in Verbindung kamen.

In den Briefen war ein »braunes Pulver«, jeweils ca. zwei Gramm waffenfähige Milzbrandsporen, jede Spore nicht größer als 1,5 bis 3 Millionstel Meter, insgesamt etwa zwei Milliarden Sporen. Die Menge, die jeder Brief enthält, ist so groß, dass sie hunderttausend Menschen töten kann.

Lungenmilzbrand verläuft wie eine schwere Lungenentzündung mit starkem blutigem Auswurf, der hochgradig ansteckend ist, verbunden mit hohem Fieber, häufig Schüttelfrost, Husten und Atemnot, Hautblutungen, Milzvergrößerung und Kreislaufschock. Ohne oder bei verspäteter Therapie tritt der Tod meist innerhalb von 2-3 Tagen ein.

Das FBI und andere Polizeidienststellen hatten alle Hände voll zu tun, um die Bevölkerung zu beruhigen und um die bis zu 7.000 Falschmeldungen zu bearbeiten.

Mehr als 9.100 Vernehmungen, mehr als 6.000 Vorladungen, mehr als 70 Hausdurchsuchungen galt es durchzuführen, ehe das FBI auch diesen, einen der komplexesten und größten Kriminalfälle der USA, klären konnte. Als schuldig gilt der 62 Jahre alte Dr. Bruce Ivins, der jahrelang als Biowaffen-Experte im Dienste der US-Regierung stand. Kurz vor Klärung des Falls im August 2008 hatte er sich jeder Verantwortung durch den Freitod entzogen.

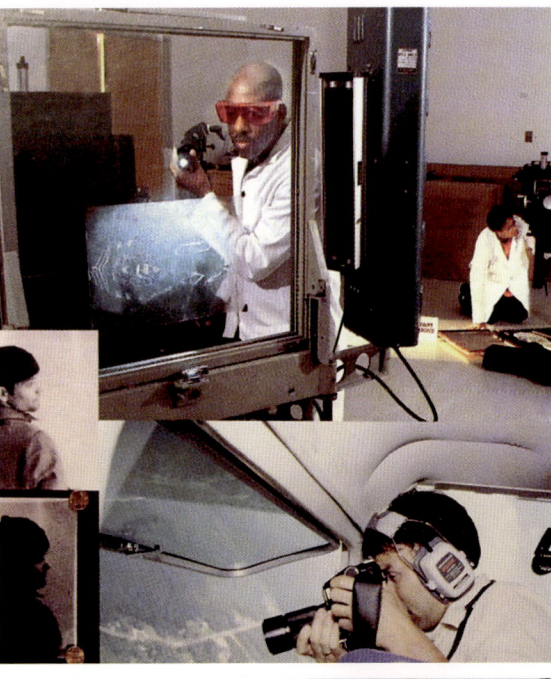

... und heute.

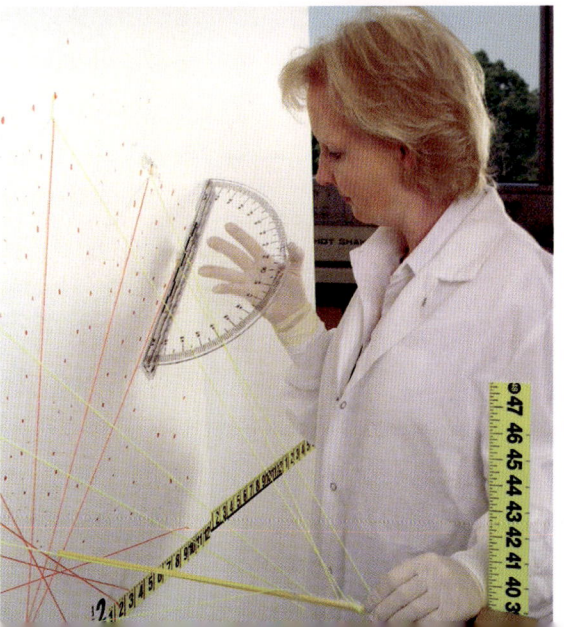

Die Richtung von Blutspritzern werden noch nach einer jahrhundertealten Methode ausgewertet.

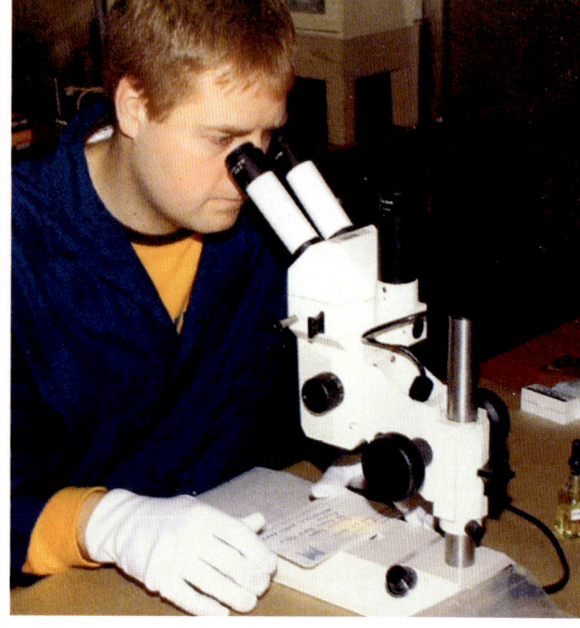

Die Untersuchungsmethoden der Schriftvergleichsanalyse sind über die Jahrzehnte...

... weitgehend gleich geblieben.

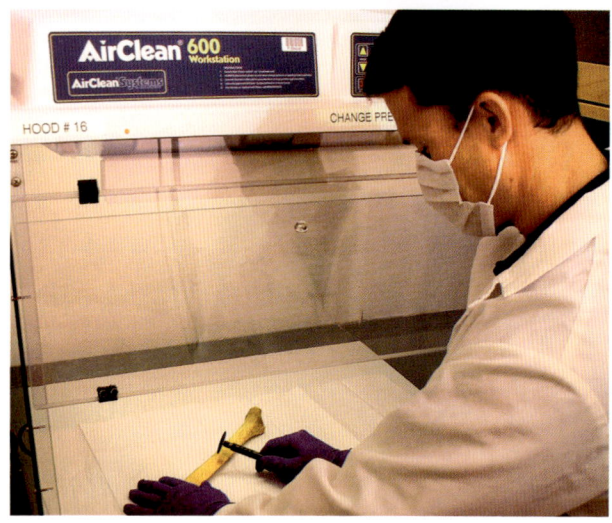

Experten können aus einem menschlichen Knochen viele Rückschlüsse ziehen.

Dem ERT stehen mehrere technische Arbeitsräume zur Verfügung.

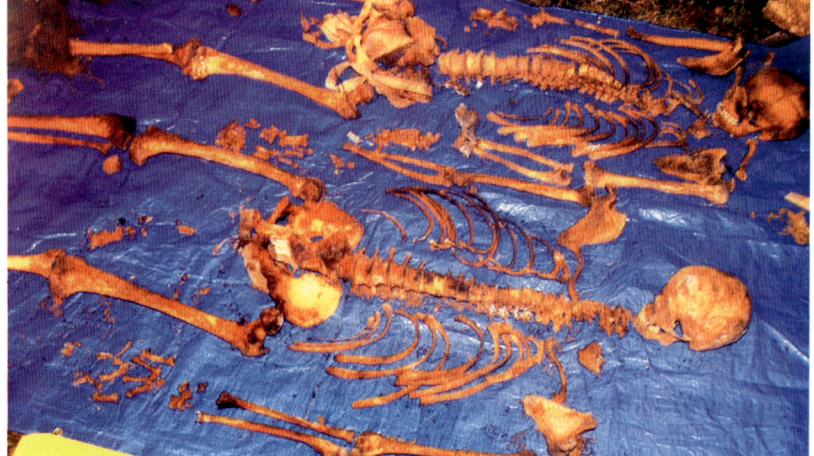

Exhumierungen (und Leichenbeschau) führen die Mitarbeiter des Lab tagtäglich durch, wie hier bei zwölf Jahre alten Skeletten.

Bei machen Verfahren, wie der Metallanalyse, kann jedoch auch auf viele Jahrzehnte alte Technik Verwendung finden.

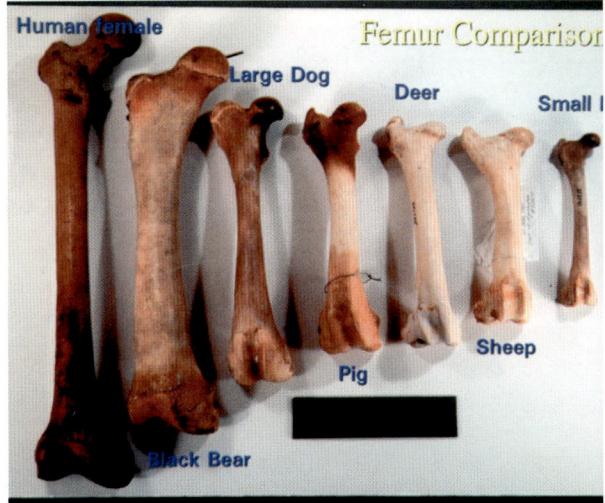

Lehrtafel zur Unterscheidung der Knochen.

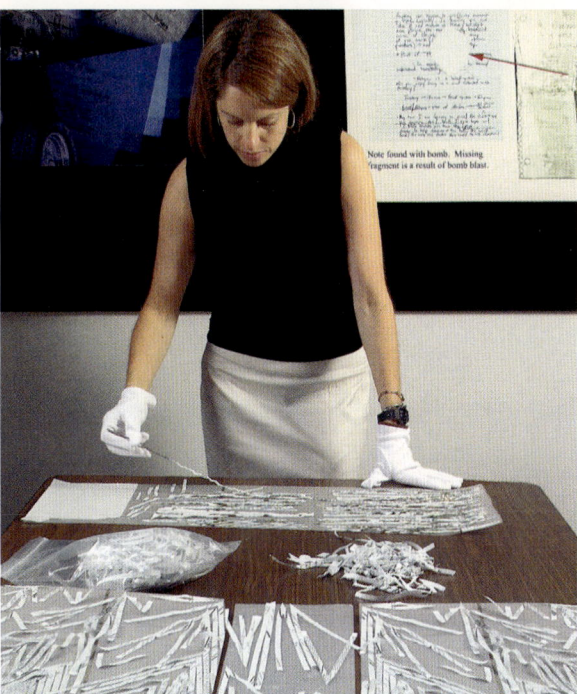

Mit viel Fleiß sind auch Schriftstücke, die durch den Schretter gingen, wieder zusammensetzbar.

Die Experten der Cryptanalysis and Racketering Unit sind in der Lage, die meisten Codes zu knacken.

Einfache Filterungen sind auch mit der Infrarot-Fotografie möglich. Wie hier das Blut über dem suizidalen Abschiedsbrief, damit die ursprüngliche Nachricht wieder lesbar wird.

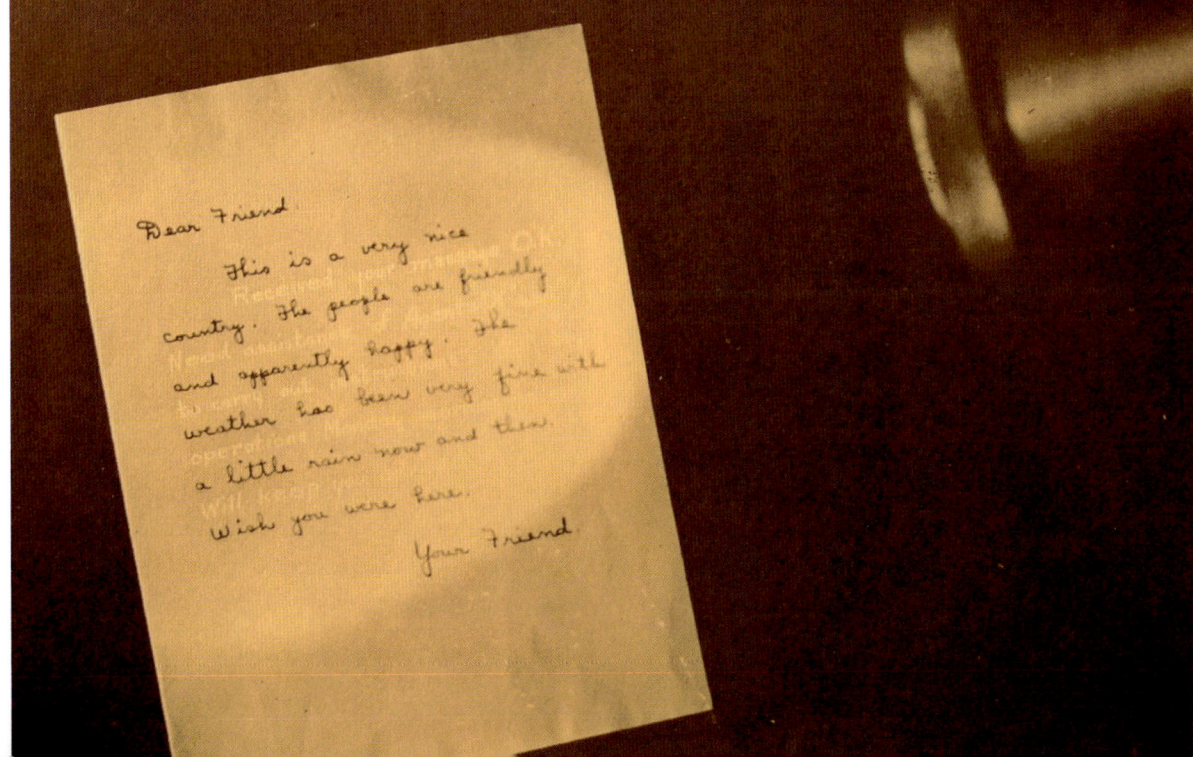

Mit einer Infrarotlampe können einfache »geheime Botschaften« (z. B. mit Zitronensäure geschrieben) wieder sichtbar gemacht werden.

I WLSH L HAD SOMTHLN JULCY TO SAY OH OK THE BACKPACK AND CLOTHES WENT IN FOUR DIFFERENT DUMPSTERS THAT MONDAY I CAME TO YOUR HOUSE FOR ADVISE I WENT IT I LEFT IT OUT IN THE OPEN I DRAGED THE BODY TO WHERE ST WAS FOUND DESTROY THIS AFTER DECIFERING IT AND SHUT UP

Verbatim translation of Joseph Smith's message to his brother

Das ist die Nachricht, die sich aus den Zahlen und Symbolen ergibt.

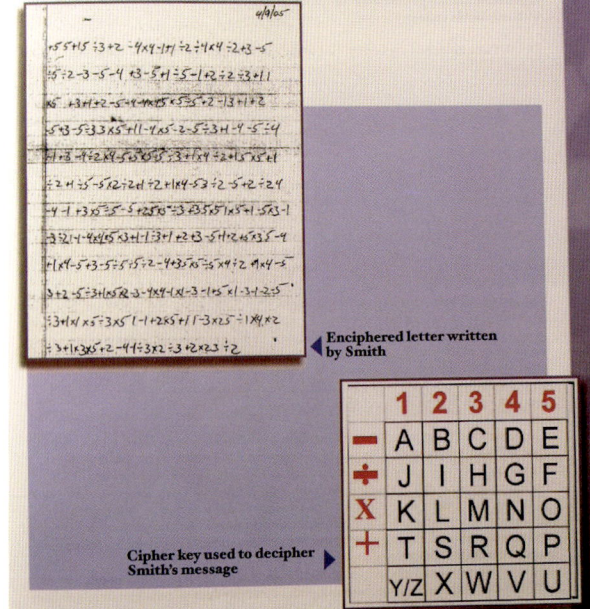

Enciphered letter written by Smith

Rechts oben ist der Brief von Smith, links unten der Cipher Key (Leseschlüssel).

Cipher key used to decipher Smith's message

Die IPGU, die Investigative and Prosecutive Graphic Unit ist u. a. für das Anfertigen von Phantombildern zuständig.

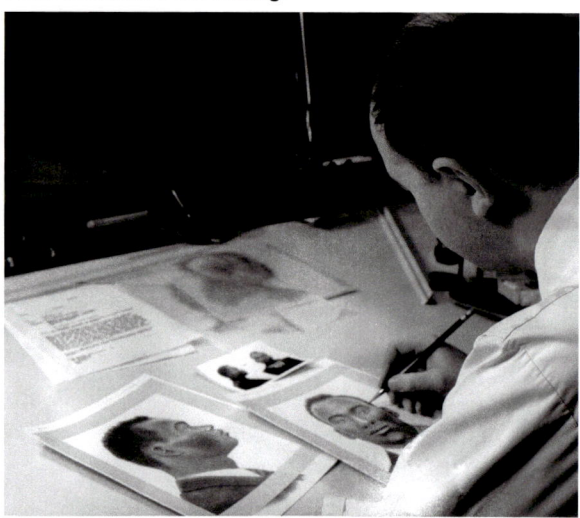

FBI-Zeichner bei der Arbeit. Das Erstellen von Phantombildern erfordert eine enorme Erfahrung.

Am 1. Februar 2004 wurde die elfjährige Carlie Brucia an einer Auto-waschanlage in Sarasota, Florida entführt. Die installierte Überwa-chungskamera zeichnete einen Teil des Tathergangs auf, so dass die Behörden schon zwei Tage später Joseph Smith als Tatverdächtigen festnehmen konnte.

Während der Abendstunden des 5. Februar wurde das kleine Mädchen dann erwürgt hinter einer Kirche aufgefunden, nur wenige Kilometer von der Waschanlage. Alles wies auf Smith als Täter hin.

Im August 2005 erhielt die Cryptanalysis-Einheit den Auftrag einen hand-geschriebenen Brief von ihm zu entschlüsseln, der für seinen Bruder bestimmt war. Smith benutzte dazu einen einfachen Code, er ersetzte die Buchstaben des Alphabetes mit einer Zweier-Kombination von Nummern und Symbolen. Dabei schrieb er von rechts nach links und von unten nach oben auf dem Stück Papier, um zusätzliche Verwirrung zu schaffen. Die CRRU Abteilung des FBI-Laboratorium hatte keine große Mühe mit der Dechiffrierung der Anweisung von Smith an seinen Bruder, ebenso wie die DNA Analyse-Unit, die die DNA von Smith auf dem T-Shirt der kleinen Carlie fand. Mit diesen Beweisstücken gelang die eindeutige Überführung und Verurteilung von Smith als Kidnapper und Mörder.

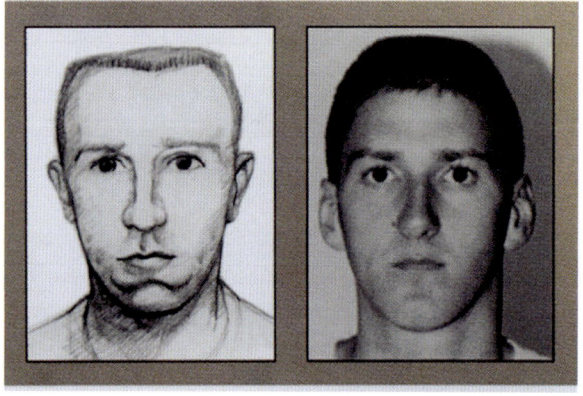

Mit Hilfe einer Phantombildzeichnung gelang die Festnahme des Massenmörders McVeight (links die Zeichnung der IPGU, rechts die reale Person) durch Zeugenaussagen innerhalb kürzester Zeit.

Fingerabdruck und DNA

Die Daktyloskopie (Daktylos = der Finger, skopein = schauen) ist ein sehr wichtiger Faktor im Bereich der Spurensuche. Der Fingerabdruck, das Daktylogramm, ist ein Abdruck der Haut-, der Papillarleisten an der Innenseite der Finger, Zehen, Hand- und Fußflächen eines Menschen. Diese haben die biologische Aufgabe, das Tastvermögen und die Reibung beim Greifen zu erhöhen.

Durch den Schweiß wird der Fingerabdruck auf den Spurenträger (Glas, Holz, Metall, Papier, Holz, usw.) übertragen, welcher über viele Jahre darauf haften kann. Er besteht zu ca. 98% aus Wasser, zudem aus Aminosäuren, Eisenbestandteilen u. a. Die übertragenen Papillarleisten des menschlichen Fingerabdrucks werden als Minutien (v. lat. Minuzien, »Kleinigkeiten«) bezeichnet, von denen es 16 verschiedene gibt.

Eine daktyloskopische Spur ist eindeutig identifiziert, wenn mindestens 12 Minutien in Art, Form und Lage zuzuordnen sind. Ist das Grundmuster bestimmbar, reichen acht Minutien aus.

Der Fingerabdruck ist seit knapp einhundert Jahren das klassische Beweismittel, denn er ist:

- individuell verschieden bei jedem Menschen, an jedem Finger, auch bei eineiigen Zwillingen,
- einzigartig, da bisher keine Menschen mit dem gleichen Fingerabdruck bekannt sind,
- unveränderlich, er bildet sich im dritten Schwangerschaftsmonat im Mutterleib aus,

Schon auf den ersten Lehrplänen des FBI standen daktyloskopische Schulungsmaßnahmen.

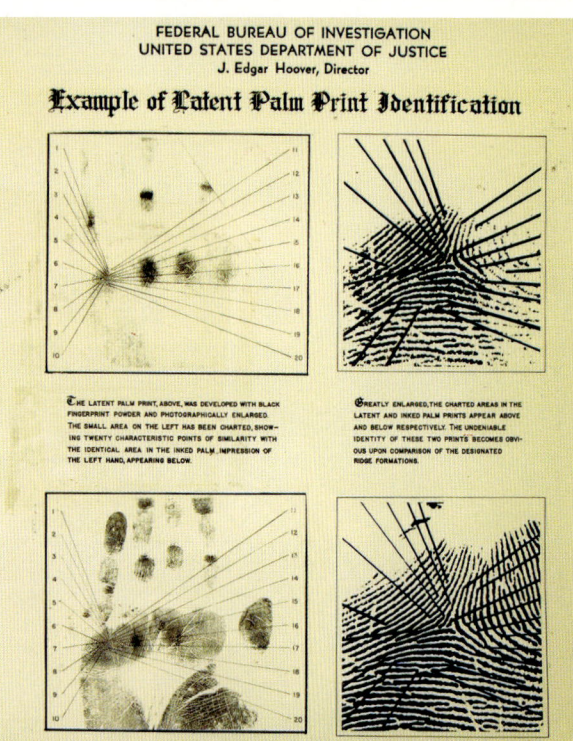

FEDERAL BUREAU OF INVESTIGATION
UNITED STATES DEPARTMENT OF JUSTICE
J. Edgar Hoover, Director

Example of Latent Palm Print Identification

Eine Lehrtafel zur daktyloskopischen Beurteilung aus den 1930er Jahren, auf der Grundmuster und Minutien angemerkt sind.

Fingerabdruck-suche an einem 1925er Packard-Sechszylinder.

1924 begann das Bureau mit der Sammlung von Fingerabdrücken, die von etwa 810.000 Inhaftierten stammten. Hinzu kamen die Fingerabdrücke des US-Justizministeriums, die bis zu diesem Zeitpunkt in einem Bundesgefängnis in Leavenworth, lagerten sowie die Sammlung des internationalen Verbandes der Polizeipräsidenten. In den folgenden Jahren gelang die Erweiterung dieser Datenbank, da sowohl regionale als auch nationale Polizeibehörden alle ermittelten Fingerabdrücke an das FBI weiterleiteten.

1932 begann das FBI, die Identifizierungsdaten mit Behörden in den USA und Polizeiorganisationen in vielen Ländern auszutauschen. Heute werden beim FBI alle in den Vereinigten Staaten genommenen Fingerabdrücke zentral gespeichert. Die Datenbank enthält mehr als 234 Millionen Sätze an Fingerabdrücken, die von etwa 81 Millionen Menschen stammen. Dies ist die größte Sammlung an Fingerabdrücken weltweit.

Das FBI speichert die Fingerabdrücke in digitaler Form mit Hilfe des Integrated Automated Fingerprint Identification System (IAFIS), einem integrierten automatischen System zur Identifizierung von Fingerabdrücken. Alle Vollzugsbehörden können die abgenommenen/ermittelten Fingerabdrücke elektronisch einschicken. Das IAFIS durchsucht dann die riesige Datenbank nach einer Übereinstimmung. Wird eine gefunden, gibt das System die identifizierte Person an. Dieser Prozess dauert maximal zwei Stunden im Vergleich zur wochenlangen Arbeit, die mit dem bisherigen halbautomatischen System erforderlich war.

Das FBI bearbeitet aber auch Anfragen von anderen Organisationen zur Fingerabdruckidentifizierung, falls dies gesetzlich möglich ist. So überprüft das FBI beispielsweise die Fingerabdrücke von Personen, die sich auf eine Stelle als Lehrer, Kinderbetreuer oder Mitarbeiter in staatlichen Behörden der USA bewerben. Insgesamt werden mehr als die Hälfte aller Überprüfungen nicht im Zusammenhang mit Straftaten, sondern im zivilen Bereich vorgenommen, denn die FBI-Datenbank enthält (im Vergleich zu den meisten Ländern in Europa) auch

wird nicht vererbt und bleibt über den Tod hinaus erhalten, wenn von den drei Hautschichten mindestens die Lederhaut erhalten geblieben ist,

- klassifizierbar, in der FBI-Datenbank sind Bezüge herstellbar, auch bei Teilabdrücken,
- ein absoluter Beweis, denn wird er am Tatort/Spurenträger gesichert, besteht ein direkter Zusammenhang mit der betreffenden Person.

**Ein heutiger Tatort-
koffer zur Spuren-
sicherung bei
kleineren Fällen.**

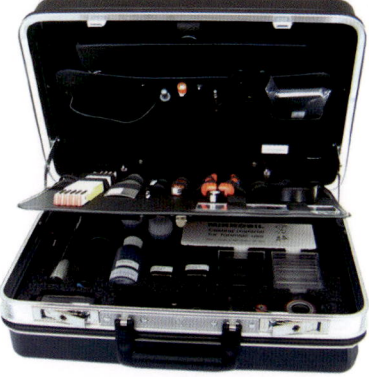

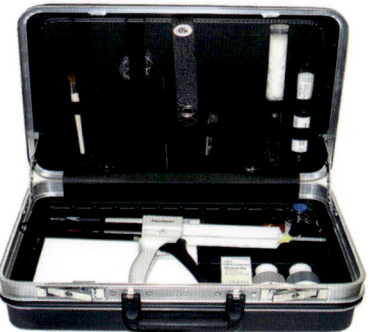

die Fingerabdrücke nichtkrimineller Personen.

Da die Grundlagen der Daktyloskopie seit Jahrzehnten in der Öffentlichkeit bekannt sind, haben sich die Täter zunehmend darauf eingestellt und tragen Handschuhe bei der Tatausführung.

Daher gewinnt seit Mitte der 1980er Jahre die Analyse von Desoxyribonucleinsäure (abgekürzt in den USA: DNA, in der BRD: DNS), umgangssprachlich als der genetische Fingerabdruck bekannt, an Bedeutung.

Zudem lässt sich die DNS-Spur u. a. aus:

- Gewebe und Haut,
- Haaren,
- Blut,
- Speichel und Nasenschleim,
- Sperma und Vaginalsekret,
- Schweiß,
- Urin und Kot,

gewinnen und bietet damit ein breites Spektrum an Spurenträger, die an einem Tatort aufgefunden werden können.

In jeder menschlichen Körperzelle befindet sich ein Zellkern, in dem die genetische Information auf DNA-Molekülen gespeichert ist. Diese Moleküle sind lange, spiralförmig verdrehte Doppelstränge, zu 23 Chromosomenpaaren verbunden. In der Abfolge der einzelnen Bausteine, der Nukleotide, sind die Botschaften codiert, welche die chemischen Prozesse in jeder Zelle steuern. Als elementarer

Baustein ist die DNA in jeder der ca. eine Billionen kernhaltigen Zellen des menschlichen Körpers enthalten, in jeder dieser Zellen ist kriminalistisch der komplette »Bauplan« des Individuums auswertbar.

Die Ziele der analytischen Auswertung sind:

- die Identifizierung, bzw. Spezifizierung des Spurenmaterials,
- die DNA-Merkmale zu bestimmen,
- diese mit den Merkmalen einzelner Personen zu vergleichen,
- damit einen Spurenverursacher zu bestimmen oder auszuschließen.

**Ausrüstung für
spezifische
Anwendungen.**

157

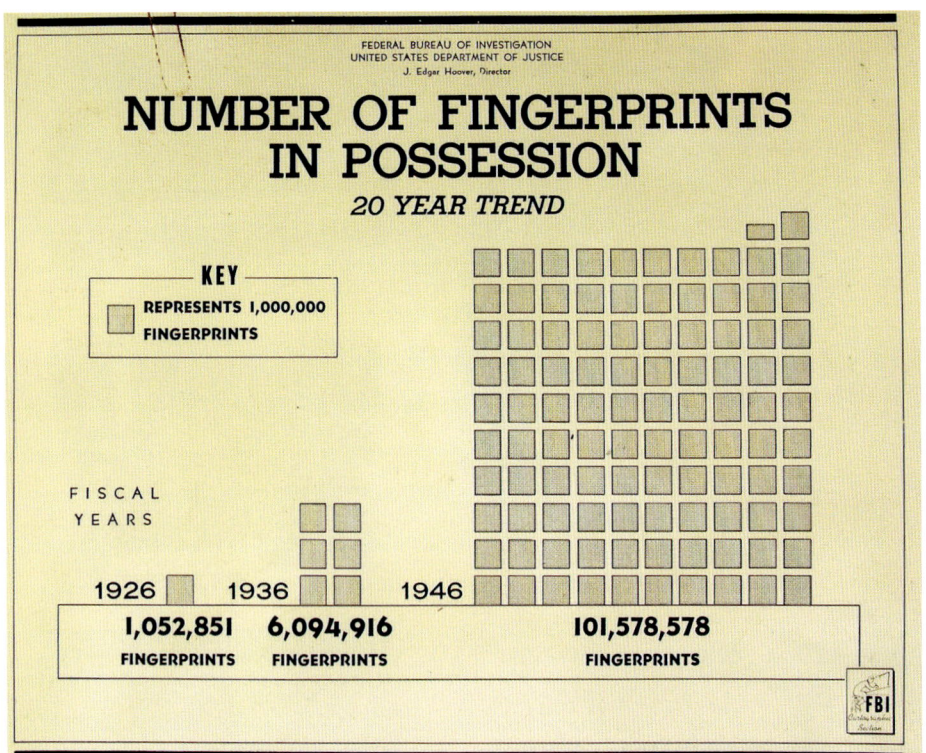

Die DNA-Spur:

- ist aus kleinsten Anhaftungen zu entnehmen,
- ist die Spur der Zukunft,
- bleibt in den Zellen das gesamte Leben unverändert,
- ist von toten Personen (auch aus Knochen, etc.) noch viele Jahre retrograd zu ermitteln,
- ist aber leicht zu verunreinigen und damit zu verfälschen, deswegen sind geeignete Schutzmaßnahmen zu treffen,
- ist von Mensch zu Mensch unterschiedlich (außer bei eineiigen Zwillingen).

Mit Hilfe des Nationalen DNA-Indexsystems des FBI-Labors können weiterhin Laboratorien der US-Behörden auf elektronischem Wege DNA-Profile vergleichen. Die Datenbank enthält die DNA-Analysen verurteilter Krimineller sowie biologisches Beweismaterial aus bisher noch ungelösten Fällen.

Von 1926 bis 1946 stieg die Anzahl der abgenommenen Fingerabdrücke um den Faktor 100.

Die Fingerabdruckdatei aus dem Jahr 1969 enthielt etwa 191 Millionen Karten. Und das alles ohne Computer...

Ein Tatortkoffer aus den Anfängen des Bureau, der in den 1930er Jahren im Einsatz war und mit dessen Inhalt die Überführung einer Vielzahl von Tätern gelang. In den folgenden Jahrzehnten hat sich der Inhalt kaum geändert.

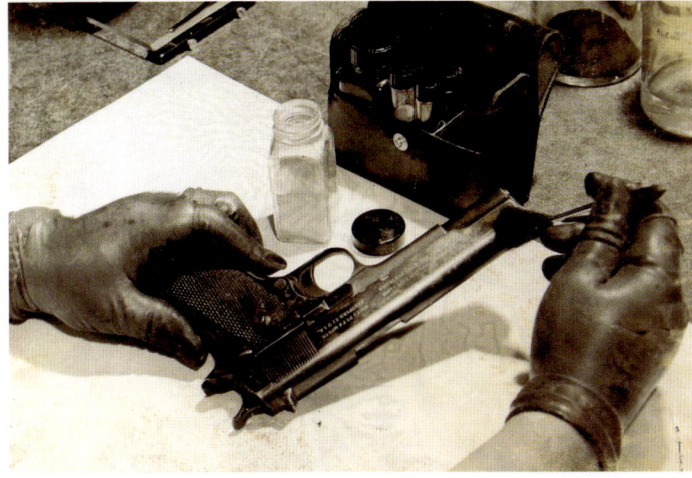

Ein tatrelevanter Gegenstand (hier eine Colt 1911 Single Action Pistole) wird mittels Rußpulver nach einer daktyloskopischen Spur untersucht.

Das FBI gibt in den 1950er Jahren Auswertungskurse auch an Mitarbeiter anderer Behörden.

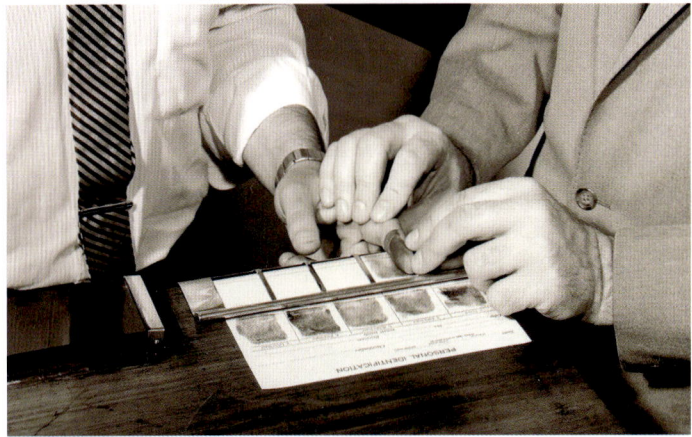

...wird mit Tusche der Abdruck auf einer Karteikarte gesichert (von den Ganoven »Klavierspielen« genannt.)

Dies war jahrzehntelang die herkömmliche Methode, um Fingerabdrücke eines Verdächtigen zu erhalten. Durch das Abrollverfahren...

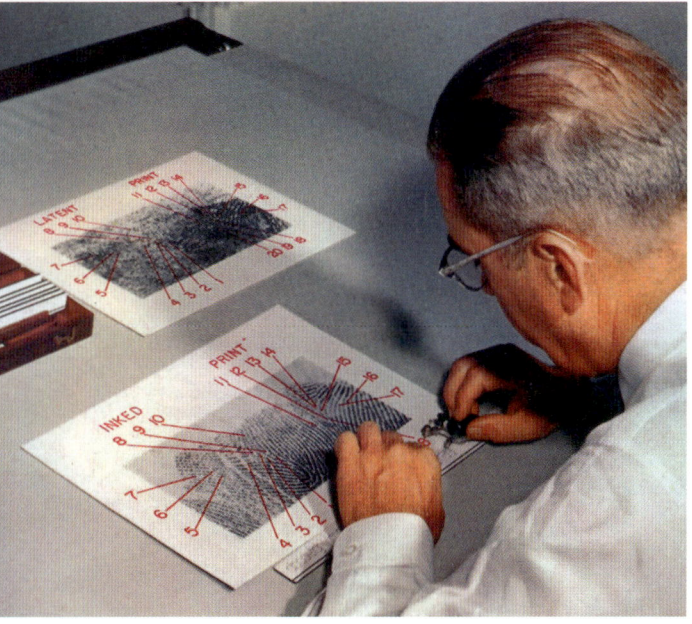

Ein vereidigter Experte vergleicht dann die Ergebnisse.

Die Verwaltung der Abdrücke erfolgte durch Sekretärinnen.

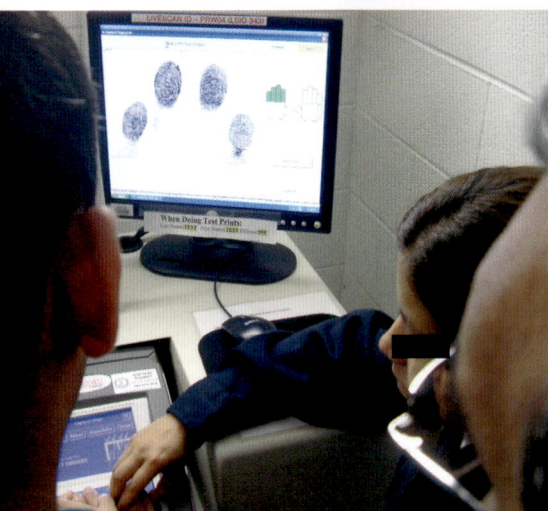

Das heutige Verfahren, der Livescan, ermöglicht die direkte Eingabe und den Vergleich der Fingerabdrücke in das Computersystem...

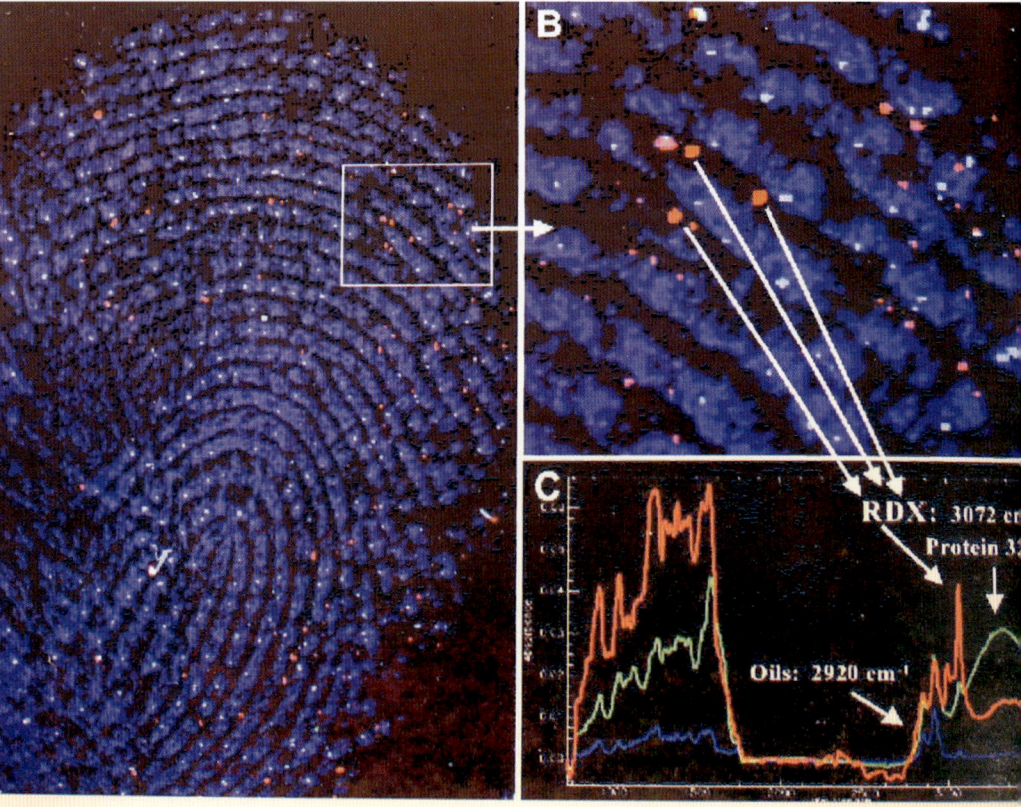

... die Auswertung erfolgt ebenfalls digital, nur noch der letzte Check (hier mit einer zusätzlichen Spectra-Analyse) erfordert einen Experten, der dann auch das gerichtsverwertbare Gutachten schreibt.

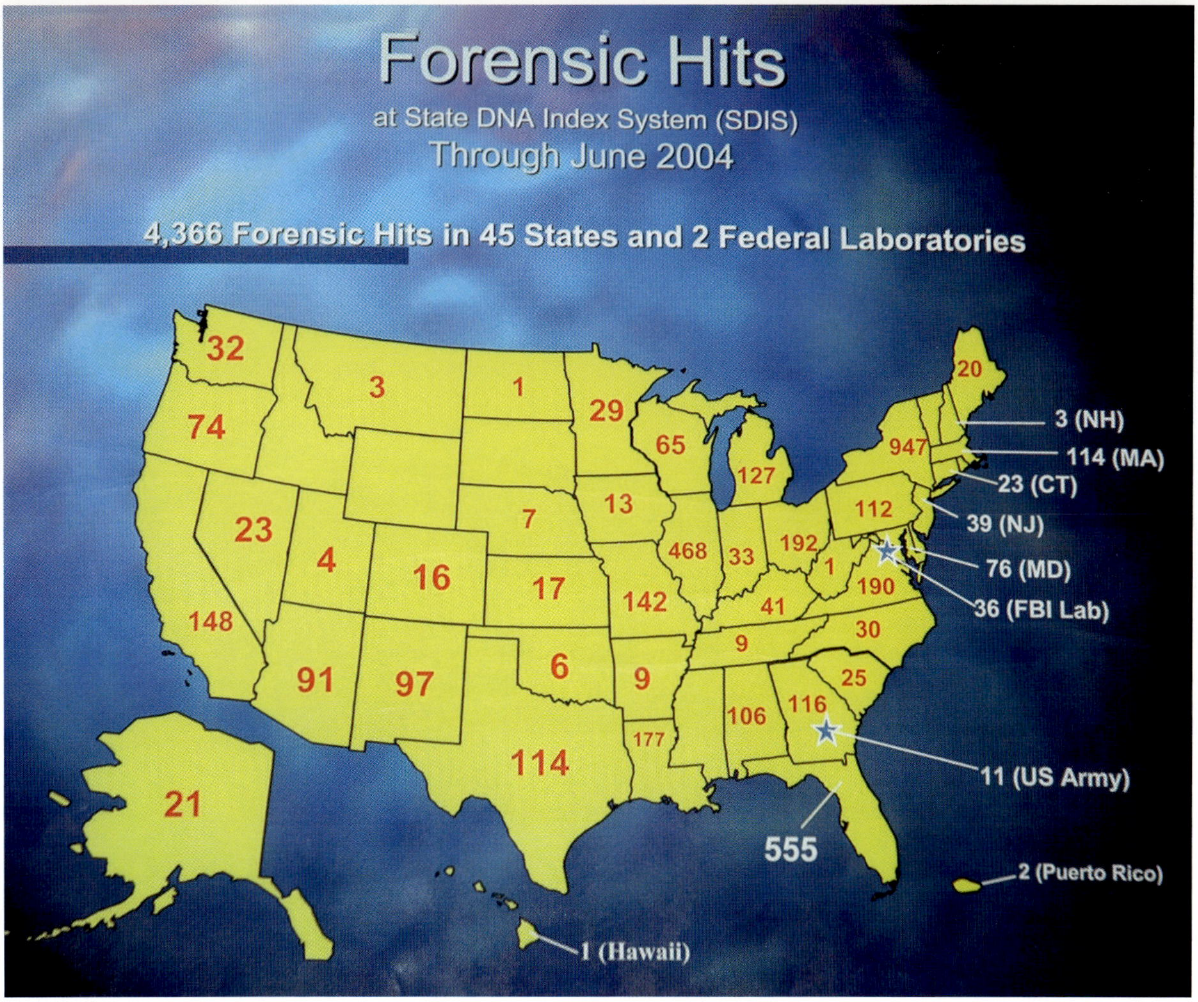

Forensic Hits
at State DNA Index System (SDIS)
Through June 2004

4,366 Forensic Hits in 45 States and 2 Federal Laboratories

32
3
1
20
74
29
3 (NH)
65
947
114 (MA)
127
23 (CT)
7
13
112
39 (NJ)
23
468
33
192
1
76 (MD)
4
16
17
142
190
36 (FBI Lab)
148
41
30
9
6
9
25
91
97
106
116
11 (US Army)
177
114
555
21
2 (Puerto Rico)
1 (Hawaii)

Washington State Missing Person: Russell Warren

Russell Warren traveled to Port Angeles, Washington, on July 3, 1929, to pick up his wife, Blanch, from Lincoln Hospital; to make payments on his 1927 Chevrolet sedan; and to purchase groceries and a washing machine. Russell and Blanch departed Port Angeles, Washington, and were last seen driving west on the Olympic Highway by Lake Crescent in Olympic National Park. They were never seen again. They left behind two young sons. At the time, investigators searched the lake but found nothing. Then, in 2001, the Olympic National Park Dive Team renewed its search of the lake and found debris from a washing machine that was consistent with a brand sold in Port Angeles, Washington, in the late 1920s. On later dives, automobile parts were located. In 2002, a sonar scan was conducted, and a deep-dive team located a 1927 Chevrolet sedan in approximately 165 feet of water. On later dives, photographs and videos were taken of the site, and artifacts were removed from the car to confirm the make and model. In 2004, human remains were discovered near the vehicle and were removed for forensic analysis. An anthropologist's report stated that the remains were probably from a Caucasian male. A blood sample was obtained from a daughter of Russell Warren's sister, and the National Park Service sent the evidence to the FBI Laboratory for analysis in March 2005. The mtDNA profile from the unidentified human remains was compared to the mtDNA profile from Russell Warren's niece. The FBI's analysis determined that Russell Warren could not be excluded as the source of the human remains, and the remains were returned to the National Park Service in November 2005. The National Park Service concluded that the remains were those of Russell Warren.

Russell and Blanch Warren

The Warrens' 1927 Chevrolet sedan

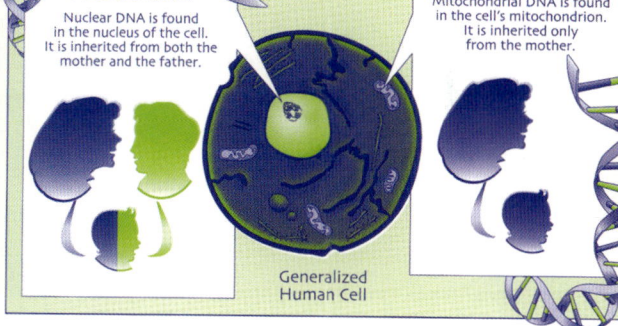

NUCLEAR DNA
Nuclear DNA is found in the nucleus of the cell. It is inherited from both the mother and the father.

MITOCHONDRIAL DNA
Mitochondrial DNA is found in the cell's mitochondrion. It is inherited only from the mother.

Generalized Human Cell

Eine DNA-Lehrtafel des FBI.

Auch über 70 Jahre alte Geschehnisse lassen sich mit der DNA-Anlayse noch klären.

Testverfahren für Anwärter

Jede Person, die regulären Dienst in dieser Bundesbehörde versehen will, muss ein hoch standardisiertes Verfahren durchlaufen, welches absolute Chancengleichheit und gerichtliche Überprüfbarkeit für jeden Bewerber garantiert.

Zuerst muss sich die betreffende Person für das Aufnahmeverfahren qualifizieren, sie muss:

- US-Staatsbürger sein,
- zwischen 23 und 37 Jahre alt,
- keine Vorstrafen haben,
- keine (oder sehr wenige) Ordungswidrigkeitenanzeigen (auch in Bezug auf »Strafzettel«) haben,
- in guter körperlicher Verfassung sein,
- ein Diplom (mit mindestens vier Jahren Studienzeit) einer akkreditierten Universität vorweisen,
- zumindest eine dreijährige berufliche Erfahrung haben.

Mit den üblichen Bewerbungsunterlagen wird zudem der Special Agent Qualifications Questionnaire (SAQQ) Fragebogen eingereicht, der 49 Statements enthält (u. a. den Umgang mit Schusswaffen und dass diese im Notfall auch Anwendung finden) und damit die (mentale) Einstellung der Bewerber im Vorfeld abfragt.

Fragen zur Körpergröße, Geschlecht oder ethnischer Abstammung sind nicht vorgesehen. Dies könnte in den USA auch große Schadenersatzprozesse nach sich ziehen.

Sind all diese Voraussetzungen gegeben, werden die Personen in eines der FBI-Field-Bureau eingeladen, um die Stufen I und II zu absolvieren.

Alle Bewerber dürfen keine:

- Bücher, Übersetzer und Rechner,
- Zeitungen, Papiere und Geld,
- Stifte und Kulis,
- Handys und Beeper,
- Kameras, Video- oder Kassettenrekorder,

zum Verfahren mitbringen. Explizit wird darauf hingewiesen, dass alle Arten von Schusswaffen im Testverfahren verboten sind, das gilt auch für Polizisten oder Personen, die einen Waffenschein haben.

Zu Beginn muss sich der Bewerber mit einem gültigen Dokument (ID-Card, Führerschein) ausweisen, dann werden die Fingerabdrücke zum Datenabgleich genommen.

Die Stufe I beginnt mit einer Filmvorführung, die detailliert die Aufgaben und die Gefahren des Berufes darstellt. Danach erhält jeder drei Stifte und die Unterlagen für den Biodata-Inventory-Test.

Damit werden mit 47 Fragen die Fähigkeiten zum/zur:

- Organisieren,
- Planen,
- positiven Einstellung,
- informationellen Aufnahmefähigkeit,
- Entschlussfähigkeit,

bei den einzelnen Kandidaten innerhalb von 45 Minuten abgefragt.

Nun folgt der Cognitive-Ability-Test, der einzige Test, auf den man sich mit Hilfe von Fachliteratur sinnvoll vorbereiten kann.

Hierbei werden die Kenntnisse in:

- Algebra,
- Geometrie,
- Arithmetik,
- Interpretation von Tabellen und Graphiken,
- Datenanalyse,

überprüft.

Abschließend folgt der Situational-Judgement-Test, mit dem die Entscheidungsfähigkeit und das situative Denken beurteilt wird. 33 Probleme (z. B. »Wie würden Sie sich bei einem Banküberfall verhalten?«) sind darin enthalten und es ist jedes Mal die beste und die schlechteste Entscheidung anzukreuzen.

Bei allen Beantwortungen ist es wichtig, dass:

- sauber und zügig vorgegangen,
- nicht gelogen,
- nicht betrogen,

wird.

Spezialisten des FBI werten diese drei Testab-

Mit großflächigen Werbeanzeigen, hier auf einem Bus in LA 2007, wird für Nachwuchs geworben.

schnitte einzeln aus und addieren sie (mit 40, 40 und 20 % Wertung) zu einem Gesamtergebnis. Innerhalb der nächsten 30 Tage geht das Ergebnis schriftlich zu den Bewerbern und diejenigen, die den Anforderungen genügen, werden zu der Test-Phase II eingeladen.

Die Zeit dazwischen nutzen FBI-Agenten und überprüfen den Background (Hintergrund) der einzelnen Personen.

Dazu werden:

- Angehörige und Lebenspartner befragt,

Hoffnungsfrohe Bewerber hatte das FBI schon immer.

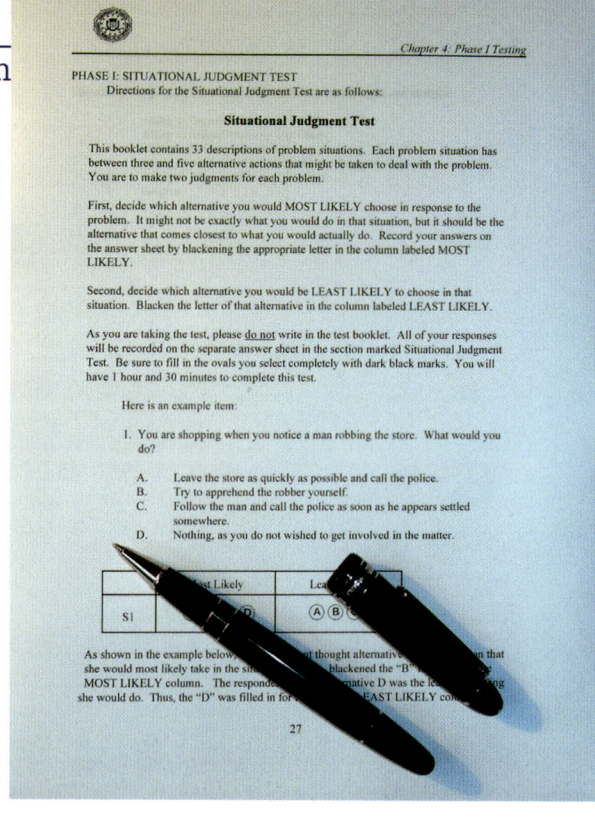

PHASE I: SITUATIONAL JUDGMENT TEST
Directions for the Situational Judgment Test are as follows:

Situational Judgment Test

This booklet contains 33 descriptions of problem situations. Each problem situation has between three and five alternative actions that might be taken to deal with the problem. You are to make two judgments for each problem.

First, decide which alternative you would MOST LIKELY choose in response to the problem. It might not be exactly what you would do in that situation, but it should be the alternative that comes closest to what you would actually do. Record your answers on the answer sheet by blackening the appropriate letter in the column labeled MOST LIKELY.

Second, decide which alternative you would LEAST LIKELY to choose in that situation. Blacken the letter of that alternative in the column labeled LEAST LIKELY.

As you are taking the test, please do not write in the test booklet. All of your responses will be recorded on the separate answer sheet in the section marked Situational Judgment Test. Be sure to fill in the ovals you select completely with dark black marks. You will have 1 hour and 30 minutes to complete this test.

Here is an example item:

1. You are shopping when you notice a man robbing the store. What would you do?

   A.   Leave the store as quickly as possible and call the police.
   B.   Try to apprehend the robber yourself.
   C.   Follow the man and call the police as soon as he appears settled somewhere.
   D.   Nothing, as you do not wished to get involved in the matter.

As shown in the example below, the thought alternative ... that she would most likely take in the si... blackened the "B" ... MOST LIKELY column. The responden... ative D was the le... she would do. Thus, the "D" was filled in for... EAST LIKELY col...

27

Im letzten Teil des Verfahrens werden die Angaben von jedem Bewerber überprüft.

kennt und auch aus Neutralitätsgründen sonst keine Informationen über den Bewerber hat, bewertet den Vortrag (intern als Interview bezeichnet). Danach folgt ein weiterer schriftlicher Test, ein Aufsatz, mit einem Zeitansatz von 90 Minuten. Das Gesamtergebnis dieses Tests wird wieder addiert, wobei das Ergebnis aus dem vorherigen Interview mit dem Faktor drei zu multiplizieren ist.

Die Test-Phase III ist der Final Screening Process. Hierbei wird mit den noch vorhandenen Bewerbern ein Sicherheitsgespräch geführt, bei dem erneut

- Einstellung,
- Belange der nationalen Sicherheit,
- Reisen in potenziell gefährliche Länder,
- Drogen, Krankheiten, Vorstrafen,
- Kontakte zu Kriminellen,
- Aufenthaltsorte und Berufe der Vergangenheit,

- die finanzielle Situation überprüft (Bankkonten),
- die bisherige ärztliche Versorgung durchleuchtet (anhand der Versicherungsnummer).

Der Test in der Phase II beginnt mit einer ausführlichen Belehrung und der Vorstellung des gesamten Ablaufes. Eine Kommission, bestehend aus Psychologen und erfahrenen FBI-Führungskräften, stellt 15 Fragen (z. B. »Wie beweisen Sie Integrität?«), die der Kandidat mündlich, ohne Vorbereitung beantworten muss. Die Kommission, die zu diesem Zeitpunkt keine Bewertung aus der Phase I

- wirtschaftliche und familiäre Situation durchleuchtet werden.

Direkt im Anschluss folgt der Polygraph Examination (Lügendetektor-Test) zur Überprüfung der gemachten Angaben.

Mit dem letzten Test, dem Physical Readiness Test, wird die körperliche Leistungsfähigkeit der Kandidaten getestet. Als Minimalanforderung ist bei jeder Einzelübung ein Punkt zu erreichen, zusammen mindestens zwölf Punkte. Abschließend erfolgt eine umfangreiche medizinische Untersuchung. Die Mediziner geben nur gesunden Kandidaten »grünes Licht«, erwartet wird u. a. eine Größe von mindestens 1.64 Meter sowie ein Körperfettanteil von höchstens 19 % bei Männern und höchstens 22% bei Frauen.

Das gesamte Verfahren dauert zehn bis zwölf Monate und wird von vielen Teilnehmern als sehr anstrengend beschrieben. Wird ein Teil des Verfahrens nicht bestanden, kann dieser einmalig wiederholt werden. Da das FBI sehr hohe Bewerberzahlen hat, kommen nur 5% der Testkandidaten in die abschließende, nähere Auswahl für einen der begehrten Ausbildungsplätze an der FBI-Academy.

Das schriftliche Testverfahren verlangt alles von den Bewerbern.

Die FBI-Academy

Das Areal der FBI-Academy (interne Abkürzung/Bezeichnung: FBINA: FBI National Academy oder NFBIA: National FBI Academy) liegt auf dem Marine-Infanterie Stützpunkt in Quantico/Virginia. In dieser von Wäldern umgebenen, ruhigen Einrichtung, die eine gute Stunde Autofahrt vom Hauptquartier in Washington D. C. entfernt liegt, findet die komplette Aus- und die meiste Fortbildung der Agenten statt.

Das FBI nahm den ersten regulären Schulungsbetrieb im Juli 1935 auf, die professionelle Academy, die weltweit wohl kein Pendant hat, besteht seit Sommer 1972 und wird ständig verbessert.

Eine ca. 150 Hektar große Anlage bietet alle Möglichkeiten für eine zeitgemäße und praxisorientierte Ausbildung, u. a. stehen zur Verfügung:

- drei Wohn- und Aufenthaltsgebäude,
- ein Auditorium mit 1.000 Sitzen,
- ein großes Unterrichtshaus,
- verschiedene Schießstände,

Die FBI-Academy im Indian Summer Ende 1990.

- Outdoortrainingsstände,
- Sportanlagen (vom Pistolenstand zur Flintenschießanlage),
- Driving-Range,
- eine moderne Turnhalle mit Schwimmbad,
- eine Kirche,
- ein großer Autoparkplatz,
- und manches mehr...

Die Academy kann knapp 1.000 Studenten aufnehmen, darunter sind ca. 15% von anderen Dienststellen für spezielle Kurse. Diese Polizisten (und Polizistinnen) kommen von US-Polizeibehörden aus dem ganzen Land, von anderen Bundesbehörden (DEA, BATF, usw.), aber auch aus über 130 verschiedenen Ländern weltweit.

Als Ausbilder fungieren an der Academy ältere, erfahrene Agents sowie freie Mitarbeiter (vom Pfarrer bis hin zum Juraprofessor), die die Neulinge (polizeiintern als Rookies bezeichnet) auf ihren Dienst vorbereiten.

Unterteilt sind die Lehrkräfte u. a. auf die Einheiten:

- Field and Police Training Unit (polizeiliches Einsatztraining),
- Firearms Training Unit (Schießausbildung),
- Forensic Science Research and Training Center (Wissenschaften wie Rechtspsychologie, Medizin, Biologie und Chemie),
- Technologie Services Unit (Technik und Ausrüstung),
- Investigative Training Unit (ermittlungstaktische Verhaltensweise),
- Law Enforcement Communication Unit (Rhetorik und Kommunikationstraining),
- Leadership and Management Science Unit (Führungskräfte und Management Training),
- Physical Training Unit (Sportausbildung),
- New Agents Training Unit (Basisbeschulung für angehende Agenten),
- Pratical Applications Unit (einsatztaktische Verhaltensweisen).

Besonders interessant ist die Hogans Alley, auf der realistische Polizeilagen (u. a. mit Simunitionsübungen) trainiert werden. Während es dort in den Anfängen um 1940 nur eine Straßenkulisse gab,

auf der u. a. Pendelscheiben im scharfen Schuss zu bekämpfen waren, ist dies heute eine komplette »funktionsfähige Übungsstadt«, die auch mit Fahrzeugen zu befahren ist, in der Geschäfte und Büros vorhanden sind und Hotels und Werkstätten geöffnet haben. Hier verbringen die Anwärter ca. 90 Stunden und lernen (und »sterben«) viel für den praktischen Einsatz. In Bistros können hier die Beschäftigten sitzen und essen, während um sie herum situative Darstellungen ablaufen. Hogans Alley, mit der eigenen Postleitzahl 22135, ist wohl weltweit ein Novum, sogar die Kreditkarte wird in den verschiedenen Einrichtungen angenommen.

Da jeder um die Besonderheiten dieser Trainingsanlage weiß, gibt es auch keine Sicherheitsbedenken, wenn Unbeteiligte das Szenario passieren; man verhält sich natürlich und aus den Übungslagen heraus. Teilweise werden für besondere Übungslagen professionelle Schauspieler eingeladen, die die Szenariodarsteller (vom Opfer bis hin zum Täter) mimen. In der Alley wird ausschließlich mit Simunitionweapons (Farbmarkierungswaffen) trainiert, die ein sicheres Training ermöglichen.

Die Instruktoren der PAU (Practical Applications Unit) betreuen diesen Teil und geben u. a. Unterricht in:

- taktischen Verhaltensweisen im Polizeidienst,
- Verhalten in gefährlichen Umgebungen,
- Festnahme-Techniken,
- Vorgehen bei Banküberfällen,
- Polizeitechniken bei schlechten Lichtverhältnissen,
- Verhalten bei Geiselnahmen (auch wenn der Agent selbst eine ist).

Weltbekannt ist das Kino, das Biograph Theater, die Anschlagstafel (und dem real existierenden Film) »Manhatten Meldodram« mit den Schauspielern Clark Gable und Myrna Loy. In dem gleichnamigen Kino in Chicago wurde John Dillinger (America's Public Enemy Number One) am 22. Juli 1934 nach einem Schusswechsel mit FBI-Agenten in Notwehr erschossen.

FBI-Agent Physical Fitness Test Protokoll

Wertungstabelle Liegestütze

Punkte	Männer	Frauen
-2	31 und weniger	29 und weniger
0	32-37	30-34
1	38	35-36
2	39-42	37-40
3	43-44	41-42
4	45-47	43-46
5	48-49	47-48
6	50-51	49-50
7	52-53	51-52
8	54-55	53-54
9	56-57	55-56
10	58 und mehr	57 und mehr

Wertungstabelle Bauchaufzüge (in Min.)

Punkte	Männer	Frauen
-2	19 und weniger	4 und weniger
0	20-29	5-13
1	30-32	14-18
2	33-39	19-21
3	40-43	22-26
4	44-49	27-29
5	50-53	30-32
6	54-56	33-35
7	57-60	36-38
8	61-64	39-41
9	65-70	42-44
10	71 und mehr	45 und mehr

Wertungstabelle 300-Meter Sprint (in Sek.)

Punkte	Männer	Frauen
-2	55.1 und mehr	67.5 und mehr
0	55.0-52.5	67.4-65.0
1	52.4-51.1	64.9-62.5
2	51.0-49.5	62.4-60.0
3	49.4-48.0	59.9-57.5
4	47.9-46.1	57.4-56.0
5	46.0-45.0	55.9-54.0
6	44.9-44.0	53.9-53.0
7	43.9-43.0	52.9-52.0
8	42.9-42.0	51.9-51.0
9	41.0-41.0	50.9-50.0
10	40.9 u. weniger	49,9 u. weniger

Wertungstabelle 1.5-Mile Rennen (in Min.)

Punkte	Männer	Frauen
-2	13:30 und mehr	15:00 und mehr
0	13:29-12:25	14:59-14:00
1	12:24-12:15	13:59-13:35
2	12:14-11:35	13:34-13:00
3	11:34-11:10	12:59-12:30
4	11:09-10:35	12:29-11:57
5	10:34-10:15	11:56-11:35
6	10:14-9:55	11:34-11:15
7	9:54-9:35	11:14-11:06
8	9:34-9:20	11:05-10:45
9	9:19-9:00	10:44-10:35
10	8:59 u. weniger	10:34 u. weniger

Eine Collage aus der Eingangshalle der Academy.

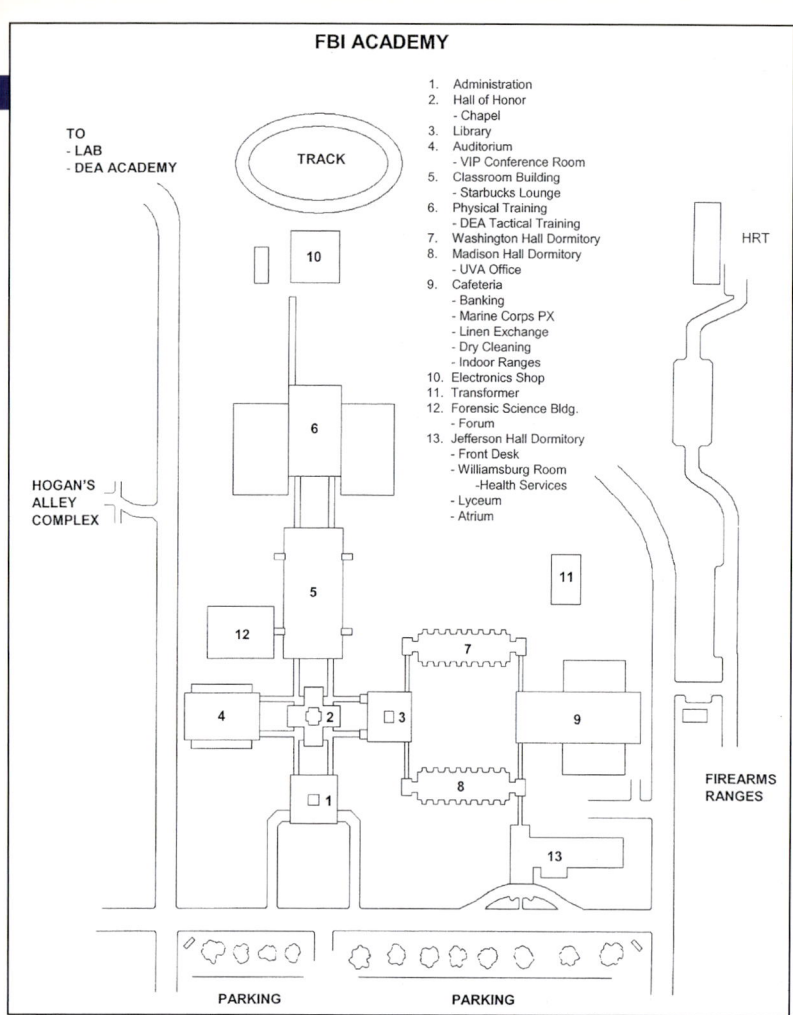

FBI ACADEMY

1. Administration
2. Hall of Honor
 - Chapel
3. Library
4. Auditorium
 - VIP Conference Room
5. Classroom Building
 - Starbucks Lounge
6. Physical Training
 - DEA Tactical Training
7. Washington Hall Dormitory
8. Madison Hall Dormitory
 - UVA Office
9. Cafeteria
 - Banking
 - Marine Corps PX
 - Linen Exchange
 - Dry Cleaning
 - Indoor Ranges
10. Electronics Shop
11. Transformer
12. Forensic Science Bldg.
 - Forum
13. Jefferson Hall Dormitory
 - Front Desk
 - Williamsburg Room
  -Health Services
 - Lyceum
 - Atrium

TO
- LAB
- DEA ACADEMY

TRACK

HRT

HOGAN'S
ALLEY
COMPLEX

FIREARMS
RANGES

PARKING   PARKING

**Übersichtsplan
der Academy.**

Das Hauptgebäude der Academy in den 1940er Jahren.

**Eingang der FBI-
Academy Ende
der 1920er Jahre,
als diese noch
in Washington
D. C. war.**

**Der Eingang an
einem frühen
Spätsommertag
in 2007.**

**Empfang an der Außenmauer des weiträumigen Areals.
Die FBI-Police bewacht neben dem HQ auch dieses
Gelände sehr gewissenhaft und um die Uhr.**

**Das berühmte
Eingangschild.**

168

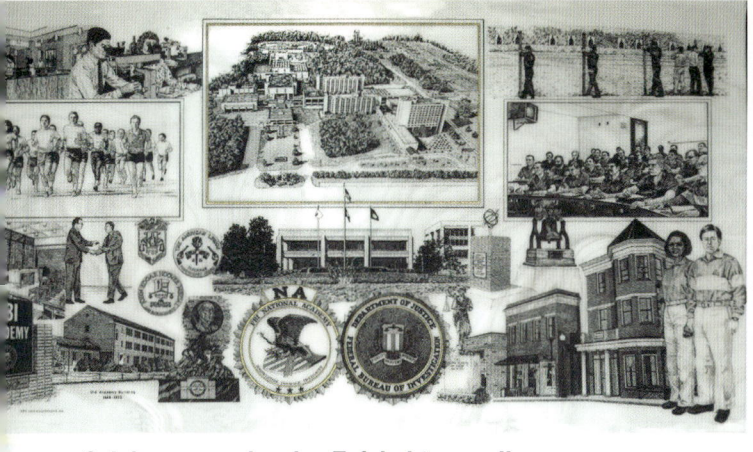

Solche ansprechenden Tafeln können die Absolventen als Erinnerung erwerben.

Ein Wohngebäude der FBINA...

Das Empfangsgebäude.

...es bietet Platz für hunderte von angehenden Agenten.

Ein Verwaltungsgebäude.

Die meisten Gebäude sind durch Gänge miteinander verbunden.

Ein Gedenkstein mit einem Merksatz des ehemaligen US-Präsidenten Roosevelt.

Die 207. Session hat sich für ein Memorial im Stil des World Trade Center entschieden.

Zwischen den Gebäuden gibt es manche Oase der Ruhe und Erholung...

...ebenso wie auf dem großen Gelände.

Es ist Brauch, dass sich jeder Jahrgang auf dem Gelände verewigt...

Viele Gebäude sind innenarchitektonisch sehr reizvoll ausgebaut, mit großen Glasflächen nutzen sie das Tageslicht.

Ein Gruppenarbeitsraum.

Ein Schlafraum in Quantico vor vielen Jahrzehnten. Heute gibt es meist 2er Zimmer, die aber immer noch spartanisch sind. (Fairerweise muss angemerkt werden, dass die angehenden Agenten quasi nur zum Schlafen auf den Zimmern sind.)

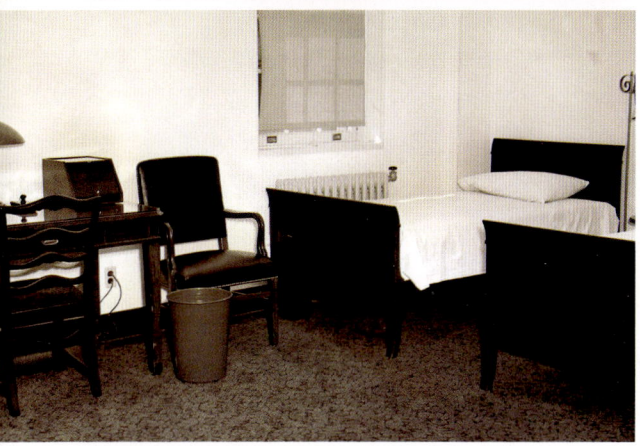

Etwas komfortablere Zimmer gibt es für Agenten oder Polizisten mit einem höheren Rang.

Der Store des NFBIA, in dem es verschieden-farbige Shirts gibt, mit denen sich die unter-schiedlichen Kursteilnehmer unterscheiden.

»Ohne Mampf kein Kampf« das galt vor Jahrzehnten (damals noch mit Personal)...

...als auch heute. Das Essen in der Kantine ist sehr reichhaltig, z. B. gibt es eine Salatbar, an der sich jeder frei bedienen kann.

Ein früherer Trainingsraum des FBI im Zeitraum um den Zweiten Weltkrieg...

Auch der heutige Kraftraum der Academy ist mit modernsten Maschinen unserer Zeit ausgerüstet.

...der damals up to date war.

Ebenso wie mit einem Schwimmbad (hinten sind verschiedene Übungswaffen an der Wand angebracht), ...

Das FBI führt verschiedene Wettbewerbe durch, deren jährliche Sieger auf Andenkentafeln in der FBINA verewigt sind.

... das daneben noch eine Trainingsfläche für kombinierte Sportübungen hat.

Die PAU ist für das Simulationstraining dort verantwortlich.

Die wohl innovativste Trainingsanlage für Situationstraining, die Hoogan's Allee.

Bei manchen ist außen ein Grundrissplan angezeichnet, so dass vorher (wie im richtigen Einsatz auch) Absprachen über das gemeinsame Vorgehen zu treffen sind.

Die Alley bietet Straßenzüge für Situationstraining in und um Fahrzeuge,...

... aber auch komplexe Häuser...

... die innen realistisch eingerichtet sind, oder wie hier etwas rustikaler für ein Training mit Simunitionwaffen.

173

Ein komplett (funktionsfähiger) Motelkomplex...

... an dem Dillinger erschossen werden musste. Sogar der gleiche Film wird »immer wieder gezeigt«.

... ist ebenso vorhanden wie ein Billiardsaloon oder ein Imbiss, in dem auch »normal gegessen« werden kann und in dem sich Personen aufhalten können,die unbeteiligt sind.

Der wohl bekannteste Teil der Anlage, das Biograph Theater, von Film und Aufbau her authentisch mit der Örtlichkeit,...

Eine Trainings-anlage für Breaching (Türöffnung mittels Ramme)...

...durch eine ausgeklügelte Konstruktion von Metall- und Steckverbindun-gen können die Türen immer wieder verwen-det werden.

Ausbildung zum FBI-Agenten

Die Ausbildung zum FBI-Agenten dauert 17 Wochen. Im Vergleich zu anderen Ländern (z. B. zu Deutschland mit durchschnittlich drei Jahren), mag das wenig erscheinen, in den USA ist das viel. Manche Polizeibehörden in den USA haben gar kein Training für ihre neuen Cops oder nur einige Tage. Auch verfügen die meisten FBI-Anwärter über einen regulären Universitätsabschluss, Berufserfahrung und stehen mit beiden Beinen im Leben. Vom Rechtsanwalt über den Ingenieur bis hin zu ehemaligen Polizisten unterschiedlicher US-Großstädte sind alle Berufsgruppen vertreten. Viele dienten auch bereits in den Streitkräften der USA.

Jeder Neuling hat sich schon im Vorfeld genauestens auf den Lehrgang vorzubereiten. Am Sonntag Abend, vor der ersten Ausbildungswoche, treffen sich alle Teilnehmer, um sich kennen zu lernen und um ihre persönlichen Sachen einzuräumen.

Am nächsten Morgen beginnen die administrativen Dinge; sie erhalten ihre Zugangsberechtigungen, Unterlagen und jeder der New Agent Trainees (FBI- Anwärter, abgekürzt NAT) muss einen Vertrag unterzeichnen. Damit verpflichtet er sich zu einem gesetzes- und regeltreuen Verhalten während der Ausbildung und er gibt sein Einverständnis zur Beobachtung und Bewertung in allen Bereichen.

Eine kurze Vereidigung und eine Willkommensrede einer Führungskraft beenden den ersten Vormittag. Alle Anwärter sind hoch motiviert auf ihre Ausbildung und den späteren Beruf, auch wenn das Gehalt (am Anfang 44.100 US $) nicht sehr hoch ist. Sie teilen sich mit einer weiteren Person eine Stube und mit vier Personen ein Badezimmer. Sie haben Zutritt zu modernsten Kommunikationsmitteln, einer der besten Fachbibliotheken der Welt und zu allen Arten von Sportstätten.

Die Anwärter werden über die strikt zu beachtenden Regeln aufgeklärt, z. B.:

- vorbildliches Verhalten,

Eine fundierte Ausbildung ist ein stetiger Garant für den Erfolg.

- das erste Verlassen der Academy erst ab der dritten Woche,
- kein Alkohol in den Zimmern,
- keine Übernachtung von Besuchern.

Danach erfolgt eine Begehung der einzelnen Häuser sowie des Academy Stores (Ausrüstungsladen). Hier müssen die Anwärter sich eine uniformähnliche Bekleidung kaufen, die aus khakifarbenen taktischen Einsatzhosen der Firma 5.11 und einheitlich bedruckten T-Shirts besteht. Die Farbe der Oberbekleidung bestimmt die Zugehörigkeit des Trägers; bei den Anwärtern ist das blau. Ein Ausbilder erklärt den dazugehörigen Sinn: »Mit den positiven Aspekten der Uniformierung fügen wir Individuen in einem Team zusammen.«

Am zweiten Tag wird nach dem Weight-In (Körperuntersuchung) die sportliche Leistungsfähigkeit (PT) überprüft. Obwohl oftmals mehrere Monate seit dem Einstellungstest vergangen sind, sollte es keine großen Unterschiede der physischen Verfassung geben.

Danach folgt die wochenlange Lernphase in den Fächern:

- Gesetzeskunde,
- Kriminalistik und Kriminologie,
- Psychologie und Soziologie,
- Statistik und Regularien des FBI,
- Rhetorik und Verhandlungstechnik,
- Einsatztraining,
- Sport,
- Eigensicherungstraining,
- Selbstverteidigung,
- Stock- und Waffenkampf.

Es gilt eine Menge zu lernen, auch nach dem offiziellen Ende des Unterrichtstages, der sich von 08.00 bis 16.00 Uhr erstreckt.

Alle Anwärter müssen während der Ausbildung umfangreiche Testverfahren bestehen, u. a. Sport-/Schieß- und Taktiktests. Schwierig ist hier der ca. 15,5 Kilometer Waldlauf (mit 5 km integriertem Hindernislauf), bekannt als Yellow Brick Course, eine Art militärischer Trimm-Dich-Pfad, den es im Team zu absolvieren gilt. Der Qualifikationstest im Schießen gilt als eine weitere, abschließende Hürde.

Gegen Ende des Lehrgangs gilt es mehrere akademische Prüfungen zu bestehen, z. B. in:

- Legal Behavioral Science (situatives Auftreten),
- Interviewing (Befragung von Verdächtigen, Zeugen und Opfern),
- Ethics (Ethik im Polizeidienst),
- Basic Investigative Technique (einfache kriminalistische Untersuchungen),
- Interrogate (Verhörtechniken),
- Advanced Investigative Techniques (fortgeschrittene Kriminalistik),
- Forensic Sience (gerichtsmedizinische Untersuchungen).

Ein einmaliges Wiederholen einer nicht bestandenen Prüfung ist möglich, ein erneutes Durchfallen führt zum Abbruch des Kurses.

Für die glücklichen Teilnehmer, die allen Anforderungen entsprechen, endet der Grundlehrgang mit der feierlichen Graduation (Verleihungszeremonie). Meistens wird diese vom jeweiligen FBI-Direktor persönlich vorgenommen, eine Veranstaltung, zu der die Verwandten eingeladen sind und die in dem großen Auditorium der Academy stattfindet.

Sie erhalten ihr Abzeichen, ihre Dienstwaffe und werden einer der vielen Dienststellen des FBI zugeteilt, wo sie sich dann in der Praxis zu bewähren haben. Für die Ausbilder beginnt der Zyklus von neuem, da in der Regel alle zwei Wochen eine neue Grundausbildung startet und alleine im Jahr 2004, 1.200 Absolventen die Abschlussprüfung bestanden.

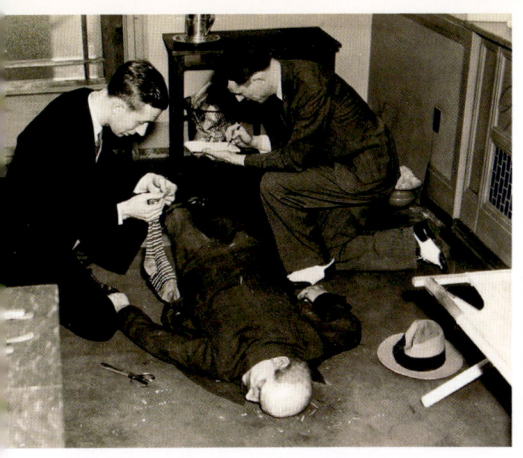

Eine wichtige Übungslage ist der erste Angriff bei Tatorten. Fehler, die hierbei unterlaufen, können bei späteren Ermittlungen große Schwierigkeiten hervorrufen.

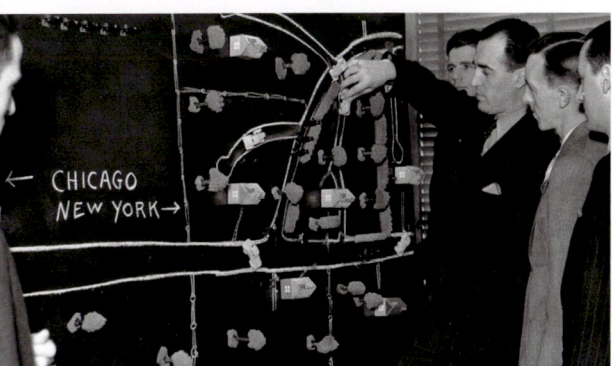

Eine theoretische Einweisung in die Grundzüge der Fahrobservation.

Der theoretische Unterricht findet mit Hilfe von aktueller Multimedia statt.

Ein Selbststudium und das Nacharbeiten der erlernten Inhalte nach Feierabend wird während des Lehrgangs erwartet.

Jahrzehnte vor dem Internet übernahm der Teletyer die Aufgabe der heutigen Computer.

Sport war immer ein wichtiger Bestandteil der Ausbildung wie hier im Jahr 2006 in der Academy...

...oder über den Dächern von Washington D. C. (man beachte das Capitol im Hintergrund) in den 1930er Jahren.

Auch Vorträge außerhalb der FBINA, wie hier im Department of Justice, gehören zum Ausbildungsprogramm.

Mit dem Gruppensport werden die positiven Eigenschaften der Kameradschaft, der Motivation und der Fitness kombiniert.

Hier eine Übungsgruppe aus den frühen Nachkriegsjahren (was auch an der zugenommenen Körperproportion zu erkennen ist).

Auf dem Yellow-Brick-Lauf gilt es...

...hier eine Kletterwand im Jahr 2005.

...einige Hindernisse zu überwinden, die seit Jahrzehnten gleich sind. Hier in den 1980er Jahren...

Der »Motivationsbaum« vor der Laufstrecke.

»Kraft ist nicht alles, aber ohne Kraft ist alles nichts«. Regelmäßige Einlagen mit Liegestütze gehören zum Standardprogramm.

Liegestütze (in der perfekten Ausführung der 1980er Jahre) sind ideal, um die Oberkörpermuskulatur zu trainieren.

Selbstverteidigungstechniken standen schon bei den ersten Lehrgängen des BI auf dem Programm. Der hier gezeigte Handgelenkhebel findet...

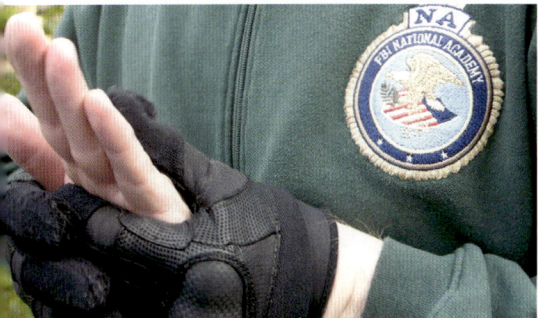

...auch in der heutigen Ausbildung im Jahr 2008 noch Anwendung.

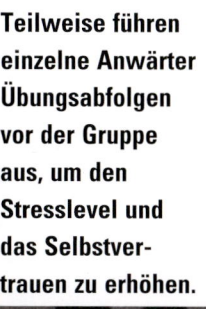

Teilweise führen einzelne Anwärter Übungsabfolgen vor der Gruppe aus, um den Stresslevel und das Selbstvertrauen zu erhöhen.

Diese »abenteuerlichen Entwaffnungstechniken« stehen heute nicht mehr auf dem Lehrplan.

Verteidigung gegen frontales Würgen (hier durch Griffsprengen) in den 1950er Jahren.
Eine seltene Variante des Hip Throw (Hüftwurfs).

Eine Agentin demonstriert eine Entwaffnungstechnik, die im absoluten Notfall und Nahkampf gegen eine Bedrohung mit einer Schusswaffe Anwendung finden kann.

In der modernen polizeilichen SV werden viele Übungen in Einsatzkleidung und mit Ausrüstungen ausgeführt, wie hier 2007 auf der großen Mattenfläche der Academy (für Insider sind speziell die Übungsgeräte im Hintergrund interessant).

Schieß- und Taktik- training

Bevor das FBI 1934 die Berechtigung erhielt, seine Agenten offiziell zu bewaffnen, trugen nur vereinzelte Agenten eine Schusswaffe. Innerhalb weniger Jahre musste eine Marktsichtung durchgeführt und ein Ausbildungsprogramm konzipiert werden. Da das Militär und die Polizeieinheiten der Großstädte schon derartige Erfahrungen hatten, stellte das aber kein großes Problem dar.

Zunächst hat man sich für einen einfachen, aber zuverlässigen Revolver entschieden, den Colt Official Police, dem Standard für viele Jahrzehnte. Über den bewähren Smith and Wessen (S&W) Military and Police, Modell 13, im Kaliber .357 Magnum (geladen mit .38 Spec. +P, mit 158 gr. Hohlspitzmunition) kam man Mitte der 1980er Jahre zur halbautomatischen Pistole. Hier sollte das europäische Kaliber 9 mm Verwendung finden, hauptsächlich in der auch bei deutschen Polizeieinheiten bewährten Sig Sauer 226.

Nach einer nur kurzen Praxiserprobung kam es am 11.04.1986 zur Tragödie. FBI-Agenten stellten nach einer Fahrobservation die beiden extrem gewalttätigen Bankräuber Platt und Matix. Dabei kam es zu einem Feuergefecht mit ca. 130 abgegebenen Schüssen. Es gelang den G-Men zwar die zwei Verbrecher in Notwehr zu töten, jedoch starben auch zwei der Agenten am Ort des Geschehens, sechs weitere wurden zum Teil schwer verletzt. Nach einer kurzen Untersuchung sollte als »Hauptursache« die zu schwache Bewaffnung der Agenten mit ihren 9 mm und .38 Spezialgeschossen dienen. Das größte Argument war, dass unmittelbar zu Beginn der Schießerei der Verbrecher Platt, der im späteren Verlauf mit seinem .223 Gewehr die beiden mutigen Agenten Jerry Dove and Ben Grogan ermordete, einen Treffer von einem 9 mm Geschoss des Agenten Dove in die Brust erhielt. Im Verlauf der weiteren Auseinandersetzung hatte Platt zwar noch neun weitere Treffer erhalten, aber der erste Schuss hätte ihn schon handlungsunfä-

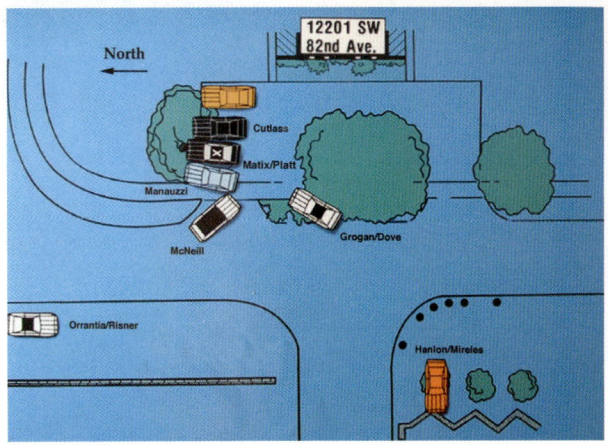

So standen die Fahrzeuge während des
Miami Fire Fight 1986.

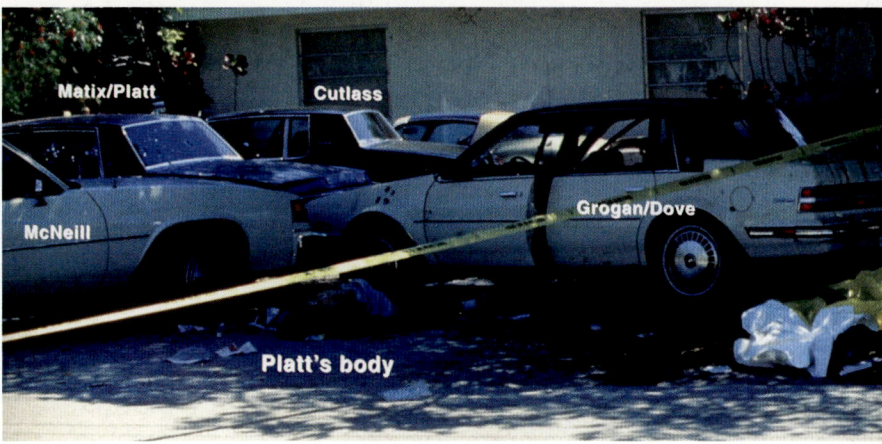

Eine Seitenaufnahme mit der Positionsbestimmung
der Agenten und Verbrecher.

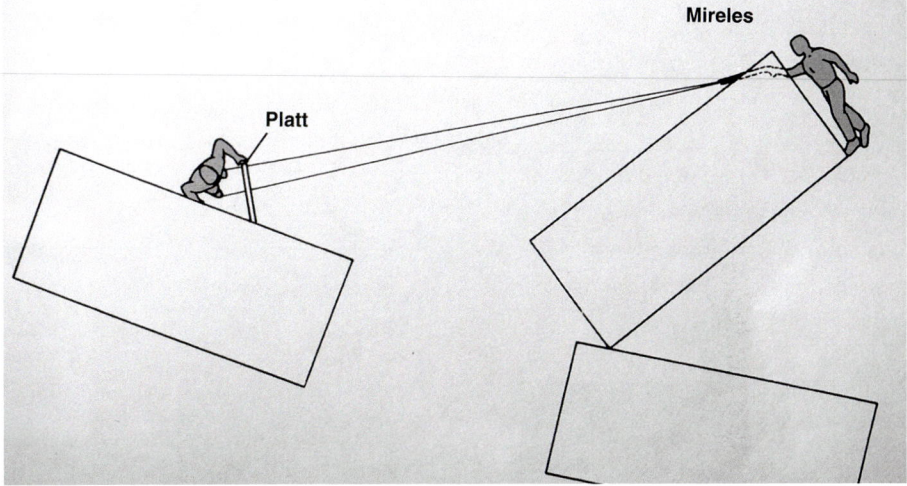

Kurz vor Ende des Fights verteidigte sich Agent Mireles liegend, einarmig,
mit einer Langwaffe (Remington 870) gegen den Kriminellen Platt.

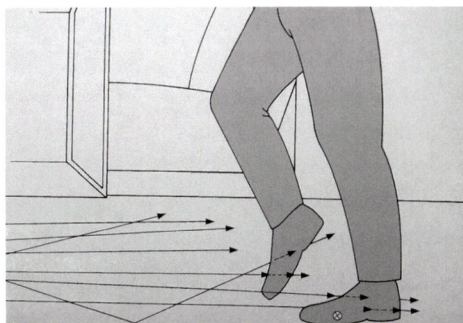

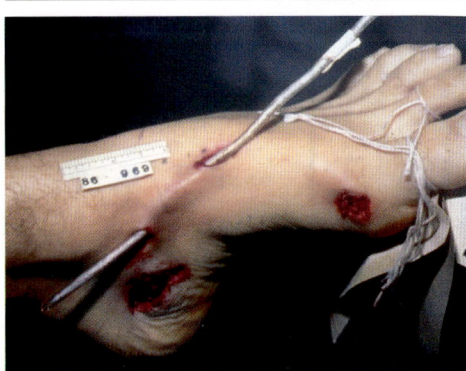

Das Finale: Gegen Ende des Gefechtes gelingt es dem ebenfalls schwer verwundeten Agenten Mireles, auf dem Boden liegend mehrere Treffer mit seiner Pump-Gun anzubringen. Mit einer enormen Willensanstrengung repetierte er diese Waffe zwischen den Schüssen einarmig, da er seinen linken Arm infolge einer Verwundung nicht mehr steuern konnte.
Er versetzte Platt mehrere Treffer im Fußbereich, der auf ihn zutorkelte und noch drei Schuss auf ihn abfeuerte. Diese trafen aber nicht, Mireles mobilisierte seine letzten Kraftreserven, zog sich auf die Füße und erschoss Platt und Matix auf kurze Distanz, einhändig, mit seinem Dienstrevolver.

Weapons Used in the Firefight

Suspects:

Platt: Ruger Mini-14 Caliber .223 - at least 42 rounds fired
         .357 S&W revolver, 6 inch barrel - 3 rounds fired
         .357 Dan Wesson revolver, 6 inch barrel - 3 rounds fired

Matix: 12 gauge S&W Model 3000 shotgun - 1 round (#6 shot) fired

Verified shots fired by suspects: 49

FBI:

McNeill: .357 magnum revolver, 2 inch barrel - 6 rounds (38+P) fired
Mireles: 12 gauge Remington Model 870 shotgun - 5 rounds (2 3/4 inch
         00 buckshot) fired
         .357 magnum revolver - 6 rounds (38+P) fired

Grogan: 9mm automatic - 9 rounds fired

Dove: 9mm automatic - 20 rounds fired

Risner: 9mm automatic - 6 rounds identified by casings as fired
         (however, Risner stated that he had fired 13-14
         rounds and then had placed a second loaded magazine
         into his weapon; Orrantia reports a large number
         of rounds fired by Risner; it is likely that many of
         Risner's casings were removed by souvenir hunters)
         38 caliber revolver - 1 round (38+P) fired

Orrantia: .357 magnum revolver, 4 inch barrel - 12 rounds (38+P) fired

Hanlon: 38 caliber revolver, 5 shot, 2 inch barrel - 5 rounds (38+P) fired

Verified shots fired by FBI: 70

Verified total shots in firefight: 119
Probable total number of shots fired: >130

Eine Aufstellung der verwendeten Waffen.

hig machen müssen. Dieser erste Schuss, ein Winchester Silvertipp Hohlspitzgeschoss, mit 115 gr., blieb vier Zentimeter vor Platts Herz stecken, er konnte damit noch fünf weitere Minuten agieren. Erst der bereits schwer verletzte Agent Mireles konnte ihn aus nächster Nähe mit einem Kopfschuss aus seinem .38er Revolver stoppen.

Weitere Untersuchungen brachten dann noch ans Licht, dass das 9 mm Geschoss zuerst den Unterarm von Platt durchschlug und dann, schon stärker deformiert, in seinen Brustraum eindrang. Dies war eigentliche Hauptursache für die schlechte Wirkung, in der nun folgenden Untersuchung ging sie jedoch unter.

Regelmäßiges Schießtraining für angehende Agenten ist eine Selbstverständlichkeit. Hier 2006 mit der Remington 870 im Kaliber 12-76.

In den Wochen danach stand das FBI unter Schock. Die »weltbeste« Polizeibehörde hatte stark von ihrem Nimbus eingebüßt und stand unter Druck von allen Seiten. Es folgte eine lange Untersuchung verschiedener Munitions- und Bewaffnungsvarianten und nach einer Odyssee über 10

mm, über verschiedene S&W Pistolen, kam man auf die nun vorherrschende Bewaffnung mit der Glock 22, im Kaliber .40 S&W.

Obwohl noch andere Waffen geführt werden dürfen:

- von Agenten mit kleineren Händen auch die Glock 23,
- von älteren Agenten u. a. Revolver, Sig Sauer 226,
- als back up u. a. S&W Bodyguard,
- als schwere Bewaffnung die HK MP 5 mit Einzelfeuergriffstück, meist im Kaliber .40,
- die Remington 870 im Kaliber 12/76,
- im Undercover-Einsatz natürlich jede Art von Täterwaffen,
- im SWAT oder HRT jede Art von Spezialbewaffnung, u. a. .45 Pistolen,

ist das die Hauptbewaffnung und jeder neue Agent wird seit einigen Jahren nur noch daran ausgebildet.

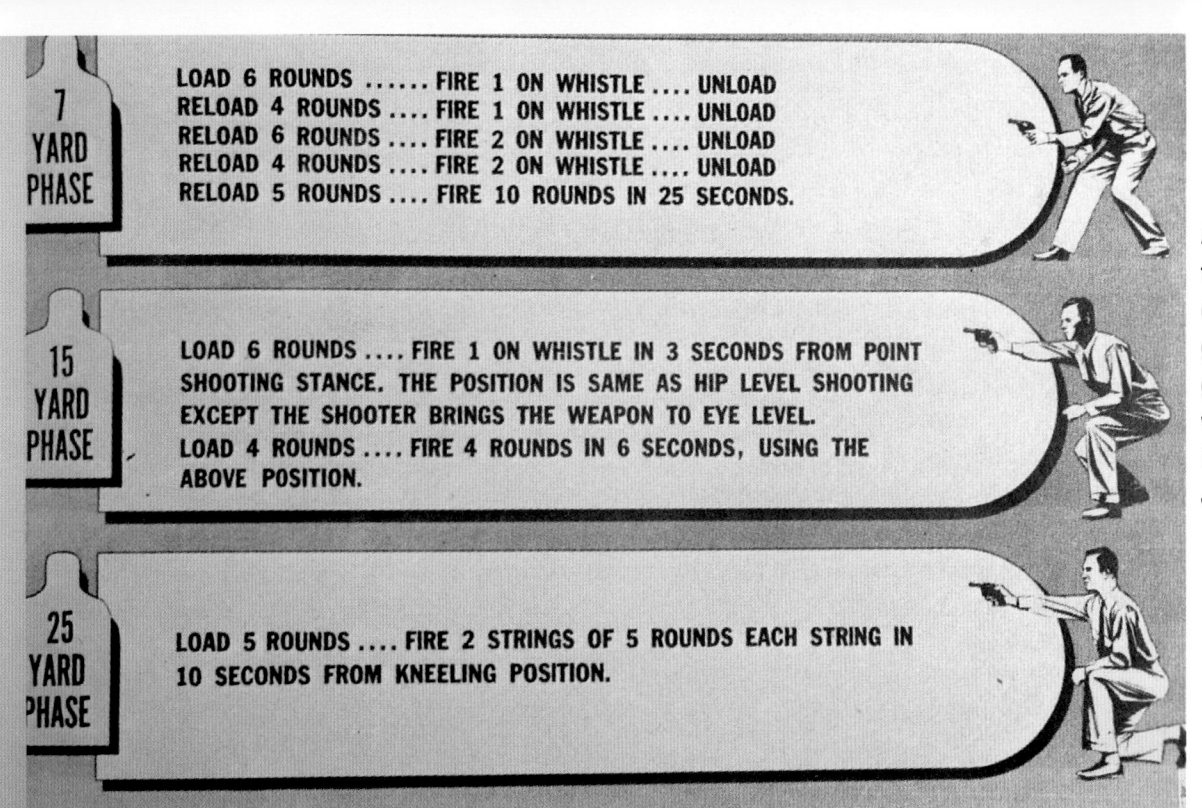

7 YARD PHASE

LOAD 6 ROUNDS ...... FIRE 1 ON WHISTLE .... UNLOAD
RELOAD 4 ROUNDS .... FIRE 1 ON WHISTLE .... UNLOAD
RELOAD 6 ROUNDS .... FIRE 2 ON WHISTLE .... UNLOAD
RELOAD 4 ROUNDS .... FIRE 2 ON WHISTLE .... UNLOAD
RELOAD 5 ROUNDS .... FIRE 10 ROUNDS IN 25 SECONDS.

15 YARD PHASE

LOAD 6 ROUNDS .... FIRE 1 ON WHISTLE IN 3 SECONDS FROM POINT
SHOOTING STANCE. THE POSITION IS SAME AS HIP LEVEL SHOOTING
EXCEPT THE SHOOTER BRINGS THE WEAPON TO EYE LEVEL.
LOAD 4 ROUNDS .... FIRE 4 ROUNDS IN 6 SECONDS, USING THE
ABOVE POSITION.

25 YARD PHASE

LOAD 5 ROUNDS .... FIRE 2 STRINGS OF 5 ROUNDS EACH STRING IN
10 SECONDS FROM KNEELING POSITION.

Auf einen Wertungskurs hat das FBI immer großen Wert gelegt, dieser wurde besonders in den 1950er Jahren trainiert...

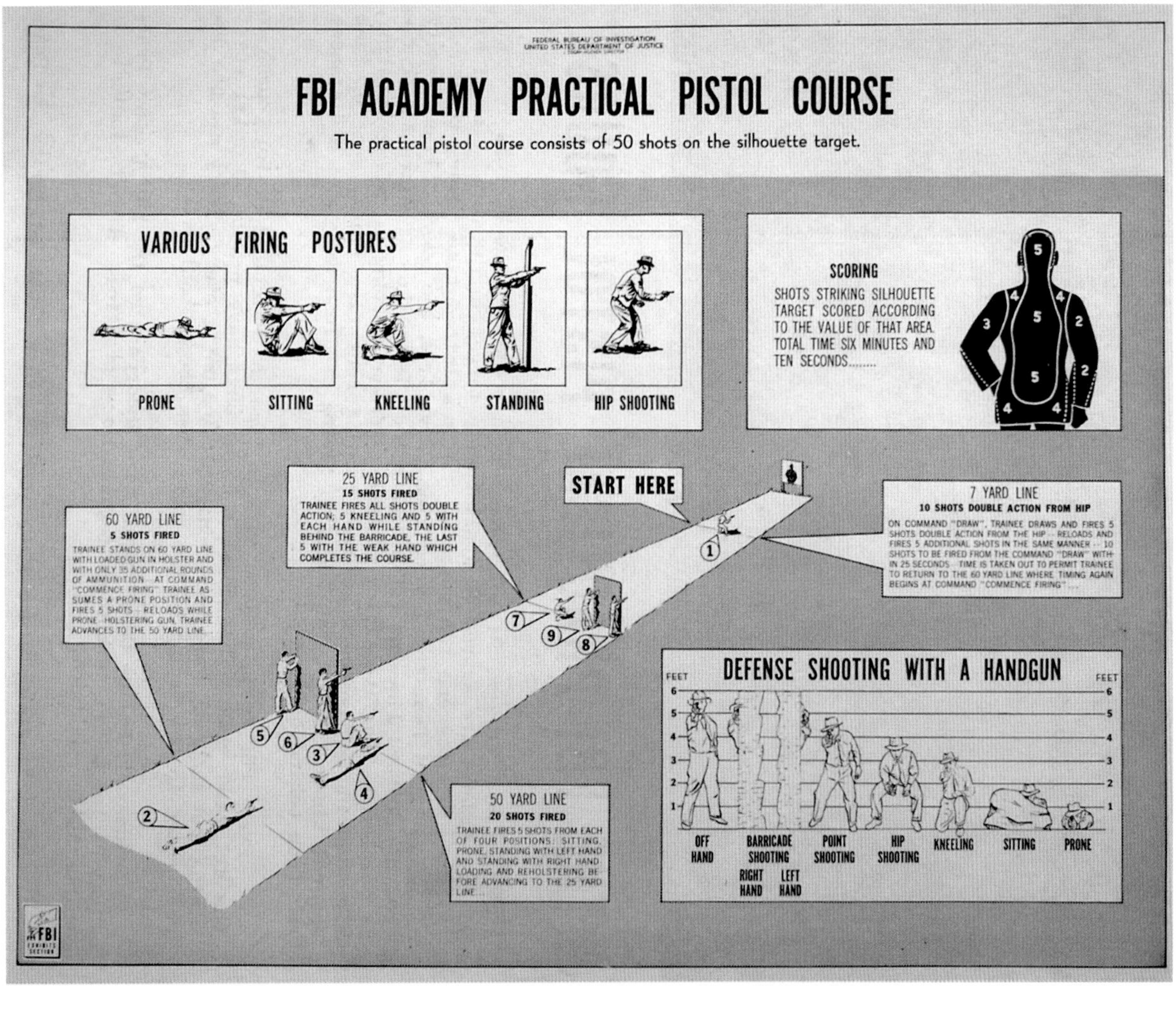

...dieser in den 1970er Jahren.

FEDERAL BUREAU OF INVESTIGATION
UNITED STATES DEPARTMENT OF JUSTICE

FBI ACADEMY PRACTICAL PISTOL COURSE

The practical pistol course consists of 50 shots on the silhouette target.

VARIOUS FIRING POSTURES

PRONE   SITTING   KNEELING   STANDING   HIP SHOOTING

SCORING

SHOTS STRIKING SILHOUETTE TARGET SCORED ACCORDING TO THE VALUE OF THAT AREA. TOTAL TIME SIX MINUTES AND TEN SECONDS.........

25 YARD LINE
15 SHOTS FIRED
TRAINEE FIRES ALL SHOTS DOUBLE ACTION; 5 KNEELING AND 5 WITH EACH HAND WHILE STANDING BEHIND THE BARRICADE, THE LAST 5 WITH THE WEAK HAND WHICH COMPLETES THE COURSE.

START HERE

7 YARD LINE
10 SHOTS DOUBLE ACTION FROM HIP
ON COMMAND "DRAW", TRAINEE DRAWS AND FIRES 5 SHOTS DOUBLE ACTION FROM THE HIP -- RELOADS AND FIRES 5 ADDITIONAL SHOTS IN THE SAME MANNER -- 10 SHOTS TO BE FIRED FROM THE COMMAND "DRAW" WITH-IN 25 SECONDS - TIME IS TAKEN OUT TO PERMIT TRAINEE TO RETURN TO THE 60 YARD LINE WHERE TIMING AGAIN BEGINS AT COMMAND "COMMENCE FIRING"....

60 YARD LINE
5 SHOTS FIRED
TRAINEE STANDS ON 60 YARD LINE WITH LOADED GUN IN HOLSTER AND WITH ONLY 35 ADDITIONAL ROUNDS OF AMMUNITION - AT COMMAND "COMMENCE FIRING" TRAINEE AS-SUMES A PRONE POSITION AND FIRES 5 SHOTS - RELOADS WHILE PRONE -HOLSTERING GUN, TRAINEE ADVANCES TO THE 50 YARD LINE.

DEFENSE SHOOTING WITH A HANDGUN

OFF HAND   BARRICADE SHOOTING   POINT SHOOTING   HIP SHOOTING   KNEELING   SITTING   PRONE

RIGHT HAND   LEFT HAND

50 YARD LINE
20 SHOTS FIRED
TRAINEE FIRES 5 SHOTS FROM EACH OF FOUR POSITIONS ; SITTING, PRONE, STANDING WITH LEFT HAND AND STANDING WITH RIGHT HAND LOADING AND REHOLSTERING BE-FORE ADVANCING TO THE 25 YARD LINE....

Wie die meisten Polizisten müssen auch die FBI-Agenten im Laufe ihres Berufslebens ihre Schusswaffe nicht einsetzen. Ungeachtet dessen erhalten sie eine der besten Schulungen der amerikanischen Polizei insgesamt. Sie erhalten eine umfassende theoretische und praktische Schulung, die 28 Trainingseinheiten zu je vier Stunden umfasst. Einsetzen dürfen sie die Waffe nur im äußersten Notfall und wenn andere Mittel keinen Erfolg versprechen. Meistens kommt die Schusswaffe in klassischen Notwehrlagen zum Einsatz, d. h. der Agent selber wird von einem Verbrecher mit einer Waffe bedroht/angegriffen und muss sich verteidigen. Zur Verhinderung der Flucht wird sie seltener (als oftmals im Krimi gezeigt) eingesetzt. Im Verfahren Tennesse gegen Garner, 471 U.S. 1 (1985) urteilte der Oberste Gerichtshof der Vereinigten Staaten deswegen: *»Hat ein Polizist überzeugenden Anlass zu glauben, dass der Verdächtige eine ernste körperliche Bedrohung für ihn oder für andere darstellt, so ist es der Verfassung nach nicht unangemessen, die Flucht durch Einsatz tödlicher Gewalt zu verhindern. Bedroht zudem der Verdächtige den Polizisten mit einer Waffe oder besteht überzeugender Anlass zu der Annahme, dass er ein Verbrechen begangen hat, das mit der Zufügung oder Androhung schwerer körperlicher Verletzungen einherging, kann nötigenfalls (wenn möglich mit Vorwarnung) tödliche Gewalt angewendet werden.«*

Aufbauend auf Handlingsübungen, die beim Bureau seit Generationen zu absolvieren sind, folgen einfache Präzisionsübungen. Ist der NAT in der Lage, die Scheibe zielsicher zu treffen, steigern die Ausbilder der FTU das Tempo und den Schwierigkeitsgrad. Insgesamt stehen 115 Stunden auf dem Lernplan, mit ca. 3.500 Schuss.

Die NAT müssen sich nun:
- taktisch richtig bewegen,
- vorhandene Deckungen weitsichtig ausnutzen,
- ihre Wahrnehmung trainieren,
- den schnellen und taktischen Magazinwechsel in allen Lagen beherrschen,
- Waffenstörungen beseitigen,
- den Einsatz der Taschenlampe beherrschen.

Abschließend müssen sie die Fähigkeit unter Beweis stellen, mit den drei Standardwaffen des Bureau:
- Glock 22 oder 23,
- Maschinenpistole Heckler & Koch MP 5,
- Schrotflinte Remington 870.

Dazu gibt es drei Tests, die es zu bestehen gilt, jeder besteht aus vier Phasen, bei dem die NAT ihre Fähigkeit für den sicheren, zielgenauen und schnellen Umgang mit der jeweiligen Waffe unter Beweis stellen müssen.

Der Handgun Qualification Course:

Dazu werden 50 Schuss ausgegeben, der Schütze macht seine Waffe einsatz- und trainingsbereit.

Phase I: Auf Kommando zieht der Schütze und feuert sechs Schuss aus der Bauchlage, drei Schuss aus starker seitlich kniender Barrikadestellung, sechs Schuss aus starker seitlich stehender Barrikadestellung und drei Schuss aus schwacher seitlich stehender Barrikadestellung ab.

Das Zeitlimit ist dabei 1,15 Minuten, in dem ein Magazinwechsel selbständig erfolgen muss und abschließend ein Reload (Aufmunitionieren der Waffe vor dem Wegstecken) durchzuführen und die Waffe zu Holstern ist.

Die Schießanlage des FBI ist eine der größten des Landes. Zudem kann auch für Sonderübungen noch auf die Anlagen der Marines (sind auf dem gleichen Areal) zurückgegriffen werden.

Phase II: Auf Kommando bewegt sich der Schütze von der 25-Yard zur 15-Yard-Linie, zieht, gibt zwei Schuss innerhalb von sechs Sekunden ab und geht dann in Bereitschaft. Auf Kommando feuert dann der Schütze vier Salven zu je zwei Schuss (Dubletten) innerhalb von drei Sekunden und kehrt nach jeder Salve in die Low Ready (aufmerksame Bereitschaftsstellung) zurück. Nach Abschluss der Phase II holstert der Schütze die geladene Waffe.

Phase III: Auf Kommando bewegt sich der Schütze von der 15-Yard zur 7-Yard-Linie, zieht und feuert 12 Schuss innerhalb von 15 Sekunden ab, einschließlich einmaligem Nachladen. Nach Abschluss der Phase III holstert der Schütze die geladene Waffe. Sodann verteilt der Schütze zehn Schuss Munition so um, dass er fünf Schuss in der Waffe und fünf Schuss in einem Ersatzmagazin hat.

Phase IV: Auf Kommando bewegt sich der Schütze zur 5-Yard-Linie, zieht und feuert fünf Schuss nur mit der starken Hand (meist rechts), macht einen schnellen Magazinwechsel, wechselt die Waffe in die schwache Hand (meist links) und verschießt seine letzten fünf Schuss aufs Ziel.

Nach Abschluss der Phase IV entlädt der Schütze, checkt den Ladezustand und steckt die entladene Waffe ins Holster.

Der Shootgun Qualification Course (die Schrotflinten Qualifikation):

Dazu benötigt der Schütze elf Slugs (Flintenlaufgeschosse) und fünf Buckshot Patronen (mehrere Kugeln in einer Hülse).

Phase I: Gestartet wird auf der 50-Yard-Linie. Der Schütze lädt zwei Flintenlaufgeschosse ins Röhrenmagazin und stellt sich in die High Ready (hohe Bereitschaftshaltung). Auf Kommando und innerhalb von 20 Sekunden lädt der Schütze seine Waffe durch, geht ins Ziel, entsichert und gibt einen Schuss aus starker seitlich stehender Barrikade und einen Schuss aus starker seitlich kniender Barrikade auf das Ziel ab.

Nach Abschluss der Phase I überprüft der Schütze seine Waffe und geht mit leerer und gesicherter Waffe zur nächsten Station.

Phase II: Ausgangspunkt ist hier die 25-Yard-Linie, der Schütze steht hier mit leerer und gesicherter Waffe sowie geöffnetem Verschluss bereit. Auf Kommando, innerhalb von 45 Sekunden, muss der Schütze fünf Flintenlaufgeschosse laden und dann zwei Schuss aus starker seitlich stehender Barrikade und drei Schuss aus starker seitlich kniender Barrikade auf die Zieldarstellung schießen. Nach Abschluss der Phase II erfolgt die Sicherheitsüberprüfung und er geht mit leerer, gesicherter und geöffneter Waffe zur nächsten Markierung vor.

Phase III: Gestartet wird an der 15-Yard-Linie. Auf Kommando lädt der Schütze innerhalb von 20 Sekunden vier Slugs und gibt einen Schuss ab. Dann geht der Schütze mit gesicherter Waffe in die Low Ready. Auf Kommando feuert der Schütze innerhalb von drei Sekunden je einen Schuss auf die Zieldarstellung ab. Nach Beendigung erfolgt ein Sicherheitscheck und der Schütze nimmt die High Ready ein.

Phase IV: Von der 7-Yard-Linie aus lädt der Schütze auf Kommando drei Schuss Schrotmunition, feuert drei Schuss ab, lädt erneut zwei Schuss Schrot und feuert zwei Schuss ab. Alle Vorgänge erfolgen hier schnellstmöglich. Eine Sicherheitsüberprüfung beendet diese Qualifikation.

Der MP5 Submaschine Gun Qualification (die MP5 Qualifikation):

Alle NAT schießen während ihrer Schusswaffenausbildung mit der MP5 Maschinenpistole. Bei der Wertungsübung werden 50 Schuss ausgegeben und in je zwei Magazine zu 25 Schuss verteilt.

Phase I: Von der 50-Yard-Linie aus lädt der Schütze ein 25-Schuss-Magazin und geht in High Ready. Innerhalb von 55 Sekunden lädt der Schütze auf Kommando ein Magazin durch, stellt den Wählhebel auf Halbautomatik, feuert fünf Schuss aus Bauchlage und sichert seine Waffe. Dann nimmt der Schütze die starke seitlich kniende Barrikadestellung ein, feuert fünf Schuss ab, und schließlich weitere fünf Schuss aus starker seitlich stehender Barrikadeposition. Nach Abschluss der Phase I sichert er seine Waffe und nimmt die Bereitschaftshaltung ein.

Phase II: Von der 25-Yard-Linie, von der High Ready Position aus und mit einer Zeitvorgabe von 50 Sekunden, feuert der Schütze auf Kommando fünf Schuss aus starker seitlich kniender Barrikade, fünf Schuss aus starker seitlich stehender Barrikade und fünf Schuss aus schwacher seitlich kniender Barrikade. Der Magazinwechsel wird eigenständig während der Übung gemacht, abschließend erfolgt nach Phase II ein Sicherheitscheck.

Phase III: Von der 15-Yard-Linie aus, mit Wahlhebel auf »sicher«, feuert der Schütze auf Kommando fünf Schuss stehend und fünf Schuss kniend.

Phase IV Von der 7-Yard-Linie aus und beginnend in Stellung drei feuert der Schütze auf Kommando zwei Schuss in drei Sekunden und kehrt in die Low Ready zurück. Dann feuert der Schütze auf Kommando vier Salven zu je zwei Schuss in je zwei Sekunden und kehrt nach jeder Salve in die Low Ready zurück. Nach Abschluss dieser beendenden Station folgt ein Sicherheitscheck und der Schütze hält seine Waffe mit offenem Verschluss.

Bei allen drei Durchgängen gilt:

- Die NAT können diese mehrfach absolvieren, da es viele nicht beim ersten Durchgang schaffen.
- Die fertig ausgebildeten Agenten wiederholen ähnliche Tests in den Field Bureau, damit sie weiterhin die Waffe führen dürfen. Dies sind aber alles interne Vorschriften, eine gesetzliche Grundlage oder einen Vergleich mit anderen US-Polizeien gibt es nicht.
- Eine Trefferquote von mindestens 80 Prozent/Punkten muss erreicht werden, ein Treffer sind zwei Punkte.
- Die Vorschriften sind genauestens einzuhalten, das Tragen von Gehör- und Augenschutz ist zwingend.
- Als Zieldarstellung dient die typische FBI-Silhouette.
- »Angerissene Treffer« auf der Scheibe werden nicht gewertet.
- Yard ist das nordamerikanische Längenmaß, 1 yard = 3 feet = 36 inches = 0,9144 Meter.
- Die Barrikaden im Durchgang dienen zum einen der Orientierung, zum anderen sind diese

taktisch sinnvoll zu nutzen. Der Unterschied zwischen stark und schwach ist die Art und Weise der dortigen Beschreibung der Nutzung (des Winkels, des Hinauslehnens, des Abstandes, etc.).

- Jeder Ablauffehler im Durchgang zieht ein failed (durchgefallen) nach sich.
- Waffenstörungen sind selbständig zu beheben, die Zeit läuft dabei weiter. Ob sie nachteilig für den Schützen gewertet wird, ist situationsabhängig.
- Auf eine sichere Waffenhandhabung und deren Kontrolle vor, zwischen und nach den Durchgängen wird allerhöchste Priorität gelegt, da es bei der Vielzahl der Auszubildenden immer wieder zu »unangenehmen Situationen« und im polizeilichen Einsatz (zwar nicht beim FBI, aber generell bei der US-Polizei) zu Schadenersatzzahlungen im mehrstelligen Millionenbereich kommt.
- Jeder Sicherheitsverstoß (z. B. Deuten mit der Waffe außerhalb des Kugelfangs) bedeutet »mindestens« ein Durchgefallen.
- Bei allen Bereitschaftshaltungen ist Körperspannung zu demonstrieren, die Aufmerksamkeit auf das Ziel gerichtet und der Zeigefinger lang am Griffstück.
- Bei der Flinte und der MP ist die Waffe gesichert und wird erst unmittelbar vor der Schussabgabe auf dem Ziel entsichert.
- Low Ready: Dabei zeigt die Waffenmündung nach vorne auf den Boden, kurz vor/zwischen die eigenen Füße.
- High Ready: Dabei ist der Kolben in/an die Hüfte gestemmt, die Waffe wird leicht neben dem Körper mit der Mündung nach oben (über das Ziel hinweg) in den Himmel gehalten, vom Boden aus sind es ca. 140°.
- Beim gesamten Durchgang wird eine gute Wahrnehmung gefordert, ein sicherer Umgang mit der Waffe, ein flüssiger Durchgang, ein entschlossenes Auftreten.

FBI-Anwärter bereiten sich auf den Leistungs- nachweis mit der Kurzwaffe vor.

Die Abnahme des Shotgun Qualifi- cation Course mit der Polizei- Flinte erfolgt von verschiedenen Positionen, hier im Stehen...

...hier im Knien.

Seit einigen Jahren werden Elemente von SV, Schießen und Taktik im Simulationstraining verbunden.

Realistisch wurde beim FBI schon immer trainiert, hier der Feuerstoß mit einer Thompson MP in den 1930er Jahren von einem Fahrzeug aus.

Die ersten Trainingsanlagen des FBI »verdienten« noch den Namen Schießkeller.

Beim FBI wird in der Gruppe, im Zweierteam und einzeln geschossen.

Der Schießstand im FBI-Hauptquartier. Heute bieten sie alle erdenklichen Möglichkeiten, die notwendig sind, um die Agenten im Umgang mit den Schusswaffen zu schulen.

Schießen mit dem Gewehr im Kaliber .30 aus einer knienden Position. Dieser Repetierer ist mittlerweile dem M 16 gewichen.

Der große Schießstand der Academy im Jahr 2008 ...

... und fast der gleiche Blickwinkel Jahrzehnte zuvor.

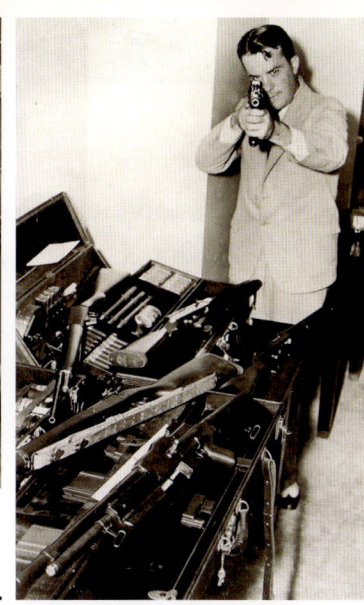

Die Waffen der
1930/1940er Jahre.

Beschussversuche auf ein ausrangiertes Fahrzeug, ein Chevrolet-Sechszylinder, Baujahr ca. 1926. Die beiden Agenten benutzten Thompson MPs, rechts stehen Kameras, die erstmals Hochgeschwindigkeitsaufnahmen ermöglichen.

Das Ergebnis wird begutachtet.

Zwar hat es keinen großen Realitätsbezug, das Treffen aus allen Lagen demonstriert aber, was bei einem regelmäßigen Training möglich ist.

Schon vor Jahrzehnten waren Gruppenfotos mit Ausbilder nach Beendigung des Trainings obligatorisch.

Schützen, die über außergewöhnliche Zielfertigkeiten verfügen, gibt es beim FBI immer wieder.

Das Handlingtraining vor dem eigentlichen Schießen ermöglicht ein mentales Verfestigen der Bewegungsabläufe.

Charismatische Ausbilder können nicht nur Vorbilder sein, sondern die Teilnehmer auch zu Spitzenleistungen motivieren. Das FBI hatte in seiner Geschichte immer wieder solche Ausbilder, die auch selber außergewöhnliche Dinge vorführen konnten.

Einer davon war Jelly Bryce. Bryce wurde aufgrund einer außergewöhnlichen Leistung Mitte der 1920er Jahre von einem Schießwettkampf weg für den Polizeidienst in Oklahoma City engagiert. In einem seiner ersten Streifengänge traf er auf einen Autodieb, der eine Waffe auf ihn abfeuern wollte. Bryce war schneller und erschoss den Dieb in Notwehr. Er war ohne Badge, ohne Uniform und quasi ohne Erfahrung auf Streife und so neu, dass ihn der eintreffende Captain nicht erkannte und ihn ins Gefängnis einliefern ließ. Schnell konnte sich jedoch seine Identität und die Sachlage klären, die Legende um ihn begann.

Bei weiteren Auseinandersetzungen in seinem ersten Dienstjahr musste er wiederum von seiner Waffe Gebrauch machen und insgesamt drei Straftäter töten. 1933 gelang ihm (zusammen mit anderen Cops) noch die Festnahme des berüchtigten Bankräubers »Tri-State-Terror« Underhill. Underhill war gerade aus einem Gefängnis geflüchtet und dafür bekannt, bei Überfällen anwesende Passanten quasi »aus Spaß« zu töten. Der Teamleiter von Bryce bekam einen Tipp über sein Kommen und sie errichteten eine Polizeifalle, die der Verbrecher nicht bemerkte. Aber Underhill wollte sich nicht ergeben, er eröffnete den Schusswechsel, die Polizisten setzten ihre Waffen zur Verteidigung ein. Obwohl Underhill mehrere Torsotreffer erhielt, konnte er damit noch eine weitere Strecke flüchten, bevor seine endgültige Überwältigung gelang. Das wiederum verwunderte die Polizisten, ballistische Wirkungen waren zu der damaligen Zeit innerhalb der Polizei noch relativ unbekannt.

Am 18. Juli 1934 wechselte Jelly Bryce zum FBI. Schnell wurde er auch hier eine Berühmtheit, als er bei einem Festnahmeversuch auf den Polizistenmörder Barrow traf. Dieser hielt zwei Pistolen in seinen Händen, richtete sie auf Bryce und machte Anstalten, davon Gebrauch zu machen. Bryce hatte seinen 38er unter seinem Mantel, nutzte einen Augenblick der Ablenkung, zog blitzschnell und traf Barrow final.

Bei Vorführungen zeigte sich seine extreme Schnelligkeit. Z. B. ließ er ein Geldstück aus Schulterhöhe fallen, zog seine Waffe und traf es noch mit einem Hüftschuss, bevor es den Boden berührte. Bryce verwendete gerne seine »Lucky Gun«, einen .44 Revolver mit Griffschalen aus Metall und einer eingravierten schwarzen Katze, einer Nummer 13 und einem Stierkopf. Er zerschoss Spielkarten aus großer Entfernung, benutzte Spiegel und traf mit Gewehren hochgeworfene Münzen mit einem Schuss. Assistenten und Beobachter seiner Vorführungen, die er bei Festen und Presseterminen gab, bestätigten seine einzigartige Präzision und seine ungewöhnlich gute Wahrnehmung.

Seine Hauptaufgabe bis zu seiner Pensionierung 1958 war das Training. Nur wenn es zu gefährlichen Konfrontationen kam, rief man ihn und er nahm die Täter fest. Oftmals war es sein Ruf, seine Kollegen nannten es den Bryce-Effect, der die Verbrecher aufgeben ließ, wenn er in der Nähe war.

Eine genaue Zahl seiner Konfrontationen ließ sich nicht mehr erstellen. Sein ehemaliger Chef erinnerte sich später an 19, andere Quellen belegen zehn Männer, die er in Notwehr töten musste. In allen Fällen richteten sie zuerst die Waffe auf Bryce.

Ein Bild aus den Anfangstagen der Academy: Trockentraining in der Sporthalle.

Hier wird Mitte der 1990er Jahre der richtige Ziehvorgang eingedrillt...

Die Agenten beim Schießen in den 1970/1980er Jahren mit dem drei Zoll Revolver, im Weaver Styl.

...bei dem nach vorne, von der Brust weg ins Ziel »gestochen« wird.

Schießen hinter einer Deckung. Mitte des letzten Jahrhunderts wurde dazu u. a. der Körper leicht überdreht, sich mit einer Hand an der Deckung abgestützt.

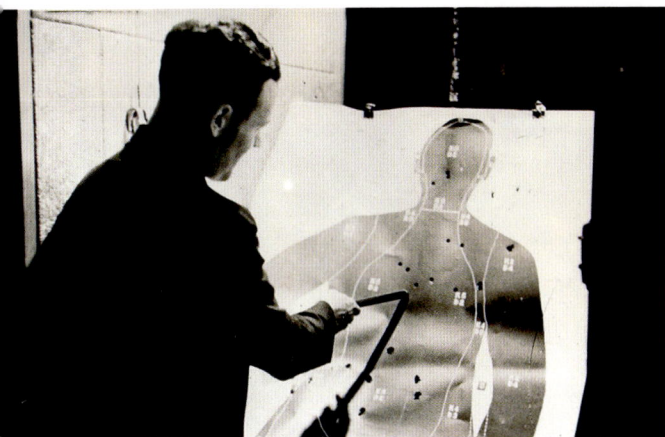

Das FBI nutzte wohl mit als erste Behörde realistische Zieldarstellungen mit Einteilung in verschiedene Trefferzonen.

Der klassische Weaver Anschlag. (Damals sehr fortschrittlich war das Pancake-Holster mit dem verdeckten Abzug).

Vor Jahrzehnten wurde auch beim knienden Anschlag die Schusshand abgestützt.

191

Der Stil der 1970er Jahre. Heute wird u. a. die Deckung besser ausgenutzt und beide Augen geöffnet.

In den 1960er Jahren wurde »aus einer Mode heraus« der Hüftschuss populär...

Die Ausgabe des Dienstrevolvers in der Waffenkammer (die linke Person ist der berühmte Combatausbilder Hank Sloan).

Jeder FBI-Agent darf seine dienstliche Kurzwaffe auch zu Hause aufbewahren und außerdienstlich führen. (Das gilt nicht für Langwaffen oder MPs).

... dazu hat man sich auch tief gebeugt, um die eigene Silhouette, das eigene Ziel zu verkleinern.

In den Anfängen des Low Light Shooting, hier mit der Variante der am ausgestreckten Arm vom Körper weggehaltenen Taschenlampe, um kein Ziel zu bieten (später als FBI-Technik in die Schießlehre eingegangen).

Leuchtspurmunition wird heute (wenn überhaupt) nur von dem FBI-SWAT und dem HRT eingesetzt. Der Trainingsaufwand, die sehr eingeschränkte Einsatzmöglichkeit erzwingen das.

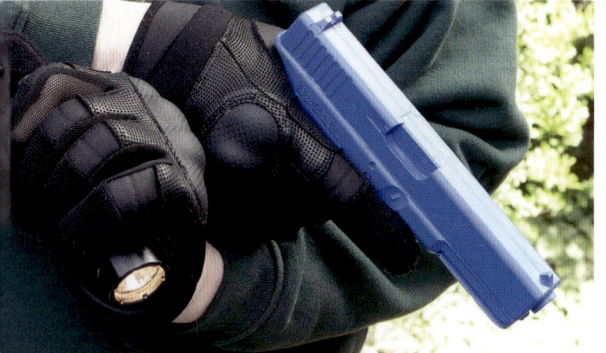

Die FBI-Agenten waren wahrscheinlich die Einzigen, die je im Anzug und Hemd an einem MG ausgebildet wurden.

Eine Festnahmetaktik aus den 1980er Jahren, die so nicht mehr gelehrt wird.

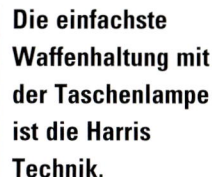

Die einfachste Waffenhaltung mit der Taschenlampe ist die Harris Technik.

Der ehemalige FBI-Agent Bill Roger, der heute einer der besten Combatausbilder der USA ist, demonstriert die fortgeschrittenste Waffenhaltung mit einer Lampe.

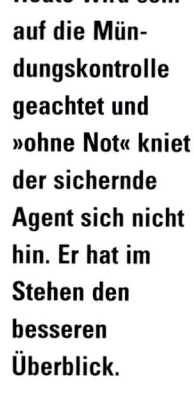

Heute wird sehr auf die Mündungskontrolle geachtet und »ohne Not« kniet der sichernde Agent sich nicht hin. Er hat im Stehen den besseren Überblick.

...im liegenden Anschlag.

Ausbildung am Gewehr im Camp Ritchie, Maryland im klassischen stehenden Anschlag...

Eine Übungslage auf dem Motel Komplex der Hoogan's Alley. FBI-Anwärter sprechen aus einer Deckung heraus einen Straftäter an.

Bei Fahrzeugkontrollen werden jährlich eine Vielzahl Polizisten weltweit ermordet. Das FBI bereitet seine Agenten intensivst darauf vor, hier sogar in einem größeren Team.

Die hohe Schule der Taktik, das Vorgehen im Team gegen einen Active Shooter (Amokschützen). Nach Möglichkeit wird dazu auch ein ballistisches Schild eingesetzt, welches den ersten Agenten gegen feindlichen Beschuss schützt.

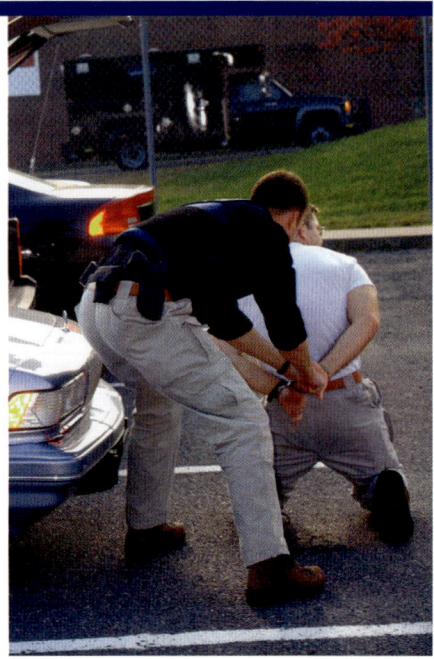

Mit einer Quick-Handcuffing-Technik wird ein Verdächtiger gefesselt. Unmittelbar danach sind ihm seine Rechte zu verlesen:»*Sie haben das Recht zu schweigen. Alles, was Sie sagen, kann und wird vor Gericht gegen Sie verwendet werden. Sie haben das Recht, mit einem Rechtsanwalt zu sprechen und das Recht auf Anwesenheit eines Anwalts während jeder Befragung. Wenn Sie sich keinen Rechtsanwalt leisten können, wird Ihnen einer auf Staatskosten zur Verfügung gestellt. Haben Sie diese Rechte verstanden?*«

Diese Rechte sind als Miranda-Warnung in die Rechtsgeschichte eingegangen. 1963 wurde der mexikanische Einwanderer Ernesto Miranda wegen der Entführung und Vergewaltigung einer jungen Frau festgenommen. Er gestand gleich das Verbrechen in der ersten Vernehmung, ohne dass er seine Rechte kannte. Nach seiner Verurteilung zu 20 Jahren Gefängnis legte sein Verteidiger beim US Supreme Court Beschwerde ein und vertrat den Standpunkt, dass ein Verdächtiger seine ihm verfassungsmäßig garantierten Rechte nicht nutzen könne, wenn sie ihm nicht bekannt sind. Der Supreme Court schloss sich dieser Meinung im Jahr 1966 an, hob das Urteil auf und legte damit die zukünftige Belehrung aller festgenommenen Verdächtigen in den USA fest, welche bis heute Gültigkeit hat.

Miranda kam erneut vor Gericht, sein vorheriges Geständnis unterlag dem Verwertungsverbot. Gestützt auf eine Aussage seiner Ex-Freundin, vor der er mit der Tat geprahlt hatte, verurteilte ihn das Gericht nun zu einer elfjährigen Gefängnisstrafe. Miranda wurde 1972 auf Bewährung vorzeitig entlassen und vier Jahre später in einer Bar im Streit erstochen. Der mutmaßliche Täter bekam bei der Festnahme seine Rechte vorgelesen, die nun schon als Miranda-Warning in allen Polizeiausbildungen der USA Verwendung fand. Er schwieg daraufhin und da keine weiteren Beweise vorlagen musste er wieder auf freien Fuß gesetzt werden. Weder er noch jemand anderes wurde jemals wegen der Tötung an Miranda verurteilt.

Das war schon immer so, nach dem Schießen...

...kommt das Putzen und die Waffenabgabe.

Jedes Jahr kommen in den USA ca. 150 Polizisten in Ausübung ihres Dienstes ums Leben. Diese Erkenntnis ist ein großer Motivator, der von den Vorgesetzten unterstützt und mit eigener Teilnahme am Training vorzuleben ist. Hier präsentiert der SAC von Dallas die gängigen Waffen des FBI von gestern und heute (v. l. n. r.: zwei Thompson MP, drei Sturmgewehre M 16, ein frühes Präzisionsgewehr, zwei Launcher, vier Remington Vorderschaftrepetierflinten 870, drei alte Pumpguns aus der Zeit des Zweiten Weltkrieges). Oben links ist die FBI-Kegelscheibe (die die Silhouette der lebenswichtigen menschlichen Organe im Oberkörper darstellt), oben rechts die FBI-Combatscheibe.

Bevor die Agenten nach 1934 offiziell die Erlaubnis zum Führen einer Dienstwaffe erhielten, besorgten sich manche eine auf eigene Kosten (jedoch mit Waffenschein). Beliebt waren da u. a. die Colt Pocket (1903).

Die zunächst in den Himmel gepriesenen S&W Pistolen konnten in der Praxis der 1990er Jahre nicht überzeugen.

1   **2**   **7**   **8**

3   **4**   **9**   **10**

5   **6**   **11**   **12**

1. **Colt, Mod. Pocket, 6 Schuss, .32 S&W, 1935 - 1949**

2. **Smith & Wesson, verschiedene Revolver, 6 Schuss, .357 Magnum, 1937 - 1970**

3. **Colt, Mod. 1911 Automatic, 7 Schuss, .38 Super Auto, 1938 - 1958**

4. **Colt, Mod. Official Police, 6 Schuss, .38 Special, 1937 - 1984**

5. **Smith & Wesson, Mod. 10, 6 Schuss, .357 Magnum, 1950 - 1990er Jahre**

6. **Smith & Wesson Combat Magnum, 6 Schuss, .357 Magnum, 1958 - 1990er Jahre**

7. **Smith & Wesson, Mod. 13, 6 Schuss, .357 Magnum, 1982 - 1990er Jahre**

8. **Smith & Wesson, Bodyguard, 5 Schuss, .38 Special, seit 1972**

9. **Smith & Wesson, Chief's Special, 5 Schuss, .38 Special, seit 1979**

10. **Sig Sauer, Mod. 226, 15 Schuss, 9 mm Para, seit 1985**

11. **Smith & Wesson, verschiedene Pistolen, 9 mm Para und 10 mm Auto, 1985 - 1992**

12. **Clock, Mod. 22, .40 S&W, 15 Schuss, 1997 - heute**

Die hier aufgeführten Waffenmodelle haben alle beim FBI Verwendung gefunden. Selbstverständlich gab (und gibt) es zu allen Zeiten Ausnahmen, z. B. bei der Sonderverwendung. Seit 1997 wird als Primärwaffe nur noch an der Clock 22 ausgebildet, ältere Agenten können auch eine der älteren Waffen führen, wobei Revolver kaum noch im Einsatz sind.

Die momentan am häufigsten verwendete Dienstwaffe des FBI. Die Glock 22 der aktuellen Serie hat eine Länge von 186 mm und wiegt geladen 975 gr.

Erfahrungen deutscher Teilnehmer

Neben den Lehrgängen für die FBI-Agenten, werden an der Academy auch Sessions (Kurse) für Führungskräfte der verschiedenen Law Enforcement Behörden in den USA ausgerichtet. Die Teilnahme ist meist mit einer Beförderungsmöglichkeit in der Heimatbehörde verbunden und stellt zudem eine Auszeichnung dar, da die Plätze rar und begehrt sind.

Jährlich werden zurzeit vier Lehrgänge ausgerichtet, mit je ca. 250 Teilnehmern. Über 40.000 Polizisten haben bisher daran teilgenommen, worunter ca. zehn Prozent Internationals (Teilnehmer von Polizeibehörden aus der gesamten Welt) sind.

In den letzten Jahrzehnten nutzten auch deutsche Polizeibeamte (insgesamt ca. 65) die Möglichkeit auf eine dortige Weiterbildung, J. K. aus Düssel-

dorf in 2005 und O. H. aus Wiesbaden in 2006. Das FBI verspricht sich davon:

- eine internationale Zusammenarbeit,
- eine Niveausteigerung der amerikanischen Law Enforcement Behörden,
- verbesserte Verbrechensbekämpfung,
- direkte Kontakte zu Polizeibehörden in aller Welt,
- Imagemaßnahmen für das FBI und die USA.

Die Schulungsmaßnahme dauert 10 Wochen, umfasst ca. 40 Stunden Unterricht wöchentlich und stellt schon in den Teilnahmebedingungen eine Hürde auf.

O. H.: »Die Anforderungen sind erheblich. Ich habe mich nach meiner umfassenden Bewerbung einem dreistündigen Bildungs- und Sprachtest un-

Das Zuhause an der FBI-Academy. Langweilig wurde es am Abend nicht, denn es gab während des zehnwöchigen Lehrgangs eine Vielzahl von Hausarbeiten zu fertigen.

Im Rahmen des LGs gibt es eine Reihe von Ausflügen, hier zu einer Gedenkveranstaltung.

terziehen müssen, den ein Mitarbeiter der US-Botschaft (Berlin) sowie ein Mitarbeiter des US-Konsulates (Frankfurt/M.) durchführten. Des Weiteren musste ich mich von verschiedenen Ärzten untersuchen und mir einen einwandfreien Gesundheitszustand bescheinigen lassen.«

Die Mühen werden jedoch entlohnt. Auf einem hohen Niveau werden Vorlesungen abgehalten, die mit einer Night Class (Nachtklasse) auch bis in die Abendstunden gehen können. Einige Fächer sind Pflicht, z. B. die Teilnahme am Physical Fitness Training (Körper-Ertüchtigungstraining), andere können gewählt werden, wie:

- Ethics in Law Enforcement (Ethikfragen in Bezug auf polizeiliche Fälle),
- Executive Leadership (Führungslehre),
- Forensic Science (Spurenkunde und deren Sicherung),
- Gangs, Developmental Issus and Criminal Behavior (kriminelle Banden und deren Verhalten),
- Legal Issues (Vorlesungen über die US-Gesetze, speziell über die Verfassung),
- Mass Media and the Police (Umgang mit den Medien),
- Public Speaking (Kommunikationstechniken),
- Stress Management (Umgang mit und die Verarbeitung von Stress).

Doch ein reines »Absitzen« der Themengebiete gibt es auf diesem Lehrgang nicht. Wie in den USA üblich, sind eine Reihe von Zwischen- und Abschlusstests, die zusammen ca. 20 Teile beinhalten und in Form von Vorträgen, Hausarbeiten, mündlichen und schriftlichen Prüfungen erbracht werden müssen, zu bestehen.

O. H.: »In allen gewählten Fächern erfolgt eine Leistungsbewertung, die insgesamt 75% überschreiten muss, um eine Graduierung zu erreichen.«

J. K.: »Die schriftlichen Ausarbeitungen sind in der Form genau standardisiert und umfassen teilweise 15 Seiten reiner Text. Die Multiple Choice Tests umfassen um die 100 Fragen, mit je drei bis vier Antwortmöglichkeiten, wobei eine oder mehrere

Varianten richtig sein können. Die offiziellen Kurse werden anhand eines Bewertungsrasters der University of Virginia benotet und die Ergebnisse können dort für den Beginn eines (Fern-) Studiums genutzt werden.«

Dem Sport wird dabei auch eine große Bedeutung zugemessen, es gibt fast jeden Tag verschiedene Einheiten, bzw. wird eine Betätigung nach Dienstende erwartet. Physische Fitness ist auch wichtig, da als Abschlussveranstaltung ein Gruppenlauf durchgeführt wird, der jeden Teilnehmer an seine Grenzen bringt.

O. H.: »Sport war eine Pflichtveranstaltung, auch wenn die unzähligen Liegestütze auf nicht allzu viel Freude bei den meisten Teilnehmern stieß. Fast zu jeder Unterrichtseinheit war als Warm Up (Aufwärmtraining) ein 1,5 Meilen Lauf angesagt. Die äußerlichen Witterungsbedingungen spielten dabei keine Rolle, denn die Vorbereitungen dienten dem großen Ziel, dem Yellow-Brick-Lauf. Dabei handelt es sich um einen 6,2 Meilen Waldlauf, wobei noch ein integrierter US-Marine-Hindernislauf zu absolvieren ist. Für den erfolgreichen Abschluss erhält dann jeder Teilnehmer einen gelben Ziegelstein, der dem Prozedere ursprünglich seinen Namen gab.«

Meist ergeben sich auf dem Lehrgang lebenslange Freundschaften und Kontakte, die dienstlich und für eine Anschlussverwendung genutzt werden können. Alle Teilnehmer beschreiben den Kurs als eine wertvolle Erfahrung und Bereicherung.

J. K.: »Neben dem Aufbau von guten persönlichen Kontakten, die die zukünftige Kooperation bei der Kriminalitätsbekämpfung über die Ländergrenzen hinweg erleichtern werden, vermittelte der Lehrgang praktisches Führungs- und kriminalfachliches Wissen. Ein direkter Vergleich mit den deutschen Studiensystemen der Polizei bietet sich nicht an, da die Voraussetzungen völlig anders sind. Die mir bekannten deutschen Inhalte waren wesentlich umfangreicher in der Theorie. Insofern war der Lehrgang eine äußerst wertvolle Horizonterweiterung und Ergänzung mit praktischen, internationalen Bezügen.«

Sport ist quasi täglicher Bestandteil, hier beim Yellow-Brick-Lauf.

Von den Strapazen gezeichnet erreichen die Teilnehmer das Ziel.

Erinnerungsfoto mit deutscher Flagge.

Der Höhepunkt ist immer die International Night, in der jeder Teilnehmer sein Heimatland präsentieren muss.

Akte X

Mit zu den geheimnisumwitterten Gerüchten um das FBI zählen die X-Akten, in denen unerklärliche Geschehnisse vermerkt sein sollen sowie »die Wahrheit« über den Ufo-Absturz in Rosswell, das Kennedy-Attentat, die Mondlandung, etc. Bekannt wurde das Thema durch die TV-Serie »Akte X -Die unheimlichen Fälle des FBI«- (Originaltitel: »The X-Files«), die von 1993 bis 2002 in 201 Folgen weltweit lief. Im Stile einer Krimiserie verbanden die Regisseure Science-Fiction-, Fantasy-, Horror- und Mystery-Elemente miteinander.

Im Zentrum stehen die FBI-Agenten Dana Scully (Gillian Anderson) und Fox Mulder (David Duchovny), die wöchentlich neue Abenteuer zu bestehen haben, die sich um altbekannte »paranormale Themen« (Bermuda Dreieck, Bigfoot, Zauberei, usw) sowie um das Ufo-Phänomen drehen.

Da über 80% der Amerikaner glauben, »dass wir nicht alleine im Weltall sind«, und sogar der ehemalige US-Präsident Ronald Reagan zugab, ein Ufo »gesehen zu haben«, traf die Serie den Zeitgeist der Zuschauer. Zumal auch immer wieder mit einer gewissen Authentizität gespielt wurde, da das FBI tatsächlich oft mit bizzaren Fällen konfrontiert ist.

Auch wenn Mulder meint, dass »die Wahrheit irgendwo da draußen ist«, ist es eindeutig, dass das FBI bei der Aufarbeitung von tausenden Kriminalfällen wöchentlich mit Kuriositäten zu tun hat, jedoch nicht in der Art wie von Regisseur Chris Carter vorgestellt.

Das FBI hält Akten unter Verschluss, die teilweise Top Secret (streng geheim) sind, um die nationale Sicherheit nicht zu gefährden. Das FBI befragte auch in der Vergangenheit Zeugen von angeblichen Ufo-Entführungen und überprüfte mit modernster Technik Indizien (z. B. Ufo-Fotos) auf ihre Aussagekraft, jedoch existiert keine geheime Abteilung, die auf solche Fälle spezialisiert ist.

Einer von vielen offiziellen Berichten über eine Ufo-Meldung. Auch wenn dieses an das FBI ging, ist es dafür nicht die »richtige Stelle«, das wäre eher die Luftsicherung oder die Air Force.

I WANT TO BELIEVE

Dieses bekannte Plakat der Serie bringt es auf den Punkt, unerklärliche Phänomene sind oft eine Sache des Glaubens.

Mulder und Scully, die Hauptakteure der Serie, Ende der 1990er Jahre.

Einige Impressionen aus der »Akte X«.

Eines der ersten Fotos, das ein »unerklärliches Phänomen« zeigt und dem FBI-Laboratorium zur Untersuchung vorlag.

Gerade in der Luft gibt es unerklärliche Phänomene, hier eine Aufnahme nach dem Millennium.

Das FBI in Film und TV

Wie jedes andere Unternehmen kann auch das FBI nicht ohne positive Publicity bestehen.

Das erkannte Hoover schon in den frühen 1930er Jahren und unterstützte die US-Filmindustrie, wo immer dies möglich war, um seine Behörde in ein gutes Licht zu setzen. Er stellte sogar extra einen Agenten ab, der die Schauspieler unterrichtete, so dass sie polizeitypische Szenen »richtig« spielen konnten, aber auch, um ihn persönlich über den Fortgang der Dreharbeiten zu unterrichten.

Seitdem hat es immer wieder Filme und TV Serien gegeben, in denen das Bureau eine Rolle spielte. Auch heute noch werden die Filmemacher durch den Bereich Öffentlichkeitsarbeit betreut, um das FBI in einem positiven Licht zu präsentieren. Einige herausragende Spielfilme waren:

- G-Men (1935)
  Mit diesem Film wurde der Grundstein der Berühmtheit des FBIs gelegt. Dieses frühe Meisterwerk des Films zeigt in dramaturgisch sehr gut gemachten Szenen junge, gutaussehende Männer, die in schneidigen Anzügen und mit der Thomson MP für Recht und Ordnung sorgen. Schon in diesem Film wurden (die später oft wiederholten) Trainingsszenen an realen Orten und echte Geschehnisse, z. B. die Fahndung nach Dillinger, mit Fiktion verbunden.

- Show them no Mercy (1935)
  Dieser Film zeigt in einer »harten Darstellungsweise« die Fahndungsmaßnahmen nach einem sadistischen Gangsterchef, der ein Kind entführt hat.

- The House on 92nd Street (1945)
  Hier werden in einer semi-dokumentarischen Darstellung die damaligen Methoden (Fingerabdruckverfahren, Zwei-Wege-Spiegel, Spionage-Kameras, usw.) des FBI präsentiert, mit einem Schwerpunkt auf der Spionage/Gegenspionage. Dieses großartige Machwerk ge-

wann einen Oscar für die beste Story.

■ Mister 880 (1950)

Eine der weltweit ersten Kriminalkomödien, in der Burt Lancaster einen FBI-Agenten spielt.

■ I led three Lifes (1953 - 1957)

In dieser TV Serien wird über 117 Episoden die wahre Geschichte von H. Philbrick wiedergegeben, der über neun Jahre lang als FBI-Agent in kommunistischen Kreisen in den USA verkehrte.

■ The FBI Story (1959)

Die filmische, fiktive Umsetzung des gleichnamigen Buches von Don Whitehead glorifiziert Hoover und das FBI. Es beginnt mit einer Darstellung eines jungen Mädchens, das sich um 1920 weigert, einen Mann zu heiraten, der in dem korrupten BI arbeitet. Dann wird ausführlich beschrieben, wie Hoover das FBI reformiert und an die Spitze der Verbrechensbekämpfung führt. Wegen der großen Unterstützung durch das FBI und den guten Actionszenen war dies wohl der erfolgreichste Film aller Zeiten in Bezug auf das FBI.

■ Mississippi Burning (1988)

Der Schauspieler Gene Hackmann »fahndet« in diesem erstklassigem Film nach den Mördern der drei Bürgerrechtler Chaney, Goodman und Schwerner. In diesem Movie wird ein Stück Zeitgeist und Geschichte wiedergeben, die sich so hoffentlich nicht wiederholen wird.

■ The Silence of the Lambs (1991)

Der unvergessene Klassiker mit Jodie Foster als angehende Agentin und Anthony Hopkins als inhaftierter Mörder Dr. Hannibal Lector stellt die Methoden der FBI-Profiler erstmals einer breiten Öffentlichkeit vor. Eindrucksvoll dargestellt sind in diesem Film die psychologisch tief greifenden Gespräche zwischen Foster und Hopkins, die in dieser Form unerreicht sind.

■ Point Break (1991)

Keanu Reeves spielt einen FBI-Agenten, der eine Gruppe gefährlicher Bankräuber jagt, die sich die Ex-Präsidenten nennen und von einem Surfer, dargestellt von Patrick Swayze, angeführt werden. Der Film hat sehr gute Trainings- und Actionszenen und war ein großer kommerzieller Erfolg.

■ Thunderheart (1992)

Val Kilmer stellt einen FBI Agenten dar, der eine »indianische Abstammung« hat, in einem Reservat Ermittlungen leiten soll und so in einer Kontroverse zwischen seinem Volk sowie den amerikanischen Gesetzen steht.

■ Casino (1995)

Robert de Niro in der Hauptrolle und der Regisseur Martin Scorsese waren Erfolgsgaranten, um diesen Mafiathriller zu einem Klassiker zu machen. In dem auf wahren Begebenheiten beruhenden Film werden Verwicklungen des organisierten Verbrechens in der Spielermetropole Las Vegas anschaulich erzählt.

■ Donnie Brasco (1997)

In diesem großartigen Film setzten die Schauspieler Jonny Depp und Al Pachino dem FBI-Agenten Joe Pistone ein Denkmal, der als erfolgreicher Undervover-Ermittler Donnie Brascos mafiöse Strukturen aufdeckt. Dieser Film gibt Einblicke in die sonst sehr abgeschotteten inneren Bereiche und Handlungsweisen des organisierten Verbrechens.

J. Edgar Hoover überwachte persönlich die Filmaufnahmen über sein FBI, wenn auch selten vom Set aus.

Schon früh wurden auch ermittlungstechnische Details gezeigt, wie hier eine Abhör- und Filmaktion (durch einen venezianischen Spiegel) in den 1930er Jahren.

Das Filmplakat von »G-Men« aus dem Jahr 1935.

Die ersten Krimis über das FBI setzten filmische Maßstäbe. Hier Edward Robinson in einer frühen CQB-Scene, mit dem Single Action Colt (der damals eine offizielle Waffe des Bureau war).

Eine der ersten Trainingsszenen der Kriminalfilmgeschichte. Der Film »Parol Fixer« von 1939.

(Falsche) Umsetzung des Todes von John Dillinger.

Sex and Crime verkauften sich schon 1951 gut.

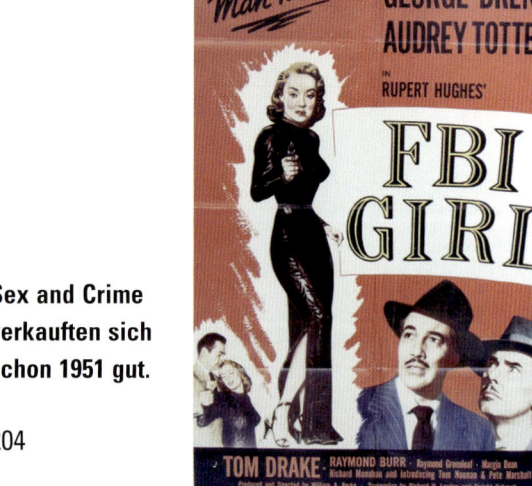

Actionszene aus dem Klassiker »The FBI Story«,
aus dem Jahr 1959.

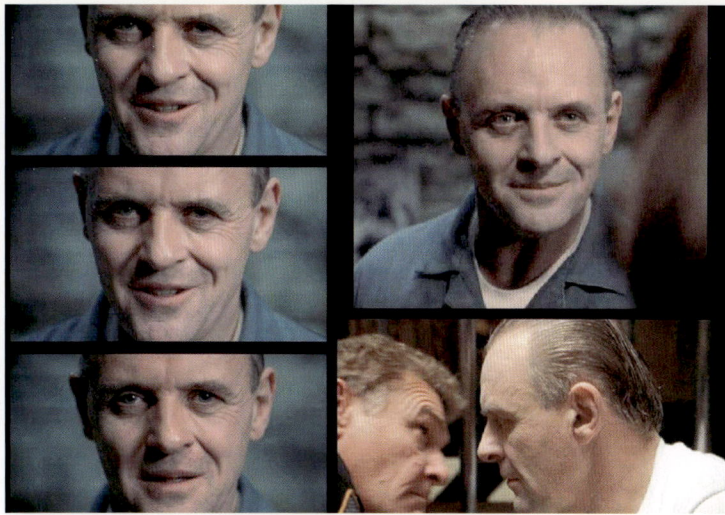

Auch mit TV-Serien hat
das FBI einen großen
Imagegewinn erzielt.

In »Mississippi Burning«
wird ein Stück Zeitge-
schichte aufgearbeitet.

1991 am Set von »Silence of the Lambs«
(»Das Schweigen der Lämmer«), mit FBI-Profiler
und Buchautor John Douglas,
weiteren Darstellern und dem Star Jodie Foster.

Die schauspiele-
rische Leistung
von Sir Anthony
Hopkins ist auch
Jahrzehnte
danach noch
legendär.

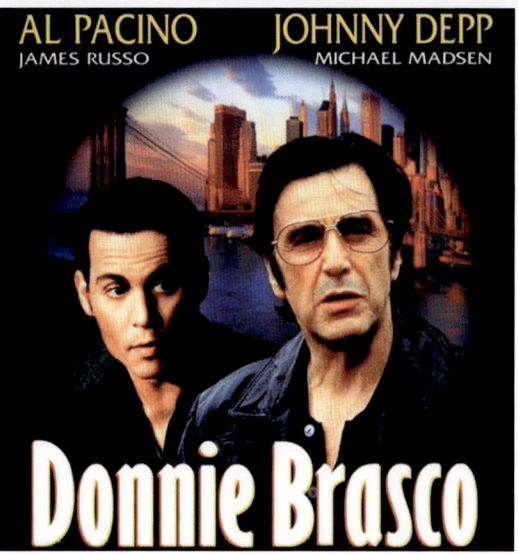

Das Filmplakat
von »Donnie
Brasco«.

Der bislang letzte große Film über das FBI im Herbst 2007, »Breach«, auf Deutsch: »Enttarnt«. In diesem Spionage-Thriller, der auf
wahren Tatsachen beruht, entdeckt der junge FBI-Agent O'Neill,
dass sein neuer Partner womöglich Informationen an Russland
weitergibt und beginnt mit seinen Ermittlungen.

SWAT und HRT

Nach den Unruhen von 1965 im Stadtteil Watts von Los Angeles entstand der Gedanke, eine Spezialeinheit innerhalb der Polizei aufzustellen, welche für Einsatzlagen mit hohem Risiko bereitsteht. Mit geeigneten Männern, einem speziellen Training und einem erweiterten Ausrüstungs- und Waffenpool sollten gewalttätige/gefährliche Straftäter situationsangepasst festgenommen werden. Obwohl es schon Vorläufer (wie das ESU in New York) gab, stellte es die Geburtsstunde der SWAT-Teams dar. SWAT (Special Weapons and Tactics, spezielle Waffen und Taktiken) ist seitdem ein Synonym für Einsätze mit hohem Gefährdungsgrad. Auch die FBI-Führung erkannte diese Notwendigkeit und befahl in den frühen 1970er Jahren die Aufstellung eigener Teams. Die Bewältigung prekärer Einsatzlagen erfolgte in den Jahrzehnten zuvor durch einzelne FBI-Männer, die aufgrund ihrer Persönlichkeit (gute Schützen, Kriegserfahrung, Boxer, etc.) dafür prädestiniert erschienen. Sie versahen ihren Auftrag meist auch sehr gut, wenn auch nicht immer professionell (nach heutiger Auslegung).

Seit den 1980er Jahren erfolgt der Einsatz von SWAT u. a. bei:
- der Festnahme von gefährlichen Straftätern,
- der Geiselbefreiung,
- gefährlichen Einsatzlagen in Bussen, Bahnen und Flugzeugen,
- Amoklagen,
- Heckenschützen,
- Zugriffen auf Straftäter in der Bewegung, in Fahrzeugen, pp.,
- polizeilichen Lagen, in denen spezielle Einsatzmittel nötig sind.

In jedem der 56 field offices des FBI steht ein SWAT-Team bereit, jedoch hat es keinen full-time Status. D. h. die Männer (und sehr wenige Frauen) versehen ihren »normalen Dienst« und treffen sich turnusmäßig zum Training und zu wichtigen Einsätzen. Die Personalstärke des Teams ist abhängig von der Gesamtgröße des Offices, die Mindestanzahl sind 12 Mann. Insgesamt versehen ca. 1.115 Agenten Dienst in einem der Teams. Im Gegensatz zu Deutschland ist dies bei den meisten amerikanischen Polizei-Spezialeinheiten der Fall, nur sehr wenige Großstädte wie New York oder Los Angeles haben Teams auf Abruf.

Die Mitgliedschaft ist freiwillig, beginnt mit einem Testverfahren und endet mit einer ca. vierwöchigen Ausbildung in:

- theoretischen und mentalen Inhalten,
- Gesetzeskunde,
- Schießtraining,
- Training mit unterschiedlichen Waffen,
- Verwendung der speziellen Ausrüstung,
- taktischem Vorgehen im Team,
- dynamischem Eindringen in Gebäude,
- Verhalten in extremen Einsatzlagen,
- Nahkampf (CQB),
- alternativen Türöffnungen,
- Abseilen,
- Fahrtraining.

Sie verfügen über die normale Ausrüstung der Agenten und erhalten zusätzlich:

- einen Overall aus flammenhemmendem Nomex,
- eine Körperschutzaustattung,
- einen ballistischen Helm,
- ein Schutzschild,
- die Maschinenpistole Heckler & Koch MP 5 (im Gegensatz zu der üblichen FBI Variante auch mit Dauerfeuer-Griffstück),
- ein M-4 Assault-Sturmgewehr (Kaliber .223)
- das Remington 700 Police Präzisionsschützengewehr (Kaliber .308 Winchster),
- eine 1911 Single Action Pistole (Kaliber .45).

Jedes Team verfügt zudem über Personen mit speziellen Kenntnissen in:

- Verhandlungsführung,
- Erster Hilfe,
- Abseilen,
- Präzisionsschießen,
- luftverlasteten Einsätzen.

Die FBI-Swat Teams sind mit modernster Bewaffnung und Technik ausgestattet.

Zusätzlich zu SWAT verfügt das FBI noch über das HRT (Hostage Rescue Team, Geiselbefreiungsteam), welches in der FBI-Academy stationiert, 24 Stunden täglich einsatzbereit und luftverlastet innerhalb von vier Stunden an jedem Punkt der USA ist.

Durch die terroristische Bedrohung in den 1970er Jahren kam schnell der Gedanke nach einer landesweiten Anti-Terroreinheit auf, die im Gegensatz zu den schon vorhandenen SWAT-Teams über eine größere personelle und materielle Ausstattung

Ein lokales FBI-Swat schützt im Sommer 2005 die Straßen von New Orleans in Erwartung des Hurricane Katrina.

verfügen sollte, um auch größere/längere Einsatzlagen abzudecken.

Schon den ersten Entwürfen nach sollte diese Einheit dem FBI angegliedert sein, da sie so landesweit einsetzbar ist, überall im Land auf Stützpunkte/Logistik zurückgreifen kann und zudem als polizeiliche Einheit gilt. Denn das Militär ist auch in den USA, wie in allen demokratischen Staaten, nur unter Vorbehalt einsetzbar. Die Anti-Terroreinheit der Army, die Delta Force, kann sogar nur mit der direkten Erlaubnis des US-Präsidenten im Inland eingesetzt werden (was auch schon geschah).

Mit Blick auf die Olympischen Sommerspiele 1984 in LA begannen in den frühen 1980er Jahren konkretere Planungen. Bei schon bestehenden Einheiten wie in Deutschland (GSG 9), in England (SAS)

und in Frankreich (GIGN) erfolgten Besuche und Gespräche, Sichtung der Ausrüstung/Waffen und »Probeläufe« der jeweils angewendeten Taktik. Doch die besten Kontakte bestanden und bestehen zur Delta Force, die auch als »großer Bruder« gilt. 1982 verbrachten die ersten Männer des HRT in Fort Bragg, auf der »Ranch«, dem »geheimen« HQ von Delta, mehrere Wochen und erlernten deren Techniken in Bezug auf Interventionen bei Geisellagen. Selbstverständlich konnten die militärischen Varianten nicht komplett übernommen werden, da diese z. B. keine Festnahme von Kriminellen, sondern deren schnelle Tötung vorsahen.

Im Juni 1982 wurden die ersten drei Trainingsklassen von je 30 Beamten einem einwöchigen Eignungstest unterzogen. Sie absolvierten nicht nur Schießübungen und körperliche Fitnesstests, sondern wurden auch von einem Psychologen eingehend befragt, was heute zwar Standard ist, damals aber noch ein Novum darstellte.

Christopher Whitcom schrieb in seinem Insider-Buch Cold Zero: *»Das HRT sucht Individuen, die gut im Team arbeiten können, durchsetzungsfähige und absolut leistungswillige Typen, die mit ihrer Herausforderung wachsen, Leute, die beim größten Stress einen klaren Kopf wahren. Und sie wollen Krieger, die den Wert des Friedens schätzen.«*

Am Ende erreichten 50 der 90 Bewerber das Ausbildungsziel und bildeten den Grundstein für das Hostage Rescue Team. Sie fuhren die ersten Einsätze, vervollständigten das Wissen und gaben es weiter.

Als Mindestanforderungen für Agenten, die sich zum HRT bewerben wollen, gilt:

- drei Jahre Diensterfahrung,
- gute Beurteilungen des Dienstvorgesetzten,
- 12 Klimmzüge (Pull-ups),
- 60 Bauchaufzüge (Sit-ups) unter zwei Minuten,
- 50 Liegestütze (Push-ups),
- 2-Meilen-Lauf unter 15 Minuten.

Am Anfang steht ein zweiwöchiges Auswahlverfahren mit täglicher Selektierung, gefolgt von einer halbjährlichen Grundausbildung. Im neuen Jahr-

Sie müssen zu jeder Zeit und bei jedem Wetter bereitstehen, hier das Team aus Buffalo.

tausend besteht die Einheit aus über 100 Männern, die im Stab oder in einem der drei Teams (Red, Blue und Gold) Dienst versehen. Eine Spezialisierung ist erwünscht und in vielen Bereichen wie z. B.:

■ mobilen Lagen,
■ Umgang/Entschärfung mit/von Massenvernichtungswaffen,
■ der Öffnungstechnik,
■ Einsatzlagen auf fremdländischem Territorium,
■ maritimen Operationen oder Fallschirmspringen,
■ Einsatzlagen bei widrigen Umweltverhältnissen,

möglich.

Obwohl das HRT auch für viele andere heikle Missionen bereitsteht, ist die primäre Hauptaufgabe die Geiselbefreiung. Daher auch das selbst auferlegte Motto: »Servare Vitas - Leben retten«.
Das HRT übt diese Intervention an allen nur erdenklichen Orten aus und kann dabei auch auf eine große Trainingsanlage innerhalb der Academy zurückgreifen, die speziell für sie geschaffen wurde, fast 10 Millionen Dollar gekostet hat und jedes Jahr hohe Betriebskosten verursacht. Alleine mehrere tausend Dollar für Fensterscheiben sind bei den ausgedehnten Übungen ein Posten. Doch was ist das, gemessen an einem Menschenleben...
Hin und wieder findet dort eine Demonstration ihres Könnens statt, eine eindrucksvolle Vorführung ihrer Einsatzbereitschaft, die Rettung einer Gruppe von Geiseln in totaler Dunkelheit. Dazu wird eine Gruppe von Besuchern gebeten, in einem Übungsraum Platz zu nehmen und sich auf keinen Fall zu bewegen. Anschließend wird das Licht ausgeschaltet und nach einer kurzen Verweildauer, dringt das HRT unter Benutzung von Infrarottechnologie dynamisch ein. Alles was man hört, ist das unterdrückte Zischen schallgedämpfter Waffen und die Rufe der Agenten. So schnell wie alles beginnt, ist es auch wieder vorbei, das Licht geht an, und die simulierten Terroristen sind ausgeschaltet

und die lebenden Geiseln gerettet. Das Erstaunen über die Schnelligkeit und Präzision dieser Unternehmung wird bei den Besuchern dann noch getoppt, wenn sie die Farbmarkierungen auf ihren Rücken bemerken. Die Agenten legten sie dort als Zeichen dafür ab, dass sie nahe genug waren, um sie zu berühren und zu töten, und die Besucher nichts gemerkt, geschweige denn gesehen hatten.
Im Gegensatz zu deutschen Einheiten, bei denen die Ausrüstung ein jahrzehntelanges Standardproblem ist, kann das HRT aus dem Vollen schöpfen und hat mit die beste Ausstattung der Welt. In einer großen Lagerhalle hat jeder Operator seinen Platz für seine Ausrüstung, die er für jeden Einsatz individuell zusammenstellen kann. Das beginnt bei verschiedenen Bekleidungsstücken bis hin zu einem breiten Waffenspektrum, u. a. auch die H&K MP 5 im Kaliber 10 mm und .45 Single Action Pistolen, der US-Firma Springfield, auf Custom Basis.
Doch auch die beste Ausrüstung kann niemals den Menschen selber ersetzen. Dieser steht seit jeher im Mittelpunkt und wird auch bei dieser Eliteeinheit als Agent und nicht als Soldat gesehen. Durchschnittlich sind sie in den mittleren bis späten Dreißigern, verheiratet und Familienväter. Sie verbleiben für fünf bis sieben Jahre und werden dann wieder einer anderen Aufgabe, im weiten Tätigkeitsfeld des FBI, zugeteilt.

Im Kampf gegen den Terrorismus müssen die Agenten auch gegen gewalttätige Demonstranten vorgehen, wie hier in Puerto Rico.

SWAT-Truck Humwee (sondergeschütztes Fahrzeug) des FBI Detroit, ideal für eine geschützte und schnelle Annäherung. Der Schriftzug Police ist spiegelverkehrt, damit er im Rückspiegel der vorausfahrenden Wagen »richtig« abzulesen ist.

FBI-Agenten trainieren zusammen mit einem Sheriffteam die Beendigung von Geiselnahmen in Bussen.

Ein Blick in das spartanische Führerhaus, welches sehr funktionell ist.

FBI-SWAT und eine lokale Polizeigruppe bei einer gemeinsamen Übung (Zugriffe auf Fahrzeuge).

Ein anderer Truck, auf dem eine Trittfläche montiert ist. Die Agenten tragen ein geschlossenes Sauerstoffsystem zum Schutz vor biologischen Kampfstoffen.

Das Team aus El Paso übt die Beendigung einer Geisellage in einem Bus. Da eine solche personalintensive Operation nur mit Verstärkung durchzuführen ist, unterstützt (wie auch im Realfall) ein örtliches Sheriffteam.

Bei den SWAT-Teams gibt es auch einige wenige weibliche Mitglieder. Hier die Agentin Jennifer C. vom FBI aus Dallas beim Schießen mit der HK MP 5...
...die Ergebnisse sprechen für sich.

Das Motto des HRT ist Leben retten. (Hier dargestellt in Verbindung mit dem Wappen der Einheit vor dem Rednerpult im Hauptquartier Quantico.)

Aufgrund der vielen Anfragen gibt es sogar einen offiziellen Werbeflyer.

FBI TACTICAL
HRT
HOSTAGE RESCUE TEAM

Be Where **Special** Becomes **Extraordinary**.

Protect America and save lives by becoming an FBI Special Agent, and serve with the FBI Hostage Rescue Team.

"To save lives"

Eine Auszeichnung aus dem Büro des aktuellen Kommandanten.

Ein HRT-Sniper beim Training. Auf das gegenüberliegende Übungshaus kann der schwierige Winkelschuss aus allen Lagen simuliert werden.

Das aus Autoreifen bestehende alte Shooting House, genannt Tire House, war einfach konstruiert, erfüllte aber durchaus seinen Zweck. Man beachte noch den Agenten vorne links, zwischen den Scheiben. Reihum muss jeder mal »die Geisel« spielen, so bekommt alles einen großen Realitätsbezug.

Das HRT trainiert hier mit ABC-Schutzanzug und selektiver Sauerstoffversorgung, um die volle Einsatzbereitschaft auch bei einem terroristischen Angriff mit Massenvernichtungswaffen zu gewährleisten.

Die Fremd- und Kameradenhilfe, hier der gesicherte Abtransport einer »Geisel« auf einer Rettungsbahre, nimmt einen wichtigen Stellenwert im Fortbildungsprogramm ein. (Die Agenten sind hier noch mit der Browning FN High Power, im Kaliber 9 mm Para, bewaffnet.)

Das HRT 1984 während einer Übung zur Sicherheit der olympischen Spiele in Los Angeles.

Auch an einer »Regenrinne« können geübte Personen den Übungsturm des HRT erklimmen.

Ein typischer Trainingsraum. Die Wände und Böden haben eine spezielle Dämmung, die Querschläger minimieren.

Die Wände lassen sich mit dieser einzigartigen Deckenkonstruktion leicht verstellen.

Auch größere Hallen, hier z. B. eine Versammlung für eine Evakuierungsübung, können nachgestellt werden.

Der Flugzeugrumpf ersetzt zwar keine Übungen an den Flughäfen, lässt aber Standarddrills zu.

Eine Teilansicht des neuen Tactical Firearms Training House. Es hat verschiedene Räume, Hallen, Treppenhäuser, einen Helikopterlandeplatz und einen mehrstöckigen Turm für Kletter- und Abseilübungen. Innen besteht die Möglichkeit, durch verstellbare Wände verschiedene Wohnungstypen nachzustellen sowie Zug- und Flugzeugrümpfe für Zugriffsdrills aufzustellen. Der gesamte Innenraum lässt sich vom Kommandozentrum aus mittels verschiedener Kameras und Infrarotkameras überwachen/aufzeichnen, so dass nach einer Übung die Ergebnisse direkt ausgewertet werden können.

Zum Eindringen in Flugzeuge finden breite Sturmleitern oder solche spezielle Trucks Anwendung.

Hier im ausgefahrenen Zustand in einer Lagerhalle.

Darstellung des Zugriffs nach Zugangsöffnung.

INTO THE BREACH
FEDERAL CORRECTIONAL INSTITUTION
TALLADEGA, ALABAMA
AUGUST 30, 1991

During the morning of August 21, 1991, Alpha Unit of the Federal Correctional Institution (FCI) at Talladega, Alabama was taken over by 121 Cuban inmates, a number of whom had been scheduled for deportation to Cuba on August 22, 1991. A total of ten hostages were taken: seven Bureau of Prisons (BOP) employees and three Immigration and Naturalization Service (INS) employees. One BOP hostage who had been injured in the takeover was released on day one. The inmates were armed with various edged and blunt improvised weapons. Negotiations were initiated, but the basic demand that Cuban inmates not be returned to Cuba was non-negotiable.

In response to the takeover, the FBI Hostage Rescue Team (HRT), BOP Special Response Teams as well as FBI SWAT teams from Birmingham, Atlanta, and Knoxville were dispatched to Talladega.

The HRT is the FBI's full time National Counterterrorist Unit. Originally established in 1983, the team is composed of highly trained and motivated Special Agents of the FBI. The HRT trains intensively for the specific mission of high risk hostage rescue in a variety of potential scenarios.

By the second day of the crisis, Acting Attorney General William Barr had named the FBI as the lead agency concerning any tactical resolution of the situation, and HRT as the team which would effect the rescue should it become necessary.

The Alpha Unit is an individual prison building, one of five such units inside the FCI compound. The Cuban prisoners had gained control of the entire unit. All entrances were covered with heavy metal bars and chained shut or locked with heavy duty prison locks. Specific plans were quickly developed which would insure positive entry and immediate control of the unit should a rescue become necessary.

During the following days, negotiation efforts continued unsuccessfully. The HRT, supported by FBI SWAT teams and BOP personnel, conducted numerous tactical rehearsals and were on continual standby. HRT assault and support elements were augmented by former team members brought to Talladega for this mission.

By August 29, it became clear that the danger to the hostages had become imminent. Cuban inmates were unwilling to yield to negotiations, and had selected the first hostage to be killed. During the late evening hours of August 29, Acting Attorney General Barr, with the recommendation of FBI Director William Sessions and BOP Director Michael Quinlan, authorized a deliberate assault to rescue the hostages.

At 3:40 am on August 30, the rescue was initiated. Explosive charges were used to breach the prison to create entry ways. The breach of the main central door was made first, with a deafening explosion. A second charge detonated moments later, at the right front portion of the building. HRT operators immediately entered through the thick smoke and rubble caused by the explosions. Making their way to assigned objectives, team members confronted a number of Cubans armed with spears and clubs. Quick use of flashbang stun grenades forced the Cubans back into their cells. Team members were into the room where the hostages were held within thirty seconds of entering Alpha Unit. All other areas of HRT responsibility were quickly cleared. FBI SWAT teams then entered the Alpha Unit and secured the upper tiers of cell blocks. The hostages were unhurt and quickly evacuated from the unit. With all inmates locked down in their cells, BOP SORT teams entered the Alpha Unit. They entered each cell, restraining and removing each inmate. No tactical members were hurt, although one Cuban inmate was slightly injured during the rescue.

The painting, "Into the Breach," was commissioned by current and former members of the Hostage Rescue Team to commemorate the rescue. The painting depicts the moment when the lead HRT assault elements are entering the main doorway to the Alpha Unit following explosive breach. Historical artist Joe Umble created the painting after extensive consultation with HRT personnel in order to provide the most accurate representation of the rescue.

Die Geiselrettung 1991 ist der größte Erfolg des HRT.

Die Profiler

Seit dem Klassiker »Das Schweigen der Lämmer« von 1989 ist der Mythos des Profiling/Mindhunting, der »exakten Vorhersage« der Beschreibung des Täters und seiner zukünftigen Straftaten, eng mit dem FBI verbunden.

Dabei war dieser Krimi keinesfalls die erste Publikation über die kriminologisch-psychologische Verhaltensforschung von Serientätern. Retrograd betrachtet schätzen Experten alte Berichte über Werwölfe, Vampire, usw. als eine frühe, unbeholfene Art der Beschreibung von Serienverbrechern. Wie in vielen Bereichen ist die Realität eng mit der Fiktion verwoben, z. B. beschreibt schon Edgar Allan Poe 1841 ein Täterprofil aufgrund von (fiktiven) Verhaltensbeobachtungen, und der berühmte Detektiv Sherlock Holmes löst Fälle im viktorianischen London durch seine Fähigkeit, sich in den Täter hineinzuversetzen.

Die ersten Standardwerke der Moderne sind die Autobiographie von Dr. Brussel, einem Psychiater

aus New York, der Täterbeschreibungen für die Polizei erstellte, sowie verschiedene populärwissenschaftliche Werke ehemaliger FBI-Profiler.

Unter Profiling versteht das FBI:

- die Erstellung einer exakten Beschreibung in Bezug auf Aussehen und Umfeld des Täters (die bei offenen/verdeckten Fahndungen Verwendung finden),
- einer geschehenen kapitalen Straftat,
- unter Auswertung aller vorhandenen Beweise,

Die Profiler

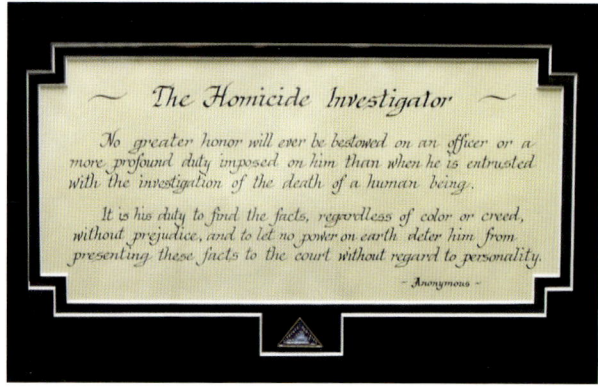

FBI-Grundsätze für einen guten Mordermittler.

> ~ The Homicide Investigator ~
>
> No greater honor will ever be bestowed on an officer or a more profound duty imposed on him than when he is entrusted with the investigation of the death of a human being.
>
> It is his duty to find the facts, regardless of color or creed, without prejudice, and to let no power on earth deter him from presenting these facts to the court without regard to personality.
>
> — Anonymous —

- durch kriminalistische/kriminologische Erfahrungswerte,
- unter Vergleich mit tausenden gleichgelagerten Fällen,
- durch Randbereiche infra-disziplinärer Wissenschaften (Medizin, Psychologie, Soziologie, etc) und
- durch verschiedene Sichtweisen (aus Sicht des Opfers, des Täters, des Polizisten, des Zeugen, etc.).

Die Agenten gehen bei der Erstellung eines Profils zur Identifizierung des Täters systematisch vor:

- Kontaktaufnahme zum Koordinator des zuständigen Field Offices,
- Sammlung aller verfügbaren Informationen,
- Klassifizierung der Straftat,
- Auswertung der relevanten Informationen,
- Gewinnung von Erkenntnissen für diesen Fall aus der Kriminalistik, der Kriminologie, der forensischen und der Kriminalpsychologie sowie der Victimologie,
- statistische Auswertung vorheriger Verbrecher, mit (in etwa) gleichgelagerten Fällen,
- genaueste Beachtung des Modus Operandi und des Tatortes,
- Rekonstruktion des Verbrechens aus verschiedensten Blickwinkeln (des Opfers, des Zuschauers, des Polizisten, des Täters, u. a.),
- Beratung mit Kollegen.

Die Sicht der örtlichen ermittelnden Behörden wird zurückgestellt, die eigene Meinung ist wichtiger. Final erfolgt die Weitergabe der Ergebnisse in schriftlicher oder mündlicher/erklärender Form an die ermittelnden Polizisten/Agenten vor Ort. Kein Verbrechen gleicht einem anderen. Die FBI-

Agenten, die sich mit der Erstellung von Profilen befassen, müssen die Vorgehensmuster und die charakteristischen Eigenschaften des wahrscheinlichen Täters feststellen. Sie gehen dabei von Fakten aus und setzen diese in einer Analyse durch logische Überlegung zueinander in Beziehung.

Alles wird zusammengetragen, was sich über den Tathergang in Erfahrung bringen lässt, und mit den vorhandenen Erfahrungswerten für die wahrscheinlichen Gründe abgeglichen. Anhand dieser Faktoren entsteht eine Beschreibung des Verbrechers. Kurz gefasst: Was + Warum = Wer. Dabei ist nichts abwegig, denn die althergebrachten Wege zur Aufklärung waren schon erfolglos. Deswegen gilt im Zweifelsfall auch die Aussage eines ehemaligen Profilers: »Die Phantasie ist wichtiger als die Logik«.

Das Wort Profiler wird nur umgangssprachlich verwendet, die offizielle Bezeichnung ist Behavioral Analysis (Verhaltensanalyse). Diese sind Spezialisten und kommen nur bei herausragenden Fällen zum Einsatz, bei denen mit den herkömmlichen Methoden (z. B. der klassischen Tatort-Spurenanalyse), kein Erfolg zu erzielen ist. Durch ihre Arbeit kann ein unbekannter Tätertyp beschrieben werden, so dass die Ermittlungen gezielter in eine Richtung ablaufen.

Dabei ist es eigentlich nicht amerikanisches Gedankengut, denn schon der Begründer der modernen Medizin, Hippokrates, stellte Persönlichkeitsmerkmale und Verhalten im 5. Jh. v. Chr. zusammen. Immanuel Kant untersuchte die Einteilung der menschlichen Persönlichkeit, der italienische Mediziner Cesare Lombroso entwickelte 1876 die Lehre vom deliquento nato, vom geborenen Verbrecher, der deutsche Psychiater Ernst Kretschmer beschäftigte sich in den 1920er Jahren mit der Zuordnung von Körperbau, Persönlichkeit und Verbrechen. Alle von ihnen hatten für die damalige Zeit logische Ansätze und spektakuläre Beweise, die meisten gelten heute im Gesamten als widerlegt oder finden nur noch in Ansätzen Verwendung.

Obwohl schon deutsche Kriminalisten um die vorletzte Jahrhundertwende die Hilfe von Psychiatern einholten, gilt das psychologische Täterprofil des »Mad Bombers« (verrückter Bombenleger) als Initialzündung für das FBI.

Von 1940 bis 1956 legte eine unbekannte Person ca. 30 Bomben im Gebiet von New York und versetzte damit die Bevölkerung in Angst und Schrecken. Als Anhaltspunkt dienten nur Bekennerschreiben, in dem die Stromfirma Con Ed »gräulichen Tuns« bezichtigte wurde. Da sich die Gefährlichkeit seiner Bomben langsam steigerte und die ermittelnden Polizisten immer ratloser erschienen, wendeten sie sich an den Psychiater Dr. James Brussel.

Dieser sah sich die Tatortfotos sowie die Drohbriefe des Bombenlegers an und erstellte seine Personenbeschreibung: »*Es ist ein Mann, mit einem persönlichen Hass gegen die Con Ed, er ist paranoid, schlank, nicht unter 40, nicht über 60 Jahren, unverheiratet, handwerklich begabt, mit einem ödipusähnlichen Komplex. Er hat einen emigranten Hintergrund, ist katholisch, auf gewisse Weise intelligent und trägt bei der Verhaftung einen zweireihigen Anzug, geschlossen.*«

Mit dieser Beschreibung machten sich die New Yorker Ermittler auf die Suche, starteten eine Öffentlichkeitsfahndung, um ihn aus der Reserve zu locken und wandten als weitere Taktik die Sichtung von alten Personalakten der Con Ed an, was letztendlich den Erfolg ausmachte. Eine Schreibkraft bemerkte in einem Beschwerdeschreiben aus den 1930er Jahren den Ausdruck »greuliches Tun« und gab damit den entscheidenden Hinweis auf die Identität des Täters. Die Festnahme von George Metesky im Januar 1957 war Routine.

Als die Beamten ihn in der Nacht in seinem Haus aufsuchten, in dem er seit vielen Jahren abgeschottet lebte, gab er seine Taten stolz zu und machte sich gleich darauf für seine Inhaftierung fertig. Er trug nun einen zweireihigen Anzug, geschlossen.

Auf eine fast mysteriöse Weise trafen bei Metesky alle Vorhersagen zu seiner Person exakt zu, was

Bei der Festnahme von George Metesky im Januar 1957 trug dieser einen Zweireiher, geschlossen...

...und war sich keiner Schuld bewusst.

Nach der Festnahme von Metesky präsentiert die Polizei verschiedene Bomben, die kurz vor der Fertigstellung waren.

217

die Fachwelt für Jahre verblüffte. Bei genauer Analyse des Falles, der vorliegenden Informationen von/über Dr. Brussel und der retrograden Betrachtung des Täters ergibt sich ein logisches Gesamtbild und es erklärt auch die Vorhersagen:

- Mann = In der kriminalistischen Geschichte sind keine Fälle bekannt, in denen Frauen mehrere Bomben legten.
- Hass auf die Stromfirma Con Ed = Er war dort als Arbeiter entlassen worden. Er fühlte, dass ihm ein »Unrecht« angetan wurde, er wollte sich nun dafür rächen.
- Paranoid = Die Paranoia ist eine heimtückische Krankheit, die durch ständige, unveränderliche, systematisierte, logisch aufgebaute Wahnvorstellung charakterisiert ist. Der Täter steigerte sich in seinen Wahn, systematisierte sich in seinen Taten, hatte Wahnvorstellungen, was sich aus seinen Drohbriefen entnehmen ließ. Es zeigte die klassischen Merkmale des neurotisch paranoiden Kranken, wie übertriebene Empfindlichkeit und Wahrheitsverdrehung, so dass diese Diagnose nahestehend war.
- Der Täter ist schlank = Hier verließ sich der Psychiater auf die Wahrscheinlichkeit der Untersuchungen von Ernst Kretschmer, nach der von 10.000 untersuchten Patienten in Irrenhäusern, etwa 85% der Paranoiker einen schlanken Körperbau hatten.
- Nicht unter 40 Jahren = Die Paranoia entwickelt sich langsam. Sie bricht in den allermeisten Fällen nicht vor dem fünfunddreißigsten Lebensjahr voll durch. Zudem legte der Mann seine Bomben nun seit 16 Jahren und diese wurden immer gefährlicher, die Drohbriefe immer wahnhafter.
- Nicht über 60 Jahren = Ab 60 Jahren lässt der Geschlechtstrieb und damit die Aggressionen, das Interesse an seinem perfiden Hass nach. Der Täter steigerte sich aber immer weiter in seine Taten, seine Bomben wurden gefährlicher.
- Unverheiratet = Das Objekt seiner Begierde war seine Mutter. Da er diese nicht »bekam«, hatte er überhaupt kein Interesse am anderen Geschlecht.
- Handwerklich begabt = Die Experten des Bombenkommandos der Polizei schätzten seine Bomben als technisch präzise ein, so etwas konnte niemand ohne größeres Geschick und spezielles Werkzeug anfertigen.
- Ödipuskomplex = Der Mann war sexuell nicht ausgereift. Er lebte alleine, ohne Frau (jedoch mit seinen beiden Schwestern, die ihn umsorgten, wie spätere Ermittlungen ergaben).
- Emigrant = Das schloss Dr. Brussel aus den Drohbriefen, aus der Wortwahl, die keinen typischen amerikanischen Slang, etc. enthielt.
- Katholisch = Hier jonglierte Dr. Brussel mit der Wahrscheinlichkeit. Er ging bei der Tatbegehung von einem Mitteleuropäer aus, welche in dieser Generation immer sehr gläubig, sehr katholisch waren.
- Zweireihiger Anzug = Ein zwanghafter Mensch, ein Paranoiker, ist meist sehr ordentlich. Wenn er mit Stresssituationen (hier der Festnahme durch die Polizei) konfrontiert ist, möchte er einen guten Eindruck hinterlassen und wird sich seinen Sonntagsanzug anziehen (was auch in den 1950er Jahren eine übliche Handlungsweise darstellte).

Metesky kam bis 1973 in die Psychiatrie, verbrachte dann seinen Lebensabend in seinem Haus, wo er sich nichts mehr zu schulden kommen ließ und verstarb 1994.

Bei den meisten kriminalpolizeilichen Mordermittlungen, bei ca. 85 Prozent, besteht eine Täter-Opfer-Beziehung. Ein erfahrener Ermittler hat in der überwiegenden Anzahl von Fällen schon innerhalb von 48 Stunden nach Bekanntwerden der aktuellen Tat einen konkreten Verdacht und kann gezielt ermitteln.

Bei Mehrfach-Mördern, die scheinbar »ohne Grund wahllos morden«, ist eine Aufklärung sehr schwierig. Morde ohne Motiv häuften sich ab den 1970er Jahren in den USA sehr, die Täter stammten oftmals nicht mehr aus dem Freundes-/Verwandtenkreis, bis zu 30% der Täter waren aus Sicht der Opfer Unbekannte.

So galt es neue Ermittlungsmethoden zu finden, um die Bevölkerung schützen zu können. Um das Jahr 1970 beschäftigten sich die Pioniere der Täterprofilerstellung, die FBI-Agenten Howard Teten und Pat Mullaney, mit den grundlegenden Fragen dieser Methode und nahmen dafür auch Unterricht bei Dr. Brussel.

Sie betrachteten die Tatortanalyse unter neuen Gesichtspunkten, glichen diese mit der Vorgehensweise von verschiedenen psychisch Kranken ab und erstellten die ersten Thesen zu Serienverbrechern. Die nächste Generation der Agenten der damaligen Behavioral Science Unit, John Douglas, Robert Ressler und Roy Hazelwood, befragten ab Ende der 1970er Jahre inhaftierte Kapitalverbrecher mit Hilfe eines 57 Seiten langen standardisierten Fragebogens über ihre:

- Kindheit,
- Entwicklung,
- kriminelle Karriere,
- Planung ihrer Tat (speziell zu der »Auswahl« der Opfer),
- Förderung und Hemmung der Tatausführung,
- Vorgehensweise bei der Ausübung der Straftaten,
- Reaktionen der Opfer,
- Nachtatphase,
- Rückschlüsse auf die Gefährlichkeit (auch nach einer möglichen Entlassung), etc.

In den Pioniertagen ging es ausschließlich um Mehrfachmörder, was zwar einseitig, dafür aber sehr intensiv war. Im Laufe der Zeit unterschieden sie den:

- Serienmörder,
- Massenmörder,
- Spreemörder.

Der Begriff des Serienmörders findet seit 1950 in den USA Verwendung und bezeichnet einen Täter, der drei oder mehr Menschen, unabhängig voneinander, mit einer emotionalen Cooling-Off-Periode, planvoll und mit Vorsatz tötet. Eine sexuelle Motivation von der reinen Fantasie bis zur Auslebung bei der Tatbegehung ist dabei meist gegeben. Als bekanntester Serienmörder gilt in den USA Ted Bundy, der in den 1970er Jahren mindestens 28 Morde, meist an jungen und schlanken Frauen, beging.

Als Massenmörder gilt der im Allgemeinen als Amokläufer bekannte Typ. Es werden viele Opfer in unmittelbarem örtlichen und zeitlichen Zusammenhang getötet. Der Massenmörder tötet eine Vielzahl (vier oder mehr) von Opfern am selben Ort, im Zuge desselben Geschehens. Als klassischer Fall gilt Charles Whitman, der erste Amokläufer der Moderne, der am 31. Juli 1966 von einem Turm in Austin/Texas mit einem Gewehr 16 Menschen erschoss.

Der Spreemörder bringt in einem kurzen Zeitraum mehrere Opfer an verschiedenen Orten um, was auch dem Phänomen Amok zugerechnet wird, allerdings sehr selten vorkommt. Diese Verbrechen ergeben sich zu einem einzigen Geschehen und ihre Abfolge kann sich eine gewisse Zeit hinziehen. Ein Beispiel ist Howard Unruh, der am 6. September 1949, während er durch die Vororte von Camden/New Jersey lief, mit einer Luger 08 Pistole um sich schoss und dabei 13 Menschen tötete und weitere verletzte. Das Geschehen spielte sich an verschiedenen Orten in einem Zeitraum von ca. 20 Minuten ab. Unruh ist einer der wenigen Amokläufer, die lebend gefasst und anschließend verhört werden konnten. Unruh lebt noch heute mit weit über 80 Jahren in einer amerikanischen psychiatrischen Anstalt.

Fast alle Serienverbrecher gehen zwanghaft vor. Daher gibt es auch kaum Täter, die eine Serie über einen längeren Zeitraum aus eigenen Stücken unterbrechen oder gar aufhören. Unterbrechungen finden quasi nur durch Einwirkungen von außen, wie ein Gefängnisaufenthalt, Unfall oder Tod, statt. Ein Aufhören aus eigenem Antrieb ist zu Beginn der Verhaltensanalyse systematisch ausgeschlossen worden, was aber jüngere Forschungen (zumindest in Ausnahmefällen) widerlegen. U. a. bei dem 2005 festgenommen Dennis Rader, der als BTK-Killer (BTK steht für Bind, Torture, Kill, übersetzt: fesseln, foltern, töten) mindestens zehn Menschen tötete und eine »freiwillige Pause« von weit über einem Jahrzehnt einlegte.

Serientäter denken nicht an die Konsequenzen ihrer Tat, sind der festen Überzeugung, den Strafermittlungsbehörden überlegen zu sein und niemals gefasst zu werden. Selbst Serientäter, die Veröffentlichungen über Polizeiarbeit lesen und daraus wissen, dass z. B. die Polizei den Tatort überwacht, um operative Maßnahmen gegen sie zu starten, kehren wieder zurück, wenn auch vorsichtiger.

Wie oftmals bei Terroristen festzustellen, gibt es auch viele Fälle, in denen psychopatische Mehrfachmörder Polizeiliteratur besaßen, besonders über Mordermittlungen, die ihnen aber nicht »halfen«, da sie ihre zwanghaften Verhaltensweisen dennoch nicht ablegen konnten.

Aus einem anderen Sichtwinkel sind sie sehr schlau. Überführte Täter des organisierten Typs erkennen schnell ihre neue Situation und stellen sich darauf ein. Sie schätzen in kurzer Zeit ein, wen sie von was überzeugen müssen, so dass sie selbst Experten (Gutachter, Gefängnispsychologen, Pfarrer, etc.) täuschen und diese dann falsche Prognosen stellen. In den letzten Jahren hat sich die in den letzten drei Jahrzehnten durchgesetzte psychologische Meinung, dass grundsätzlich alle Straftäter therapierbar seien, relativiert, wobei diese »Erfahrungen« eine Vielzahl weiterer, unschuldiger Opfer gekostet haben.

Die Resozialisierungs-Chancen für Serientäter sind nach den Erfahrungen des FBI sehr schlecht. Bei den wenigen Fällen von »therapierten« Serienmördern, die vorzeitig entlassen wurden, sind alle rückfällig geworden, wenn sie dazu körperlich noch in der Lage waren. Ein Beispiel ist Ed Kemper, der sich sogar »einen Spaß« daraus machte, zu seiner abschließenden psychologischen Begutachtung den Kopf eines Opfers im Kofferraum seines Wagen »mitzunehmen«, ihn direkt vor dem Eingang parkte, während er drinnen das Expertengremium überzeugte, in Zukunft ein gesetzestreues Leben zu führen. Im deutschsprachigen Raum dient der Österreicher Jack Unterweger als Beispiel, der nach seiner Entlassung 1990 innerhalb

von vier Jahren ca. elf weitere Frauen umbrachte. Selbst verurteilte Serienmörder, die aus anderen Gründen freikamen, wie z. B. Ted Bundy, dem als verurteilter Mörder gleich zweimal die Flucht aus dem amtlichem Gewahrsam gelang, mordeten ungehend weiter.

Alle Interviews mit den Serientätern, die Erfahrungen/Erkenntnisse aus den gelösten/ungelösten Fällen und den Ermittlungen zogen, flossen in statistische Erfahrungswerte ein, die zwar teilweise kritisiert, aber dennoch in den meisten Fällen noch heute Gültigkeit haben.

Als allgemeine Hinweise ergeben sich:

- Die Täter sind fast ausschließlich Männer der weißen (hellhäutigen) Rasse.
- Die Beziehung zu ihrer Mutter hat einen direkten und wichtigen Bezug zu der Entwicklung des späteren Straftäters.
- Die Beziehung zwischen Tatort und Täter ist elementar. Nichts ist als zufällig anzusehen, alles ist auf eine Bedeutung hin zu untersuchen.
- Es ist sehr wichtig, sich in die Denkweise des Täters zu versetzen, so den Fall/den Tatablauf mit seinen Augen zu sehen, zu spiegeln.
- Die sicherste Möglichkeit, zukünftiges oder gewalttätiges Verhalten zu prognostizieren, ist eine gewalttätige Vergangenheit des (möglichen) Verdächtigen.
- Bei Heranwachsenden sind spätere Verhaltensweisen (Gewalttätigkeiten, Kontroll- und Manipulationsverhalten) oftmals im vorpupertären Verhalten erkennbar. Hierbei sind Taten als auch »Fantasien« mit abzuschätzen.
- Dass Gewaltverbrecher immer aus zerrütteten Familien kommen, ist ein Mythos. Viele wuchsen »normal« auf, zeigten dann aber schon Anzeigen von Dis-Sozialität (u. a. Tierquälerei, Brandstiftung).
- FBI-Auswertungen zur Intelligenz von Mehrfachmördern ergaben, dass sieben Prozent einen IQ von unter 90 hatten, die Mehrheit bewegte sich im Bereich des Üblichen und elf waren mit einem IQ von über 120 hochbegabt.

Bei der Hälfte gab es Fälle von Geisteskrankheit in der unmittelbaren Verwandtschaft, bei fast fünfzig Prozent kriminelle Eltern, bei fast siebzig Prozent Alkohol- und/oder Drogenmissbrauch. Und ohne jede Ausnahme entwickelten sie sich zu sexuell dis-funktionalen Erwachsenen, zu einer auf gegenseitiger Liebe beruhenden Beziehung mit einem anderen Erwachsenen war keiner fähig.

- Gewaltorientierten Tätern geht es um Macht, Manipulation, Dominanz und Kontrolle.
- Sexuelle Mehrfachstraftäter sind alle narzisstisch veranlagte Persönlichkeiten.
- Sie fahren oftmals einen Van (Kleinbus), den sie auch zur Tatbegehung (Beobachtungen, Ausspähungen, Transport, etc.) verwenden.
- Viele Mörder kehren meist an den Tatort, an das Umfeld des Opfers oder an Gräber zurück, sie interessieren sich sehr für die Auswertung ihrer Taten durch die Medien und Polizei und suchen oftmals engen Kontakt zu diesen.
- Sie distanzieren sich im Sprachgebrauch von ihren Opfern, sehen sie nicht als Person, verallgemeinern sie.
- Serientäter suchen sich ihre Opfer, oft Angehörige ihrer Rasse, sehr genau aus. Sie steigern sich langsam in ihre Taten und lernen in der Serie ständig »dazu«. Sie verüben als Kinder erste Vergehen, Tierquälereien, vergehen sich an kleineren/schwächeren Kindern, haben auffällig abweichende sexuelle Verhaltensweisen. Sie haben das Geschehen unter Kontrolle, den Ablauf genau geplant/vorbereitet.
- Der Massenmörder greift im Allgemeinen die eigenen Familienmitglieder an oder eine Gruppe von Leuten, die mit seinen Problemen nichts zu tun haben. Oftmals wird dabei eine Schule oder der Arbeitsplatz Schauplatz des Verbrechens, er möchte sich dabei für »erlangte Leiden rächen«, dabei verwendet er eine Waffe (meist Schuss- oder Blankwaffen).

Aber auch tiefergehende Erkenntnisse kamen zutage:

- Legt der Mörder sein (getötetes) Opfer in einen Fluss, ist er gewöhnlich älter.
- Legt er es in einer ländlichen Umgebung ab, hat er einen Bezug zum dortigen Leben.
- Hat er seine Opfer mit einem Messer brutal und in Richtung der Geschlechtsorgane zerschnitten, dann kennt er wahrscheinlich sein Opfer.
- Ist das Haus des Opfers die Crime Scene (Tatort) und es sind dort keine Spuren gewaltsamen Eindringens aufzufinden, dann kennen sich in der Regel Opfer und Täter, und letzterer lebt gewöhnlich in der Nachbarschaft.

Und es gelangen auch spezifischere Erfahrungswerte, die eine Zuteilung zu verschiedenen Psychosen ermöglichen:

- An Schizophrenie erkrankte Personen sind im Grunde harmlos. Stehen sie jedoch »unlösbaren Problemen« gegenüber, verfallen sie in eine Art Verteidigungshaltung. Im Extremfall kann dies zu einem Tötungsdelikt führen, wobei meist sexuelle Handlungen im Anschluss vorgenommen werden. Jüngere Täter sehen sich die Geschlechtsteile ihrer Opfer an, berühren sie eventuell. Ältere schneiden sie ab, nehmen sie als Souvenir mit, etc.
- Die Psychophaten sind wesentlich gefährlicher. Sie werden oftmals kriminell, suchen dabei einen Kick, setzen sich oft mit den Ermittlungsbehörden und ihren Taktiken auseinander. Sie suchen die Aufmerksamkeit, schreiben auch anonyme Bekennerschreiben.
- Beide Tätertypen unterscheiden sich auch in der Art der Vergewaltigung (welche durch einen Rechtsmediziner immer feststellbar ist). Der Schizophrene quält niemals, er tötet schnell und würde niemals den Geschlechtsakt nach dem Tod des Opfers durchführen. Der Psychopath »erfreut« sich an den Qualen des Opfers, steigert diese auch gerne und vergeht sich manchmal an der Leiche.

Heute sind die Profiler des FBI in der Behavioral Analyse Unit wenige Kilometer von der Academy in Quantico in einem einfachen Bürokomplex untergebracht. Es sind insgesamt 28 Profiler mit Unterstützungspersonal, wobei sie grundsätzlich im Zweierteam arbeiten.

Der Weg zur dortigen Dienstverrichtung ist wie bei allen Sonderverwendungen steil:

- Es besteht kaum die Möglichkeit zu einer direkten Bewerbung. Die dort Dienst verrichtenden Agenten kommen bei der Ausübung ihrer Tätigkeit im gesamten Land herum, lernen dabei immer wieder geeignete Kollegen kennen, die sie zu einer Bewerbung motivieren.
- Die Bewerber sollten über eine große Berufserfahrung verfügen und ca. acht bis zehn Jahre beim FBI sein.
- Generell können keine Seiteneinsteiger (d. h. Personen ohne FBI-Background) dort Dienst versehen.

- Ein eigentliches EAV gibt es nicht, selbstverständlich eine Begutachtung der Leistungen und eine Probezeit.
- Die Bewerber werden dann ein Jahr in der Unit intern geschult.
- Den Erfahrungswerten ist zu entnehmen, dass es dann noch ca. fünf Jahre dauert, um vollwertig arbeiten zu können.

Die Unit (Einheit) ist in drei Gruppierungen unterteilt, die sich mit den Schwerpunkten:

- Counter-Terrorismus und Bedrohungslagen,
- Mörder, Sexualstraftäter und Kidnapper (Entführer) zum Nachteil von Erwachsenen (Opfer ist 18 Jahre und älter),
- Straftaten gegen Kinder (Opfer ist 17 Jahre oder jünger),

beschäftigen.

Obwohl jeder Profiler seine individuelle Vorgehensweise hat, ergibt sich ein grundlegendes Vorgehensmuster das sich seit Jahren bewährt hat. Daraus ergeben sich die Hinweise für weitere Ermittlungen/Fahndungen.

Anzahl der Täter:
- Alleine/Duo/Bande

Psychische Charakteristika:
- Lebensalter/Verhaltensalter
- Rasse
- Geschlecht
- Gewicht
- Größe

Persönlichkeitsmerkmale:
- Status
- Intelligenz
- Emotionalität
- Praktische Fähigkeiten/Beruf/Hobbys
- Disziplin und Planungsvermögen
- Stressresistenz
- Planungsvermögen/ Risikobewusstsein
- Kommunikative Fähigkeiten
- Häusliche/Finanzielle Lage

Familienstand/Partnerschaft:
- Ledig/Verheiratet

- Beziehungserfahrenheit
- Sexuelle Erfahrung

Laufbahn, Ausbildung und Arbeit:
- Verhaltensauffälligkeiten in der Schule
- Schulabschluss
- Studium
- Berufsausbildung
- Berufliche Praxis
- Ausgeübter Beruf
- Sozialverhalten/Stellung

Vorstrafen:
- Polizeiliche Auffälligkeiten
- Gerichtliche Auffälligkeiten
- Klinische Auffälligkeiten
- Strafvollzug

Freizeitaktivitäten:
- Freizeitgewohnheiten
- Sportliche Aktivitäten
- Hobbys

Verhalten vor der Tat:
- Tagesablauf
- Etwaige Stressmomente/Tatauslöser
- Alkohol-, Medikamenten- und Drogenkonsum
- Planungsverhalten

Verhalten bei der Tat:
- Modus Operandi

Verhalten nach der Tat:
- Kontrolliertes/Auffälliges Verhalten
- Alkohol-, Medikamenten- und Drogenkonsum
- Tarnungsverhalten

Mobilität:
- Allgemein
- Führerscheine
- Fahrzeuge

Lebensraum:
- Entfernungen zu Tatorten
- Wohnumgebung
- Wohnsituation

Dazu kommen verschiedene Sonderaufträge wie Lehrveranstaltungen und Schulungsmaßnahmen. Unterstützungen von ausländischen Polizeidienststellen (u. a. auch Deutschland) sind auf Anfrage ebenfalls möglich. Sie nehmen keine Verbrecher fest, sind selten in operativen Maßnahmen eingebunden, geben nur Hinweise, die Verhaftungen und Fahndungsmaßnahmen tätigen die Agenten und Polizisten vor Ort. Sie sind auch niemals fest in einen Fall eingebunden, sondern beraten mit dem für ihre Arbeit notwendigem Abstand von außen.

Darüber hinaus erforschen die Spezialisten des Nationalen Analysezentrums Prozesse des kriminellen Denkens, Motive und Verhaltensmuster. Gerade diese Erkenntnisse sind für neue Fälle bedeutsam.

Systematischer Täter	Chaotischer Täter
Gebildet, hoher IQ	Niedriger IQ
Normales Sozialverhalten	Unreifes Sozialverhalten
Einzelkind oder ältestes Kind, mittlere bis gute Beziehung zu den Eltern	Eher jüngeres Kind innerhalb einer Familie, schlechte Beziehung zu einem oder beiden Elternteilen
Vater in fester Anstellung	Vater häufig ohne feste Stelle
Keine strenge Disziplin in der Kindheit	Ausgesprochen strenge, manchmal gewalttätige Eltern
Geradlinig, kontrolliert, übt häufig einen qualifizierten Beruf aus	Launisch, unterliegt oft krassem Stimmungswechsel, hat selten eine Ausbildung, fast nie eine Anstellung
Freundlich, extrovertiert, liebenswürdig	Lebt zurückgezogen, häufig Stotterer oder mit Hautkrankheit belastet
Hat sich während der Tat unter Kontrolle	Neigt zu Angstreaktionen während der Tat
Alkoholgenuss zur Tatzeit	Selten Alkoholgenuss während der Tat
Stress in Geldfragen, Ehe oder Beziehung beschleunigen die Tat	Hat selten Stress
Lebt oft in einer Beziehung	Lebt allein
Ist mobil, hat ein Fahrzeug in gutem Zustand	Lebt und arbeitet in der Nähe des Tatortes, ist meist nicht mobil, mangelnde Hygiene in allen Lebensbereichen
Kann Arbeitsplatz oder Wohnsitz wechseln und tut dies auch nach der Tat	Verändert selten sein Leben
Plant seine Tat	Begeht Taten eher spontan
Bevorzugt Opfer eines bestimmten Typs	Bevorzugt keinen bestimmten Typ, kennt manchmal Opfer und Tatort vom Sehen
Beherrscht Opfer und Gespräch	Unterhält sich kaum oder gar nicht mit dem Opfer
Fordert von seinem Opfer Unterwerfung	Opfer ist eher spontaner, plötzlicher Gewalt ausgesetzt
Fesselung des Opfers	Fesselung kommt kaum vor
Begeht aggressive Handlungen vor der Tötung (Verstümmelung, Quälereien)	Sexuelle Handlung nach der Tötung
Versteckt oder vergräbt die Leiche	Lässt die Leiche unverhüllt liegen
Tatort spiegelt die Vorbereitung der Tat wieder, Fundort nicht gleich Tatort	Am Tatort herrscht große Unordnung mit gutem Spurenbild
Versucht am Tatort weder Waffen noch Beweise zu hinterlassen	Lässt Waffen und Beweise zurück
Täter verfolgt die Medienberichte, ist gelegentlich »Polizeifan«, nimmt Kontakte zu Polizeibehörden auf	Täter interessiert sich nicht für die Berichterstattung

Die weitere Auswertung und Erkenntnisse aus aktuellen Fällen ermöglichen die Einteilung in zwei klassische Gruppierungen, den organisierten und den dis-organisierten Täter. Dieses Schema ist seitdem immer weiter verbessert worden und wird heute von Polizeibehörden in aller Welt genutzt.

»Fangt mich, oder ich bringe noch mehr um. Ich kann mich nicht kontrollieren«: schrieb der minderjährige William Heirens als Botschaft nach seiner Tat mit einem Lippenstift an den Spiegel des Tatortes (Hotelzimmer). Der Serientäter Heirens gilt als einer der jüngsten Serientäter der Kriminalgeschichte.

Der Serienmörder und Polizist Gerard Schaefer hat eine unbestimmte Anzahl von Opfern zu verantworten. 1973 konnten ihm im gefesselten Zustand in letzter Minute zwei Frauen entkommen und die Polizei verständigen. Hier rekonstruierte eine der Frauen am Tatort die Situation.

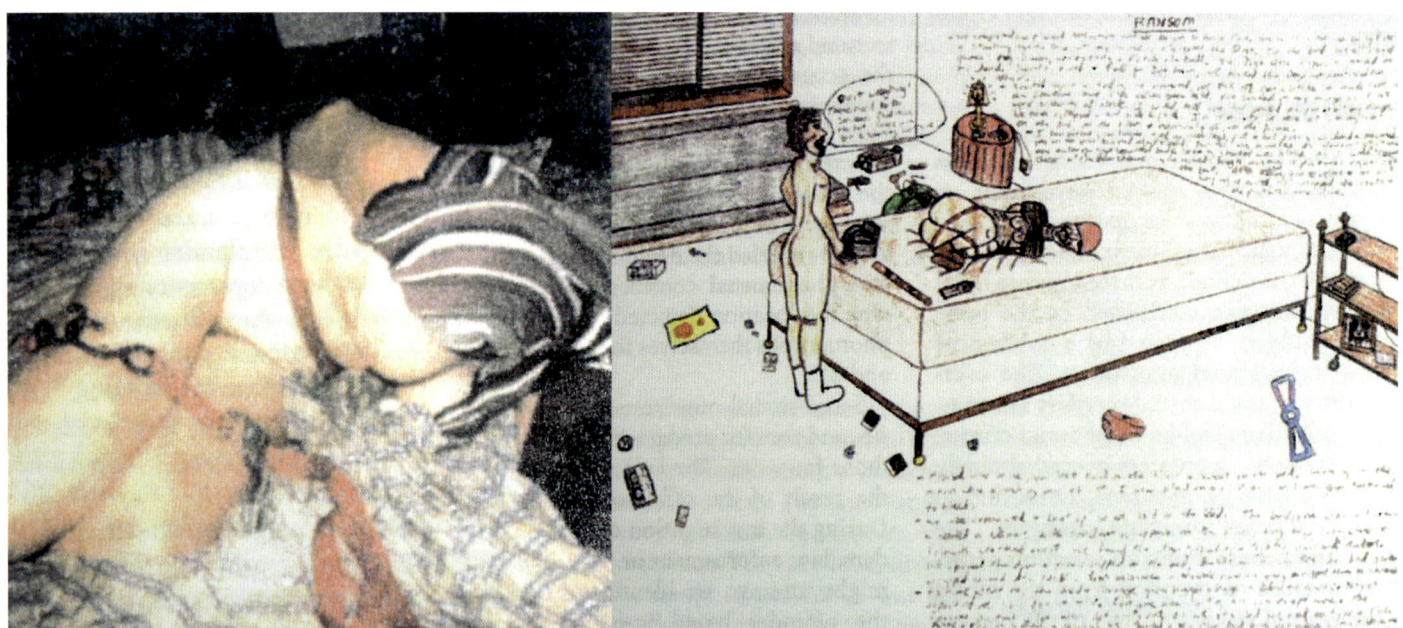

Die Machtausübung spielt bei einem Sexualmord eine große Rolle. Der Täter hat hier zudem seine umgesetzte Fantasie mit einem Polaroidbild festgehalten und als er dieses in der Zelle nicht mehr hatte, mit einer eigenen, gezeichneten Skizze ersetzt. Diese gibt das Geschehen und den Tatort Monate später im Detail wieder.

Der Vater des VICLAS-Programms, das nach seinen Ideen weltweit eingesetzt wird, Pierce Brooks, brachte vor seiner Tätigkeit für das FBI den Vergewaltiger und Serienmörder Harvey Glattmann in den 1950er Jahren zur Strecke. Dieser fotografierte gerne seine Opfer (wie diese Frau) kurz vor der Ermordung, um mit dem Bild die Tat später immer wieder in Gedanken durchzuspielen.

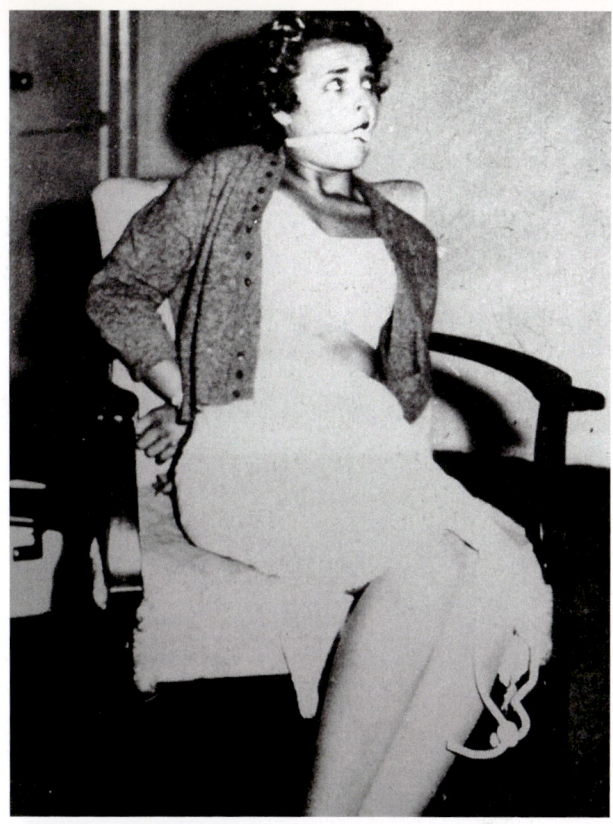

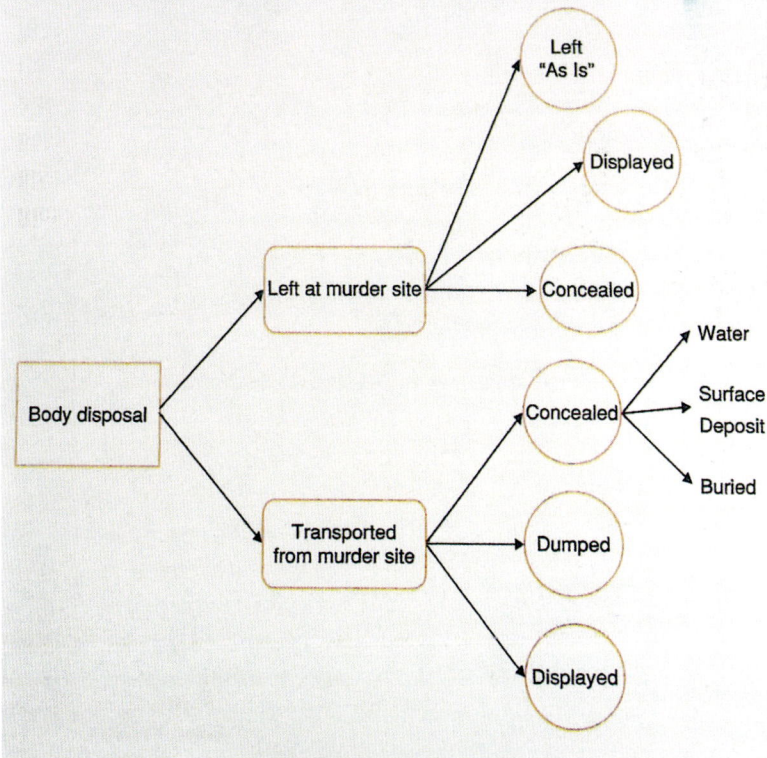

Der Auffindeort der ermordeten Person hat einen großen Aussagewert für die Profilerstellung. Auf dieser Darstellung sind alle Varianten chronologisch wiedergegeben.

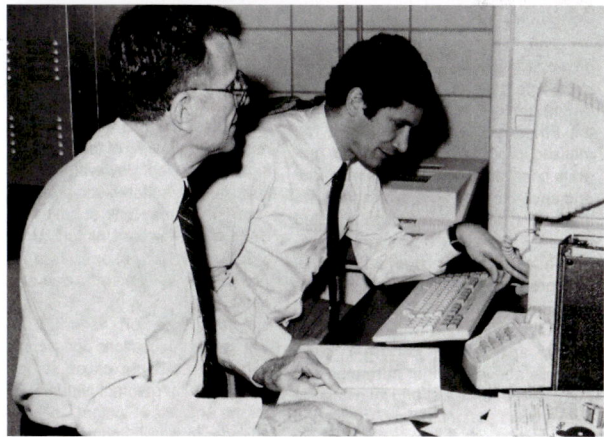

Pierce Brooks (links) an seinem Arbeitsplatz.

Ein Gebissabdruck auf dem Gesäß eines seiner Opfer erbrachte das Hauptindiz gegen Bundy.

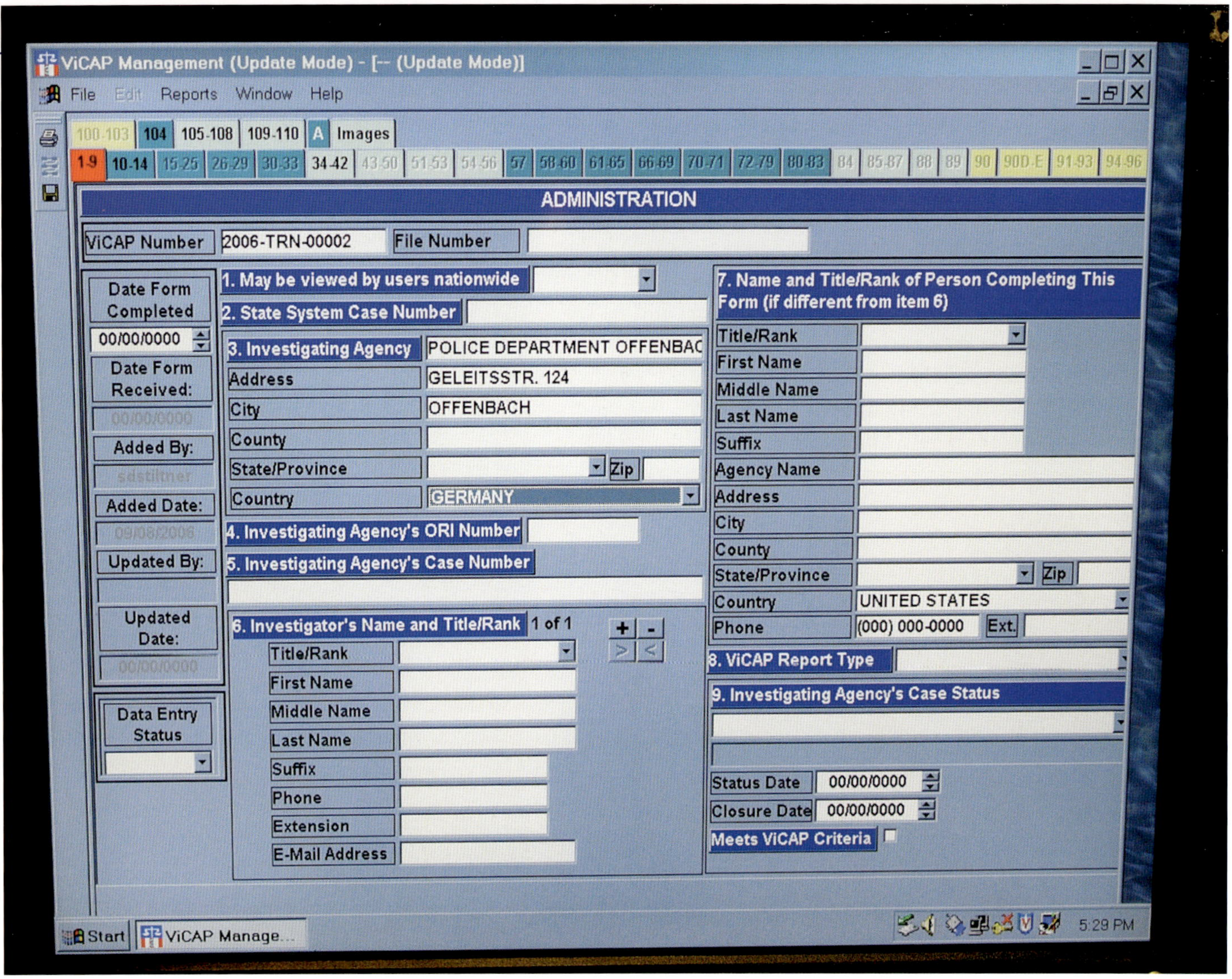

Eine große logistische Unterstützung der FBI-Agenten ist das nationale VICAP-Computersystem (VICAP = Violent Criminal Apprehension Programm). Mit einem umfangreichen Fragebogen können geschehene Fälle eingegeben und mit dem schon vorhandenen Datenbestand abgeglichen werden.

Damit sind Tatzusammenhänge bei:

■ Serienmorden, ■ vermissten und entführten Personen sowie unidentifizierten Leichen herzustellen.

Theodore »Ted« Bundy, alias The Campus Killer, gilt als der bekannteste Serienkiller der USA. Zwischen 1974 und 1978 brachte er mindestens 28 junge Frauen, die meisten waren Studentinnen, um. Mit dem Background seiner Studien in Sinologie, Psychologie und seiner rethorischen Gewandtheit brachte er sie dazu, mit ihm an abgelegene Orte zu fahren. Dort schlug oder würgte er seine Opfer bis zur Bewusstlosigkeit, um sie anschließend zu vergewaltigen. Zum Schluss erdrosselte oder erschlug er die jungen Frauen. Danach zerstückelte er die Leichen und transportierte sie über große Entfernungen, um Spuren zu verwischen.

Aileen Carol Pittman ist eine der wenigen Serien-
mörderinnen. In knapp zwei Jahren ermordete
sie sieben Männer in Florida. Pittmann hat die
typische Verbrecherjugend, bekam mit 15 Jahren
einen Sohn und arbeitete fortan als Prostituierte.
Sie entwickelte einen unstillbaren Hass auf Männer, machte vor Gericht aber »Notwehr« geltend.
Erfolglos, das Gericht verurteilte sie 1992 zum
Tode wegen Mordes, 2002 erfolgte die Exekution.

Richard Ramirez, der Night Stalker, versetzte von Juni 1984
bis August 1985 Los Angeles in Angst und Schrecken. Der
bekennende Satanist Ramirez, der in seiner Handinnenfläche
ein Pentagramm eintätowiert hat, stieg durch offenstehende
Haustüren und Fenster in die Wohnhäuser der kalifornischen
Mittelschicht ein und massakrierte die Bewohner. Mehr als
einmal malte er mystische Zeichen an die Wände der Tatorte
und hielt dort Rituale ab.
Dem FBI gelang es, in der Nähe eines Tatortes in einem
abgestellten Wagen einen Fingerabdruck zu sichern und ihn
Ramirez zuzuordnen. Mit einem Fahndungsfoto gelang dann
schnell die Festnahme. Er wurde wegen 13 Morde zum Tode
verurteilt.

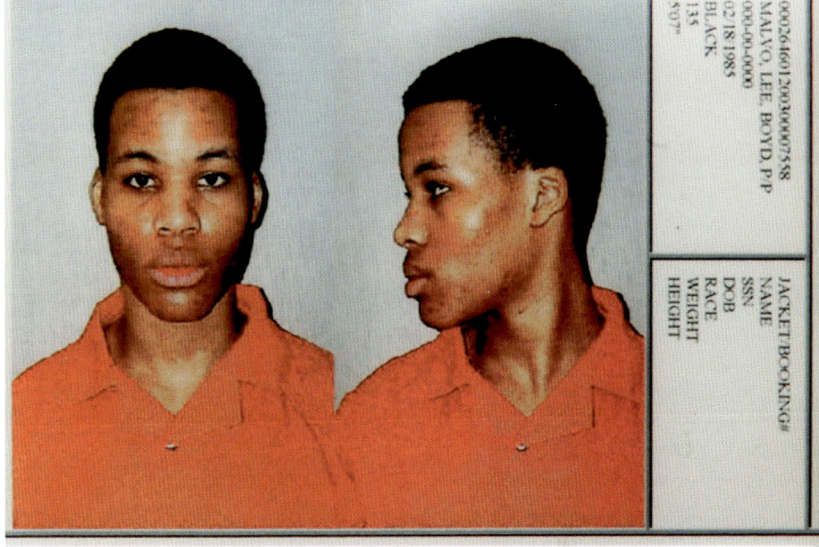

Lee Boyd Malvo (hier seine Gefängniskarte) tötete zusammen
mit seinem Ziehvater John Allen Muhammad im Oktober 2002 im
Großraum Washington mindestens zehn Menschen (darunter eine
FBI-Agentin, die privat Einkäufe tätigte) und verletzte drei weitere
schwer. Die Tat wurde unter dem Namen Beltway Sniper Attacks
bekannt. Ungewöhnlich und einmalig war die arbeitsteilige Vorgehensweise der beiden: Malvo schoss auf Anweisungen
Muhammads verdeckt aus dem Kofferraum ihres Wagens wahllos
auf Passanten. Beide haben eine schwarze Hautfarbe, Malvo war
»zu jung«, Muhammad »zu alt« für einen typischen Serienmörder.
Deswegen fielen beide durch alle Profiling-Raster. Erst durch
einen Fingerabdruck von Malvo, den dieser an einem Tatort
hinterließ, hatte die Polizei einen Hinweis und konnte beide,
während sie noch im Auto schliefen, festnehmen.

Die Service Martyrs

Seit dem Bestehen des FBI sind 51 FBI-Agenten in Ausübung ihres Dienstes ums Leben gekommen. Im Gegensatz zu den meisten deutschen Polizeibehörden wird ihrer Taten mit speziellen Gedenktafeln gedacht, die z. B. im Eingangsbereich von Dienstgebäuden angebracht sind.

Das FBI unterscheidet zwei Kategorien im Dienst getöteter Agenten:

- ◼ FBI Agents killed as the direct result of an adversarial action. (FBI-Agenten, die in einer direkten Konfrontation mit einem Verbrecher getötet wurden.) Bisher kamen dabei 35 Agenten ums Leben.
- ◼ FBI Agents who gave their lives in the performance of a law enforcement duty. (FBI-Agenten, die bei der Ausübung ihrer dienstlichen Pflichten ums Leben kamen.) Bisher kamen dabei 16 Agenten ums Leben.

Der Unterschied ist die direkte Tötungshandlung. Wird z. B. ein Agent von einem Straftäter erschos-sen, fällt dies in die erste Kategorie (auch als Service Martyrs bezeichnet), ein tödlich verlaufender Verkehrsunfall fällt in die zweite Kategorie.

Der 27jährige Edwin C. Shanahan (1898 - 1925) war der erste getötet Agent, den das FBI zu beklagen hatte. Er wollte am 11. Oktober 1925 eine Routinefestnahme eines Autodiebes durchführen, den er jedoch in Hinsicht auf seine kriminelle Energie unterschätzte. Der Dieb, ein Mann namens Martin Durkin, erkannte ihn beim Herantreten als Bundesagenten, ergriff seine auf dem Beifahrersitz liegende Pistole und schoss ihm direkt durch die Brust. Hoover nahm sich des Falls persönlich an und beauftragte seine besten Leute mit der Festnahme des Mörders mit den überlieferten Worten: *»Wir müssen diesen Mörder stellen. Wenn einer unserer Leute erschossen wird und wir lassen den Täter entwischen, dann ist in Zukunft keiner unserer Agenten mehr seines Lebens sicher«.*

Die Fahndung ging durch mehrere Staaten, in denen Durkin weitere Straftaten beging, u. a. tötete er in Chicago einen Polizisten und verletzte dessen Streifenpartner schwer. Unter einer Legende gelang dann drei Monate später der Zugriff auf den bewaffneten Straftäter in einem Zug, der vor Überraschung zu keiner Widerstandshandlung mehr fähig war.

Für seine Verbrechen erhielt er für damalige Verhältnisse »nur« 50 Jahre Gefängnis, von denen er lediglich 28 Jahre absitzen musste.

So traurig und tragisch oftmals die Umstände des Todes eine jeden Agenten sind, so lehrreich können sie dennoch für die Zukunft sein:

- Der Agent Paul Reynolds (1899 - 1929) war der zweite tote Agent. Er wurde mit einem Herzschuss am 12. August 1929 tot in einem Kanal bei Phoenix, Arizona, aufgefunden. Trotz intensiver Bemühungen konnten seine Ermordung oder die genaueren Umstände nie aufgeklärt werden.

- Special Agent Ingle (1903 - 1931) war mit einem Privatdetektiv am 24. November 1931 in Durham, North Carolina, im Einsatz, als dem Detektiv seine Waffe durch ein Loch in seiner Tasche auf den Boden fiel, sich dabei versehentlich ein Schuss löste und Agent Ingle tödlich traf.

- Der Tod des Agenten Raymond Caffrey (1902 - 1933) und drei weiterer Gesetzeshüter ging am 17. April 1933 als Kansas City Massaker in die FBI-Historie ein, als drei skrupellose Verbrecher der Gangsterära, die später auch ihre gerechte Strafe bekamen, die Polizisten niederschossen. Dieses Verbrechen gab den Anlass für die reguläre Bewaffnung des FBI.

- Der Agent William Ramsey (1903 - 1938) machte am 2. Mai 1938 von seiner Schusswaffe Gebrauch, als ihn bei einem Festnahmeversuch ein Bankräuber anschoss. Er traf seinen Angreifer tödlich in den Kopf, erlag aber am folgenden Morgen seinen eigenen Verletzungen im Krankenhaus.

- Der erste afro-amerikanische Agent Edwin R. Woodriffe (1941 - 1969) kam am 8. Januar 1969 zusammen mit seinem Kollegen Anthony Palmisano (1942 - 1969) ums Leben, als sie nach dem aus dem Gefängnis entflohenen Sträfling Bryant fahndeten. Beim Festnahmeversuch nutzte Bryant eine kleine Nachlässigkeit der beiden aus und erschoss sie.

- Agent Johnnie Oliver (1944 - 1979) erlitt eine tödliche Verwundung als Mitglied des SWAT-Teams bei der Festnahme des Entführers, Räubers und Vergewaltigers Guyon am 9. August 1979, als er dessen Haus betrat. Guyon konnte kurz darauf durch andere FBI-Männer festgenommen werden, er bekam eine lebenslange Haftstrafe.

- Den wohl schwärzesten Tag hatte das Bureau am 16. Dezember 1982, als vier Agenten, Robert Conners (1946 - 1982), Charles Ellington (1946 - 1982), Terry Hereford (1948 - 1982) Michael Lynch (1947 - 1982), bei einem Flugzeugabsturz in der Nähe von Montgomery, Ohio, ums Leben kamen. Die Agenten Hereford und Conners flogen aufgrund von Radarproblemen zu tief, streiften eine Telefonleitung und stürzten ab.

- Am 5. Oktober 1985 starb die erste weibliche Agentin Robin L. Ahrens (1952 - 1985) in Ausübung ihres Dienstes. Sie war erst vor wenigen Monaten auf der Academy graduiert, als sie dem Office in Phoenix bei der Festnahme eines flüchtigen Räubers half. Ihre Kollegen hielten sie bei den gegebenen schlechten Sichtverhältnissen für eine bewaffnete Komplizin des Verbrechers und erschossen sie. Diese »Verwechselung« wird in den USA als Friendly Fire bezeichnet.

- Am 11. April 1986 starben durch Verbrecherhand die beiden beliebten Agenten Jerry Dove (1956 - 1986) und Benjamin Grogan (1933 - 1986), als sie zusammen mit ihren Kollegen einen Zugriff auf zwei Serien-Bankräuber durchführten. Die beiden Verbrecher Matix und Platt griffen und verwendeten ihr umfassendes Waffenarsenal, worauf die Agenten ihre Dienstwaffen final einsetzten. Nach die-

Gedenktafel für die toten FBI-Agenten im Hauptquartier in Washington D.C.

sem Vorfall, der eine hitzige Debatte über die Wirkung von Polizeiwaffen entfachte, erfolgte die Umstellung auf halbautomatische Pistolen, stärkere Kaliber und verbesserte Deformationsgeschosse.

- Wenige Tage später, am 19. April 1986, starb der Special Agent James McAllister (1951 - 1986), Mitglied des HRT, bei einem Trainingsunfall nach einem Fall aus einem Hubschrauber.

- Dem Agenten John Bailey (1942 - 1990) gelang am 25. Juni 1990 die Festnahme eines Bankräubers am Tatort in Las Vegas, Nevada. Als sich dieser am Schalter mit der Waffe herumdrehte, erfolgte ein Warnschuss, der Gangster ließ die Waffe fallen. Obwohl Special Agent Bailey ein erfahrener Kämpfer war, u. a. bekam er zwei Bronze Stars als Soldat der US-Marines in Vietnam, vernachlässigte er seine Aufmerksamkeit bei der Annäherung an den Verbrecher, so dass es diesem gelang, dem G-Men die Waffe aus der Hand zu schlagen, seine Waffe wieder vom Boden aufzunehmen und den Agenten mit drei Schüssen zu ermorden.

- Die Agenten Martha Martinez (1959 - 1994) und Michael Miller (1953 - 1994) starben bei einem feigen Anschlag des Straftäters Lawson, als dieser am 22. November 1994 mit einer TEC 9 Maschinenpistole in das District Hauptquartier von Washington D. C. eindrang und um sich schoss. Agent Martinez, die erste Frau bei einem SWAT Team des FBI, hatte keine Chance zur Gegenwehr.

- Agent Charles Leo Reed (1951 - 1996) kam bei einem Undercover-Einsatz am 22. März 1996 ums Leben, als er zu Beweiszwecken verdeckt Kokain von einem Drogenhändler erwerben sollte.

- Leonard Hatton (1956 - 2001) kam bei den Terroranschlägen am 11. September 2001 in New York ums Leben. Er brachte sich auf seine eigene Initiative in einen Rettungseinsatz im World Trade Center ein, das über ihm zusammenbrach.

- Statistisch gesehen ist die Dienstverrichtung bei den Spezialeinheiten am gefährlichsten. Dort starben in diesem Jahrzehnt u. a. 2005 Agent Robert Hardesty (1965 - 2005), vom FBI-SWAT Springfield bei einer Geiselbefreiungsübung an dem Trainingsflugzeug des HRT und Agent Gregory Rahoi (1968 - 2006) bei einer Live-Fire-Exercise des HRT.

Edwin C. Shanahan

Age: 31
Killed: October 11, 1925
Where: Chicago, Illinois

Four Chicago police officers were wounded during an attempted arrest of a car thief. The FBI joined the citywide manhunt. Special Agent Shanahan received a tip that the thief planned to hide a stolen Packard in a parking garage. That night, when the thief showed up, Special Agent Shanahan attempted to arrest him. Pulling a gun from under the front seat, the thief shot and killed the FBI Agent. Special Agent Shanahan was the first FBI Agent killed in the line of duty.

Zum Gedenken an den ersten getöteten FBI-Agenten Edwin C. Shanahan.

Edwin R. Woodriffe

Age: 27
Killed: January 8, 1969
Where: Washington, D.C.

Special Agents Woodriffe and Anthony Palmisano were looking for an escaped federal prisoner who had also robbed a bank. The trail led the FBI Agents to an apartment building in the southeast section of the city. When the Agents entered the apartment building, the fugitive met them in the hallway and blazed away with his pistol. Special Agents Woodriffe and Palmisano were both killed. Convicted of the two murders, the fugitive was sentenced to life in prison.

Zum Gedenken an den ersten im Dienst ermordeten afro-amerikanischen FBI-Agenten Edwin R. Woodriffe.

Robin L. Ahrens

Age: 33
Killed: October 5, 1985
Where: Phoenix, Arizona

FBI Agents surrounded an apartment complex where a subject wanted for armed robbery and shooting at a police officer was staying. The subject was arrested after a brief scuffle in which a shot was fired. Special Agent Ahrens rushed to the arrest scene with gun drawn. In the dim light, mistaking her for the subject's accomplice, FBI Agents fired, mortally wounding Special Agent Ahrens.

Der letzte Mord an einem FBI-Agenten geschah an Special Agent Barry Lee Bush am 5. April 2007 in der direkten Konfrontation mit einer Bande von schwerbewaffneten Serien-Bankräubern. Zum Gedenken an diesen treuen Agenten, der seit 1987 tadellos seinen Dienst beim FBI versah, erfolgte im April 2008 die Umbenennung des FBI-Gebäudes in Newark in Barry Lee Bush Building.

In der FBI-Academy gibt es auch eine Gedenktafel für die in Ausübung ihres Dienstes ums Leben gekommenen Polizisten, die hier graduiert hatten.

Zum Gedenken an die erste im Dienst ums Leben gekommene FBI-Agentin Robin L. Ahrens.

FBI 10 Most Wanted

Die berühmteste Fahndungsliste der Welt ist die »FBI 10 Most Wanted Fugitives« (die zehn meistgesuchten flüchtigen Kriminellen der USA), mit der die Fahndung nach den gefährlichsten Verbrechern der USA angeführt wird.

Die Idee dazu hatte ein Zeitungsreporter, der für einen Leitartikel der Washington Daily News die »Toughest Guys« (die »härtesten Jungs«) unter den Gangstern suchte, sie und ihre Beschreibung am 07. Februar 1949 publizierte. Diese Maßnahme kam so gut an, dass sie vom FBI-Direktor Hoover übernommen wurde und seit dem 14. März 1950 ist es eine erfolgreiche Fahndungsmaßnahme der Strafverfolgungsbehörden.

Mit dieser Liste sind aktuelle Kriminelle ausgeschrieben, um den Druck der Öffentlichkeitsfahndung zu erhöhen. Dafür gibt es einmal ein Plakat mit allen zehn Personen im Überblick, mit je einem Foto und einer kurzen Beschreibung, des Weiteren Flyer (Zettel), die jeweils ausführlich eine einzelne Person beschreiben. Der Aushang erfolgt an öffentlich zugänglichen Stellen (Post, Banken, Bahnhöfen, Behörden, etc.), Publikationen erfolgen in Zeitungen, Fernseh- und Radiostationen geben die neuesten Informationen über diese Leute weiter. Seit Mitte 1990 ist auch das Internet eine wirksame Hilfe, auf der Homepage des FBI befinden sich spezielle Informationen zu Fahndungsmaßnahmen.

Um die Liste zu aktualisieren, kontaktiert die Criminal Investigative Division (CID) der FBI-Hauptzentrale alle 56 Field Offices, die wiederum Verbrecher »nominieren«. Diese werden zusammengeführt, die Informationen nochmals überprüft und eine Einschätzung in Dringlichkeit und Gefährlichkeit vorgenommen. Die Experten der Public Affairs (Öffentlichkeitsarbeit) bestimmen die aufzunehmenden Personen, die abschließende Entscheidung trifft der FBI-Deputy-Director.

Um in die Liste aufgenommen zu werden, müssen die Personen:

- besonders schwere Verbrechen begangen haben,
- einen Bezug zu den USA haben,
- eine Gefahr für die Öffentlichkeit darstellen,
- eine Aussicht auf eine erfolgreiche Festnahme bestehen.

Um von der Liste gestrichen zu werden, muss die Person
- durch die Polizeibehörden festgenommen sein,
- sich gestellt haben,
- so verschollen sein, dass die Fahndung nach ihr aussichtslos ist,
- keine »Top Ten Kriterien« mehr erfüllen,
- nachweisbar tot sein.

Natürlich findet sich auch der Zeitgeist in der Liste wieder. In den 1950er Jahren waren hauptsächlich organisierte Bankräuber und Autodiebe ausgeschrieben, in den radikalen 60er Jahren die »Revolutionäre« und ab den 1970er Jahren auch die Verbrecher aus den Bereichen organisierte Kriminalität und Terrorismus.

Einige Highlights der FBI 10 Most Wanted:
- 489 Personen wurden bisher zur Fahndung ausgeschrieben.
- 458 Personen konnten ermittelt und festgenommen werden.
- Ein Ranking innerhalb der Liste gab und gibt es nicht.
- Die Lokalisierung von ca. 150 Personen erfolgte durch zielgerichtete Hinweise aus der Bevölkerung.
- Die Festnahme erfolgte bei ca. 40 Gangstern mit Hilfe von Zeitungspublikationen, bei ca. 13 aufgrund von Berichten in Magazinen.
- Der erste Kriminelle auf der Liste war der Mörder T. Holden, der am 23. Juni 1951 festgenommen und später verurteilt werden konnte.
- W. Nesbit, die erste Person, deren Festnahme mit Hilfe der Fahndungsliste gelang, wurde nach nur zwei Fahndungstagen, am 18. März 1950, wegen Straftaten gegen das Leben und gegen das Sprengstoffgesetz inhaftiert. Er konnte von einem 13- und einem 14-jährigen

Jungen identifiziert und an die örtliche Polizei gemeldet werden.
- Die Inhaftierung von zwei Kriminellen erfolgte, da sie von Besuchern der ehemaligen FBI-Visitors-Tour (Besichtigungstour) erkannt wurden.
- Erst gegen ca. 15 Personen waren die Maßnahmen erfolglos.
- Ca. sechs Personen mussten von der Liste gestrichen werden, da sie die Aufnahmekriterien nicht mehr erfüllten.
- Die Festnahme von zwei Personen (1952 J. Levy und 1991 J. Settle) erfolgte, nachdem sie auf der Liste standen, aber bevor diese zur Veröffentlichung kam.
- Mehrere Personen wurden schon am ersten Tag nach der offiziellen Publikation festgenommen.
- Der kürzeste Fall war der Bankräuber B. Bryant, der zwei Stunden auf der Liste stand.
- Ca. ein halbes Dutzend Personen war mehrfach auf der Liste, u. a. J. Ray (1968 und 1977), ein wegen des Attentats auf Dr. Martin Luther King verurteilter Mörder.
- Ca. 10 Personen konnten erst tot aufgespürt

Seit Jahrzehnten ein probates Fahndungsmittel, die »FBI 10 Most Wanted« Fahndungsliste.

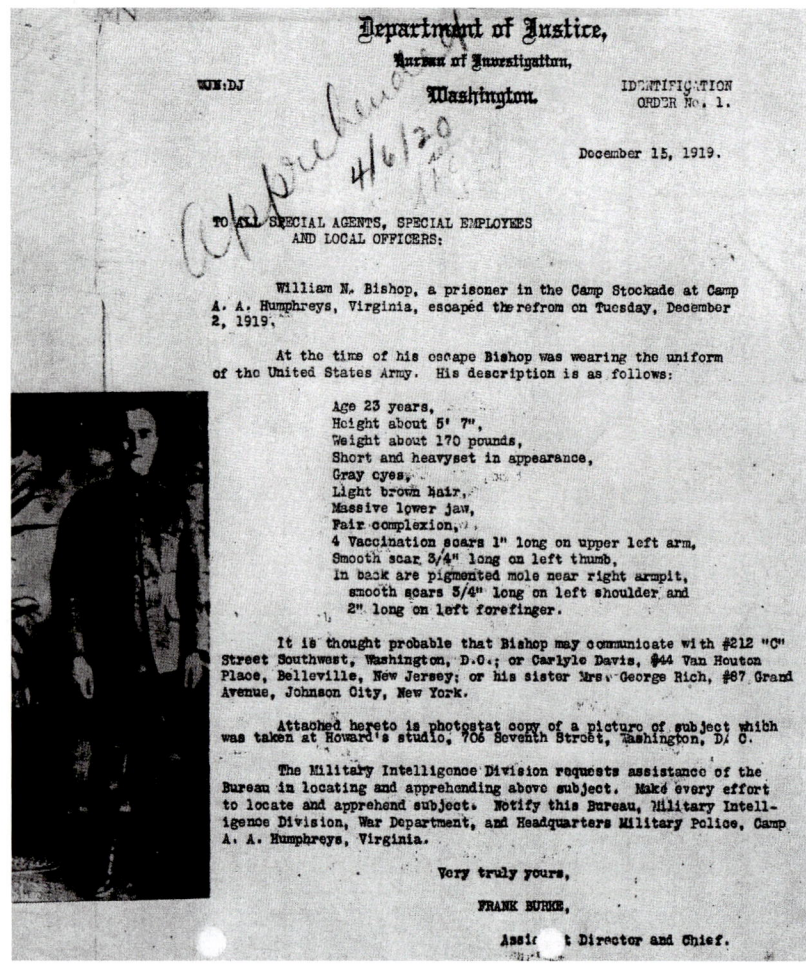

Am 15. Dezember 1919 veröffentlichte das BI den ersten »Steckbrief«, damals als Identification Order (IO) Nr. 1 bezeichnet. Der damit gesuchte, entflohene Soldat Bishop konnte wenige Monate später, am 6. April 1920, wieder gefangen werden.

- Die durchschnittliche Verweildauer auf der Liste beträgt ca. 320 Tage, das Durchschnittsalter ca. 38 Jahre.
- Fast alle Verbrecher waren Männer, es gab nur ca. acht Frauen.
- Die erste Frau, die Entführerin R. Schier, wurde nach langen Überlegungen am 28. Dezember 1968 in die Liste aufgenommen.
- Mit 69 Jahren war C. Harris der älteste ausgeschriebene Verbrecher.
- Aus abgehörten Telefonaten und Gesprächen in Gefängnissen ist bekannt, dass viele Verbrecher sich sogar rühmten, ein »Top Tenner« gewesen zu sein.

werden, ca. die gleiche Anzahl musste in Notwehrhandlungen bei der Festnahme erschossen werden.

- Die meisten Eintragungen (33) in die Liste erfolgte im Jahr 1968.
- Wegen besonderer Dringlichkeit wurde ca. 13 Mal die Liste um eine oder mehrere Personen erweitert. Der Höchststand hierbei war im Oktober 1970 bei 16 Personen.
- Im Jahr 1970 wurden die berüchtigte Patty Hearst und ihre Kumpanen nicht auf die Liste eingetragen, da sie schon ausreichend Publicity hatten.
- Am längsten eingetragen war der Straftäter D. Webb, die Fahndung verlief 26 Jahre erfolglos von 1981 bis zur Einstellung 2007.

Der Artikel aus dem Jahr 1949, der richtungweisend war und das Fahndungsprogramm einleitete.

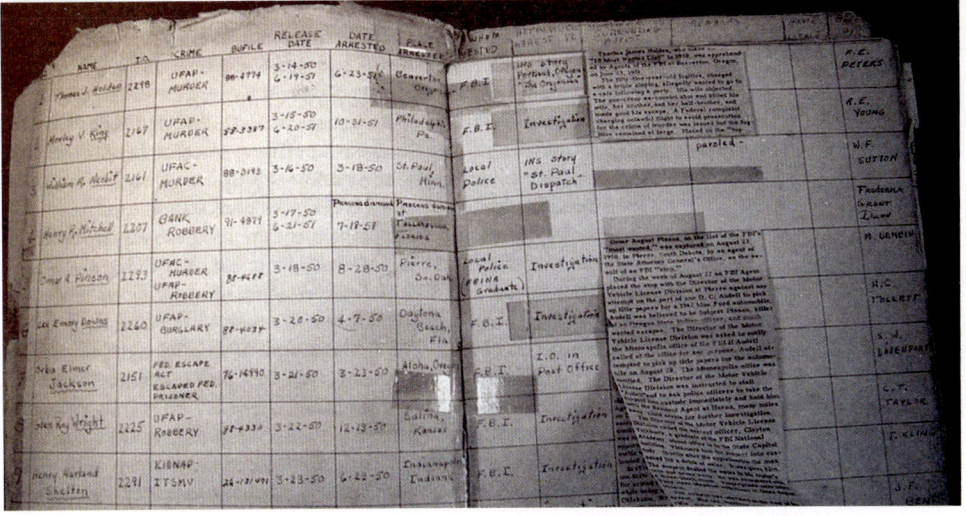

Vor dem Computerzeitalter gab es solche Fahndungsbücher. Hier das mit den ersten elf ausgeschriebenen Verbrechern aus dem Jahr 1950.

1 Thomas James Holden
Placed on list 3/14/50; arrested 6/23/51

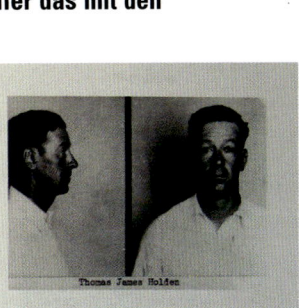

Thomas James Holden

When Thomas Holden was placed on the list, the FBI was well acquainted with him. Holden had been convicted of robbing a mail train back in the late twenties. He was a product of the "easy days" before the rampant, lawless gangs of the Midwest were curbed by federal statutes enlarging the FBI's authority to combat crime.

In 1930, Holden made an ingenious escape from Leavenworth and was sought by the FBI as an escaped federal prisoner. He pushed his luck too far, renewing his criminal contacts and associating with such notorious mobsters as Alvin Karpis, Verne Miller and Frank Nash.

While Holden was enjoying his precarious freedom from Leavenworth, he is alleged to have been one of the "outside" crew responsible for a sensational armed break from Leavenworth in December 1931.

The FBI's two-year search for him ended on July 7, 1932, when Special Agents and local police officers surrounded him and a fellow escapee on a golf course at Kansas City, Missouri.

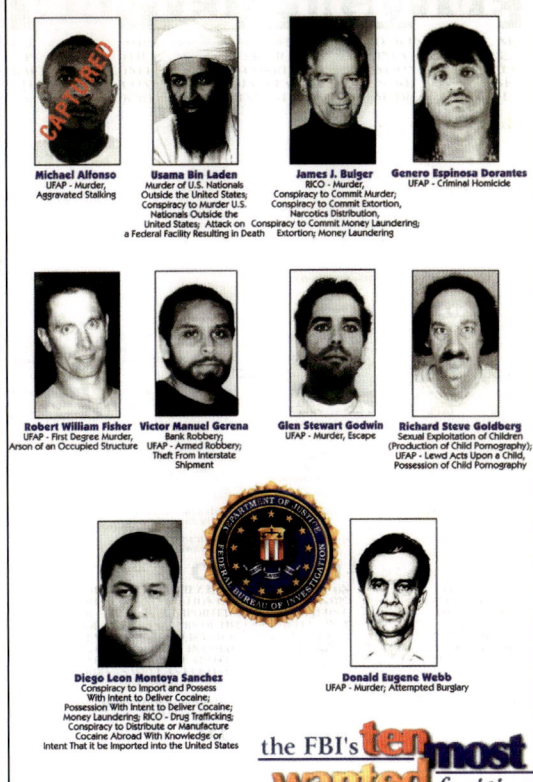

the FBI's ten most wanted fugitives

Die aktuellen »10 Most Wanted« (Stand Sommer 2008).

Die Geschichte des ersten Flüchtigen, dessen Festnahme in der Jahresmitte 1951 gelang.

Die erste Frau auf der »10 Most Wanted« Liste.

Bin Laden, wohl der meistgesuchte Verbrecher des Planeten.

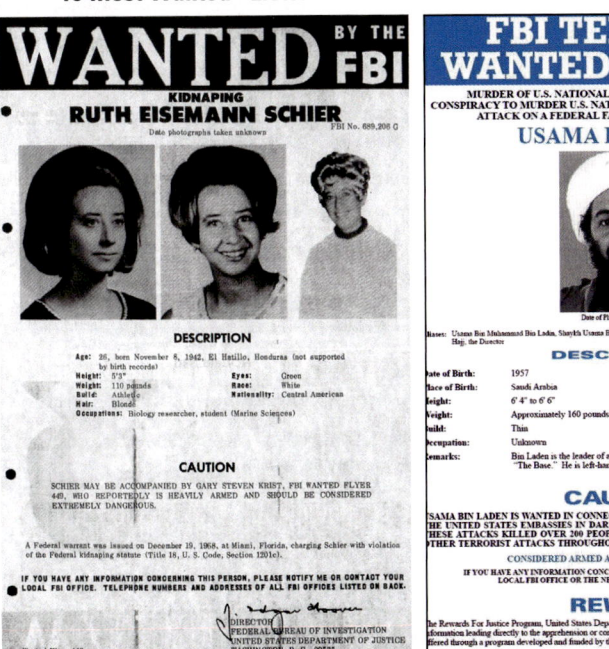

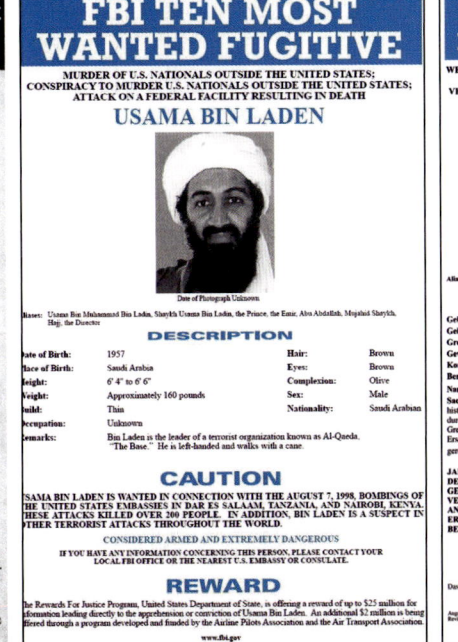

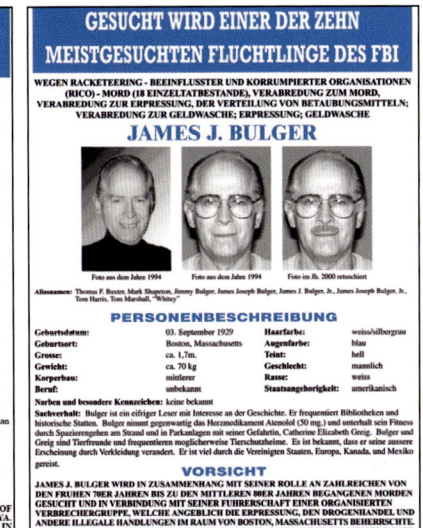

Fahndungen im deutschsprachigen Raum sind eher selten. Hier eine aktuelle Ausnahme.

235

Das FBI-Logo

Jede Polizeieinheit benötigt ein Erkennungszeichen, mit dem sich die Beamten ausweisen, aber auch identifizieren können, es muss seriös, aber auch unverwechselbar sein.

Schon kurz nach 1908 kam die erste Version und diente den frühen Agenten als einzigste »Waffe«. Fast gleiche Modelle wurden auch anderen Agenten gegeben, z. B. der American Protective League. Kurz nach dem Antritt von J. Edgar Hoover wurde ein neues Wappen kreiert, das mehr den Bedürfnissen entsprach. Ein Abzeichen in der Form eines Schildes, in der Mitte die klassische Justizia mit verbunden Augen, Waage und Schwert, umrandet von dem Schriftzug, gekrönt durch den Adler.

Im Jahr 1933 wurde die Bezeichnung Bureau kurz durch das Wort Division ausgetauscht und machte auch einen Wappenwechsel nötig. Auf einer Konferenz in Washington im selben Jahr wurde durch führende Agenten festgelegt, dass das Design komplett beibehalten, jedoch die neue Bezeichnung eingefügt wird. Zudem sollte es insgesamt etwas größer sein.

Nach weniger als zwei Jahren gab es einen erneuten Wechsel, das FBI bekam seine volle Zuständigkeit (Federal) in den USA, was auch seinen Niederschlag in dem Schriftzug fand.

Seit 1935 wird das Wappen unverändert benutzt und hat eine hohe Popularität. Es ist ein Statussymbol und in vielen Bereichen vom Wandschmuck, über Ringe bis hin zu Kaffeetassen zu finden. Auch als Souvenir wird es gerne verwendet.

Das offizielle Abzeichen wird auf einem Lederhalter mit Hosenclip getragen und dient als Ausweis- und Erkennungszeichen. Unautorisierte Fälschungen werden streng bestraft.

Viele Agenten tragen ihr persönlich zugeteiltes, nummeriertes Badge neben der Handfeuerwaffe und nutzen es im Einsatzfall als Legitimierung.

Das Badge in
seiner heutigen
Ausführung.

Die Abzeichen
des FBI in
zeitlicher
Reihenfolge.

1908 – 1927   1927 – 1934   1934 – 1935   1935 – Present

Die FBI-Medaillen

D as FBI nutzt regelmäßig die motivierende Wirkung von Belobigungen und Auszeichnungen. Besonders begehrt sind hierbei die fünf FBI-Medaillen, die nur nach einer ausreichenden Prüfung verliehen werden.

Die Meritorious Achievement Medaillen (Medaille für lobenswerte Verdienste) wird verliehen für herausragende und außergewöhnliche Leistungen im Rahmen extremer dienstlicher Herausforderungen. Der spätere Träger muss sich hierfür bei Einsatzlagen vorbildlich verhalten haben, menschliches Leben geschützt und sich in lebensgefährlichen Einsätzen umsichtig verhalten haben.

Der Shield of Bravery (Schild der Tapferkeit) wird für tapfere und mutige Handlungen im Dienst oder im Rahmen einer FBI-Beschäftigung überreicht, z. B. für Angehörige von Spezialeinheiten, verdeckte Ermittler, umsichtiges Handeln in Krisensituationen, usw., wobei die dienstliche Handlung in Verbindung zu der höchsten Prioritätsstufe des FBI stehen muss.

Die Medal of Valor (Medaille für Heldenmut) wird in Anerkennung einer außergewöhnlichen Handlung von Heldenmut oder für Einsätze verliehen, bei denen der Agent sein eigenes Leben einsetzt, um z. B. Straftäter festzunehmen oder die Verfassung zu verteidigen. Diese Handlung muss im unmittelbaren Zusammenhang mit dem Dienst oder im Rahmen einer Beschäftigung beim FBI und in der direkten Konfrontation mit Verbrechern stehen.

Der FBI-Star (FBI-Stern) wird für schwere Verletzungen, die im kausalen Zusammenhang mit dem Dienst stehen, verliehen. Sei es durch physische Konfrontation mit Kriminellen, einem Unfall, Schussverletzungen oder eine andere schwere Verletzung, die eine sofortige, notfallmäßige Wundversorgung, einen Krankenhausaufenthalt oder eine umfassende medizinische Behandlung über einen längeren Zeitraum bedarf.

Der Memorial Star (Gedenkstern) wird an Angehörige von im Dienst ums Leben gekommenen Agenten überreicht. Damit soll die besondere Wertschätzung des Bureau zum Ausdruck kommen und dem Agenten somit ein Andenken im Kreise seiner Familie bewahren.

FBI Medals Program

Die fünf Medaillen des FBI, ein wichtiges und motivierendes Anreizsystem.

FBI STAR

The FBI Star is awarded for serious injury sustained in the direct line of duty from physical confrontation with criminal adversaries, an injury inflicted by weapons, gunshot wounds inflicted in the line of duty, or an injury so severe that it would require substantial emergency room sutures, hospitalization or comprehensive medical treatment for a sustained period of time.

SHIELD OF BRAVERY

The FBI Shield of Bravery is presented for brave and courageous acts occurring in the line of duty or within the scope of FBI employment which may extend to major assistance to a task force or undercover operation, grave situations or crisis confrontations associated with the highest priority cases of the FBI.

MEMORIAL STAR

The FBI Memorial Star is presented to a surviving relative where death has occurred in the line of duty as the direct result of an adversarial action.

MERITORIOUS ACHIEVEMENT

The FBI Medal for Meritorious Achievement is awarded for extraordinary and exceptional meritorious service in a duty of extreme challenge and great responsibility, extraordinary and exceptional achievements in connection with criminal or national security cases, or a decisive, exemplary act that results in the protection or the direct saving of life in severe jeopardy in the line of duty.

MEDAL OF VALOR

The FBI Medal of Valor is presented in recognition of an exceptional act of heroism or voluntary risk of personal safety and life, and this act must have occurred in the direct line of duty or within the scope of FBI employment and in the face of criminal adversaries.

Patches

Obwohl das FBI bis auf wenige Ausnahmen (Spezialeinheiten, Tatortgruppe, etc.) nicht uniformiert auftritt, gibt es beim FBI auch die lange polizeiliche Tradition mit Patches (Abzeichen). Diese erhöhen die Motivation und bezeugen die Zugehörigkeit zu einer bestimmten Gruppe. Dazu werden sie gerne gesammelt und sind weltweit begehrte Tauschobjekte.

Das FBI-Glossary

Die folgenden Ausdrücke sind von der »FBI's List of Terminology used in Forgein Counterintelligence and Counterespionage Investigations« (FBI-Liste der Terminologie bei Spionage- oder Gegenspionageermittlungen), dem »FBI's Manual of Aministrative Operations and Procedures« (FBI-Handbuch der Verwaltungsverfahren) sowie Interviews mit Agenten übernommen.

Airtel	Eine FBI-Mitteilung, die unmittelbare Aufmerksamkeit/Bearbeitung erfordert, aber eine niedrigere Priorität als ein Teletype hat.
Assistant Director	Stellvertretender Direktor, ein FBI-Beamter, der eine der zehn Hauptquartiersdivisionen (oder im Falle von New York das New Yorker Außendienstbüro) beaufsichtigt. Abgekürzt ADIC; ay-dick ausgesprochen.
Asset	Jedes verfügbare menschliche oder technische Mittel in der Spionageabwehr für Operations- und Informationszwecke.
ASAC	Assistant Special agent in charge; stellvertretender Leitender Spezialagent. Der stellvertretende Leitende Spezialagent eines Außendienstbüros.
Ballon	Das (selbständige) »Freinehmen« des Nachmittags. Der Agent trägt sich zum Ende der Dienstzeit aus dem Stundennachweis aus, geht aber früher weg.
Beach Time	Strandzeit. Interner Ausdruck für Suspendierung.
Betty Bureau	Eine unterstützende, weibliche Angestellte, die ihr ganzes Leben lang für das FBI gearbeitet hat und »mit dem Bureau verheiratet« ist.

Brick Agent	Ein Agent, der Fälle in Außendienstbüros bearbeitet. Auch bekannt als street agent (Straßenagent).
Brush Kontakt	In der Spionage ein diskreter, vereinbarter momentaner Kontakt zwischen dem Geheimdienstpersonal, um Informationen oder Dokumente weiter zu geben.
Bucar	Wagen des FBI. Auch Buc genannt; bu-see ausgesprochen.
Bubird	Flugzeug des FBI.
Bureau	Mit dieser Kurzform ist das FBI im Allgemeinen oder das Hauptquartier im Speziellen gemeint. Es ist vom Kontext abhängig.
Bureau name	Der Name, den das FBI für einen Agenten auswählt. Wenn z. B. zwei Patrick Richard Watsons beim FBI arbeiten, wird offiziell mitgeteilt, dass sich der eine als »Patrick R. Watson« und der andere als »P. Richard Watson« zu bezeichnen hat.
Case agent	Der für einen Fall verantwortliche Agent.
Clagent	Ein spöttischer Ausdruck für einen Agenten, der als Sekretär oder unterstützender Angestellter seinen Dienst beim FBI begann.
Cover	Ein Deckmantel oder eine Installation, der/die von Einzelnen und Organisationen verwendet wird, um die Entdeckung von Geheimdienstaktivitäten zu verhindern.
Counterintelligence	Spionageabwehr. Aktionen, um die Geheimdienst-/Spionage- und/oder Sabotageoperationen ausländischer Regierungen (andere Dienste) zu kontern/ behindern/ aufzuklären.
Creds	Kurzform für Referenzen.
Dead drop	In der Spionage ein Standort, an dem Mitteilungen, Dokumente oder Ausrüstung von einem Individuum zurückgelassen werden und von einem zweiten Individuum ohne Treffen aufgenommen werden können.
Defection	Überlaufen. In der Spionage das Verlassen der Loyalität, Treue, Pflicht oder Prinzipien seines Landes.
Division	Kurzform für eine der Hauptquartiersdivisionen oder auch für das Gebiet, das von einem Außendienstbüro abgedeckt wird.
Double agent	Doppel Agent. In der Spionageabwehr ein Agent, der im Auftrag und/oder unter der Kontrolle eines Geheim- und/oder Sicherheitsdienstes eines anderen Landes mit einem ausländischen Geheimdienst kooperiert.
Dry cleaning	Jede Technik, die verwendet wird, um Überwachungen (der Gegenseite) zu bemerken. Eine übliche Vorkehrung, die vom Geheimdienstpersonal bei der aktiven Teilnahme an einer Operation in Anspruch genommen wird.
Espionage	Eine Geheimdienstaktivität, zielend auf das Erwerben von klassifizierten Informationen durch verdeckte Mittel.
False flag recruitment	Rekrutierung unter falscher Flagge. Dabei wird ein Individuum in dem Glauben rekrutiert, dass es mit dem Geheimdienst eines speziellen Landes (Land A) kooperiert. In Wirklichkeit wurde es betrogen/getäuscht und arbeitet mit dem Geheimdienst eines anderen Landes (Land B) zusammen.

First Office Agent	Erster Posten für einen neuen Agenten. Ein Agent, der nach Beendigung seiner Ausbildung in Quantico einer ersten Tätigkeit zugewiesen wird.
Four Bagger	Interne Bezeichnung für eine Disziplinarstrafe, die aus Tadel, Versetzung, Suspendierung und Bewährung bestehen kann.
HBO	High bureau offical. Ranghoher Agent des Bureau.
Illegal	In der Spionage ein Agent oder Angestellter eines Geheimdienstes, der ohne eine offensichtliche Verbindung/Erlaubnis mit dem Geheimdienst, für den er tätig ist, ins Ausland entsendet wurde.
Intelligence officer	Geheimdienstagent. In der Spionage ein professionell ausgebildetes Mitglied eines Geheimdienstes.
KMA	Kurz für »kiss my ass« (»Küss meinen Hintern«). Interne Bezeichnung für Agenten, die kurz vor dem Ruhestand stehen und nicht mehr »volle Leistung bringen«.
Legal attaché	Ein FBI-Agent, der mit ausländischen Gesetzesvollstreckungs- und/oder Geheimdienstagenturen zusammenarbeitet.
Legende	In der Spionage eine zusammenhängende und plausible »Geschichte«, einschließlich des Hintergrunds des Einzelnen, der Beschäftigung, der täglichen Aktivitäten und der Familie, die von einem Geheimdienst einem Agenten gegeben werden. Oft wird dies zusätzlich durch gefälschte Dokumente gestützt.
Ninjas	SWAT Teammitglieder in voller Montur.
Office of origin	Herkunftsbüro. Die Dienststelle, die eine Ermittlung einleitet und den Fallagenten stellt, der dafür verantwortlich ist.
Office of preference	Präferenzbüro. Die bevorzugte Dienststelle, zu der ein Agent versetzt werden möchte.
Offsite	Eine vertrauliche Stelle, entfernt von einem Außendienstbüro, bei der die Agenten physische Überwachung oder hochsensible Undercoverermittlungen vornehmen.
Picket surveillance	Platzierung von Überwachungspersonal an Standorten, die ein Gebiet umschließen.
Recruitment	Rekrutierung. In der Spionageabwehr der Prozess des Anwerbens von Personen für einen Geheim- oder Spionageabwehrdienst.
PRP	Recruitment in place; Rekrutierung am richtigen Platz. Bezeichnung für einen ausländischen Behördenmitarbeiter, der öffentlich für »seine Regierung arbeitet« und dennoch die US-Stellen mit Informationen von geheimdienstlichem Wert versorgt.
Rent-a-goons	Agenten von (anderen) Außendienstbüros, die angewiesen werden, bei Untersuchungen (z. B. bei Sonderkommissionen) auszuhelfen.
Resindet agency	Ein kleineres »Satellitenbüro« eines Außendienstbüros, das aus fünfzehn bis zwanzig Agenten besteht. Agenten, die einem RA zugewiesen werden, werden auch Einwohneragenten genannt.
Roscoe	Bezeichnung für eine Schusswaffe.
Safehouse	Sicherheitshaus. In der Spionage ein Standort, der von einem Geheim- oder Spionageabwehrdienst kontrolliert wird und einen sicheren Treffpunkt für vertrauliche Operationen/Gespräche darstellt.

Ein langer Arbeitstag geht zu Ende.

Seat of government	Regierungssitz. Ein Ausdruck, mit dem der ehemalige FBI-Direktor Hoover das FBI-Hauptquartier bezeichnete.
Section	Ein Teil des Hauptquartiers, größer als eine Einheit und kleiner als eine Division.
Set up	Die Überwachung eines Verdächtigen oder einer Zielperson.
Soft credentials	Bequeme Referenzen. Referenzen, die denen eines FBI-Agenten vorbehalten sind, aber ausgegeben werden, um Angestellte zu unterstützen.
Soundmann	Ein technisch ausgebildeter Agent, der elektronische Verwanzungsteile installiert, gerichtlich autorisierte Abhörungen organisiert und/oder andere verborgene Mittel benutzt, um technische Überwachung durchzuführen sowie Unterhaltungen abzufangen.
Spezialagent	Ein FBI-Agent, abgekürzt SA.
Split tails	»Bezeichnung« für weibliche Agenten, auch bekannt als »Röcke« und in Kalifornien als »breast-feds«.
Subject	Das Ziel einer Kriminal- oder Hintergrundermittlung.
Special agent in charge	Leitender Spezialagent. Der leitende Agent/Chef eines Außendienstbüros. Abgekürzt SAC; ess-ay-sii ausgesprochen.
Squad	Dezernat. Eine Einheit innerhalb eines Außendienstbüros, bestehend aus vier bis zwanzig Agenten, die speziellen Fällen oder Zielen zugewiesen sind.
Three B's	Die drei Vergehen, die Agenten höchstwahrscheinlich in Schwierigkeiten bringen: booze (Alkohol), broads (Frauen) und bucars (Fahrzeuge des FBI).
Too-hard-box	Eine interne Bezeichnung für Situationen, die schwer zu bestehen sind.
UACB	Unless advised to the contrary by the bureau. Durch das Bureau gegenteilig entschieden.
Unit	Einheit. Die kleinste Komponente des Hauptquartiers, gleichwertig mit einem Dezernat in den Außendienstbüros.
Unsub	Ein unbekannter Gegenstand einer Ermittlung.
Walk-in	Bezeichnung für eine Person, die ihre Dienste oder Informationen freiwillig einer ausländischen Regierung anbietet.

Nachwort

Weitere Informationen sowie regulären Unterricht in Selbstverteidigung und Combatschießen erhalten Sie bei:

Mittelpunkt Sportcenter
Wing Tsun Schule
Edmund-Seng-Str. 17
63477 Maintal-Dörnigheim
D - Germany
www.wt-maintal.de

Fitness Center Centro
Wing Tsun Schule
Fritz-Neuenroth-Weg 3
37269 Eschwege
D - Germany
www.wt-eschwege.de

Für gezielte Anfragen über das FBI steht Ihnen das Hauptquartier zur Verfügung:

Federal Bureau of Investigation
J. Edgar Hoover Building
935 Pennsylvania Avenue, NW
Washington D. C. 20535-0001
USA/United States of America

Eine große Hilfe bei der Entstehung dieses Buches waren unsere Familien, Lehrer, Kameraden und Schüler. Ein besonderer Dank gilt Kai Dahlke, für die Unterstützung einer Recherchereise in die USA.

Des Weiteren möchten wir uns bei folgenden Personen/Firmen (jeweils in alphabetischer Reihenfolge) für die Mithilfe bei der Erstellung dieses Buches bedanken:

Albrecht, Jimmy
Ausbilderteam WT Schulen Maintal/Eschwege
Batvinis, Raymond
Benz, Martin
Chalupetzky, Gernot
Crawford, Kurt
DKO (Deutsche Kampfkunst Organisation)
Hazelwood, Robert
Fox, John
Hahn, Oliver
Douglas, John
Hentschel, Carsten
Koch, Hannes
Kölbach, Jochen
Kuch, Joachim
Mama (und Lisa-Maria)
McKee, Susan
McNamara, James
Motorbuch Verlag
Müller, Heiko
National Archives USA
Oma und Opa
Pfeifer, Kai
Pokojewski, Bernd
Porter, Ernest
Rogers, Bill
Schaffert, Torsten
Scherer, Karin
Schlapp, Harald
Schneider, Frank
Stiltner, Suzanne
Todd, Ann
Zaragoza Gonzalez, Antonio

Zudem auch bei allen Personen, die hier nicht genannt werden konnten, wollten oder durften sowie bei allen deutschen und amerikanischen Polizisten, die tagtäglich Ihr Leben riskieren, um Recht und Ordnung aufrecht zu erhalten.

Herbst 2006, im National Archiv bei Washington D. C.

Der Hauptautor Dr. Frank B. Metzner vor dem berühmten Eingangsschild der FBI-Academy.